Mind Map

SINO-KOREAN

W⊛RD

마인드맵으로 배우는

# 한자어
# 2300

저자 정보영, 선은희

 한글파크

마인드맵으로 배우는

# 한자어 2300

| 초판발행 | 2022년 9월 1일 |
| 초판 2쇄 | 2024년 7월 1일 |

| 저자 | 정보영, 선은희 |
| 편집 | 김아영, 권이준 |
| 펴낸이 | 엄태상 |
| 디자인 | 공소라 |
| 조판 | 이서영 |
| 콘텐츠 제작 | 김선웅, 장형진 |
| 마케팅본부 | 이승욱, 왕성석, 노원준, 조성만, 이선민 |
| 경영기획 | 조성근, 최성훈, 김다미, 최수진, 오희연 |
| 물류 | 정종진, 윤덕현, 신승진, 구윤주 |

| 펴낸곳 | 한글파크 |
| 주소 | 서울시 종로구 자하문로 300 시사빌딩 |
| 주문 및 문의 | 1588-1582 |
| 팩스 | 0502-989-9592 |
| 홈페이지 | http://www.sisabooks.com |
| 이메일 | book_korean@sisadream.com |
| 등록일자 | 2000년 8월 17일 |
| 등록번호 | 제300-2014-90호 |

ISBN 979-11-6734-033-7(13710)

한국어 수업 현장에서 중급 이상의 학습자들이 새로운 어휘를 학습할 때 고유어와 한자어의 의미가 비슷하거나 또는 유사한 의미를 가지나 다른 형태를 가진 한자어를 익히는 데 어려움을 겪는 것을 자주 경험한다. 특히 비한자어 문화권 학습자들은 이러한 어려움을 더 자주 호소한다. 또한 한국어 숙달도가 높아지면서 이러한 한자어의 비중이 커져서 학습자들은 어휘 학습에 피로감을 느끼기도 한다. 이에 한국어 학습자들이 어휘를 구성하는 한자의 의미를 학습하여 한자어가 차지하는 비중이 높은 한국어 어휘를 효과적으로 학습하고 많은 양의 어휘 학습에 따르는 부담을 줄이는 것이 필요하다고 생각하였다.

이를 위해 본 교재는 중·고급 단계의 어휘들에 포함된 한자들 중에서 조어력이 높은 한자를 다루되 한자 형성 원리나 부수 학습, 한자 쓰기와 같이 한자 자체의 학습이 아니라 한자어의 의미를 구성하는 한자의 의미 이해에 중점을 두었다. 학습자들은 한자어의 핵심 의미를 담고 있는 한자의 의미를 학습함으로써 한자어의 의미를 보다 정확하게 이해할 수 있고, 다소 생소한 어휘를 만나더라도 어휘의 의미를 추측하고 기억하며 회상하는 데 도움을 받을 것이다. 뿐만 아니라 한자어의 구성 요소를 학습하는 과정을 통해 어휘를 학습할 때 단어 형성 원리를 사용하는 어휘 학습 전략도 습득할 수 있을 것이다.

본 교재를 위해 KSL 교육과정, 국립국어원에서 제공하는 TOPIK 중급 어휘 목록, 대학 기관별 한국어 교재, 한국어 학습자 사전 및 한국어 교육 관련 연구들을 참조하여 약 560개의 한자와 약 2300개의 한자어를 선정하고, 목표 한자들을 주제, 반의어, 접사의 범주로 나누어서 18개의 대단원과 82개의 소단원으로 구성하였다. 소단원은 마인드맵, 의미 제시, 연습 문제로 구성되어 있는데 의미장을 마인드맵으로 시각화하여 목표 한자와 한자어를 제시하고, 목표 한자와 한자어의 의미는 영어, 일본어, 중국어, 베트남어로 번역하여 목록화하였다. 연습 문제에서는 개별 한자의 의미를 확인한 후 문장, 대화, 담화 단위에서 한자어를 활용해 보도록 하였다. 대단원의 마지막에서는 학습한 한자를 포함하면서도 사용 빈도가 높은 한자성어를 소개하되 대화문을 통해 사용 맥락을 충분하게 이해할 수 있도록 하였다.

책 한 권이 만들어지기까지 많은 분들의 수고가 필요하다는 것을 새삼 깨닫는 의미 있는 시간이었다. 집필 초반에 교재의 전체적인 틀을 만드는 데 함께해 주신 최은영 선생님과 기도해 주신 모든 분들께 고마운 마음을 전한다. 아울러 보다 좋은 책을 출판하기 위해 수고를 아끼지 않고 작업을 도와주신 한글파크 한국어 편집부와 디자인팀 그리고 번역가께도 깊은 감사를 드린다.

저자 일동

## ☑ 이 책의 구성과 특징

**✔ 대단원**

중·고급 단계 학습에 필요한 주요 한자 및 한자어를 16개의 주제로 분류하여 총 18과로 구성하였다.

**✔ 소단원**

16개의 주제를 몇 개의 소주제로 나누어 총 82개의 DAY로 구성하였다. 매일 꾸준히 학습하면 82일에 주요 중·고급 한자 및 한자어 학습을 끝마칠 수 있다.

**✔ 마인드맵**

주제와 관련된 한자와 해당 한자가 포함되어 있는 한자어를 마인드맵으로 제시하였다. 한자의 주요 의미와 한자어의 의미를 쉽게 연결 지어 이해할 수 있도록 시각화하였다.

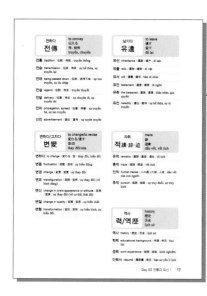

### ✔ 한자어 목록

마인드맵에서 제시한 목표 한자 및 한자어의 주요
의미를 영어, 일본어, 중국어, 베트남어로 번역하여
제시하였다.

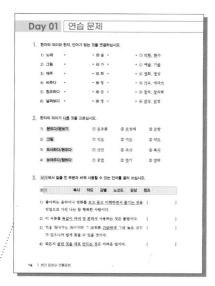

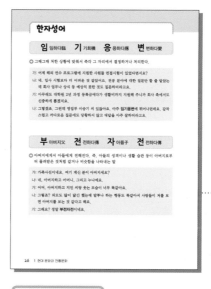

### ✔ 연습 문제

목표 한자 및 한자어를 연습하는 부분이다.
한자의 개별 의미를 복습한 후 문장이나
대화 및 읽기 텍스트와 같은 담화 단위에서
한자어를 활용해 볼 수 있도록 하였다.

### ✔ 한자성어

각 대단원의 마지막에 해당 단원에서 학습한
한자가 사용된 한자성어를 소개하였다. 한자성어
의 의미와 함께 대화문을 제시하여 한자성어의
사용 맥락을 보다 쉽게 이해할 수 있도록 하였다.

# 차례

# 1

# 현대 문화와
# 전통문화

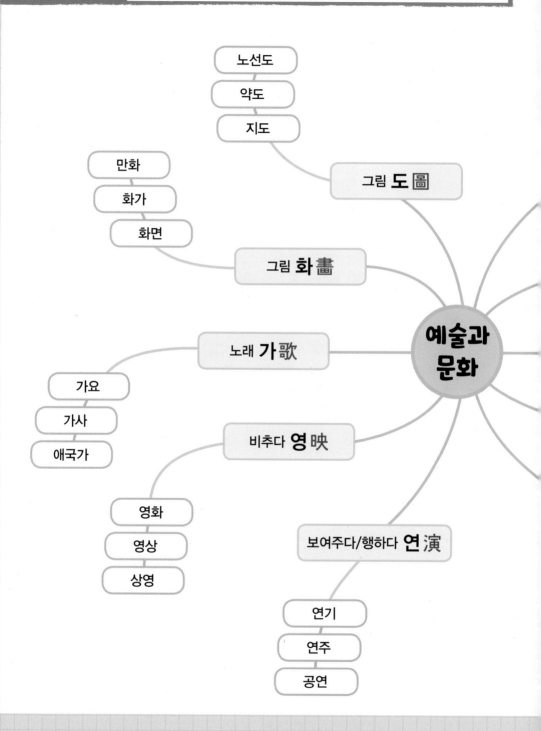

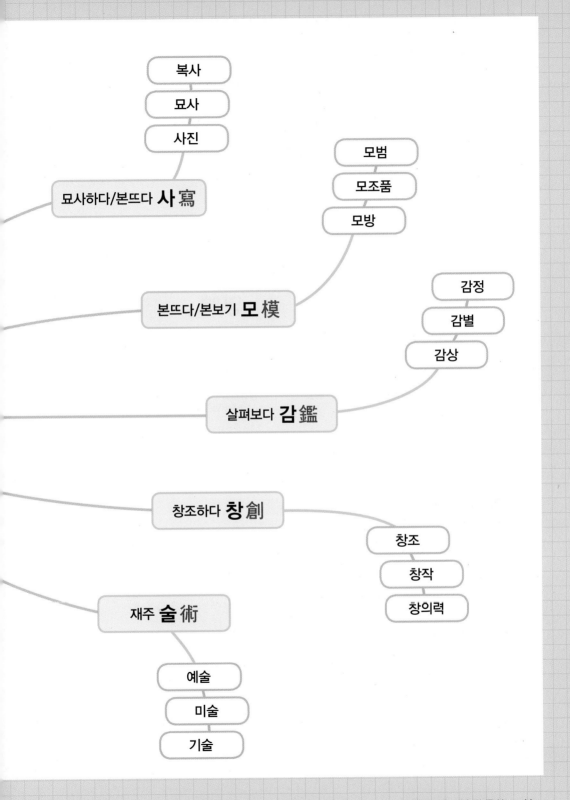

| 그림<br>**도 圖** | picture, chart<br>図<br>图画<br>tranh vẽ |
|---|---|

**지도** map / 地図 / 地图 / bản đồ

**약도** rough map / 略図 / 略图 / sơ đồ, lược đồ

**노선도** route map / 路線図 / 路线图 / bản đồ tuyến xe

| 그림<br>**화 畵** | picture, painting<br>絵<br>画<br>tranh vẽ |
|---|---|

**화면** picture, screen / 画面 / 画面 / màn ảnh, màn hình

**화가** painter / 画家 / 画家 / họa sĩ

**만화** comics / マンガ / 漫画 / truyện tranh

| 노래<br>**가 歌** | song<br>歌<br>歌<br>bài hát |
|---|---|

**가요** pop(ular) song, K-pop / 歌謡 / 歌曲 / bài hát

**가사** lyrics / 歌詞 / 歌词 / lời bài hát

**애국가** national anthem / 愛国歌(韓国の国歌) / 国歌 / quốc ca

| 비추다<br>**영 映** | to reflect<br>写す<br>映照<br>soi, chiếu sáng |
|---|---|

**영화** movie / 映画 / 电影 / phim (điện ảnh)

**영상** video / 映像 / 影像 / hình bóng, hình ảnh

**상영** screening / 上映 / 上映 / sự trình chiếu, sự công chiếu

| 보여주다/행하다<br>**연 演** | to show/to perform<br>見せる/行う<br>展示/举办<br>cho xem/thực hành |
|---|---|

**연기** acting / 演技 / 演技 / sự diễn xuất

**연주** playing a musical instrument / 演奏 / 演奏 / sự biểu diễn, sự trình diễn

**공연** performance / 公演 / 演出 / buổi biểu diễn

| 묘사하다/본뜨다<br>**사 寫** | to describe/to copy<br>描写する/まねる<br>描写/效仿<br>miêu tả/mô phỏng |
|---|---|

**사진** photograph / 写真 / 照片 / ảnh

**묘사** description / 描写 / 描写 / sự miêu tả

**복사** copy / 複写、コピー / 复印 / sự sao chép

| 본뜨다/본보기<br>**모 模** | to imitate/example<br>真似る/手本<br>效仿/模范<br>mô phỏng/hình mẫu |
|---|---|

**모방** imitation / 模倣 / 模仿 / sự mô phỏng

**모조품** fake / 模造品 / 仿制品 / hàng giả, hàng nhái

**모범** example / 模範 / 模范 / sự mô phạm, hình mẫu

| 살펴보다<br>**감 鑑** | to examine<br>調べる<br>査看、仔细观察<br>xem xét |
|---|---|

**감상** appreciation / 鑑賞 / 鉴赏 / sự cảm thụ

**감별** detecting / 鑑別 / 鉴别 / sự nhận biết, sự phân loại

**감정** appraisal / 鑑定 / 鉴定 / sự giám định

| 창조하다<br>**창 創** | to create<br>創り出す<br>创造<br>sáng tạo |
|---|---|

**창조** creation / 創造 / 创造 / sự sáng tạo

**창작** creating something original / 創作 / 创作 / sự sáng tác

**창의력** creativity / 創意力 / 创造力 / năng lực sáng tạo

| 재주<br>**술 術** | talent, skill<br>才能<br>才干<br>tài năng |
|---|---|

**예술** art / 芸術 / 艺术 / nghệ thuật

**미술** fine arts / 美術 / 美术 / mĩ thuật

**기술** skill, technology / 技術 / 技术 / kĩ thuật

**1.** 한자의 의미와 한자, 단어가 맞는 것을 연결하십시오.

| | | |
|---|---|---|
| 1) 노래 • | • ㉮ 술 • | • ㉠ 만화, 화가 |
| 2) 그림 • | • ㉯ 가 • | • ㉡ 예술, 기술 |
| 3) 재주 • | • ㉰ 화 • | • ㉢ 영화, 영상 |
| 4) 비추다 • | • ㉱ 창 • | • ㉣ 가요, 애국가 |
| 5) 창조하다 • | • ㉲ 감 • | • ㉤ 창작, 창의력 |
| 6) 살펴보다 • | • ㉳ 영 • | • ㉥ 감상, 감정 |

**2.** 한자의 의미가 <u>다른</u> 것을 고르십시오.

1) **본뜨다/본보기**   ① 모조품   ② 모성애   ③ 모방

2) **그림**   ① 인도   ② 지도   ③ 약도

3) **묘사하다/본뜨다**   ① 사진   ② 조사   ③ 복사

4) **보여주다/행하다**   ① 공연   ② 연기   ③ 연락

**3.** 보기 에서 밑줄 친 부분과 바꿔 사용할 수 있는 단어를 골라 쓰십시오.

| 보기 | 복사 | 약도 | 감별 | 노선도 | 감상 | 창조 |
|---|---|---|---|---|---|---|

1) 좋아하는 음악이나 영화를 <u>보고 듣고 이해하면서 즐기는 것</u>을   (            )
   직업으로 가진 나는 참 행복한 사람이다.

2) 이 서류를 <u>똑같이 여러 장 본떠서</u> 사용하는 것은 불법이다.   (            )

3) 처음 찾아가는 곳이지만 그 근처를 <u>간단하게 그려 놓은 지도</u>   (            )
   가 있으니까 쉽게 찾을 수 있을 것이다.

4) 뭐든지 <u>없던 것을 새로 만드는 것</u>은 어려운 일이다.   (            )

4. 보기 에서 알맞은 단어를 골라 대화를 완성하십시오.

| 보기 | 가사 | 모범 | 영화 | 묘사 | 사진 | 화면 |

1) 가: 이 그림이 이번에 미술 대회에서 1등을 했다는 그림이에요?

　나: 네, 아이들이 진짜 춤추는 거 같죠? 아주 더운 여름인데 갑자기 비가 내리는 거래요. 행복해하는 아이들의 얼굴과 모습을 아주 잘 _____한 것 같아요.

2) 가: 그 집 딸들이 그렇게 착하고 엄마 일도 잘 도와주고 공부도 잘한다면서요?

　나: 네, 첫째가 _____을/를 보이니까 동생들도 따라서 잘하더라고요.

3) 가: 그 노래는 도대체 몇 번째 듣는 거야?

　나: 이 노래는 멜로디도 좋지만 _____이/가 너무 좋아. 어쩌면 이렇게 내 마음을 잘 알까?

4) 가: 저 배우는 워낙 말랐는데 점점 살이 더 빠지는 것 같지 않아요?

　나: 그러게요. 텔레비전 _____에는 통통하게 나온다고 하더라고요. 그래서 연예인들은 계속 다이어트를 해야 한다잖아요.

5. 다음을 읽고 빈칸에 들어갈 단어를 순서대로 쓴 것을 고르십시오.

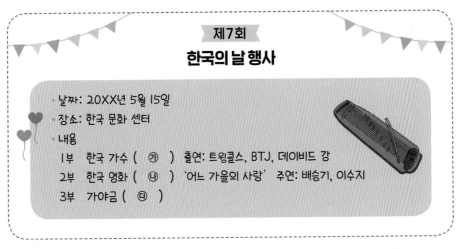

제7회

**한국의 날 행사**

· 날짜: 20XX년 5월 15일

· 장소: 한국 문화 센터

· 내용

　1부  한국 가수 ( ㉮ )  출연: 트윙클스, BTJ, 데이비드 강

　2부  한국 영화 ( ㉯ )  '어느 가을의 사랑' 주연: 배승기, 이수지

　3부  가야금 ( ㉰ )

① ㉮ 연기 － ㉯ 상영 － ㉰ 공연　　② ㉮ 공연 － ㉯ 상영 － ㉰ 연주

③ ㉮ 공연 － ㉯ 영상 － ㉰ 연기　　④ ㉮ 연주 － ㉯ 공연 － ㉰ 상영

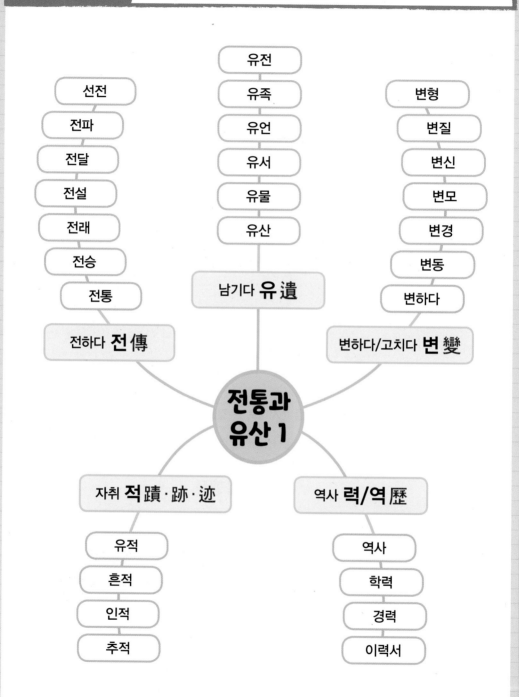

유전
유족
유언
유서
유물
유산

남기다 **유 遺**

선전
전파
전달
전설
전래
전승
전통

전하다 **전 傳**

변형
변질
변신
변모
변경
변동
변하다

변하다/고치다 **변 變**

**전통과
유산 1**

자취 **적 蹟·跡·迹**

유적
흔적
인적
추적

역사 **력/역 歷**

역사
학력
경력
이력서

| 전하다 전傳 | to convey<br>伝える<br>传、相传<br>truyền, chuyển |
|---|---|

| | |
|---|---|
| 전통 | tradition / 伝統 / 传统 / truyền thống |
| 전승 | transmission / 伝承 / 传承 / sự kế thừa, sự truyền lại |
| 전래 | being passed down / 伝来 / 流传下来 / sự lưu truyền, sự du nhập |
| 전설 | legend / 伝説 / 传说 / truyền thuyết |
| 전달 | delivery / 伝達 / 传达 / sự chuyển đi, sự truyền tải |
| 전파 | propagation, spread / 伝播 / 传播 / sự truyền bá, sự lan truyền |
| 선전 | advertisement / 宣伝 / 宣传 / sự tuyên truyền |

| 남기다 유遺 | to leave<br>遺す<br>留下<br>để lại |
|---|---|

| | |
|---|---|
| 유산 | inheritance / 遺産 / 遗产 / di sản |
| 유물 | relic / 遺物 / 遗物 / di vật |
| 유서 | will / 遺書 / 遗书 / bản di chúc |
| 유언 | testament / 遺言 / 遗言 / di ngôn |
| 유족 | the bereaved / 遺族 / 遗属 / thân nhân, gia quyến |
| 유전 | heredity / 遺伝 / 遗传 / sự kế thừa, sự di truyền |

| 변하다/고치다 변變 | to change/to revise<br>変わる/直す<br>変/改<br>thay đổi/sửa |
|---|---|

| | |
|---|---|
| 변하다 | to change / 変わる / 変 / thay đổi, biến đổi |
| 변동 | fluctuation / 変動 / 变动 / sự biến động |
| 변경 | change / 変更 / 变更 / sự thay đổi |
| 변모 | transfiguration / 変貌 / 变样 / sự thay đổi (về hình dáng) |
| 변신 | change in one's appearance or attitude / 変身 / 变身 / sự thay đổi (về cơ thể, thái độ) |
| 변질 | change in quality / 変質 / 变质 / sự biến chất |
| 변형 | transformation / 変形 / 变形 / sự biến hình, sự biến đổi |

| 자취 적蹟·跡·迹 | trace<br>跡<br>迹象<br>dấu vết, vết tích |
|---|---|

| | |
|---|---|
| 유적 | remains / 遺跡 / 遗迹、遗址 / di tích |
| 흔적 | trace / 痕跡 / 痕迹 / vết tích |
| 인적 | human traces / 人の通った跡 / 人迹 / dấu vết của con người |
| 추적 | pursuit / 追跡 / 追踪 / sự truy đuổi, sự truy kích |

| 역사 력/역歷 | history<br>歴史<br>历史<br>lịch sử |
|---|---|

| | |
|---|---|
| 역사 | history / 歴史 / 历史 / lịch sử |
| 학력 | educational background / 学歴 / 学历 / học lực |
| 경력 | work experience / 経歴 / 经验 / kinh nghiệm |
| 이력서 | résumé / 履歴書 / 简历 / bản sơ yếu lí lịch |

1. 보기 에서 빈칸에 공통적으로 들어갈 한자를 골라 쓰십시오.

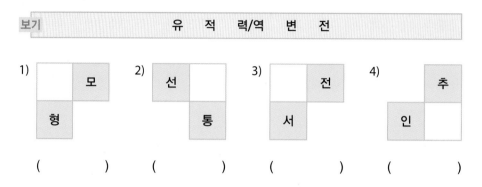

| 보기 | 유 적 력/역 변 전 |
|---|---|

1)
| | 모 |
|---|---|
| 형 | |

(        )

2)
| 선 | |
|---|---|
| | 통 |

(        )

3)
| | 전 |
|---|---|
| 서 | |

(        )

4)
| | 추 |
|---|---|
| 인 | |

(        )


2. 보기 에서 공통적으로 들어간 한자의 의미를 골라 쓰십시오.

| 보기 | 전하다 | 역사 | 변하다/고치다 | 자취 | 남기다 |
|---|---|---|---|---|---|

1) 학력    경력    이력서    (        )

2) 유족    유언    유산    (        )

3) 전달    전승    전래    (        )

4) 변경    변신    변동    (        )


3. 알맞은 단어를 골라 문장을 완성하십시오.

1) 갑자기 비가 내려서 여행 계획을 (**변경, 변형**)해야만 했다.

2) 이번 행사에서는 1년 동안 학교 발전을 위해 애써 주신 분들께 감사의 표시로 선물을 (**전파, 전달**)할 예정이다.

3) 박 선생님은 자신의 전 재산을 불쌍한 사람을 위해 써 달라는 (**유족, 유언**)을 남기고 돌아가셨다.

4) 요즘은 텔레비전 광고보다 유명한 사람들의 개인 블로그나 SNS를 통해 새 상품을 (**유전, 선전**)하는 것이 광고 효과가 더 크다고 한다.

4. 보기 에서 알맞은 단어를 골라 대화를 완성하십시오.

| 보기 | 흔적 | 경력 | 변질 | 전설 | 학력 | 변신 |
|---|---|---|---|---|---|---|

1) 가: 휴학했다면서요? 요즘 뭐 하면서 지내고 있어요?

　나: 졸업하기 전에 _____을 쌓고 싶어서 삼촌 회사에서 아르바이트를 하고 있어요.

2) 가: 어머, 저기 젊고 친절한 경찰관으로 나오는 사람이 영화 '옆집 사람'에서 성격이 이상하고 무서운 할아버지로 나왔던 그 배우야?

　나: 응, 맞아. 대단한 연기 _____이지? 나도 처음에는 너무 변해서 못 알아봤어.

3) 가: 물맛은 그렇게 특별한 것 같지 않은데 왜 이 물이 유명한 거예요?

　나: 맛이 특별해서가 아니라 옛날에 병으로 다 죽어 가던 사람이 여기에서 물을 마신 후에 병이 다 낫고 건강하게 오래 살았다는 _____이 있어서 유명한 거예요.

4) 가: 산속이라 빨리 어두워질 것 같은데 아무래도 이쪽은 내려가는 길이 아닌 것 같아.

　나: 사람이 지나간 _____이 하나도 없는 것 같지? 그럼 저쪽으로 가 볼까?

5. 다음을 읽고 맞지 <u>않는</u> 것을 고르십시오.

> 지난 주말에 친구들과 함께 공주에 갔다 왔다. 공주는 백제 시대의 **역사** 유적지로 유명한 도시이다. 그중 세계 문화**유산** 중의 하나인 '무령왕릉'이라는 곳에 갔는데, 이 왕의 무덤 안에서 나온 크고 직은 **유물**들에는 뛰어난 백제의 예술성이 담겨 있다고 한다. 경복궁 같이 왕이 살던 궁은 많이 가 봤지만 이런 무덤은 처음인데, 주변에 나무도 많고 경치도 아름다워서 구경 온 사람들이 많이 있었다. 다음 주말에는 다른 유적지에 가 봐야겠다.

① 공주는 백제 시대의 유적이 있는 곳이다.
② 무령왕릉은 세계 문화유산 중 하나이다.
③ 무령왕릉은 백제 시대의 왕이 살던 궁궐이다.
④ 무령왕릉 안에서 백제의 유물들이 많이 나왔다.

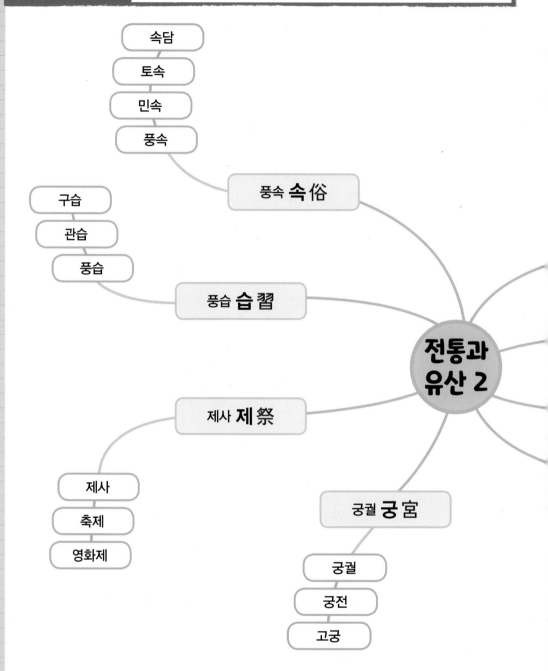

속담
토속
민속
풍속

풍속 **속 俗**

구습
관습
풍습

풍습 **습 켭**

제사 **제 祭**

제사
축제
영화제

궁궐 **궁 宮**

궁궐
궁전
고궁

**전통과
유산 2**

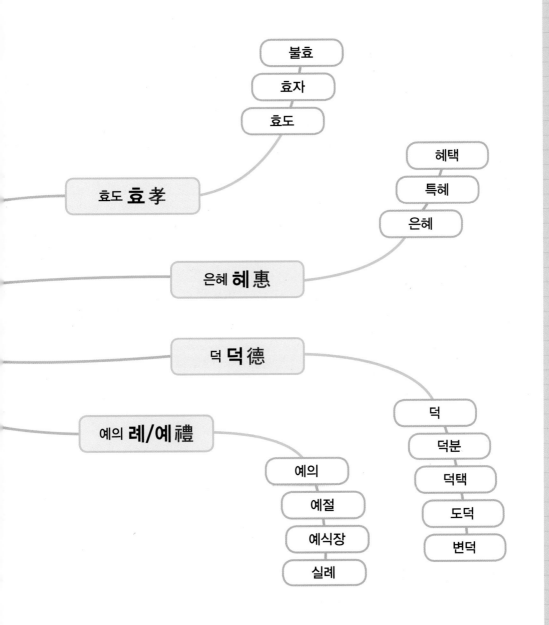

불효

효자

효도

효도 **효**孝

헤택

특혜

은혜

은혜 **헤**惠

덕 **덕**德

덕

덕분

덕택

도덕

변덕

예의 **례/예**禮

예의

예절

예식장

실례

<table>
<tr>
<td>

**풍속**

**속俗**

</td>
<td>

custom
風俗
风俗
phong tục

</td>
</tr>
</table>

**풍속** custom / 風俗 / 风俗 / phong tục

**민속** folklore / 民俗 / 民俗 / dân tộc, truyền thống

**토속** folk / 土俗 / 地方风俗、土俗 / phong tục địa phương, đặc sản địa phương

**속담** proverb / ことわざ / 谚语、俗语 / tục ngữ

<table>
<tr>
<td>

**풍습**

**습習**

</td>
<td>

mores
風習
风俗习惯
phong tục tập quán

</td>
</tr>
</table>

**풍습** mores / 風習 / 风俗习惯 / phong tục tập quán

**관습** convention / 慣習 / 习惯、习俗 / thói quen, tập quán

**구습** old customs / 旧習 / 旧习、陋习 / tập quán cũ, phong tục cũ

<table>
<tr>
<td>

**제사**

**제祭**

</td>
<td>

ancestral rite
祭事
祭祀
sự cúng giỗ

</td>
</tr>
</table>

**제사** ancestral rite / 祭事 / 祭祀 / sự cúng giỗ

**축제** festival / 祭り / 庆典、庆祝活动 / lễ hội

**영화제** film festival / 映画祭 / 电影节 / liên hoan phim

<table>
<tr>
<td>

**궁궐**

**궁宮**

</td>
<td>

palace
宮殿
宫、宫殿
cung điện

</td>
</tr>
</table>

**궁궐** palace / 宮殿 / 宫、宫殿 / cung điện

**궁전** palace / 宮殿 / 宫殿 / cung điện

**고궁** old palace / 昔の宮殿 / 故宫、古代宫殿 / cổ cung

| 효도 효孝 | filial piety<br>孝行<br>孝道<br>đạo hiếu |
|---|---|

**효도** filial piety / 孝行 / 孝道 / đạo hiếu

**효자** filial son / 孝行息子(娘) / 孝子 / người con có hiếu

**불효** lack of filial piety / 不孝 / 不孝 / sự bất hiếu

| 은혜 혜惠 | favor, kindness<br>恩恵<br>恩恵<br>ân huệ |
|---|---|

**은혜** favor, kindness / 恩恵、恩 / 恩惠 / ân huệ

**특혜** special favor / 特恵 / 特惠 / đặc ân, đặc ưu

**혜택** benefit / 特典、恵み / 优惠 / sự ưu đãi, sự ưu tiên

| 덕 덕德 | virtue<br>徳<br>徳<br>đức |
|---|---|

**덕** virtue / 徳、人徳 / 德 / đức

**덕분** favor, help / おかげ / 托福 / nhờ vào, nhờ ơn

**덕택** favor, help / おかげ / 恩惠 / nhờ vào, nhờ ơn

**도덕** morality / 道徳 / 道德 / đạo đức

**변덕** whim / 気まぐれ / 善变 / sự thất thường

| 예의 례/예禮 | courtesy<br>礼儀<br>礼仪<br>lễ nghi |
|---|---|

**예의** courtesy / 礼儀 / 礼仪 / lễ nghi, lễ nghĩa

**예절** proprieties / 礼節 / 礼节 / lễ tiết, phép tắc

**예식장** wedding hall / 結婚式場 / 礼堂 / nhà hàng tiệc cưới

**실례** bad manners / 失礼 / 失礼 / sự thất lễ

1. 보기 에서 빈칸에 공통적으로 들어갈 한자를 골라 쓰십시오.

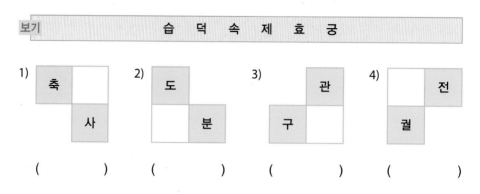

보기        습  덕  속  제  효  궁

1)
| 축 |   |
|---|---|
|   | 사 |

2)
| 도 |   |
|---|---|
|   | 분 |

3)
|   | 관 |
|---|---|
| 구 |   |

4)
|   | 전 |
|---|---|
| 궐 |   |

(       )  (       )  (       )  (       )


2. 한자의 의미가 <u>다른</u> 것을 고르십시오.

1) **풍속**　　　① 토속　　② 연속　　③ 민속

2) **예의**　　　① 예정　　② 예절　　③ 실례

3) **효도**　　　① 불효　　② 효자　　③ 효과

4) **은혜**　　　① 지혜　　② 혜택　　③ 특혜


3. 보기 에서 알맞은 단어를 골라 문장을 완성하십시오.

보기        도덕  예의  토속  제사  덕택  풍습

1) 이 음식은 우리 시골 고향에서만 먹을 수 있는 _____ 음식이다.

2) 힘든 일이 있을 때 서로 도와주는 일은 우리 마을의 아름다운 _____(이)다.

3) 이 일을 끝낼 수 있었던 것은 그동안 믿고 기도해 주신 부모님 _____(이)다.

4) 나는 대화를 할 때 서로의 눈을 보지 않고 이야기하는 것은 _____ 이/가 아니라고 생각한다.

4. 보기 에서 알맞은 단어를 골라 대화를 완성하십시오.

| 보기 | 변덕 | 속담 | 혜택 | 효자 | 풍속 | 고궁 |
|---|---|---|---|---|---|---|

1) 가: 엄마, 나도 이거 좋아하는데 왜 언니한테 더 많이 주는 거야?

   나: '남의 떡이 더 커 보인다'는 _____ 알지? 엄마가 똑같이 나눈 거야.

2) 가: 민수 씨는 주말마다 부모님을 찾아뵙는다고 하더라고요. 대단하죠?

   나: 민수 씨는 회사에서 아주 소문 난 _____이에요/예요. 주말은 물론이고 매일 아침 부모님께 안부 전화를 드린대요.

3) 가: 다니엘 씨는 경복궁이 정말 좋은가 봐요. 자주 가네요.

   나: 네, 저는 한국 _____이/가 진짜 아름다운 것 같아요. 그리고 거기에서 산책하다 보면 생각도 정리되고 기분도 좋아지거든요.

4) 가: 고향에 문화 센터를 짓는 데 큰돈을 내놓으셨다던데 그 이유는 뭔가요?

   나: 제 고향은 아주 시골이라서 아직까지 제대로 문화적 _____을/를 받지 못하고 있어요. 그래서 뭔가 도움이 되고 싶었어요.

5. 다음을 읽고 맞는 것을 고르십시오.

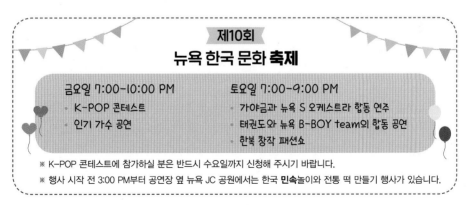

제10회
뉴욕 한국 문화 축제

금요일 7:00-10:00 PM
- K-POP 콘테스트
- 인기 가수 공연

토요일 7:00-9:00 PM
- 가야금과 뉴욕 S 오케스트라 합동 연주
- 태권도와 뉴욕 B-BOY team의 합동 공연
- 한복 창작 패션쇼

※ K-POP 콘테스트에 참가하실 분은 반드시 수요일까지 신청해 주시기 바랍니다.
※ 행사 시작 전 3:00 PM부터 공연장 옆 뉴욕 JC 공원에서는 한국 민속놀이와 전통 떡 만들기 행사가 있습니다.

① 이 행사는 한국에서 열리는 한국 예술 축제이다.

② K-POP 콘테스트에 참가하려면 대회 시작 바로 전까지 신청하면 된다.

③ 토요일에는 한국과 미국의 전통문화와 현대 문화를 함께 감상할 수 있다.

④ 행사 시작 전 공연장에서는 한국의 전통 놀이와 음식 예절을 경험할 수 있다.

# 한자성어

임 임하다臨　기 기회機　응 응하다應　변 변하다變

➡️ 그때그때 처한 상황에 맞춰서 즉각 그 자리에서 결정하거나 처리한다.

> 가: 어제 해외 연수 프로그램에 지원한 사원들 면접시험이 있었다면서요?
>
> 나: 네, 입사 시험보다 더 어려운 것 같았어요. 전공 분야에 대한 질문만 할 줄 알았는데 회사 업무나 상식 등 예상치 못한 것도 질문하더라고요.
>
> 가: 아무래도 대학원 2년 과정 등록금에다가 생활비까지 지원해 주니까 회사 측에서도 신중하게 뽑겠지요.
>
> 나: 그렇겠죠. 그런데 영업부 이승기 씨 있잖아요. 아주 **임기응변**에 뛰어나던데요. 갑작스럽고 까다로운 질문에도 당황하지 않고 대답을 아주 잘하더라고요.

부 아버지父　전 전하다傳　자 아들子　전 전하다傳

➡️ 아버지에게서 아들에게 전해진다. 즉, 아들의 성격이나 생활 습관 등이 아버지로부터 물려받은 것처럼 같거나 비슷함을 나타내는 말

> 가: 가족사진이네요. 여기 계신 분이 아버지세요?
>
> 나: 네, 아버지하고 어머니, 그리고 누나예요.
>
> 가: 어머, 아버지하고 지민 씨랑 웃는 모습이 너무 똑같아요.
>
> 나: 그렇죠? 외모도 많이 닮긴 했는데 말투나 하는 행동도 똑같아서 사람들이 저를 보면 아버지를 보는 것 같다고 해요.
>
> 가: 그래요? 정말 **부전자전**이네요.

# 2

# 자연과 환경

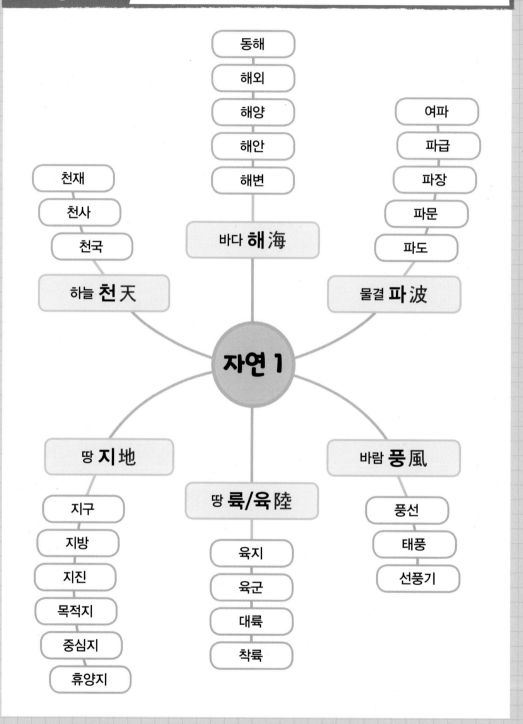

| 하늘 | sky, heaven |
|---|---|
| **천 天** | 天<br>天、天空<br>trời |

천국 heaven / 天国 / 天堂 / thiên đường

천사 angel / 天使 / 天使 / thiên thần

천재 genius / 天才 / 天才 / thiên tài

| 땅 | ground |
|---|---|
| **지 地** | 土地<br>地、土地<br>đất |

지구 earth / 地球 / 地球 / trái đất, địa cầu

지방 region / 地方 / 地方、地区 / địa phương

지진 earthquake / 地震 / 地震 / động đất

목적지 destination / 目的地 / 目的地 / điểm đến

중심지 center, hub / 中心地 / 中心、中心地区 / khu vực trung tâm

휴양지 resort / 休養地、リゾート / 度假村、疗养地 / khu nghỉ dưỡng

| 바다 | sea |
|---|---|
| **해 海** | 海<br>海、大海<br>biển |

해변 shore, beach / 海辺 / 海边 / bờ biển

해안 coast / 海岸 / 海岸 / bờ biển

해양 ocean / 海洋 / 海洋 / hải dương, đại dương

해외 overseas country / 海外 / 海外、国外 / nước ngoài, ngoại quốc

동해 the East Sea / 東海 / 东海 / Đông Hải, biển Donghae, biển Đông

| 땅 | land |
|---|---|
| **륙/육 陸** | 地面<br>陆地<br>đất |

육지 land / 陸地 / 陆地 / đất liền, mặt đất

육군 army / 陸軍 / 陆军 / lục quân

대륙 continent / 大陸 / 大陆 / đại lục

착륙 landing / 着陸 / 着陆、降落 / sự hạ cánh

| 물결 | wave |
|---|---|
| **파 波** | 波<br>水波、波浪<br>cơn sóng |

파도 wave / 波、波濤 / 波涛 / sóng biển

파문 ripple / 波紋 / 波纹、波浪 / cơn sóng, ngọn sóng

파장 impact / 波長 / 波长、影响 / làn sóng, khoảng cách bước sóng

파급 repercussion / 波及 / 波及、影响 / sự lan tỏa, sự lan truyền

여파 aftermath / 余波 / 余波 / cơn sóng bồi

| 바람 | wind |
|---|---|
| **풍 風** | 風<br>风<br>gió |

풍선 balloon / 風船 / 气球 / bóng bay, khinh khí cầu

태풍 typhoon / 台風 / 台风 / bão, cơn bão

선풍기 electric fan / 扇風機 / 电风扇 / quạt máy

1. 보기 에서 빈칸에 들어갈 한자를 골라 쓰십시오.

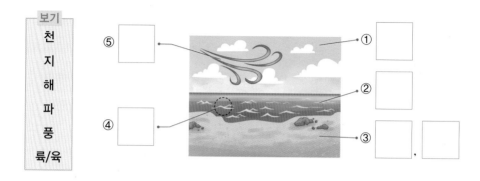

보기
천
지
해
파
풍
륙/육

2. 보기 에서 공통적으로 들어간 한자의 의미를 골라 쓰십시오.

| 보기 | | 바다 물결 땅 하늘 바람 | |
|---|---|---|---|
| 1) 파도 | 파급 | 여파 | ( ) |
| 2) 지진 | 지방 | 중심지 | ( ) |
| 3) 해안 | 동해 | 해변 | ( ) |
| 4) 태풍 | 풍선 | 선풍기 | ( ) |

3. 알맞은 단어를 골라 문장을 완성하십시오.

1) 이곳은 지하철역과 기차역, 버스 터미널이 모두 모여 있는 교통의 (**중심지, 목적지**)이다.

2) 1492년 콜럼버스의 아메리카 (**육지, 대륙**) 발견은 세계의 역사를 바꾼 큰 사건이었다.

3) 수지 씨는 마음이 착하고 모든 사람들에게 친절해서 모두들 (**천국, 천사**)(이)라고 부른다.

4) 유명한 화가의 그림이라고 비싸게 팔렸던 그림들이 모두 모조품이었던 사건은 사회적으로 큰 (**파장, 파도**)을/를 일으켰다.

4. 보기 에서 알맞은 단어를 골라 대화를 완성하십시오.

| 보기 | 태풍 | 휴양지 | 해양 | 여파 | 육군 | 천재 |
|---|---|---|---|---|---|---|

1) 가: 여보, 우리 송이는 _____인가 봐. 한글도 안 가르쳤는데 이걸 읽었어.

   나: 여보, 그건 당신이 매일 백 번 넘게 읽어 주는 거잖아. 읽은 게 아니라 저절로 외워졌겠지.

2) 가: 아빠, 지금 뭐 하는 거예요? 창문에 테이프는 왜 붙여요?

   나: 응, 곧 _____이/가 온다는데 창문을 꼭 잠그고 이렇게 X자로 테이프를 붙여 놓으면 유리창이 깨지는 것을 막을 수 있대.

3) 가: 이성호 기자, 지금 바람이 많이 불고 있다고 하던데 거기 상황은 어떤가요?

   나: 네, 지금 바람도 많이 불고 있고 며칠 전부터 계속된 지진의 _____이/가 아직 있기는 하지만 다행히 비가 그쳐서 상황은 많이 나아졌습니다.

4) 가: 제니 씨 고향은 어떤 곳이에요?

   나: 제 고향은 1년 내내 날씨도 따뜻하고 자연도 아름다워서 많은 사람들이 쉬러 오는 _____이에요/예요.

5. 다음을 읽고 맞는 것을 고르십시오.

> 이번 여름에 제주도로 여행을 다녀왔다. 제주도는 여러 번 가 봤지만 갈 때마다 마치 처음 간 것처럼 새로운 느낌이다. 그동안은 유명한 관광지나 음식점을 찾아다녔는데, 이번에는 **해안** 고속 도로를 따라서 드라이브를 하면서 배가 고프면 눈에 보이는 식당에서 밥을 먹었다. **해변**에 앉아 **파도** 소리를 듣고 있으니 하늘도 아름답고 바다도 예쁘고 날씨까지 좋으니까 마치 **천국**에 와 있는 기분이었다. 한국에 이렇게 아름다운 곳이 많으니 이제부터는 **해외** 대신 국내로 여행을 좀 더 다녀 봐야겠다. 다음에는 어디에 가서 뭘 해 볼까? 벌써부터 기대가 된다.

① 이번 여름에 처음으로 제주도에 여행을 갔다.

② 제주도 해안 도로를 따라서 유명한 식당을 찾아 다녔다.

③ 제주도의 날씨와 자연은 천국과 비교될 수 있을 정도로 좋았다.

④ 다음에는 제주도처럼 아름다운 곳이 있는 해외로 여행을 갈 예정이다.

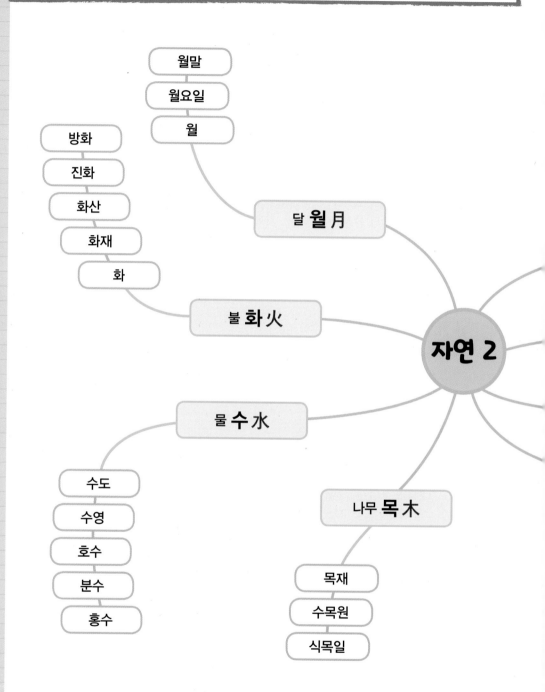

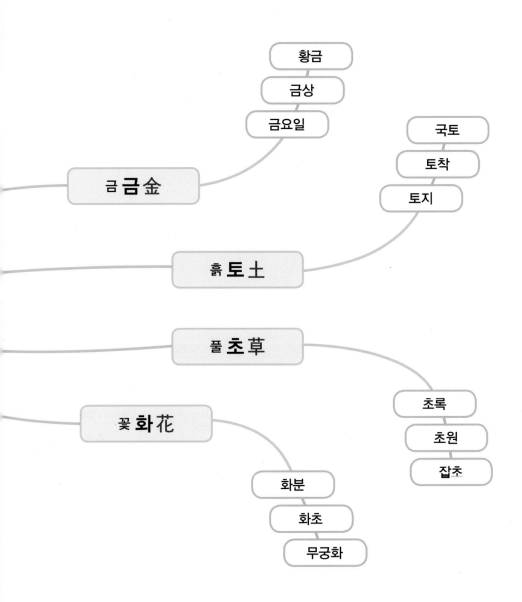

황금

금상

금요일

국토

토착

토지

금 **금**金

흙 **토**土

풀 **초**草

초록

초원

잡초

꽃 **화**花

화분

화초

무궁화

| 달 월月 | moon<br>月<br>月亮<br>tháng | 불 화火 | fire<br>火<br>火<br>lửa |
|---|---|---|---|

**월** month, Monday / 月、月曜日/ 月、月份、星期一 / nguyệt, trăng, tháng, thứ hai

**월요일** Monday / 月曜日 / 星期一 / thứ hai

**월말** end of the month / 月末 / 月末 / cuối tháng

**화** Tuesday / 火(曜日) / 星期二 / lửa, hỏa

**화재** fire / 火災、火事 / 火灾 / đám cháy, hỏa hoạn

**화산** volcano / 火山 / 火山 / núi lửa

**진화** putting out a fire / 鎮火 / 救火、灭火 / sự dập lửa

**방화** arson / 放火 / 放火、纵火 / sự phóng hỏa

| 물 수水 | water<br>水<br>水<br>nước | 나무 목木 | tree<br>木<br>树、树木<br>gỗ, cây |
|---|---|---|---|

**수도** water supply / 水道 / 自来水管道 / đường ống nước, ống dẫn nước

**수영** swimming / 水泳 / 游泳 / sự bơi lội

**호수** lake / 湖 / 湖、湖水 / hồ

**분수** fountain / 噴水 / 喷泉 / đài phun nước

**홍수** flood / 洪水 / 洪水 / lũ lụt, hồng thủy

**목재** lumber / 木材 / 木材 / gỗ

**수목원** arboretum / 植物園 / 植物园 / vườn thực vật

**식목일** Arbor Day / みどりの日 / 植树节 / ngày lễ trồng cây

| 금 | gold |
|---|---|
| **금金** | 金<br>金、金子<br>kim |

**금요일** Friday / 金曜日 / 星期五 / thứ 6

**금상** gold prize / 金賞 / 金奖 / giải vàng

**황금** (yellow) gold / 黄金 / 黄金 / vàng, hoàng kim

| 흙 | earth |
|---|---|
| **토土** | 土<br>土、土壌<br>đất |

**토지** land / 土地 / 土地 / đất đai

**토착** indigenousness / 土着 / 土著 / sự định cư

**국토** national land / 国土 / 国土 / lãnh thổ

| 풀 | grass |
|---|---|
| **초草** | 草<br>草<br>cỏ |

**초록** green / 緑 / 草绿色 / màu xanh lá cây

**초원** meadow / 草原 / 草原 / thảo nguyên

**잡초** weeds / 雑草 / 杂草 / cỏ dại

| 꽃 | flower |
|---|---|
| **화花** | 花<br>花<br>hoa |

**화분** flowerpot / 鉢植え / 花盆 / chậu hoa

**화초** flower / 草花 / 花草 / hoa cỏ, cây cảnh

**무궁화** rose of Sharon / ムクゲ / 无穷花 / hoa Mugung

**1.** 보기 에서 빈칸에 들어갈 한자를 골라 쓰십시오.

| 보기 | 화 목 월 토 수 금 |
|---|---|

**12** DECEMBER / 十二月

| 일 | ① ☐ | ② ☐ | ③ ☐ | ④ ☐ | ⑤ ☐ | ⑥ ☐ |
|---|---|---|---|---|---|---|

**2.** 한자의 의미가 <u>다른</u> 것을 고르십시오.

1) **풀**  ① 초록   ② 잡초   ③ 초급

2) **물**  ① 호수   ② 수입   ③ 수영

3) **흙**  ① 토착   ② 토지   ③ 토론

4) **꽃**  ① 대화   ② 화분   ③ 무궁화

**3.** 보기 에서 밑줄 친 부분과 바꿔 사용할 수 있는 단어를 골라 쓰십시오.

| 보기 | 국토   화산   수목원   화초   홍수   잡초 |
|---|---|

1) 우리 집에는 <u>꽃이 피는 풀과 나무</u>가 많다.   (          )

2) 한국은 <u>나라 땅</u>의 70%가 산으로 되어 있다고 한다.   (          )

3) 올해 여름에 많이 내린 비로 <u>갑자기 많은 물이 넘쳐서</u> 강 근   (          )
처의 집들이 물에 잠겼다.

4) 여기는 근처에 <u>다양한 종류의 나무들이 많은 곳</u>이 있어서 그   (          )
런지 공기가 좋은 것 같다.

**4.** 보기 에서 알맞은 단어를 골라 대화를 완성하십시오.

| 보기 | 식목일　초원　금상　수도　분수　황금 |
|---|---|

1) 가: 이번 방학에는 사파리 여행을 해 보고 싶어요.

　　나: 아, 텔레비전에서 많이 봤어요. 아주 넓은 _____에서 동물들이 자유롭
　　게 뛰어다니고, 거기를 차를 타고 다니면서 구경하는 거죠?

2) 가: 선생님께서 하고 계신 '물물 프로젝트' 좀 설명해 주세요.

　　나: 네, 저희는 시골 마을에 각 집마다 _____ 시설을 설치해 줘서 깨끗한 물
　　을 바로 마실 수 있게 해 주는 일을 하고 있습니다.

3) 가: 한국은 나무를 심는 날이 있다면서요?

　　나: 네, _____(이)라고 매년 4월 5일이에요. 미국에서 시작했다고 알고 있
　　는데 마이크 씨 나라에도 그런 날이 있나요?

4) 가: 우리 괜히 그 일을 거절했나 봐. 힘들어도 한번 해 볼걸 그랬나?

　　나: 음……, 사람들은 _____ 같은 기회를 놓쳤다고 말하겠지? 하지만 앞으로
　　더 좋은 기회가 올 테니까 지나간 일에 대해서는 너무 아쉬워하지 말자.

**5.** 다음을 읽고 빈칸에 들어갈 단어를 순서대로 쓴 것을 고르십시오.

> 지난 수요일에 강원도에서 산불이 발생했다. 강한 바람이 불어서 ( ㉮ )의 어려움이 있었
> 지만 다행히 불은 금방 꺼졌다. 누군가 일부러 일으킨 ( ㉯ )가 원인이었다. 이 ( ㉯ )로
> 근처에 살고 있는 주민들이 모두 피해야만 했으나 다행히 인명 피해는 없었다. 하지만 오랜
> 시간동인 가꿔 온 나무들이 불에 티 버리고 말았으니 큰 피해가 아닐 수 없다. 요즘 같이 날씨
> 가 건조한 겨울에는 크고 작은 ( ㉰ ) 사고가 계속 발생하고 있으니 안전에 유의해야 한다.

① ㉮ 화재 – ㉯ 목재 – ㉰ 방화　　　② ㉮ 진화 – ㉯ 화재 – ㉰ 목재
③ ㉮ 방화 – ㉯ 진화 – ㉰ 화재　　　④ ㉮ 진화 – ㉯ 방화 – ㉰ 화재

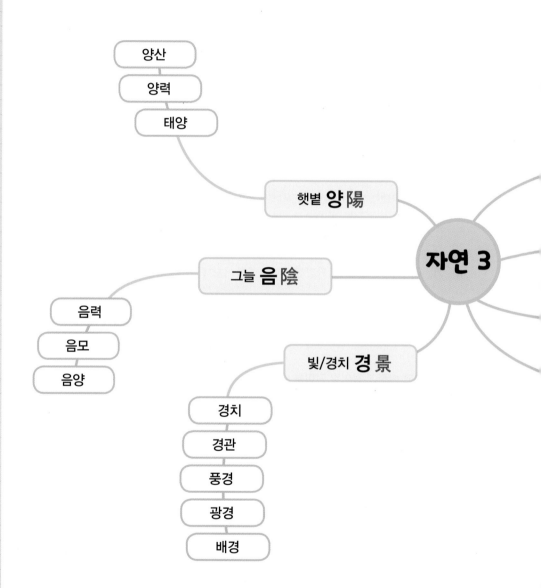

양산
양력
태양

햇볕 양陽

자연 3

그늘 음陰

음력
음모
음양

빛/경치 경景

경치
경관
풍경
광경
배경

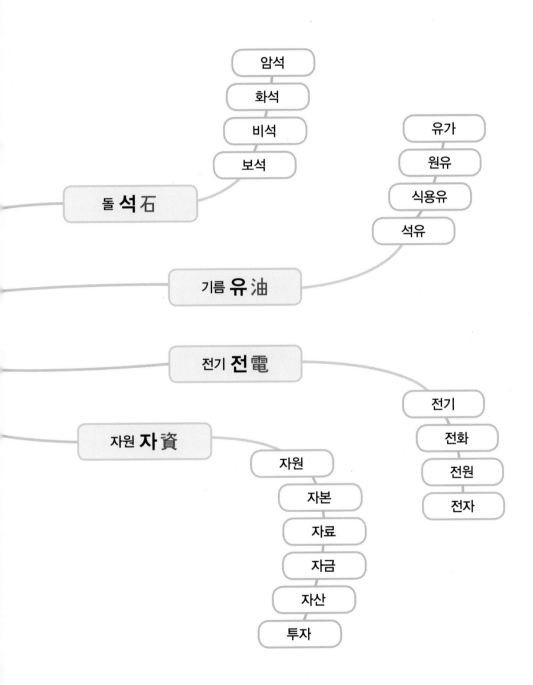

암석

화석

비석

보석

유가

원유

식용유

석유

돌 **석**石

기름 **유**油

전기 **전**電

전기

전화

전원

전자

자원 **자**資

자원

자본

자료

자금

자산

투자

| 햇볕<br>**양 陽** | sunshine<br>陽<br>阳光<br>ánh nắng |
|---|---|

**태양** sun / 太陽 / 太阳 / mặt trời

**양력** solar calendar / 陽曆、太陽曆 / 阳历 / dương lịch

**양산** parasol / 日傘 / 阳伞 / ô che nắng

| 그늘<br>**음 陰** | shade<br>陰<br>树阴<br>bóng mát |
|---|---|

**음력** lunar calendar / 陰曆、太陰曆 / 阴历 / âm lịch

**음모** conspiracy / 陰謀 / 阴谋 / âm mưu

**음양** yin and yang / 陰陽 / 阴阳 / âm dương

| 빛/경치<br>**경 景** | light/view<br>光/景色<br>光/景色<br>ánh sáng/cảnh trí |
|---|---|

**경치** view / 景色 / 景色 / cảnh trí

**경관** scenery / 景観 / 景观 / cảnh quan

**풍경** scene / 風景 / 风景 / phong cảnh

**광경** sight / 光景 / 光景 / quang cảnh

**배경** background / 背景 / 背景 / bối cảnh, khung cảnh

| 돌 | stone |
|---|---|
| **석石** | 石<br>石头<br>đá |

**보석** jewel / 宝石 / 宝石 / đá quý

**비석** gravestone / 石碑、碑 / 碑石 / bia đá

**화석** fossil / 化石 / 化石 / sự hóa thạch

**암석** rock / 岩石 / 岩石 / nham thạch

| 기름 | oil |
|---|---|
| **유油** | 油<br>油<br>dầu |

**석유** oil(petroleum) / 石油 / 石油 / dầu hỏa, dầu

**식용유** cooking oil / 食用油 / 食用油 / dầu ăn

**원유** crude oil / 原油 / 原油 / dầu thô

**유가** oil price / 原油価格、油価 / 油价 / giá dầu

| 전기 | electricity |
|---|---|
| **전電** | 電気<br>电<br>điện |

**전기** electricity / 電気 / 电 / điện

**전화** telephone / 電話 / 电话 / điện thoại

**전원** power / 電源 / 电源 / nguồn điện

**전자** electron / 電子、電気 / 电子 / điện tử

| 자원 | resources |
|---|---|
| **자資** | 資源<br>资源<br>tài nguyên |

**자원** resources / 資源 / 资源 / tài nguyên

**자본** capital / 資本 / 资本 / vốn, tài chính

**자료** data, materials / 資料 / 资料 / tài liệu

**자금** funds / 資金 / 资金 / tiền vốn

**자산** asset / 資産 / 资产 / tài sản

**투자** investment / 投資 / 投资 / sự đầu tư

1. 보기 에서 빈칸에 공통적으로 들어갈 한자를 골라 쓰십시오.

| 보기 | 양　경　음　석　전　자 |
|---|---|

1)　보□　　화□　　암□　　　( 　　　　　 )

2)　□양　　□모　　□력　　　( 　　　　　 )

3)　□원　　□금　　□산　　　( 　　　　　 )

4)　□력　　태□　　□산　　　( 　　　　　 )

2. 보기 에서 공통적으로 들어간 한자의 의미를 골라 쓰십시오.

| 보기 | 전기　자원　햇볕　기름　그늘　빛/경치 |
|---|---|

1)　풍경　　경관　　광경　　　　( 　　　　　 )

2)　전원　　전화　　전자　　　　( 　　　　　 )

3)　원유　　석유　　유가　　　　( 　　　　　 )

4)　자료　　투자　　자본　　　　( 　　　　　 )

3. 단어의 의미가 맞는 것을 연결하십시오.

1) 풍경　　　•　　　　　• ㉠ 음식을 만드는 데 필요한 기름

2) 음력　　　•　　　　　• ㉡ 달이 지구 주위를 한 번 도는 데 걸리는 시간을
　　　　　　　　　　　　　　기준으로 만든 달력

3) 식용유　　•　　　　　• ㉢ 산이나 들, 바다 등 자연이나 주변의 경치

4) 양산　　　•　　　　　• ㉣ 햇볕을 가리기 위해 쓰는 우산 모양의 물건

4. 보기 에서 알맞은 단어를 골라 대화를 완성하십시오.

| 보기 | 자료 | 배경 | 전원 | 음모 | 비석 | 자원 |

1) 가: 루이 씨, 루이 씨 고향 소개 좀 해 주세요.

   나: 네, 제 고향은 문화 유적과 관광 _____이/가 많기로 유명해요. 그래서 전 세계 사람들이 꼭 가 보고 싶은 도시 중의 하나라고 해요.

2) 가: 어, 이상하다. 이 전화기 산 지 얼마 안 됐는데 벌써 고장 난 거 아닌가?

   나: 한번 줘 보세요. 고장이 난 게 아니라 _____이/가 꺼진 거네요.

3) 가: 지민 씨는 죽은 후에 어떤 사람으로 기억이 되고 싶어요?

   나: 음, 저는 제 무덤 앞 _____에 '열심히 사랑하고 열심히 살다 가다'라고 쓰였으면 좋겠어요.

4) 가: 남이섬에는 왜 와 보고 싶었어요?

   나: 여기가 드라마 '천국의 문'의 _____이/가 되는 곳이잖아요. 그래서 옛날부터 꼭 와 보고 싶었어요.

5. 다음을 읽고 맞지 <u>않는</u> 것을 고르십시오.

> 동해의 끝에 자리 잡은 신비의 화산섬
> 「울릉도와 독도」로 새해 첫 여행은 어떠세요?
> 가장 먼저 태양이 떠오르는 「동쪽 땅 끝 독도」
> 아름다운 자연 경관을 가지고 있는 「동해의 보석 울릉도」
> 다양한 물고기들과 풍부한 해양 자원이 있는 그곳에서
> 오랫동안 기억에 남을 여행, 그 섬으로 당신을 초대합니다.

① 울릉도와 독도는 동해에 있는 화산섬이다.
② 독도는 한국에서 해가 제일 먼저 뜨는 곳이다.
③ 울릉도는 경치가 아름답고 보석이 많이 나는 곳이다.
④ 울릉도와 독도 주변에는 여러 가지 물고기들과 해양 자원이 많이 있다.

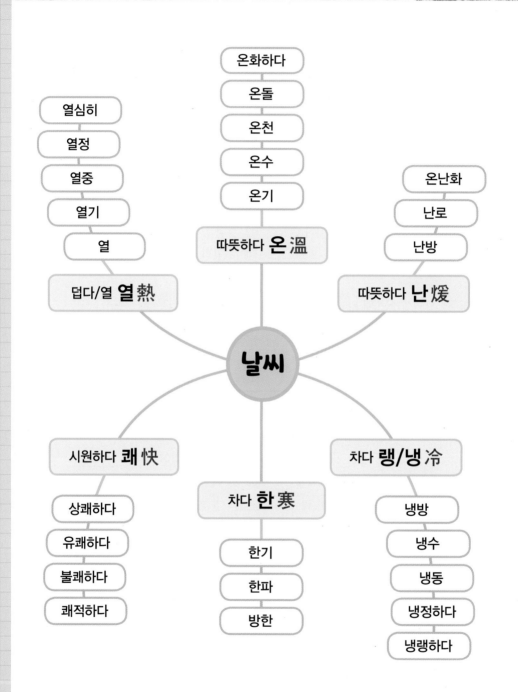

열심히

열정

열중

열기

열

덥다/열 **열 熱**

온화하다

온돌

온천

온수

온기

따뜻하다 **온 溫**

온난화

난로

난방

따뜻하다 **난 煖**

**날씨**

시원하다 **쾌 快**

상쾌하다

유쾌하다

불쾌하다

쾌적하다

차다 **한 寒**

한기

한파

방한

차다 **랭/냉 冷**

냉방

냉수

냉동

냉정하다

냉랭하다

## 덥다/열
### 열 熱
to be hot/fever
暑い/熱
热/发烧
nóng/nhiệt

**열** fever / 熱 / 发烧 / nhiệt

**열기** heat / 熱気 / 热气 / hơi nóng, sự cuồng nhiệt

**열중** enthusiasm / 熱中 / 热衷 / sự miệt mài, sự chăm chú

**열정** passion / 情熱 / 热情 / sự nhiệt tình

**열심히** diligently / 一生懸命、熱心に / 努力 / một cách nhiệt tình, chăm chỉ

## 따뜻하다
### 온 溫
to be warm
温かい
温暖
ấm áp

**온기** warmth / 温かさ、温もり / 热乎气 / hơi ấm, ôn khí

**온수** hot water / 温水 / 热水 / nước ấm

**온천** hot spring / 温泉 / 温泉 / suối nước nóng

**온돌** Korean floor heating system / オンドル(床暖房) / 地热、地暖 / hệ thống sưởi ấm sàn

**온화하다** to be mild / 温和だ / 温和、温暖 / ôn hòa, ấm áp

## 따뜻하다
### 난 煖
to be warm
暖かい
温暖
ấm áp

**난방** heating / 暖房 / 供暖、地暖 / phòng có thiết bị sưởi ấm

**난로** stove / 暖炉、ストーブ / 暖炉、火炉 / lò sưởi

**온난화** global warming / 温暖化 / 地球变暖 / sự ấm lên của trái đất

## 시원하다
### 쾌 快
to be cool, to be refreshing
気持ちがいい
凉爽
dễ chịu, mát mẻ

**상쾌하다** to be refreshing / 爽快だ / 爽快 / sảng khoái, dễ chịu

**유쾌하다** to be pleasant / 愉快だ / 愉快 / khoan khoái, thoải mái

**불쾌하다** to be unpleasant / 不快だ / 不愉快、不舒服 / khó chịu, không thoải mái

**쾌적하다** to be pleasant, to be nice (mainly climate or environment) / 快適だ / 令人愉快、舒适 / dễ chịu, thoải mái

## 차다
### 한 寒
to be cold
寒い
冷、寒冷
lạnh

**한기** chill / 寒気 / 寒气、寒冷 / khí lạnh, hàn khí

**한파** cold wave / 寒波 / 寒流、寒潮 / đợt lạnh, đợt rét

**방한** keeping warm / 防寒 / 防寒 / sự chống lạnh

## 차다
### 랭/냉 冷
to be cold
冷たい
冷、凉
lạnh

**냉방** air-conditioning / 冷房 / 空调 / phòng lạnh, phòng có điều hòa

**냉수** cold water / 水、冷水 / 凉水 / nước lạnh

**냉동** freezing / 冷凍 / 冷冻 / sự đông lạnh

**냉정하다** to be cold-hearted / 冷たい、冷静だ / 冷静 / lạnh lùng, dửng dưng

**냉랭하다** to be chilly / 冷え冷えとした / 冷冰冰、冰冷 / lạnh lẽo, lạnh

1. 보기 에서 빈칸에 공통적으로 들어갈 한자를 골라 쓰십시오.

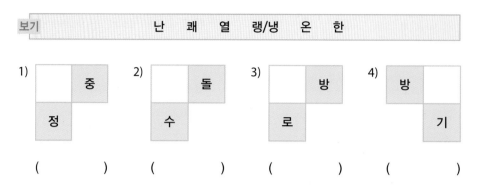

| 보기 | | 난 쾌 열 랭/냉 온 한 | | |

1)
| | 중 |
|---|---|
| 정 | |

(          )

2)
| | 돌 |
|---|---|
| | 수 |

(          )

3)
| | 방 |
|---|---|
| 로 | |

(          )

4)
| 방 | |
|---|---|
| | 기 |

(          )

2. 한자의 의미와 한자, 단어가 맞는 것을 연결하십시오.

1) 따뜻하다  •        • ㉮ 쾌  •        • ㉠ 열기, 열심히

2) 덥다/열  •        • ㉯ 열  •        • ㉡ 냉수, 냉랭하다

3) 시원하다  •        • ㉰ 온  •        • ㉢ 쾌적하다, 상쾌하다

4) 차다  •        • ㉱ 랭/냉  •        • ㉣ 온천, 온기

3. 알맞은 단어를 골라 문장을 완성하십시오.

1) 더운 여름이지만 사무실에 (**냉방, 냉동**)을 세게 해서 춥다.

2) 이번 겨울은 춥다고 하니까 (**방한, 한파**) 제품을 미리 사 둬야겠다.

3) 수안보는 한국에서 (**온돌, 온천**)(으)로 유명한 휴양지이다.

4) 콘서트는 끝났지만 (**한기, 열기**)가 쉽게 가라앉지 않고 있다.

4. 보기에서 알맞은 단어를 골라 대화를 완성하십시오.

| 보기 | 유쾌하다 | 열정 | 쾌적하다 | 온기 | 냉정하다 | 난방 |

1) 가: 이 호텔 방은 깨끗한데 좀 추운 것 같아.

나: _____이/가 제대로 안 되는 것 같지? 다른 방으로 옮겨 달라고 할까?

2) 가: 어제 동창회는 잘 다녀왔어요?

나: 네, 오랜만에 친구들과 웃고 떠들면서 _____(으)ㄴ 시간을 보냈어요.

3) 가: 김 선생은 암으로 그렇게 아프면서 어떻게 이번 연주회를 끝낼 수가 있었을까?

나: 연주하는 동안에는 음악에 대한 _____(으)로 아픈 것도 잊어버렸겠지.

4) 가: 철수 씨는 말도 별로 없고 자기 할 일만 하니까 좀 차가워 보여요.

나: 보기에는 _____아/어 보여도 친해지면 마음이 참 따뜻한 사람이야.

5. 다음을 읽고 가장 잘 설명한 신문 기사의 제목을 고르십시오.

1)
> 삼일은 춥고 사일은 따뜻하다는 겨울 날씨의 법칙이었던 삼한사온(三寒四溫) 현상이 지구 온난화로 인해 사라져 버렸다. 오히려 여름은 더 덥고 겨울은 더 추워졌다. 이번 겨울에도 갑자기 한파가 올지 모르니 추위에 대비해야 한다.

① 지구 온난화는 옛말, 삼한사온 영향으로 올겨울에도 기습 한파 예상

② 삼한사온은 옛말, 지구 온난화 영향으로 올겨울에도 기습 한파 예상

2)
> 이틀 동안 내렸던 겨울비로 미세먼지가 사라진 덕분에 공기가 깨끗해졌다. 따뜻해진 바람과 햇볕 덕분에 낮 기온이 올라가 당분간 온화한 날씨가 계속될 것이다. 주말에 다시 비 소식이 있지만 당분간 큰 추위는 없을 것이다.

① 온화한 겨울 날씨, 미세먼지 사라지고 공기도 상쾌해져

② 미세먼지 사라지고 겨울비 그쳐, 상쾌한 주말

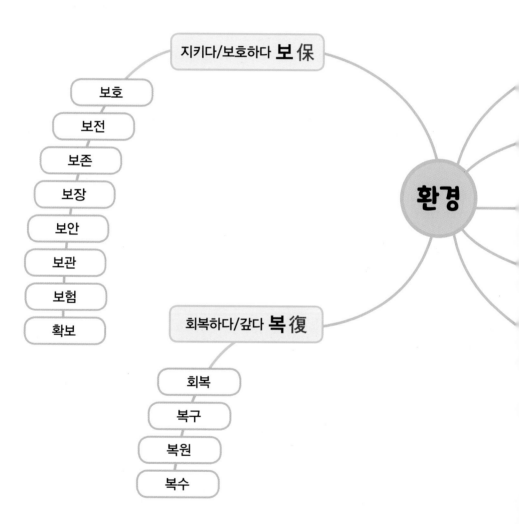

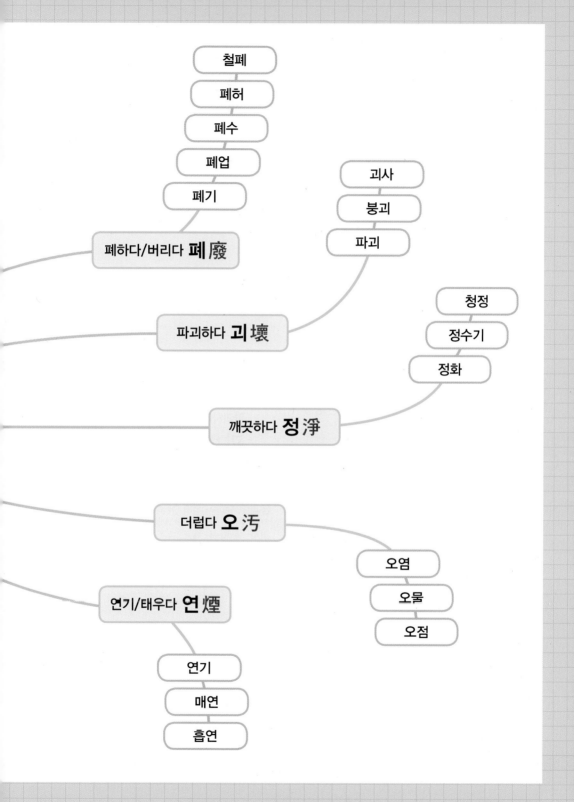

철폐

폐허

폐수

폐업

폐기

폐하다/버리다 **폐** 廢

괴사

붕괴

파괴

파괴하다 **괴** 壞

청정

정수기

정화

깨끗하다 **정** 淨

더럽다 **오** 汚

오염

오물

오점

연기/태우다 **연** 煙

연기

매연

흡연

| 지키다/보호하다 **보保** | to keep/to protect 守る/保護する 守护/保护 bảo vệ/bảo hộ |
|---|---|

**보호** protection / 保護 / 保护 / sự bảo hộ

**보전** conservation / 保全 / 保全 / sự bảo toàn, sự bảo tồn

**보존** preservation / 保存 / 保存 / sự bảo tồn

**보장** guarantee / 保障 / 保障 / sự đảm bảo

**보안** security / 保安 / 保安 / bảo an

**보관** storage / 保管 / 保管 / sự bảo quản

**보험** insurance / 保険 / 保险 / bảo hiểm

**확보** securing / 確保 / 确保 / sự bảo đảm

| 회복하다/갚다 **복復** | to recover/to repay 回復する/戻す 恢复/回报 phục hồi/trả lại |
|---|---|

**회복** recovery / 回復 / 恢复 / sự phục hồi

**복구** restoration / 復旧 / 修复 / sự phục hồi, sự khắc phục

**복원** reconstruction / 復元 / 复原、还原 / sự khôi phục, sự phục chế

**복수** revenge / 復讐 / 报仇、复仇 / sự phục thù

| 폐하다/버리다 **폐廢** | to abolish/to discard 廃する/捨てる 废止/扔 phế bỏ/bỏ đi |
|---|---|

**폐기** disuse / 廃棄 / 废弃 / phế thải

**폐업** closedown / 廃業 / 停业、关门 / việc ngừng kinh doanh

**폐수** waste water / 廃水 / 废水 / nước thải

**폐허** ruins / 廃墟 / 废墟 / bãi hoang tàn

**철폐** abolition / 撤廃 / 撤除、废除 / sự bãi bỏ

| 파괴하다 **괴壞** | to destroy 壊す 破坏 phá hủy |
|---|---|

**파괴** destruction / 破壊 / 破坏 / sự phá hủy

**붕괴** collapse / 崩壊 / 崩溃 / sự đổ vỡ, sự sụp đổ

**괴사** necrosis / 壊死 / 坏死 / cái chết kì bí

| 깨끗하다<br>**정 淨** | to be clean<br>清潔だ<br>干净<br>sạch |
|---|---|

**정화** purification / 浄化 / 净化 / sự thanh lọc, sự lọc

**정수기** water purifier / 浄水器 / 净水机 / bình lọc nước

**청정** purity / 清浄 / 清净、洁净 / sự tinh khiết, sự thanh khiết

| 더럽다<br>**오 汚** | to be dirty<br>汚い<br>脏、肮脏<br>bẩn |
|---|---|

**오염** pollution / 汚染、汚れ / 污染 / sự ô nhiễm

**오물** trash / 汚物 / 污物、脏东西 / chất bẩn

**오점** blemish / 汚点 / 污点 / vết bẩn, vết nhơ

| 연기/태우다<br>**연 煙** | smoke/to burn<br>煙/燃やす<br>烟、烟气、烟雾/烧、点燃<br>khói/đốt |
|---|---|

**연기** smoke / 煙 / 烟、烟气、烟雾 / khói

**매연** exhaust / ばい煙 / 煤烟 / khói đen, khí thải

**흡연** smoking / 喫煙 / 吸烟、抽烟 / sự hút thuốc lá

1. 보기 에서 빈칸에 공통적으로 들어갈 한자를 골라 쓰십시오.

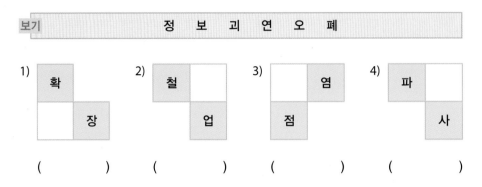

| 보기 | 정 보 괴 연 오 폐 |

1)
| 확 | |
| --- | --- |
| | 장 |
(          )

2)
| 철 | |
| --- | --- |
| | 업 |
(          )

3)
| | 염 |
| --- | --- |
| 점 | |
(          )

4)
| 파 | |
| --- | --- |
| | 사 |
(          )

2. 한자의 의미가 <u>다른</u> 것을 고르십시오.

1) **깨끗하다**　　　　　① 지<u>정</u>　　　② 청<u>정</u>　　　③ <u>정</u>수기

2) **지키다/보호하다**　① <u>보</u>안　　　② <u>보</u>도　　　③ <u>보</u>험

3) **연기/태우다**　　　① 매<u>연</u>　　　② 흡<u>연</u>　　　③ 공<u>연</u>

4) **회복하다/갚다**　　① <u>복</u>원　　　② 의<u>복</u>　　　③ <u>복</u>수

3. 알맞은 단어를 골라 문장을 완성하십시오.

1) 한번 건강을 잃으면 (**폐기, 회복**)하기가 쉽지 않으므로 평소에 건강 관리를 잘하는 것이 중요하다.

2) 요즘은 집들이 선물로 공기 (**정화, 보장**) 능력이 뛰어난 식물이 인기라고 한다.

3) 김이준 회장은 어렸을 때 가난하다고 자신을 무시했던 사람들에게 (**복수, 파괴**)하기 위해 무슨 일이든지 가리지 않고 열심히 돈을 벌어서 지금의 큰 부자가 되었다고 한다.

4) 우리 모두는 다음 세대를 위해서 문화유산을 잘 (**보안, 보전**)해야 하는 책임을 가지고 있다.

4. 보기 에서 알맞은 단어를 골라 대화를 완성하십시오.

| 보기 | 보관 폐업 흡연 오점 붕괴 폐허 |
|---|---|

1) 가: 성호 씨, 담배 좀 끊으세요. _____(으)로 사망한 사람들이 얼마나 많은
   지 모르세요?

   나: 끊으려고 하는데 잘 안 되네요.

2) 가: 이 약은 밥 먹은 후에 먹으면 되는 거죠?

   나: 네, 하루에 세 번 식후에 드시고, 약은 꼭 냉장고에 _____하세요.

3) 가: 뭘 그렇게 심각하게 보고 있는 거예요?

   나: 이 기사에 나온 사진 좀 보세요. 이렇게 아름답고 평화로웠던 휴양지가 어젯밤
   에 화산이 폭발하는 바람에 이렇게 _____이/가 되었대요.

4) 가: 김호수 기자, 거기 상황은 어떻습니까?

   나: 네, 지진으로 일부 고속 도로가 _____될 위험이 있습니다. 당분간 교통
   이 통제될 예정입니다.

5. 다음을 읽고 빈칸에 들어갈 단어를 순서대로 쓴 것을 고르십시오.

> 우리가 살고 있는 지구가 아프다. 공장에서 버리는 **폐수**, 자동차와 공장 등에서 나오는 **매연가스**, 각종 **오물** 등으로 환경 ( ㉮ )이/가 심각해지고 있다. 이뿐 아니라 지구 온난화도 점점 심해져 기후 문제도 심각해졌다.
>
> 환경을 ( ㉯ )하는 것은 우리 모두의 중요한 과제이자 책임이다. 음식물 쓰레기와 플라스틱 일회용품 사용을 줄이고 대중교통을 이용하는 등 우리가 환경을 위해서 할 수 있는 작은 일부터 실천으로 옮기는 것이 필요하다.
>
> 한번 **파괴**된 환경을 원래대로 ( ㉰ )한다는 것은 정말 어려운 일이다. 4월 22일 지구의 날을 맞이해서 우리가 생활 속에서 환경을 잘 지키기 위해 할 수 있는 일은 무엇이 있는지 한 번쯤 다시 생각해 보는 것이 어떨까?

① ㉮ 오염 – ㉯ 보존 – ㉰ 확보      ② ㉮ 철폐 – ㉯ 보호 – ㉰ 복원

③ ㉮ 철폐 – ㉯ 보존 – ㉰ 복구      ④ ㉮ 오염 – ㉯ 보호 – ㉰ 복구

# 한자성어

## 천 하늘天  방 방향方  지 땅地  축 굴대軸

➡ 너무 급해서 방향을 잡지 못하고 날뛴다.

> 가: 아이들이 벌써 많이 컸겠네요. 지금 몇 살이에요?
>
> 나: 첫째 딸은 열네 살, 둘째 아들은 열 살이에요.
>
> 가: 아들 키우는 건 딸 키우는 것하고 확실히 다르다면서요?
>
> 나: 네, 아이마다 다르겠지만 우리 애들 어렸을 때를 생각해 보면 딸은 조용히 앉아서 책을 보거나 인형 놀이를 하거나 했어요. 그런데 아들은 **천방지축**이라서 항상 뛰어 다니니까 놀이터에 가면 넘어지거나 다쳐서 상처가 꼭 하나씩은 생겨서 왔어요.

## 일 하나一  석 돌石  이 둘二  조 새鳥

➡ 한 개의 돌로 두 마리의 새를 잡는다. 즉, 동시에 두 가지 이득을 봄을 나타내는 말

> 가: 자전거를 자주 타고 다니시나 봐요.
>
> 나: 네, 건강에도 좋고 교통비도 절약되니까 **일석이조**잖아요.
>
> 가: 그리고 환경도 보호할 수 있고요.
>
> 나: 그렇네요. 그럼 '일석삼조'네요, 하하하.

# 3

# 일상생활과
# 여가 생활

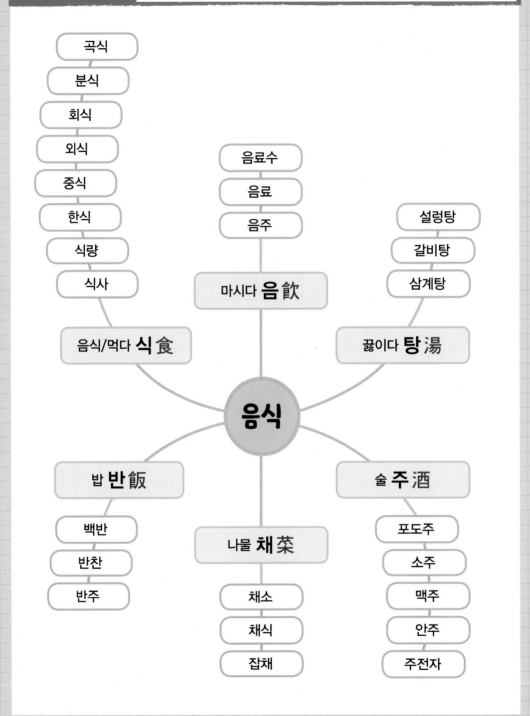

곡식
분식
회식
외식
중식
한식
식량
식사

음식/먹다 **식食**

음료수
음료
음주

마시다 **음飮**

설렁탕
갈비탕
삼계탕

끓이다 **탕湯**

**음식**

밥 **반飯**

백반
반찬
반주

나물 **채菜**

채소
채식
잡채

술 **주酒**

포도주
소주
맥주
안주
주전자

| 음식/먹다 식食 | food/to eat<br>飲食/食べる<br>食物/吃<br>ẩm thực/ăn |
|---|---|

식사 meal / 食事 / 饭、饮食 / bữa ăn

식량 food, provisions / 食料、食糧 / 口粮、粮食 / lương thực

한식 Korean food / 韓国料理 / 韩国菜、韩餐 / món ăn Hàn Quốc

중식 Chinese food / 中国料理 / 中餐、中国菜 / món ăn Trung Quốc

외식 eating out / 外食 / 外出就餐、出去吃 / việc đi ăn ngoài

회식 get-together / 会食 / 会餐、聚餐 / liên hoan

분식 flour-based food / 小麦粉食品 / 面食 / đồ ăn làm từ bột mì

곡식 grain / 穀物 / 粮食、谷物 / ngũ cốc

| 마시다 음飲 | to drink<br>飲む<br>喝、饮<br>uống |
|---|---|

음주 drinking / 飲酒 / 饮酒、喝酒 / sự uống rượu

음료 beverage / 飲み物 / 饮料 / đồ uống

음료수 beverage / ソフトドリンク / 饮料、饮品 / đồ uống

| 끓이다 탕湯 | to boil<br>煮込む<br>煮沸<br>đun sôi |
|---|---|

삼계탕 samgyetang, chicken soup with ginseng and other ingredients / サムゲタン / 参鸡汤 / món gà tần sâm

갈비탕 galbitang, short rib soup / カルビタン / 排骨汤 / món canh sườn

설렁탕 seolleongtang, stock soup of bone and stew meat / ソルロンタン / 雪浓汤、先农汤 / món canh thịt bò

| 밥 반飯 | meal<br>ご飯<br>饭<br>cơm |
|---|---|

백반 meal with a bowl of rice, soup, and side dishes / 定食 / 白米饭、大米饭 / bữa ăn gồm cơm, canh và món ăn kèm đơn giản

반찬 side dish / おかず / 小菜、下饭菜 / món ăn kèm

반주 liquor taken at meal time / 晩酌 / 佐餐酒、下饭酒 / rượu uống trong lúc ăn

| 나물 채菜 | vegetables<br>蔬菜<br>菜、素菜<br>rau |
|---|---|

채소 vegetable / 野菜 / 蔬菜 / rau

채식 vegetarian diet / 菜食 / 素食 / việc ăn chay

잡채 japchae, mixed dish of boiled bean threads, stir-fried vegetables, and shredded meat / チャプチェ / 什锦炒菜、杂菜 / món miến trộn

| 술 주酒 | liquor<br>酒<br>酒<br>rượu |
|---|---|

포도주 wine / ワイン / 葡萄酒、红酒 / rượu nho

소주 soju, Korean distilled spirits / 焼酎 / 烧酒 / rượu soju

맥주 beer / ビール / 啤酒 / bia, bia hơi

안주 snack served with alcoholic beverages / (酒の)つまみ / 下酒菜 / đồ nhắm

주전자 kettle / やかん / 水壶、酒壶 / cái ấm

1. 보기 에서 빈칸에 들어갈 한자를 골라 쓰십시오.

| 보기 | 채 | 반 | 식 | 탕 | 음 | 주 |
|------|----|----|----|----|----|----|

1) (        )    2) (        )    3) (        )

2. 한자의 의미가 다른 것을 고르십시오.

1) **음식/먹다**    ① 외식    ② 형식    ③ 식량

2) **마시다**    ① 음악    ② 음료    ③ 음주

3) **밥**    ① 반찬    ② 반주    ③ 반대

4) **술**    ① 소주    ② 맥주    ③ 연주

3. 알맞은 단어를 골라 문장을 완성하십시오.

1) 세계 인구가 늘면서 미래에는 먹을 수 있는 곤충이 (**식량, 곡식**)이 될 것이라고 한다.

2) 가수 김현이 (**음주, 반주**) 운전으로 벌금 600만 원을 내야 한다는 뉴스를 들었다.

3) 어제 한국 친구와 갈비, 잡채 등 (**중식, 한식**) 요리가 20가지나 나오는 식당에 갔다.

4) 어렸을 때 내가 제일 좋아하는 도시락 (**반찬, 외식**)은 버섯볶음이었다.

4. 보기 에서 알맞은 단어를 골라 대화를 완성하십시오.

| 보기 | 주전자 | 포도주 | 백반 | 분식 | 음료수 | 회식 |
|------|--------|--------|------|------|--------|------|

1) 가: 피자는 불고기 피자로 하시고, 그럼 _____은/는 무엇으로 하시겠어요?

   나: 오렌지 주스로 주세요.

2) 가: 내일 저녁에 같이 영화 볼까?

   나: 미안해. 내일 회사에서 우리 팀 _____이/가 있어서 안 돼.

3) 가: 오늘 점심은 뭐 먹을까?

   나: 떡볶이나 라면이 먹고 싶은데 _____이/가 어때?

4) 가: 지윤 씨 집들이 선물로 뭐가 좋을까?

   나: 전기 _____이/가 어떨까? 지윤 씨가 차 마시는 것도 좋아하고 요즘은
   디자인이 예쁜 제품들이 아주 많아서 선물하기에도 좋을 것 같아.

5. 보기 에서 알맞은 단어를 골라 이야기를 완성하십시오.

| 보기 | 안주 | 채소 | 삼계탕 | 채식 | 식사 | 잡채 |
|------|------|------|--------|------|------|------|

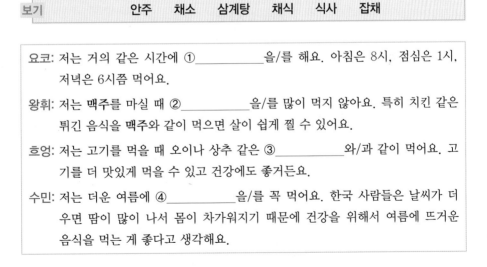

요코: 저는 거의 같은 시간에 ①_____을/를 해요. 아침은 8시, 점심은 1시,
저녁은 6시쯤 먹어요.

왕휘: 저는 **맥주**를 마실 때 ②_____을/를 많이 먹지 않아요. 특히 치킨 같은
튀긴 음식을 **맥주**와 같이 먹으면 살이 쉽게 찔 수 있어요.

흐엉: 저는 고기를 먹을 때 오이나 상추 같은 ③_____와/과 같이 먹어요. 고
기를 더 맛있게 먹을 수 있고 건강에도 좋거든요.

수민: 저는 더운 여름에 ④_____을/를 꼭 먹어요. 한국 사람들은 날씨가 더
우면 땀이 많이 나서 몸이 차가워지기 때문에 건강을 위해서 여름에 뜨거운
음식을 먹는 게 좋다고 생각해요.

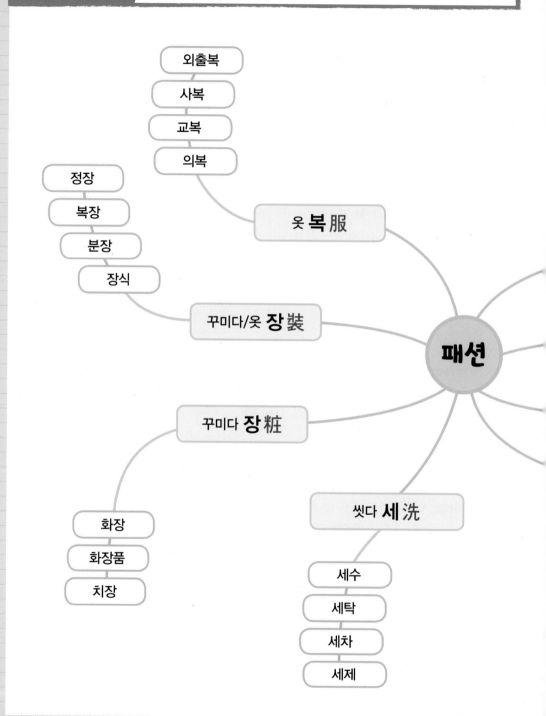

외출복
사복
교복
의복

정장
복장
분장
장식

옷 **복** 服

꾸미다/옷 **장** 裝

꾸미다 **장** 粧

**패션**

씻다 **세** 洗

화장
화장품
치장

세수
세탁
세차
세제

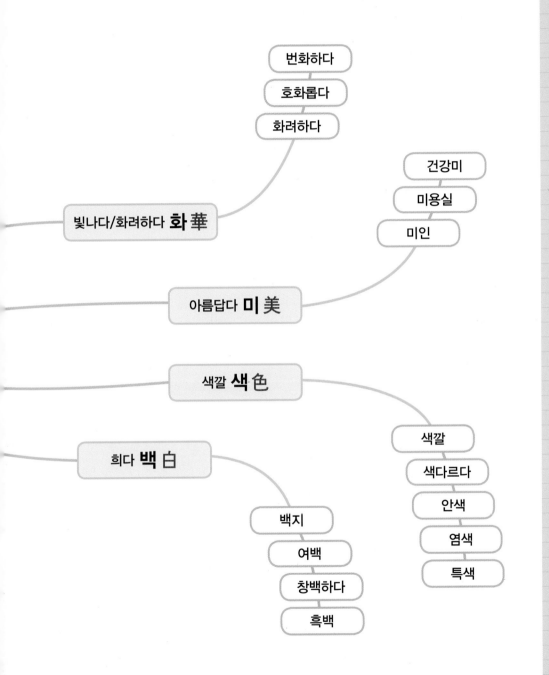

| 옷<br>**복服** | clothes<br>服<br>衣服<br>quần áo |
|---|---|

**의복** clothes / 衣服 / 衣服 / y phục

**교복** school uniform / (学校の)制服 / 校服 / đồng phục

**사복** plain clothes / 私服 / 便服、便衣 / thường phục

**외출복** street clothes / 外出着 / 外出服、便服 / quần áo mặc khi ra ngoài

| 꾸미다/옷<br>**장裝** | to decorate/clothes<br>装う/服<br>打扮/衣服<br>làm đẹp/quần áo |
|---|---|

**장식** decoration / 飾り、アクセサリー / 装饰 / sự trang trí, đồ trang trí

**분장** dressing-up / 扮装 / 扮演、打扮 / sự hóa trang

**복장** costume / 服装 / 服装 / trang phục

**정장** suit / スーツ / 正装、西装 / đồ công sở

| 꾸미다<br>**장粧** | to adorn<br>飾る<br>打扮<br>trang trí |
|---|---|

**화장** makeup / 化粧 / 化妆 / việc trang điểm

**화장품** cosmetics / 化粧品 / 化妆品 / đồ trang điểm

**치장** adornment / 飾ること、装い / 化妆、打扮 / sự chỉnh trang

| 씻다<br>**세洗** | to wash<br>洗う<br>洗<br>rửa |
|---|---|

**세수** washing one's face / 洗顔 / 洗漱 / sự rửa mặt

**세탁** laundering / 洗濯 / 洗、洗衣服 / sự giặt giũ

**세차** washing a car / 洗車 / 洗车 / việc rửa xe

**세제** detergent / 洗剤 / 洗衣粉、洗涤剂 / bột giặt

| 빛나다/화려하다<br>**화華** | to shine/to be splendid<br>輝く/華麗だ<br>闪耀、发光/华丽<br>lấp lánh/rực rỡ |
|---|---|

**화려하다** to be splendid / 華麗だ、派手だ / 华丽 / rực rỡ

**호화롭다** to be sumptuous / 豪華だ / 豪华 / hào hoa

**번화하다** to be bustling / にぎやかだ / 繁华 / phồn thịnh, phồn hoa

| 아름답다<br>**미美** | to be beautiful<br>美しい<br>美、美丽<br>đẹp |
|---|---|

**미인** beauty / 美人 / 美人、美女 / mĩ nhân, người đẹp

**미용실** beauty parlor / 美容室 / 美发店、理发店 / tiệm làm tóc

**건강미** healthy beauty / 健康美 / 健康美、健美 / vẻ đẹp khỏe khoắn

| 색깔<br>**색色** | color<br>色<br>颜色<br>màu sắc |
|---|---|

**색깔** color / 色 / 颜色 / màu sắc

**색다르다** to be unusual / 変わった、特別な / 特殊、別致 / khác lạ, lạ thường

**안색** complexion / 顔色 / 脸色、气色 / sắc mặt

**염색** dyeing / 染色 / 染色 / sự nhuộm màu

**특색** distinct feature / 特色 / 特色 / sự đặc sắc, điểm đặc sắc

| 희다<br>**백白** | to be white<br>白い<br>白、白色<br>trắng |
|---|---|

**백지** blank paper / 白紙 / 白纸 / giấy trắng

**여백** blank space / 余白 / 余白、空白 / khoảng trống

**창백하다** to be pale / 蒼白だ / 苍白 / trắng bệch, nhợt nhạt

**흑백** black and white / 白黒、モノクロ / 黑白 / đen trắng

# Day 10 │ 연습 문제

1. 보기 에서 빈칸에 공통적으로 들어갈 한자를 골라 쓰십시오.

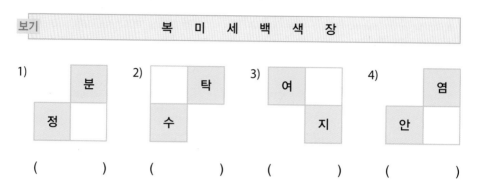

| 보기 | 복   미   세   백   색   장 |

1)
| | 분 |
|---|---|
| 정 | |
( )

2)
| | 탁 |
|---|---|
| 수 | |
( )

3)
| 여 | |
|---|---|
| | 지 |
( )

4)
| | 염 |
|---|---|
| 안 | |
( )

2. 한자의 의미와 한자, 단어가 맞는 것을 연결하십시오.

1) 아름답다 •          • ㉮ 미 •          • ㉠ 미용실, 건강미

2) 꾸미다 •            • ㉯ 복 •          • ㉡ 화장, 치장

3) 빛나다/화려하다 •    • ㉰ 장 •          • ㉢ 번화하다, 호화롭다

4) 옷 •                • ㉱ 화 •          • ㉣ 외출복, 의복

3. 알맞은 단어를 골라 문장을 완성하십시오.

1) 옷은 그 사람이 어떤 사람인지 보여주기 때문에 때와 장소에 알맞은 (**복장, 분장**)을 하는 것이 중요하다.

2) 검은 머리카락, 빨간 입술, 하얀 이가 조선 시대 (**미인, 안색**)의 조건이었다고 한다.

3) 나는 보통 뜨거운 물로 설거지하지만 기름이 많이 묻은 그릇을 씻을 때는 (**세제, 세수**)를 사용한다.

4) 전에 살던 동네는 너무 (**호화로웠는데, 번화했는데**) 이사 온 동네는 조용하고 사람이 많지 않아서 살기가 더 좋다.

4. 보기 에서 알맞은 단어를 골라 대화를 완성하십시오.

| 보기 | 색다르다 | 특색 | 장식 | 창백하다 | 정장 | 화려하다 |
|---|---|---|---|---|---|---|

1) 가: 얼굴이 _____아/어 보여요. 어디 아파요?

   나: 아니에요. 보고서 때문에 며칠 밤을 샜더니 피곤해서 그래요.

2) 가: 식탁을 꽃으로 _____했네요. 아주 예쁜데요.

   나: 그렇죠? 봄이 되어서 부엌 분위기를 바꿔 봤어요.

3) 가: 다음 주에 대학교 입학 면접시험이 있는데 어떤 옷을 입고 가면 좋을까?

   나: 면접시험이니까 _____을 입는 게 좋을 것 같아.

4) 가: 여기 잡지에 나온 사진 좀 봐요. 영화배우 윤시아 씨의 결혼 드레스가 2억이라고 해요.

   나: 세계적인 디자이너의 드레스잖아요. 결혼 드레스가 정말 _____네요.

5. 보기 에서 알맞은 단어를 골라 이야기를 완성하십시오.

| 보기 | 색깔 | 세차 | 사복 | 화장품 | 교복 | 염색 |
|---|---|---|---|---|---|---|

내가 다닌 고등학교에서는 하얀색 블라우스와 체크무늬 치마의 ①_____을/를 입었다. 그리고 머리에 ②_____을/를 하거나 **화장**을 할 수 없었다. 하지만 나는 **화장**에 관심이 많았기 때문에 주말에 종종 친구들과 ③_____ 가게에 갔다. 또 소풍을 가는 날에만 ④_____을/를 입을 수 있었는데 친구들은 그때 가장 유행하는 옷을 입고 왔다.

경비실
응급실
강의실
거실
욕실

방/장소 **실室**

귀가
가구
가족
가사
가정

집 **가家**

식탁
탁구
탁자

**탁자 탁卓**

집

**탁자 대臺**

침대
무대
토대
화장대
계산대

**창고 고庫**

창고
금고
국고
재고

**집 택/댁宅**

주택
택배
댁
시댁

| 탁자 | table |
|---|---|
| **탁 卓** | テーブル(卓)<br>桌、桌子<br>cái bàn |

**탁자** table / テーブル / 桌、桌子 / cái bàn

**탁구** table tennis / 卓球 / 乒乓球 / bóng bàn

**식탁** (dinning) table / 食卓 / 餐桌、饭桌 / bàn ăn

| 탁자 | table |
|---|---|
| **대 臺** | テーブル(台)<br>桌、桌子<br>cái bàn |

**침대** bed / ベッド / 床 / giường

**무대** stage / 舞台 / 舞台 / sân khấu

**토대** base / 土台 / 土台、地基 / nền móng, cơ sở

**화장대** dressing table / ドレッサー / 梳妆台、化妆台 / bàn trang điểm

**계산대** checkout counter / レジ / 收银台 / quầy thu ngân

| 방/장소 | room/place |
|---|---|
| **실 室** | 部屋/場所<br>房间/场所<br>phòng/địa điểm |

**욕실** bathroom / 浴室 / 浴室 / bồn tắm

**거실** living room / 居間、リビング / 客厅 / phòng khách

**강의실** lecture room / 講義室 / 教室 / phòng học

**응급실** emergency room / 救急室 / 急诊室 / phòng cấp cứu

**경비실** security office / 警備室 / 警卫室、保安室 / phòng bảo vệ

| 창고 | warehouse |
|---|---|
| **고 庫** | 倉庫<br>仓库<br>kho, nhà kho |

**창고** warehouse / 倉庫 / 仓库 / kho, nhà kho

**금고** safe / 金庫 / 保险柜、金库 / két, kho báu

**국고** national treasury / 国庫 / 国库 / quốc khố, ngân khố

**재고** inventory / 在庫 / 库存 / sự tồn kho

| 집 | house |
|---|---|
| **가 家** | 家<br>家、房屋<br>nhà |

**가정** family / 家庭 / 家庭 / gia đình

**가사** housework / 家事 / 家务、家务事 / việc nhà

**가족** family / 家族 / 家人、家属 / gia đình

**가구** household / 世帯 / 家、户 / nhân khẩu

**귀가** returning home / 帰宅 / 回家 / việc trở về nhà

| 집 | house |
|---|---|
| **택/댁 宅** | 宅<br>家、房屋<br>nhà |

**주택** house / 住宅 / 住宅、独立住宅 / nhà riêng

**택배** package-delivery service / 宅配 / 快递 / sự giao hàng

**댁** house (honorific) / 宅、お宅 / (尊待)家、房屋 / nhà (kính ngữ)

**시댁** one's husband's family / 夫の実家 / 婆家 / nhà chồng

1. 보기 에서 빈칸에 공통적으로 들어갈 한자를 골라 쓰십시오.

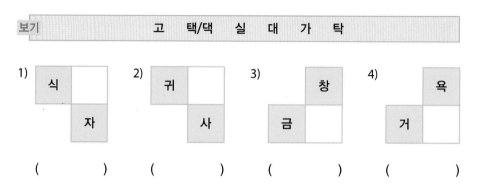

| 보기 | 고 택/댁 실 대 가 탁 |

1)

| 식 |   |
|---|---|
|   | 자 |

(          )

2)

| 귀 |   |
|---|---|
|   | 사 |

(          )

3)

|   | 창 |
|---|---|
| 금 |   |

(          )

4)

|   | 욕 |
|---|---|
| 거 |   |

(          )

2. 한자의 의미가 <u>다른</u> 것을 고르십시오.

1) **방/장소**　　　① 경비실　　② 현실　　③ 강의실

2) **탁자**　　　① 시대　　② 토대　　③ 화장대

3) **집**　　　① 가정　　② 가격　　③ 가구

4) **집**　　　① 선택　　② 시댁　　③ 주택

3. 보기 에서 관계있는 단어를 골라 쓰십시오.

| 보기 | 가족　응급실　국고　욕실　탁자　강의실 |

1) 간호사, 의사, 환자, 침대　　　　　(          )

2) 샴푸, 비누, 수건, 거울　　　　　(          )

3) 아버지, 어머니, 동생, 누나　　　　(          )

4) 칠판, 책상, 교수, 학생　　　　　(          )

4. 보기 에서 알맞은 단어를 골라 대화를 완성하십시오.

| 보기 | 귀가      재고      무대      계산대      가구      시댁 |
|---|---|

1) 가: 이 빵은 여기에서 따로 돈을 내는 거예요?

   나: 아니요, 나가실 때 저쪽 _____에 가서 한꺼번에 내시면 됩니다.

2) 가: 이 티셔츠는 조금 더 큰 사이즈가 있나요?

   나: 죄송합니다만 큰 사이즈는 지금 _____이/가 없어서 주문하셔야 합니다.

3) 가: 나는 대학교 때 _____ 시간이 9시라서 항상 집에 일찍 들어가야 했어.

   나: 너희 부모님 정말 엄격하셨구나!

4) 가: 어제 '나 혼자 살아요'라는 프로그램을 처음 봤어. 혼자 사는 연예인들의 일상생
   활을 보여 주는데 재미있더라.

   나: 나도 봤는데 점점 1인 _____이/가 많아지니까 인기가 많은 것 같아.


5. 보기 에서 알맞은 단어를 골라 광고를 완성하십시오.

| 보기 | 가사      탁구      금고      주택      식탁      택배 |
|---|---|

1)
전세 6억

- 2층 단독 _____
- 1층: 방 3개, 화장실 2개
- 2층: 방 2개, 화장실 1개

2)
_____ 팝니다.

- 4인용
- 의자 4개 같이 드립니다.
- 1년 전에 샀지만 저녁을 집에서 먹지 않는 날이 많아서 새것 같습니다.
- 010-9874-9874

3)
서울 _____

- 1588-9788
- 배송 시간
  평일 9:00~18:00 / 주말 9:00~13:00
- 요금

| 1kg 이하 | 10kg 이하 | 20kg 이하 |
|---|---|---|
| 5,000원 | 6,000원 | 7,000원 |

4)
_____ 동호회 회원을
모집합니다.

- 운동을 좋아하시는 분. 운동이 필요하신 분 모두 환영합니다.
- 장소 : 서울체육관
- 연락처 : 010-8965-2147

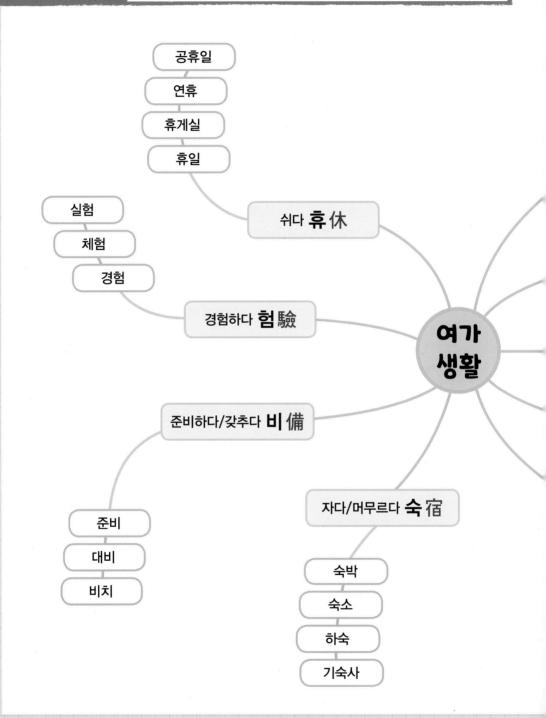

공휴일
연휴
휴게실
휴일

쉬다 **휴休**

실험
체험
경험

경험하다 **험驗**

준비하다/갖추다 **비備**

준비
대비
비치

**여가 생활**

자다/머무르다 **숙宿**

숙박
숙소
하숙
기숙사

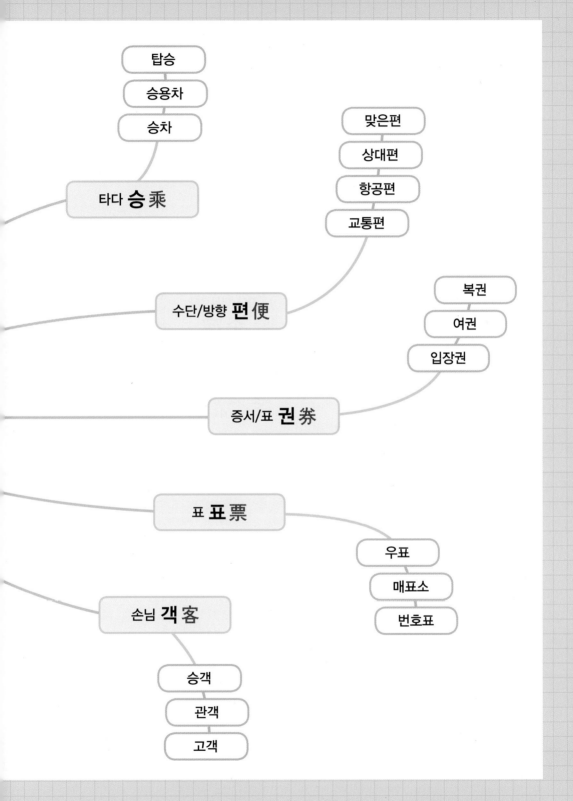

탑승

승용차

승차

맞은편

상대편

항공편

교통편

타다 **승** 乘

복권

여권

입장권

수단/방향 **편** 便

증서/표 **권** 券

표 **표** 票

우표

매표소

번호표

손님 **객** 客

승객

관객

고객

| 쉬다 휴休 | to rest<br>休む<br>休息<br>nghỉ ngơi |
|---|---|

**휴일** holiday / 休日 / 休息日 / ngày nghỉ

**휴게실** lounge / 休憩室 / 休息室 / phòng nghỉ

**연휴** long weekend / 連休 / 连休 / kì nghỉ dài

**공휴일** national holiday / 祝日 / 公休日 / ngày nghỉ lễ

| 경험하다 험驗 | to experience<br>経験する<br>经历、体验<br>trải nghiệm |
|---|---|

**경험** experience / 経験 / 经历、经验 / kinh nghiệm

**체험** experience / 体験 / 体验 / trải nghiệm

**실험** experiment / 実験 / 实验 / sự thực nghiệm, sự thí nghiệm

| 준비하다/갖추다 비備 | to prepare/to provide<br>準備/備える<br>准备/具备<br>chuẩn bị/trang bị |
|---|---|

**준비** preparation, arrangement / 準備 / 准备 / sự chuẩn bị

**대비** preparation / 備え / 应对 / sự phòng bị

**비치** providing / 備え、備え置き / 备置、准备 / sự bố trí, sự thu xếp

| 자다/머무르다 숙宿 | to sleep/to stay<br>泊まる/留まる<br>睡觉/住宿<br>ngủ/ở lại |
|---|---|

**숙박** accommodations / 宿泊 / 住宿、投宿 / việc ở trọ, ở nhà nghỉ

**숙소** lodging / 宿舎、宿泊場所 / 住所、住处 / chỗ trọ, nhà khách

**하숙** living in a boarding house / 下宿 / 寄宿 / việc ở trọ cùng với chủ nhà

**기숙사** dormitory / 寮 / 宿舍 / kí túc xá

| 타다<br>**승乘** | to board<br>乗る<br>乗、坐<br>lên xe |
|---|---|

**승차** getting in, getting on / 乗車 / 乘车、坐车 / việc lên xe

**승용차** sedan / 乗用車 / 小轿车、轿车 / xe ô tô con

**탑승** boarding / 搭乗 / 搭乘、乘坐 / sự đi, sự lên

| 수단/방향<br>**편便** | means/direction<br>手段/方向<br>手段/方向<br>cách thức/phương hướng |
|---|---|

**교통편** transportation / 交通の便 / 交通工具 / phương tiện giao thông

**항공편** flight / 航空便 / 乘飞机、航班 / đường hàng không

**상대편** opponent / 相手側 / 对方 / phía đối phương

**맞은편** opposite side / 向かい側 / 对面 / phía đối diện

| 증서/표<br>**권券** | certificate/ticket<br>証書/券<br>证、证书/票<br>chứng nhận/bảng |
|---|---|

**입장권** ticket for admission / 入場券 / 入场券 / vé vào cửa

**여권** passport / 旅券 / 护照 / hộ chiếu

**복권** lottery / 宝くじ / 福利彩票 / vé số

| 표<br>**표票** | ticket<br>チケット<br>票<br>bảng |
|---|---|

**우표** stamp / 切手 / 邮票 / tem

**매표소** box office / きっぷ売場 / 售票处 / quầy bán vé

**번호표** number ticket / 受付票 / 号码票 / phiếu số thứ tự

| 손님<br>**객客** | guest<br>客<br>客人<br>khách |
|---|---|

**승객** passenger / 乗客 / 乘客 / hành khách

**관객** audience / 観客 / 观众 / khán giả, người xem

**고객** customer / 顧客 / 顾客 / khách hàng

1. 보기 에서 공통적으로 들어간 한자의 의미를 골라 쓰십시오.

| 보기 | 쉬다 | 증서/표 | 경험하다 | 손님 | 준비하다/갖추다 | 수단/방향 |
|------|------|---------|----------|------|----------------|-----------|

1) 교통<u>편</u>    맞은<u>편</u>    항공<u>편</u>                    (                    )

2) 입장<u>권</u>    여<u>권</u>    복<u>권</u>                    (                    )

3) <u>휴</u>일    공<u>휴</u>일    <u>휴</u>게실                    (                    )

4) 승<u>객</u>    고<u>객</u>    관<u>객</u>                    (                    )

2. 한자의 의미와 한자, 단어가 맞는 것을 연결하십시오.

1) **타다**              • ㉮ 숙 •              • ㉠ <u>승</u>용차, <u>승</u>차

2) **자다/머무르다**    • ㉯ 표 •              • ㉡ 실<u>험</u>, 체<u>험</u>

3) **경험하다**          • ㉰ 험 •              • ㉢ 대<u>비</u>, <u>비</u>치

4) **준비하다/갖추다**  • ㉱ 비 •              • ㉣ 매<u>표</u>소, 우<u>표</u>

5) **표**                • ㉲ 승 •              • ㉤ 기<u>숙</u>사, <u>숙</u>소

3. 알맞은 단어를 골라 문장을 완성하십시오.

1) 우리 언니가 다음 달에 결혼을 해서 요즘 결혼 (**경험, 준비**)(으)로 바쁘다.

2) 한국은 은행에서 기다릴 때 먼저 (**번호표, 우표**)를 뽑아야 한다.

3) 대학교에 다닐 때 4년 동안 (**대비, 하숙**)을/를 했는데 주인집 아주머니가 엄마처럼 잘해 주셔서 아직도 기억에 남는다.

4) 만약 (**복권, 여권**) 1등에 당첨되면 평생 세계 여행을 하면서 살고 싶다.

**4.** 보기 에서 알맞은 단어를 골라 대화를 완성하십시오.

| 보기 | 실험 | 상대편 | 휴게실 | 관객 | 탑승 | 숙박 |

1) 가: 제주행 비행기가 곧 출발합니다. 승객 여러분께서는 빨리 _____해 주시기 바랍니다.

   나: 어, 시간이 벌써 이렇게 됐네. 빨리 비행기 타러 가자.

2) 가: 영화 '내 친구'의 _____이/가 벌써 천만 명이 넘었대.

   나: 지난주에 나도 봤는데 얼마나 재미있는지 시간 가는 줄 모르겠더라고.

3) 가: 어제 우리나라 축구팀이 3:2로 이긴 거 봤어?

   나: 응, 나도 봤어. _____ 팀 실력이 워낙 뛰어나서 이기기 어렵다고 생각했는데 우리 팀 정말 대단해!

4) 가: 고등학교 때 제일 좋아한 수업이 뭐야?

   나: 나는 과학을 좋아했어. 특히 수업 시간에 배운 것을 실제로 _____해 보는 시간이 제일 재미있었어.

**5.** 보기 에서 알맞은 단어를 골라 안내문을 완성하십시오.

| 보기 | 공휴일 | 숙소 | 비치 | 체험 | 매표소 | 고객 |

### 한옥마을에 오신 것을 환영합니다

- **관람 시간**: 9:00-21:00

  ①_____ 휴무

- **입장 요금**: 아동 및 성인 5,000원

  어린이(6세 이하) 무료

- ②_____ **프로그램**: 한복 입기, 전통 놀이, 전통 차 마시기

먼저 **입장권**을 ③_____에서 구입하신 후에 왼쪽 출입구로 들어가시면 됩니다.

한옥마을 안내 책과 지도는 안내소에 ④_____되어 있습니다.

# 한자성어

## 미 아름답다美    인 사람人    박 엷다薄    명 목숨命

➡️ 미인이나 재주가 많은 사람은 불행하거나 병에 걸려서 일찍 죽는 일이 많다.

가: 노래가 아주 좋은데요.

나: 그렇지요? 윤재민이라는 가수인데 교통사고로 32세의 나이에 세상을 떠났어요.

가: 제가 좋아하는 밍차오라는 대만의 국민 가수도 40대에 병 때문에 일찍 죽었어요.

나: 그러고 보면 **미인박명**이라는 말이 맞는 것 같기도 해요.


## 자 스스로自    수 손手    성 이루다成    가 집家

➡️ 물려받은 재산이 없이 자기 혼자의 힘으로 집안을 일으키고 재산을 모은다.

가: 신문에서 K그룹의 송호석 회장에 대한 기사를 읽었는데 정말 대단한 분인 것 같아요.

나: 저도 그렇게 생각해요. 기업이 얻은 이익은 그 기업을 키운 사회에 다시 돌려주어야
    한다는 생각으로 모든 재산을 사회에 기부했잖아요.

가: 네, 게다가 맨손으로 회사를 시작해서 대기업으로 키운 **자수성가**형 경영인이잖아요.

나: 우리 사회에 송호석 회장 같은 경영인들이 더 많아졌으면 좋겠어요.

# 4

## 신체와 건강

외면
직면
체면
면도
면회
면접
면담

얼굴/만나다 **면** 面

몰두
선두
화두
두뇌

머리/으뜸 **두** 頭

**얼굴**

눈/보다 **목** 目

목격
목표
목적
주목
안목
이목
맹목적

입/구멍 **구** 口

식구
인구
창구
출구
비상구
돌파구

머리털 **발** 髮

단발머리
이발
백발
가발

| 얼굴/만나다<br>**면 面** | face/to meet<br>顔/会う<br>脸/见面<br>gương mặt/gặp mặt |
|---|---|

**면담** face-to-face talk / 面談 / 面谈 / sự tư vấn

**면접** interview / 面接 / 面试 / sự phỏng vấn

**면회** visit / 面会 / 会面、见面 / sự đến thăm

**면도** shaving / ひげ剃り / 剃须、刮脸 / sự cạo râu

**체면** face, honor / 体面 / 面子、体面 / thể diện

**직면** facing / 直面 / 直面、面对 / sự đối mặt

**외면** turning away, disregard / 無視、外面 / 外面、回避、不理睬 / sự tránh mặt, sự làm ngơ

| 눈/보다<br>**목 目** | eye/to see<br>目/見る<br>眼睛/看<br>mắt/nhìn |
|---|---|

**목격** witnessing / 目撃 / 目击、目睹 / sự chứng kiến

**목표** goal / 目標 / 目标 / mục tiêu

**목적** purpose / 目的 / 目的 / mục đích

**주목** notice / 注目 / 注目、关注 / sự chú ý

**안목** discernment / 眼目、見る目 / 眼光 / sự sáng suốt, nhãn quang

**이목** attention / 耳目 / 耳目 / tai mắt

**맹목적** blind / 盲目的 / 盲目的 / mù quáng, thiếu thận trọng

| 머리털<br>**발 髮** | hair<br>髪<br>头发<br>tóc |
|---|---|

**단발머리** bobbed hair / ショートカット / 短发 / tóc ngắn

**이발** haircut / 理髪 / 理发 / việc cắt tóc

**백발** white hair, gray hair / 白髪 / 白发 / tóc bạc

**가발** wig / かつら / 假发 / tóc giả

| 머리/으뜸<br>**두 頭** | head/top<br>頭/首位<br>头/第一、最好<br>đầu/đứng đầu |
|---|---|

**두뇌** brain / 頭脳 / 头脑 / bộ não, đầu óc

**화두** topic / 話題 / 话题 / mở đầu câu chuyện

**선두** forefront / 先頭 / 前头、前列 / việc đi đầu, việc đi tiên phong

**몰두** absorption / 没頭 / 埋头、热衷 / sự vùi đầu

| 입/구멍<br>**구 口** | mouth/hole<br>口/穴<br>口、嘴/洞<br>miệng/lỗ |
|---|---|

**식구** family / 家族 / 家人、家族 / người nhà, người trong gia đình

**인구** population / 人口 / 人口 / dân số

**창구** counter / 窓口 / 窗口 / quầy

**출구** exit / 出口 / 出口 / cửa ra, lối ra

**비상구** emergency exit / 非常口 / 紧急出口 / cửa thoát hiểm

**돌파구** breakthrough / 突破口 / 突破口 / bước đột phá

# Day 13 | 연습 문제

**1.** 보기 에서 빈칸에 들어갈 한자를 골라 쓰십시오.

보기

면
발
목
두
구

**2.** 보기 에서 공통적으로 들어간 한자의 의미를 골라 쓰십시오.

| 보기 | 얼굴/만나다 | 눈/보다 | 머리털 | 머리/으뜸 | 입/구멍 |
|---|---|---|---|---|---|

| | | | | |
|---|---|---|---|---|
| 1) <u>목</u>표 | 주<u>목</u> | 맹<u>목</u>적 | ( | ) |
| 2) <u>면</u>담 | 직<u>면</u> | <u>면</u>도 | ( | ) |
| 3) 비상<u>구</u> | 출<u>구</u> | 돌파<u>구</u> | ( | ) |
| 4) 백<u>발</u> | 가<u>발</u> | 단<u>발</u> | ( | ) |

**3.** 단어의 의미가 맞는 것을 연결하십시오.

1) 목격     •

2) 이발     •

3) 외면     •

4) 창구     •

• ㉠ 만나는 것을 싫어하여 피하거나 얼굴을 보지 않는 것

• ㉡ 은행 등에서 손님과 돈이나 물건 등을 주고받을 수 있게 만든 창이나 구멍

• ㉢ 머리털을 깎아서 다듬음

• ㉣ 눈으로 직접 봄

4. 보기 에서 밑줄 친 단어와 바꿔 사용할 수 있는 단어를 골라 쓰십시오.

| 보기 | 이목 | 면접 | 선두 | 식구 | 면도 | 두뇌 |
|---|---|---|---|---|---|---|

1) 오늘까지 모든 시험이 끝나고 내일 <u>인터뷰</u>만 남아 있다.    (          )

2) 우리 집은 <u>가족</u>이 많아서 식비가 많이 든다.    (          )

3) 요즘은 친환경 에너지에 사람들의 <u>관심</u>이 집중되고 있다.    (          )

4) <u>머리</u>는 사용하면 사용할수록 좋아진다고 한다.    (          )

5. 보기 에서 알맞은 단어를 골라 대화를 완성하십시오.

| 보기 | 면회 | 목표 | 체면 | 인구 | 몰두 | 안목 |
|---|---|---|---|---|---|---|

1) 가: 어서 오세요. 이사하고 아직 정리가 다 안 끝났어요.

　나: 초대해 주셔서 감사해요. 와, 집이 진짜 예쁘네요. 그림하고 가구하고 모두 너
　　무 잘 어울려요. 역시 선생님은 _____이/가 높으세요.

2) 가: 보라 씨가 지금 병원에 있다면서요? 토요일에 같이 가 볼까요?

　나: 이번 주말까지는 _____이/가 안 된다고 하니까 다음 주에 같이 가요.

3) 가: 벌써 새해가 됐네요. 리나 씨는 올해 꼭 하고 싶은 거 있으세요?

　나: 네, 제 올해 _____은/는 다이어트예요. 무슨 일이 있어도 10kg를 뺄 거
　　예요.

4) 가: 여기는 서울처럼 큰 도시인데도 복잡하지 않고 조용하네요.

　나: 그렇죠? 그래서 그런지 몇 년 사이에 _____이/가 아주 많이 늘어났다고
　　해요.

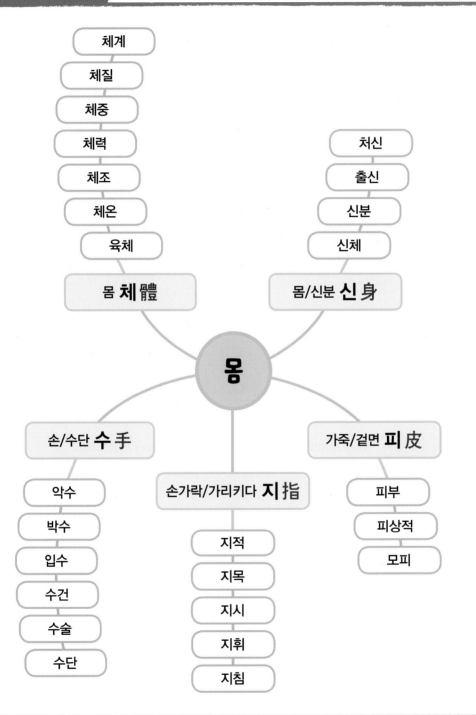

체계
체질
체중
체력
체조
체온
육체

몸 **체** 體

처신
출신
신분
신체

몸/신분 **신** 身

**몸**

손/수단 **수** 手

악수
박수
입수
수건
수술
수단

손가락/가리키다 **지** 指

지적
지목
지시
지휘
지침

가죽/겉면 **피** 皮

피부
피상적
모피

| 몸 **체 體** | body<br>体<br>身体<br>thân |
|---|---|

**육체** body / 肉体 / 身体、肉体 / thân thể, thể xác

**체온** body temperature / 体温 / 体温 / nhiệt độ cơ thể

**체조** gymnastics / 体操 / 体操 / việc chơi thể thao

**체력** stamina / 体力 / 体力 / thể lực

**체중** weight / 体重 / 体重 / cân nặng

**체질** constitution / 体質 / 体质 / thể chất, cơ địa

**체계** system / 体系 / 体系 / hệ thống

| 몸/신분 **신 身** | body/status<br>体/身分<br>身体/身份<br>thân/thân phận |
|---|---|

**신체** body / 身体 / 身体 / thân thể, cơ thể

**신분** status, (social) position / 身分 / 身份 / thân phận

**출신** origin / 出身 / 出身 / sự xuất thân

**처신** behaviour / 処身、処世 / 为人处世 / sự cư xử

| 손/수단 **수 手** | hand/means<br>手/手段<br>手/手段<br>tay/cách thức |
|---|---|

**악수** handshake / 握手 / 握手 / việc bắt tay

**박수** clapping / 拍手 / 鼓掌、拍手 / việc vỗ tay

**입수** acquisition / 入手 / 到手、得到 / sự nhận được, sự đạt được

**수건** towel / タオル / 毛巾、手巾 / khăn tay

**수술** operation / 手術 / 手术 / việc phẫu thuật

**수단** means / 手段 / 手段 / cách thức, phương tiện

| 손가락/가리키다 **지 指** | finger/to point out<br>指/指す<br>手指/指<br>ngón tay/chỉ |
|---|---|

**지적** pointing out / 指摘 / 指责 / sự chỉ trích

**지목** pointing out / 指目 / 指名、指定 / sự chỉ ra, sự vạch ra

**지시** command / 指示 / 指示 / sự chỉ thị

**지휘** direction / 指揮 / 指挥 / sự chỉ huy

**지침** guideline / 指針 / 方针、指南 / hướng dẫn, chỉ dẫn

| 가죽/겉면 **피 皮** | skin/surface<br>皮/表面<br>皮/表面<br>da thuộc/bên ngoài |
|---|---|

**피부** skin / 皮膚 / 皮肤 / da

**피상적** superficial / 皮相的 / 表面、表面的 / tính hình thức, tính bề mặt

**모피** fur / 毛皮 / 裘皮、皮草 / da lông thú

# Day 14 | 연습 문제

1. 보기 에서 빈칸에 공통적으로 들어갈 한자를 골라 쓰십시오.

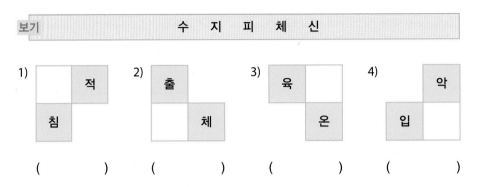

| 보기 | 수  지  피  체  신 |

1)

| | 적 |
|---|---|
| 침 | |

(       )

2)

| 출 | |
|---|---|
| | 체 |

(       )

3)

| 육 | |
|---|---|
| | 온 |

(       )

4)

| | 악 |
|---|---|
| 입 | |

(       )

2. 한자의 의미가 <u>다른</u> 것을 고르십시오.

1) 가죽/겉면      ① 피부      ② 피상적      ③ 피해자

2) 손/수단      ① 수영      ② 수건      ③ 수술

3) 몸      ① 체력      ② 단체      ③ 체질

4) 손가락/가리키다      ① 지목      ② 지시      ③ 지방

3. 알맞은 단어를 골라 문장을 완성하십시오.

1) 요즘 밤마다 야식을 많이 먹었더니 (**체온, 체중**)이 많이 늘었다.

2) 우리 남편은 경상도 (**출신, 신분**)이지만 경상도 사투리를 별로 쓰지 않는다.

3) 선수들은 경기가 끝난 후에 서로 (**악수, 입수**)를 했다.

4) 요즘 환절기라서 (**모피, 피부**)가 많이 건조하다.

4. 보기 에서 알맞은 단어를 골라 대화를 완성하십시오.

보기          지적    수단    체계    박수    처신    체력

1) 가: 어제 본 뮤지컬 공연은 어땠어요?

　　나: 정말 감동적이었어요. 공연이 끝나자마자 거기에 앉아 있던 사람들이 모두 일어나서 10분 동안이나 ＿＿＿＿＿＿을/를 쳤어요.

2) 가: 요즘은 조금만 늦게까지 일을 하면 몸이 쉽게 피곤해져.

　　나: ＿＿＿＿＿＿이/가 달려서 그래. 우리 나이에는 영양이 많은 음식도 챙겨 먹고 운동도 규칙적으로 해서 건강에 신경 써야 해.

3) 가: 보고서는 다 끝냈어요?

　　나: 네, 끝내기는 했는데 한번 읽어 봐 주시겠어요? 그리고 고쳐야 할 부분이 있으면 ＿＿＿＿＿＿ 좀 해 주세요.

4) 가: 새로 시작한 사업은 어때요?

　　나: 아직 ＿＿＿＿＿＿이/가 안 잡혀서 조금 힘들기는 하지만 시간이 지나면 괜찮아지겠지요.

5. 다음을 읽고 무엇에 대한 이야기인지 고르십시오.

1) 아침에 일어나서 또는 자기 전에, 그리고 운동하기 전에 머리, 목, 어깨, 팔과 다리를 앞, 뒤, 위, 아래로 가볍게 움직이면 긴장과 피로가 풀려서 몸도 마음도 가벼워진다.

① 신체　　　② 지침　　　③ 체조　　　④ 지목

2) 나는 몸이 아주 약하다. 특히 손과 발이 차가워서 여름에도 양말을 꼭 신어야 하고 찬물을 마시면 배가 아프다. 반면에 내 동생은 아주 건강하다. 하지만 더위를 잘 타고 땀을 많이 흘리는 편이라서 차가운 음식을 좋아하고 여름보다는 겨울을 좋아한다.

① 지휘　　　② 육체　　　③ 수술　　　④ 체질

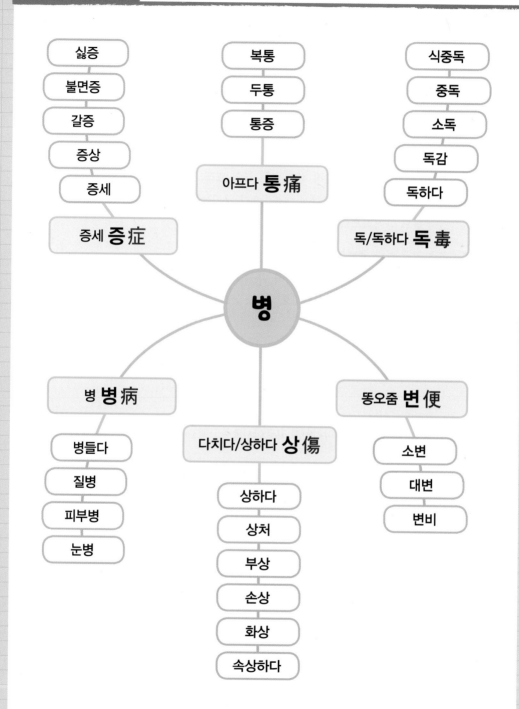

싫증
불면증
갈증
증상
증세

증세 증 症

복통
두통
통증

아프다 통 痛

식중독
중독
소독
독감
독하다

독/독하다 독 毒

병

병 병 病

병들다
질병
피부병
눈병

다치다/상하다 상 傷

상하다
상처
부상
손상
화상
속상하다

똥오줌 변 便

소변
대변
변비

| 증세 증症 | symptom<br>症状<br>症状、病情<br>triệu chứng | 병 병病 | disease<br>病<br>病<br>bệnh |
|---|---|---|---|

**증세** symptom / 病状 / 症状、病情 / triệu chứng

**증상** symptom / 症状 / 症状 / triệu chứng

**갈증** thirst / 渇き / 口渇、干渇 / sự khát nước

**불면증** insomnia / 不眠症 / 失眠症 / chứng mất ngủ

**싫증** dislike, boredom / 嫌気、飽き / 厌恶、厌倦 / sự chán ghét

**병들다** to get sick / 病気にかかる / 生病、患病 / bị bệnh

**질병** illness / 疾病 / 疾病、疾患 / bệnh tật

**피부병** skin disease / 皮膚病 / 皮肤病 / bệnh da liễu

**눈병** eye disease / 目の病気 / 眼病、眼疾 / bệnh về mắt

| 아프다 통痛 | to be painful<br>痛い<br>疼痛、生病<br>đau | 다치다/상하다 상傷 | to hurt/to go bad<br>ケガする/傷つく<br>受伤/变质<br>bị thương/hỏng |
|---|---|---|---|

**통증** pain / 痛み / 痛症、疼痛 / triệu chứng đau

**두통** headache / 頭痛 / 头痛 / chứng đau đầu

**복통** stomachache / 腹痛 / 腹痛、肚子痛 / chứng đau bụng

**상하다** to go bad / 傷つく、傷む / 变质 / hỏng

**상처** wound / 傷 / 伤口、创伤 / vết thương

**부상** injury / 負傷 / 负伤、受伤 / việc bị thương

**손상** damage / 損傷 / 损伤、损害 / sự tổn hại, sự tổn thương

**화상** burn / やけど / 烧伤 / vết bỏng

**속상하다** to be distressed / 情けない、むしゃくしゃする / 伤心 / buồn lòng, đau buồn

| 독/독하다 독毒 | poison/to be strong<br>毒/強い<br>毒/厉害、狠毒<br>chất độc/độc | 똥오줌 변便 | excreta<br>大小便<br>大小便<br>phân, nước tiểu |
|---|---|---|---|

**독하다** to be strong, to be pungent / 強い、不屈だ / 厉害、狠毒 / độc

**독감** influenza / インフルエンザ / 流感 / cảm cúm

**소독** disinfection / 消毒 / 消毒 / sự khử độc, sự sát trùng

**중독** addiction / 中毒 / 中毒、上瘾 / sự ngộ độc, việc nghiện

**식중독** food poisoning / 食中毒 / 食物中毒 / sự ngộ độc thực phẩm

**소변** urine / 小便 / 小便 / việc đi tiểu tiện

**대변** excrement / 大便 / 大便 / việc đi đại tiện

**변비** constipation / 便秘 / 便秘 / chứng táo bón

# Day 15 | 연습 문제

1. 보기 에서 빈칸에 공통적으로 들어갈 한자를 골라 쓰십시오.

보기    변  증  독  통  상  병

1) 복 [   ]    두 [   ]

(        )

2) 갈 [   ]    싫 [   ]

(        )

2. 한자의 의미가 <u>다른</u> 것을 고르십시오.

1) **병**          ① 눈병          ② 술병          ③ 질병

2) **다치다/상하다**   ① 부상          ② 상처          ③ 환상

3) **똥오줌**        ① 대변          ② 변동          ③ 소변

4) **독/독하다**      ① 독신          ② 소독          ③ 독감

3. 보기 에서 알맞은 단어를 골라 어떤 병의 증상인지 쓰십시오.

보기    불면증   두통   피부병   갈증   독감   식중독

1) 밥을 먹고 난 후 배가 너무 아프고 화장실에 자꾸 간다.    (      )
2) 팔에 빨간 것들이 났는데 너무 간지럽다.    (      )
3) 커피도 안 마시는데 밤에 잠을 잘 못 잔다.    (      )
4) 계속 기침에 콧물이랑 열도 많이 나고 머리도 너무 아프다.    (      )

**4.** 보기 에서 알맞은 단어를 골라 대화를 완성하십시오.

| 보기 | 병들다 | 소독 | 상하다 | 증세 | 독하다 | 속상하다 |
|---|---|---|---|---|---|---|

1) 가: 이 신문 기사 봤어? 어떻게 자기가 10년이나 키우던 개를 버릴 수가 있지?

　　나: 그러게 말이에요. 나이가 드니 ＿＿＿＿＿＿아서/어서 키우기 힘드니까 그런
　　　　거지요.

2) 가: 아이가 아픈데 제가 해 줄 수 있는 일이 없으니까 정말 ＿＿＿＿＿＿네요.

　　나: 부모들은 아이들이 아픈 게 제일 마음이 힘들지요. 곧 나을 거니까 힘내세요.

3) 가: 넘어져서 다쳤는데 아직도 피가 나오네요. 혹시 약 있으세요?

　　나: 네, 먼저 이걸로 상처를 ＿＿＿＿＿＿부터 하세요.

4) 가: 생일에 향수 선물 받았다고 좋아하더니 그 향수는 왜 안 써요?

　　나: 생각보다 냄새가 너무 ＿＿＿＿＿＿아서/어서 잘 안 쓰게 되더라고요.


**5.** 다음을 읽고 빈칸에 들어갈 단어를 순서대로 쓴 것을 고르십시오.

1)
> **겨울철 불청객 – 저온 ( ㉮ )**
> – 핫팩 사용 서서히 뜨거워져
> – 피부 ( ㉯ ) 스스로 느끼지 못해서 ( ㉰ ) 깊어

① ㉮ 중독 – ㉯ 통증 – ㉰ 상처 ② ㉮ 화상 – ㉯ 손상 – ㉰ 상처

③ ㉮ 화상 – ㉯ 중독 – ㉰ 통증 ④ ㉮ 화상 – ㉯ 통증 – ㉰ 중독

2)
> **현대인들이 걸리기 쉬운 ( ㉮ ), 원인의 대부분은 스트레스**
> – 많이 자도 피곤한 만성 피로
> – ( ㉯ )의 하나인 안구 건조증
> – 화장실 가는 시간이 고통스러운 ( ㉰ )

① ㉮ 질병 – ㉯ 부상 – ㉰ 변비 ② ㉮ 증상 – ㉯ 질병 – ㉰ 복통

③ ㉮ 부상 – ㉯ 눈병 – ㉰ 복통 ④ ㉮ 질병 – ㉯ 눈병 – ㉰ 변비

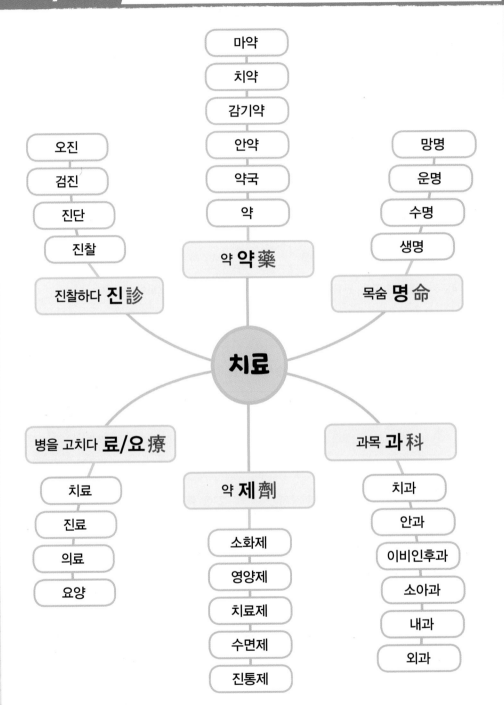

마약
치약
감기약
안약
약국
약

오진
검진
진단
진찰

진찰하다 **진** 診

약 **약** 藥

망명
운명
수명
생명

목숨 **명** 命

## 치료

병을 고치다 **료/요** 療

치료
진료
의료
요양

약 **제** 劑

소화제
영양제
치료제
수면제
진통제

과목 **과** 科

치과
안과
이비인후과
소아과
내과
외과

| 진찰하다 | to examine |
|---|---|
| **진診** | 診察する<br>诊察<br>khám bệnh |

**진찰** examination / 診察 / 诊察 / sự chẩn xét

**진단** diagnosis / 診斷 / 诊断 / sự chẩn đoán

**검진** checkup / 檢診 / 体检、身体检查 / việc khám bệnh

**오진** misdiagnosis / 誤診 / 误诊 / việc chẩn đoán nhầm

| 병을 고치다 | to cure |
|---|---|
| **료/요療** | 病気を直す<br>治病、治疗<br>chữa bệnh |

**치료** treatment / 治療 / 治疗 / sự chữa trị

**진료** medical treatment / 診療 / 诊疗、诊治 / sự điều trị

**의료** medical care / 醫療 / 医疗 / y tế

**요양** recuperation / 療養、介護 / 疗养 / sự an dưỡng, sự điều dưỡng

| 약 | medicine |
|---|---|
| **약藥** | 薬<br>药<br>thuốc |

**약** medicine / 薬 / 药 / thuốc

**약국** pharmacy / 薬局 / 药店 / hiệu thuốc

**안약** eye drop / 目薬 / 眼药 / thuốc tra mắt

**감기약** cold medicine / かぜ薬 / 感冒药 / thuốc cảm cúm

**치약** toothpaste / 歯みがき / 牙膏 / kem đánh răng

**마약** drug / 麻薬 / 麻药 / ma túy, thuốc phiện

| 약 | medication |
|---|---|
| **제劑** | 薬(剤)<br>药、剂<br>thuốc |

**소화제** digestive medicine / 消化剤 / 消化药、消食片 / thuốc tiêu hóa

**영양제** nutritional supplements / 栄養剤 / 营养药、营养剂 / thuốc bổ

**치료제** medicine / 治療剤 / 药、药品、治疗剂 / thuốc chữa bệnh

**수면제** sleeping pill / 睡眠薬 / 安眠药 / thuốc ngủ

**진통제** painkiller / 鎮痛剤 / 止疼药、镇痛剂 / thuốc giảm đau

| 목숨 | life |
|---|---|
| **명命** | 命<br>生命、性命<br>mạng sống |

**생명** life / 生命 / 生命 / sự sống

**수명** life expectancy / 寿命 / 寿命 / giấc ngủ

**운명** fate / 運命 / 命运 / vận mệnh, số mệnh

**망명** exhile / 亡命 / 亡命、逃亡 / sự lưu vong

| 과목 | subject |
|---|---|
| **과科** | 科目<br>科、科目<br>môn học, môn |

**치과** dentist / 歯科 / 牙科 / nha khoa

**안과** ophthalmology / 眼科 / 眼科 / khoa mắt

**이비인후과** otolaryngology / 耳鼻咽喉科 / 耳鼻喉科 / khoa tai mũi họng

**소아과** pediatrics / 小児科 / 儿科 / khoa nhi

**내과** internal medicine / 内科 / 内科 / khoa nội

**외과** surgery / 外科 / 外科 / khoa ngoại

1. 보기 에서 빈칸에 공통적으로 들어갈 한자를 골라 쓰십시오.

| 보기 | 약 진 명 제 과 료/요 |
|---|---|

1) 생 [ ]    운 [ ]    망 [ ]    (          )

2) 치 [ ]    내 [ ]    안 [ ]    (          )

3) 안 [ ]    치 [ ]    마 [ ]    (          )

4) 치 료 [ ]    영 양 [ ]    (          )

2. 한자의 의미와 한자, 단어가 맞는 것을 연결하십시오.

1) 진찰하다 •        • ㉮ 과 •        • ㉠ 소아과, 외과

2) 약 •              • ㉯ 진 •        • ㉡ 감기약, 약국

3) 과목 •           • ㉰ 료/요 •      • ㉢ 검진, 진단

4) 병을 고치다 •     • ㉱ 약 •        • ㉣ 치료, 요양

3. 보기 에서 알맞은 단어를 골라 어떤 약이 필요한지 쓰십시오.

| 보기 | 감기약    영양제    치약    소화제    안약    수면제 |
|---|---|

1) 기침이 나고 열도 나고 춥다.                         (          )

2) 너무 많이 먹었더니 속이 답답하다.                   (          )

3) 눈이 가렵고 눈물이 자꾸 난다.                       (          )

4) 비타민이 부족해서 그런지 입술 옆에 뭐가 난다.        (          )

4. 보기 에서 알맞은 단어를 골라 대화를 완성하십시오.

| 보기 | 검진 | 운명 | 이비인후과 | 수명 | 오진 | 진통제 |
|---|---|---|---|---|---|---|

1) 가: 옆집 민호 엄마가 얼마 전에 배가 아파서 병원에 갔더니 암이라고 하더래요.

   나: 어머, 너무 놀랐겠어요. 그러니까 정기적으로 건강 _____을/를 받는 게
      필요한 것 같아요.

2) 가: 선생님, 수술한 부분이 계속 아픈데 괜찮은 건가요?

   나: 네, 보통 수술 후에 한두 시간 정도는 아파요. 조금만 더 참아 보시고 너무 통증
      이 심하면 말씀하세요. 그때는 _____을/를 드릴게요.

3) 가: 요즘은 70대, 80대가 되어도 건강하게 사시는 분들이 많은 것 같아요.

   나: 맞아요. 그래서 _____이/가 늘어난 만큼 노후 준비도 필요한 것 같아요.

4) 가: 요즘 계속 목이 아파. 목소리도 잘 안 나오고 밥 먹을 때도 힘들어.

   나: 그럼 빨리 _____에 가 봐. 내가 아는 병원 소개해 줄게.

5. 다음을 읽고 맞지 <u>않는</u> 것을 고르십시오.

### 서울 소망병원과 함께하는 겨울 의료 봉사 안내

| 일시 | 12/16(월) | 12/17(화) | 12/18(수) | 12/19(목) | 12/20(금) |
|---|---|---|---|---|---|
| 진료<br>과목 | 안과 | 내과 | 소아과 | 치과 | 10:00 AM<br>건강 관리 교육<br>및 마을 잔치 |

* **진료**는 오전 9시부터 오후 6시까지입니다.
* 12/20(금)에는 마을 주민들과 함께하는 건강 관리 교육과 마을 잔치가 있습니다.
  주민들의 많은 참여 바랍니다.

문의: 행복 마을 주민 센터 033) 321-1234

① 12월에 서울에서 무료로 치료를 해 주러 온다.
② 수술이 필요한 사람들은 화요일에 오면 된다.
③ 수요일에는 아이들만 진료한다.
④ 금요일에는 진료가 없다.

# 한자성어

## 거 가다/없애다去　두 머리頭　절 끊다截　미 꼬리尾

➡️ 머리와 꼬리를 잘라 버린다. 즉, 어떤 일의 요점만 간단히 말함을 나타내는 말

> 가: 연아 씨, 혹시 이번 주말에 시간 있어요?
>
> 나: 토요일에는 괜찮은데 왜 그러세요?
>
> 가: 토요일이요? 마침 잘됐네요. 마이크 씨 알죠? 우리 지난번에 같이 신촌에서 만났잖아요. 기억나죠? 그 마이크 씨가 내일 한국에 오는데 서울 시내 구경을 하고 싶다고 해서 토요일에 약속을 잡았는데, 제가 갑자기 토요일에 중요한 회의가 생기는 바람에⋯⋯ 교통편이랑 식당이랑 어렵게 예약한 거라 취소하기도 그렇고, 그렇다고 제가 회의에 빠질 수는 없고 해서⋯⋯.
>
> 나: **거두절미**하고 본론만 말씀하세요. 그러니까 제가 마이크 씨를 데리고 시내 구경을 했으면 한다는 말인 거죠?
>
> 가: 아, 네⋯⋯. 부탁하기가 미안해서요.

## 동 같다同　병 병病　상 서로相　련 불쌍히 여기다憐

➡️ 같은 병을 앓는 사람끼리 서로 불쌍하게 여긴다. 즉, 어려운 상황에 있는 사람끼리 서로 안쓰럽게 생각하고 도움을 나타내는 말

> 가: 안나 씨하고 호연 씨하고 다음 달에 약혼한대요.
>
> 나: 너무 신기해요. 어떻게 스위스 사람과 중국 사람이 한국에서 만나서 결혼을 약속하게 되었을까요?
>
> 가: 가족을 떠나 낯선 곳에 와서 공부도 하고 일도 해야 하니까 그동안 둘 다 많이 힘들었을 거예요. 지난번에 고향에 계신 어머니가 편찮으시다고 연락이 와서 안나 씨가 힘들어했을 때 호연 씨도 아버지가 편찮으시니까 서로 이야기하면서 더 가까워지게 됐나 봐요.
>
> 나: 그렇군요. **동병상련**이라고 비슷한 일을 겪으면서 서로를 더 잘 이해하게 됐겠네요.

# 5

# 시간과 장소

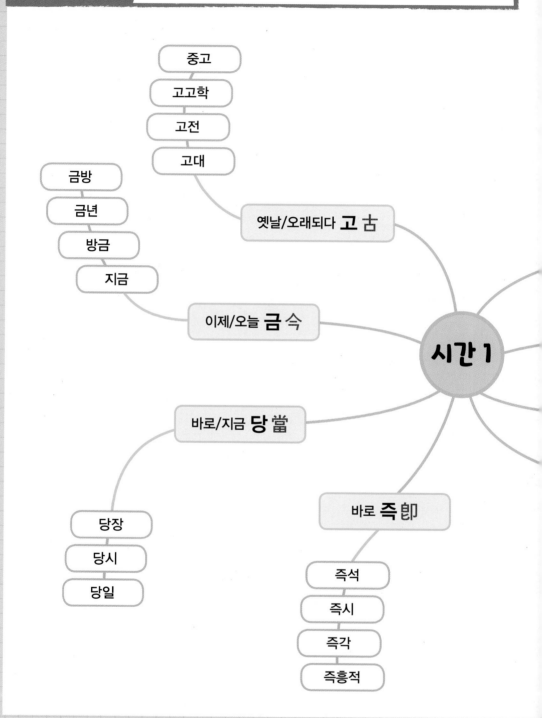

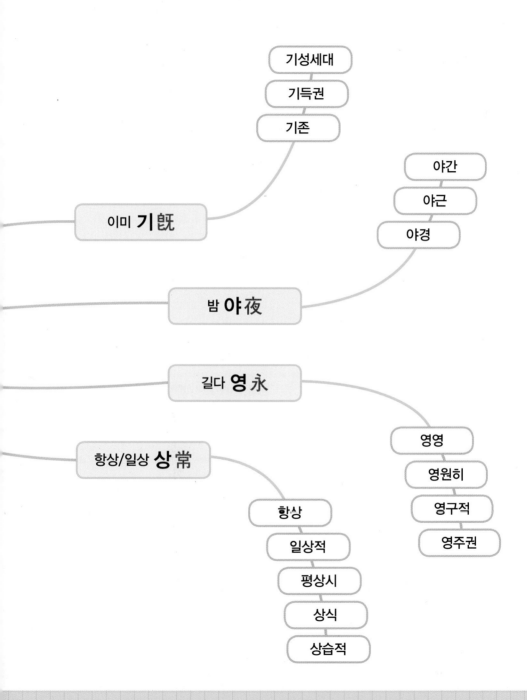

이미 **기** 旣
- 기성세대
- 기득권
- 기존

밤 **야** 夜
- 야간
- 야근
- 야경

길다 **영** 永
- 영영
- 영원히
- 영구적
- 영주권

항상/일상 **상** 常
- 항상
- 일상적
- 평상시
- 상식
- 상습적

| 옛날/오래되다 **고 古** | the past/to be old<br>昔/古い<br>从前/很久<br>thời xưa/cũ, lâu rồi |
|---|---|

**고대** ancient times / 古代 / 古代 / thời cổ đại

**고전** classic / 古典 / 古典 / cổ điển

**고고학** archeology / 考古学 / 考古学 / khảo cổ học

**중고** used article / 中古 / 二手 / đồ cũ, sự cổ

| 이제/오늘 **금 今** | now/today<br>今/きょう<br>如今/今天<br>bây giờ/ngày hôm nay |
|---|---|

**지금** now / 今 / 现在 / hiện tại

**방금** just, a moment ago / たった今、ただちに /<br>剛才、剛剛 / vừa mới

**금년** this year / 今年 / 今年 / năm nay

**금방** shortly / すぐに / 刚、马上 / sắp, sẽ

| 바로/지금 **당 當** | the very (same)/now<br>即時/今<br>立即/现在<br>ngay/hiện tại |
|---|---|

**당장** right now / 即刻、即時 / 立刻、马上 / ngay<br>lập tức

**당시** at that time / 当時 / 当时 / thời đó

**당일** the very day / 当日 / 当天、当日 / trong ngày

| 바로 **즉 即** | at once<br>即時<br>立即<br>ngay lập tức |
|---|---|

**즉석** on the spot / 即席 / 即席、当场 / tại chỗ,<br>ngay tại chỗ

**즉시** instantly / 即時 / 即刻、立刻 / tức thì, ngay<br>lập tức

**즉각** immediately / ただちに、即刻 / 即刻、立即 /<br>tức khắc, tức thì

**즉흥적** impromptu / 即興の、アドリブの / 即兴的 /<br>mang tính ngẫu hứng

| 이미 기既 | already<br>既に<br>已经<br>trước | 밤 야夜 | night<br>夜<br>夜、晚上<br>đêm |
|---|---|---|---|

**기존** existing / 既存 / 现有、现存 / sự vốn có

**기득권** vested interests / 既得權 / 既得权力 / đặc quyền

**기성세대** older generation / 旧世代 / 老一代 / thế hệ cũ, thế hệ đi trước

**야경** night view / 夜景 / 夜景 / cảnh đêm

**야근** night overtime / 夜勤 / 加班、夜班 / (làm việc) ca đêm

**야간** night / 夜間 / 夜间、夜晚 / đêm

| 길다 영永 | to be eternal<br>永い<br>长久<br>dài | 항상/일상 상常 | always/daily life<br>常に/日常<br>经常/日常<br>luôn luôn/thường nhật |
|---|---|---|---|

**영영** for good / いつまでも、永遠に / 永远 / vĩnh viễn, mãi mãi

**영원히** forever / 永遠に / 永远地 / một cách vĩnh viễn

**영구적** permanent / 永久の / 永久的、永远的 / mang tính vĩnh cửu

**영주권** permanent residency / 永住権 / 永住权 / quyền cư trú lâu dài

**항상** always / 常に(いつも) / 经常 / luôn luôn

**일상적** ordinary / 日常的 / 日常的 / mang tính thường nhật

**평상시** usual time / 普段 / 平常、平时 / lúc bình thường

**상식** common sense / 常識 / 常识 / thường thức, kiến thức thông thường

**상습적** habitual / 常習的 / 习惯性的 / có tật, quen thói

1. 보기 에서 공통적으로 들어간 한자의 의미를 골라 쓰십시오.

| 보기 | 이제/오늘 | 항상/일상 | 이미 | 바로 | 길다 | 옛날/오래되다 |
|------|----------|-----------|------|------|------|--------------|

1) 즉각     즉흥적     즉시                    (          )
2) 평상시    상식      상습적                   (          )
3) 고대     고고학     고전                    (          )
4) 방금     금방      금년                    (          )

2. 한자의 의미가 <u>다른</u> 것을 고르십시오.

1) **밤**              ① <u>야</u>간      ② <u>야</u>구      ③ <u>야</u>경

2) **바로/지금**        ① 강<u>당</u>      ② <u>당</u>장      ③ <u>당</u>시

3) **이미**            ① <u>기</u>득권     ② 복사<u>기</u>    ③ <u>기</u>성세대

4) **길다**            ① <u>영</u>구적     ② <u>영</u>주권     ③ <u>영</u>상

3. 보기 에서 밑줄 친 부분과 바꿔 사용할 수 있는 단어를 골라 쓰십시오.

| 보기 | 금년 | 기존 | 중고 | 당일 | 영영 | 평상시 |
|------|------|------|------|------|------|--------|

1) 이 차는 <u>다른 사람이 타던</u> 자동차인데 아직까지 탈 만하다.    (          )
2) 이 입장권은 <u>바로 그날</u>에만 사용할 수 있다.              (          )
3) <u>올해</u> 여름은 작년 여름보다 덥지 않았다.               (          )
4) 나는 <u>특별한 일이 없는 보통 때</u>에도 화장을 하고 복장에 신경   (          )
   을 쓰는 편이다.

4. 보기 에서 알맞은 단어를 골라 대화를 완성하십시오.

| 보기 | 영원히 | 당시 | 야경 | 방금 | 일상적 | 즉석 |
|---|---|---|---|---|---|---|

1) 가: 여기 남산에 유민 씨하고 꼭 밤에 와 보고 싶었어요. 한번 보세요. 어때요?

　　나: 와, 서울 ＿＿＿＿＿이/가 정말 아름답네요. 낮에 보는 것과는 또 다른 느낌인데요.

2) 가: 어제 집들이는 어땠어요? 사람들이 많이 갔다면서요?

　　나: 네, 생각보다 친구들이 많이 와서 음식이 많이 모자랐는데 레오 씨가 ＿＿＿＿＿
　　　　에서 이것저것 요리를 해 줬어요.

3) 가: 왜 그렇게 화가 나 있는 거야?

　　나: 지훈 씨가 나 같은 사람은 ＿＿＿＿＿ 못 만날 거 같다고 했는데 알고 봤더니 나
　　　　랑 데이트하면서 다른 여자를 동시에 만나고 있더라고.

4) 가: 한동안 많이 아프셨다고 들었는데 이제 완전히 회복되셨나 봐요. 힘드셨죠?

　　나: 네, 아플 때는 힘들었지만 지금처럼 그냥 잘 먹고 잘 자고 하는 이런 ＿＿＿＿＿
　　　　인 것들이 얼마나 소중한지 다시 한번 느끼게 해 준 시간이었어요.

5. 다음을 읽고 빈칸에 들어갈 단어를 순서대로 쓴 것을 고르십시오.

> 요즘 회사 일이 너무 많아서 밤늦게까지 ( ㉮ )을 하고 있다. 휴일에도 나와서 일을 하고 있으니까 생각 같아서는 ( ㉯ )이라도 회사를 그만두고 싶다. 하지만 그렇게 ( ㉰ )으로 그만두면 나만 바라보고 있는 우리 가족들은 어떻게 하나? 몸은 피곤하지만 사랑하는 우리 아내, 아이들을 생각하면서 오늘도 다시 힘을 내야겠다.

① ㉮ 야간 – ㉯ 즉각 – ㉰ 영구적　　　② ㉮ 야근 – ㉯ 당장 – ㉰ 즉흥적

③ ㉮ 야근 – ㉯ 금방 – ㉰ 상습적　　　④ ㉮ 야간 – ㉯ 항상 – ㉰ 즉흥적

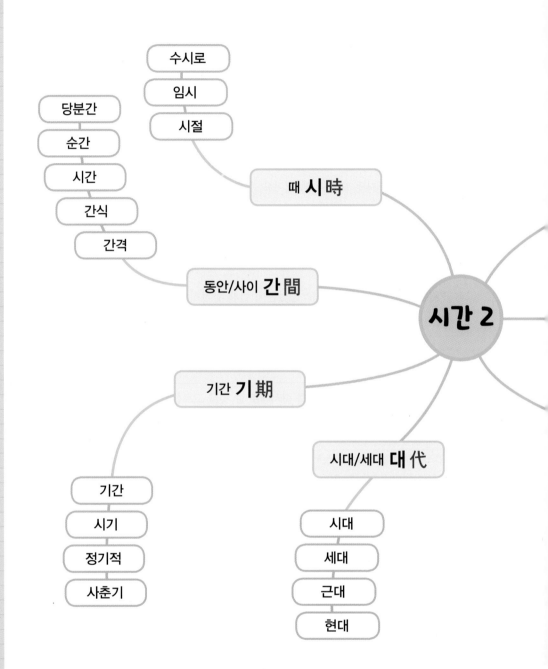

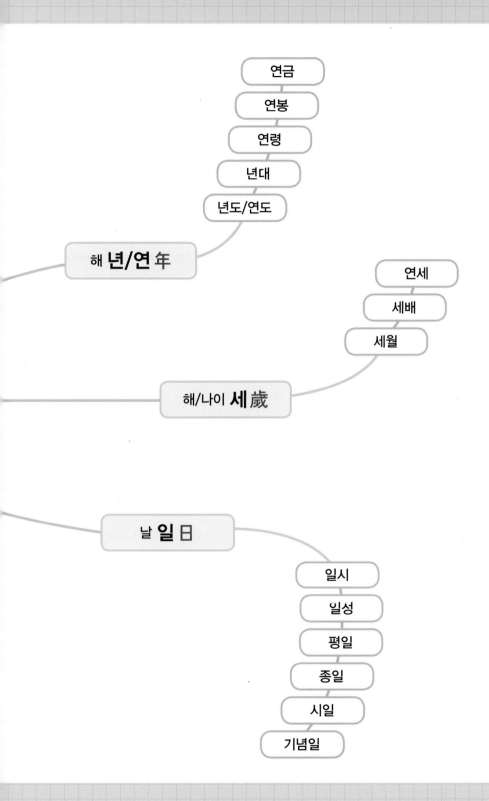

연금

연봉

연령

년대

년도/연도

해 **년/연** 年

연세

세배

세월

해/나이 **세** 歲

날 **일** 日

일시

일성

평일

종일

시일

기념일

| 때 | time |
|---|---|
| **시時** | 時<br>时候<br>thời, lúc |

**시절** days / 時代、頃 / 时节、时候 / thời, thời kì

**임시** temporary / 臨時 / 临时 / sự tạm thời

**수시로** frequently / 随時、いつでも / 随时 / thường hay

| 동안/사이 | during/gap (between) |
|---|---|
| **간間** | あいだ/間<br>期间/之间<br>trong lúc/giữa |

**간격** interval / 間隔 / 间隔 / khoảng cách, cách quãng

**간식** snack / 間食、おやつ / 零食、间食 / món ăn nhẹ, món ăn vặt

**시간** time / 時間 / 时间 / thời gian

**순간** moment / 瞬間 / 瞬间 / khoảnh khắc, phút chốc

**당분간** for a while / 当分 / 暂时、暂且 / tạm thời

| 기간 | period |
|---|---|
| **기期** | 期間<br>期间<br>thời gian |

**기간** period / 期間 / 期间 / thời gian

**시기** time, (limited) period / 時期 / 时期 / thời kì, thời hạn

**정기적** regular / 定期的 / 定期的 / mang tính định kì

**사춘기** adolescence / 思春期 / 青春期 / tuổi dậy thì

| 시대/세대 | era/generation |
|---|---|
| **대代** | 時代/世代<br>时代/代、辈<br>thời đại/thế hệ |

**시대** era / 時代 / 时代 / thời đại

**세대** generation / 世代 / 代、辈 / thế hệ

**근대** modern times / 近代 / 近代 / thời cận đại

**현대** present day / 現代 / 现代 / thời hiện đại

| 해 | year |
|---|---|
| **년/연 年** | 年<br>年<br>năm |

**년도/연도** year / 年度 / 年度 / năm

**년대** the time from the first year of a 10, 100, or 1000-year-period to the year before moving over to the next period / 年代 / 年代 / niên đại, giai đoạn

**연령** age / 年齡 / 年龄、年纪 / tuổi

**연봉** annual salary / 年俸 / 年薪 / lương tính theo năm

**연금** pension / 年金 / 养老金、退休金 / lương hưu

| 해/나이 | year/age |
|---|---|
| **세 歲** | 年/年齢<br>年/年龄<br>năm/tuổi |

**세월** time / 歲月 / 岁月 / năm tháng, thời gian

**세배** New Year's bow / 新年の挨拶 / 拜年 / việc lạy chào

**연세** age (honorific) / お歳 / 年纪、岁数 / tuổi

| 날 | day |
|---|---|
| **일 日** | 日<br>天、日<br>ngày |

**일시** date and time / 日時 / 日期、时间 / ngày giờ

**일정** schedule / 日程 / 日程、行程 / lịch trình

**평일** weekday / 平日 / 平日、平时 / ngày thường

**종일** all day / 終日 / 一整天 / cả ngày

**시일** time / 時期、期日 / 时日、时间 / thời gian

**기념일** anniversary / 記念日 / 纪念日 / ngày kỉ niệm

1. 보기 에서 빈칸에 공통적으로 들어갈 한자를 골라 쓰십시오.

| 보기 | 간 시 대 세 기 일 |
|---|---|

1) 시☐  근☐  세☐  ( )

2) 시☐  ☐격  ☐식  ( )

3) 평☐  시☐  ☐정  ( )

4) 임☐  ☐절  수☐로  ( )

2. 한자의 의미가 맞는 것을 고르십시오.

1) **해/나이**  ① 자세  ② 세탁  ③ 연세

2) **기간**  ① 시기  ② 기존  ③ 기사

3) **해**  ① 연결  ② 연주  ③ 연령

4) **시대/세대**  ① 기대  ② 현대  ③ 침대

3. 알맞은 단어를 골라 문장을 완성하십시오.

1) 가끔 아무 걱정이 없던 어린 (**시간, 시절**)(으)로 돌아가고 싶다.

2) 내가 초등학교 때였던 1980(**년대, 시대**)에는 미니스커트가 유행이었다.

3) 그녀를 처음 본 (**일시, 순간**) 나는 우리의 만남을 운명이라고 느꼈다.

4) 우리는 졸업한 후에도 매년 (**임시, 정기적**)(으)로 모임을 가지고 있다.

**4.** 보기 에서 알맞은 단어를 골라 대화를 완성하십시오.

| 보기 | 기념일     간격     세대     종일     세월     당분간 |
|---|---|

1) 가: 어머, 이게 몇 년 만이야. 우리 오랜만에 보니까 흰머리도 나고 많이 늙었다.

    나: 그렇지? _____을/를 막을 수는 없지. 진짜 너무 반갑다.

2) 가: 하루에도 몇 번씩 여자 친구하고 통화하는 것 같더니 며칠 동안 전화하는 걸 못 본 것 같네.

    나: 여자 친구랑 며칠 전에 싸웠거든요. 그래서 _____ 서로 연락 안 하기로 했어요.

3) 가: 이번 금요일에 준호하고 저녁 먹기로 했는데 같이 먹을래?

    나: 21일? 그날은 결혼 1주년 _____(이)라서 아내하고 외식하고 영화 보기로 했어. 다음에 같이 먹자.

4) 가: 아빠, 난 '아아'로 부탁해. 참, 아빠는 이거 무슨 말인지 모르지?

    나: 알아. '아이스 아메리카노' 맞지? 너 아빠가 그거 모르면 또 _____ 차이 난다고 말하려고 했지?

**5.** 다음을 읽고 무엇에 대한 이야기인지 고르십시오.

1)
> 우리 아들은 중학교 2학년이다. 그런데 요즘 대화도 잘 안 하려고 하고, 학교에 갔다 오면 자기 방에 들어가서 식사할 때 빼고는 방에서 잘 나오지 않는다. 그리고 무슨 얘기만 하면 '싫어!', '엄마는 잘 알지도 못하면서……'라고 하면서 짜증을 낸다.

① 수시로       ② 기간       ③ 사춘기       ④ 연령

2)
> 매년 12월이 되면 우리 회사 직원들은 모두 긴장 속에서 시간을 보내게 된다. 지난 1년 동안 회사에서 어떻게 일했는지에 따라서 다음 해 1년 동안 받는 월급이 달라지기 때문이다. 금년에도 다음 주 금요일에 사장님과 면담이 있다. 올해는 아주 열심히 일했기 때문에 벌써부터 면담 후의 결과가 기다려진다.

① 연도       ② 연봉       ③ 세배       ④ 연금

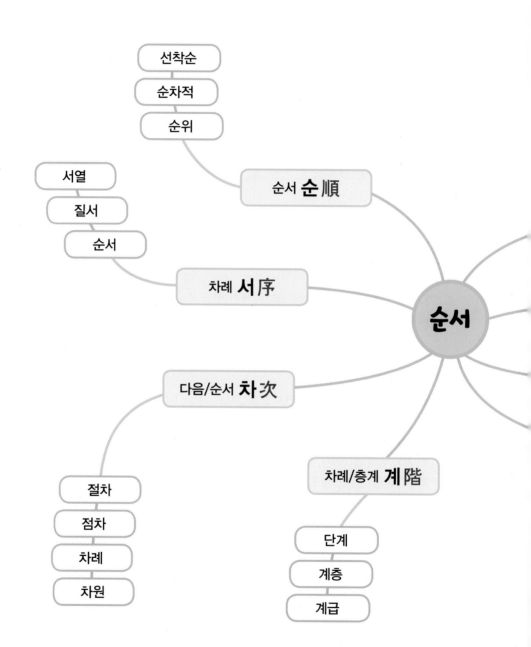

선착순
순차적
순위

순서 **순 順**

서열
질서
순서

차례 **서 序**

다음/순서 **차 次**

**순서**

차례/층계 **계 階**

절차
점차
차례
차원

단계
계층
계급

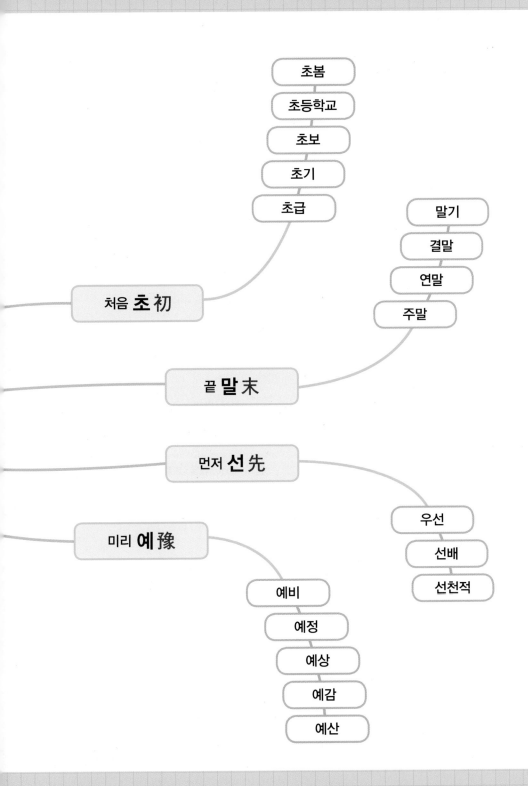

초봄
초등학교
초보
초기
초급

처음 **초** 初

말기
결말
연말
주말

끝 **말** 末

먼저 **선** 先

우선
선배
선천적

미리 **예** 豫

예비
예정
예상
예감
예산

| 순서 | sequence |
| --- | --- |
| **순順** | 順序<br>順序<br>thứ tự |

**순위** ranking / 順位 / 名次、排名 / thứ tự

**순차적** in due order / 順に / 依次、按順序 / mang tính lần lượt, theo thứ tự

**선착순** first come, first served / 先着順 / 先后順序 / theo thứ tự ưu tiên

| 차례 | order |
| --- | --- |
| **서序** | 順序<br>順序<br>thứ tự |

**순서** sequence / 順序 / 順序 / thứ tự

**질서** order / 秩序 / 秩序 / trật tự, thứ tự

**서열** rank / 序列 / 序列、次序 / thứ bậc, thứ tự

| 다음/순서 | next/order |
| --- | --- |
| **차次** | 次/順序<br>下次/順序<br>sau/thứ tự |

**절차** procedure / 手続き / 程序、順序 / quy trình, trình tự

**점차** gradually / だんだん、次第に / 漸漸、逐漸 / dần dần

**차례** order, turn / 順番 / 順序、次序 / thứ tự, lượt

**차원** level, dimention / 次元 / 层面、层次 / góc độ, mức

| 차례/층계 | order/stairs |
| --- | --- |
| **계階** | 順/階<br>順序、次序/楼梯、阶梯<br>thứ tự/thứ bậc |

**단계** stage / 段階 / 阶段 / giai đoạn

**계층** (social) class / 階層 / 阶层 / giới, tầng lớp

**계급** rank / 階級 / 阶级 / cấp bậc, giai cấp

| 처음<br>**초 初** | beginning<br>初<br>初次、第一次<br>đầu tiên |
|---|---|

초급  elementary level / 初級 / 初级 / sơ cấp

초기  beginning of a certain period / 初期 / 初期 / thời kì đầu

초보  inexperienced / 初歩、初心者 / 初步 / sơ bộ, bước đầu

초등학교  elementary school / 小学校 / 小学 / trường tiểu học

초봄  early spring / 早春 / 初春、早春 / đầu xuân

| 끝<br>**말 末** | end<br>末<br>最后、末<br>cuối |
|---|---|

주말  weekend / 週末 / 周末 / cuối tuần

연말  end of the year / 年末 / 年末 / cuối năm

결말  conclusion / 結末 / 结局、结尾 / phần kết thúc

말기  end of a certain period / 末期 / 末期 / cuối thời kỳ, giai đoạn cuối

| 먼저<br>**선 先** | first, before<br>先<br>先、首先<br>trước |
|---|---|

우선  priority / 優先、まず / 优先 / sự ưu tiên

선배  senior / 先輩 / 前辈、先辈 / tiền bối

선천적  innate / 先天的 / 先天的 / mang tính bẩm sinh

| 미리<br>**예 豫** | in advance<br>予め<br>预先、事先<br>trước |
|---|---|

예비  reserve / 予備 / 预备 / sự dự bị, sự trù bị

예정  schedule / 予定 / 预定 / dự định

예상  expectation / 予想 / 预想 / sự dự đoán

예감  premonition / 予感 / 预感 / dự cảm

예산  budget / 予算 / 预算 / sự dự toán

1. 보기 에서 공통적으로 들어간 한자의 의미를 골라 쓰십시오.

| 보기 | 처음 | 미리 | 차례 | 다음/순서 | 끝 | 먼저 |
|------|------|------|------|-----------|----|----|

1) 예비      예산      예상                    (          )

2) 연말      주말      말기                    (          )

3) 점차      절차      차원                    (          )

4) 초급      초봄      초등학교                (          )


2. 한자의 의미가 <u>다른</u> 것을 고르십시오.

1) **순서**        ① 순위        ② 순수하다        ③ 순차적

2) **차례**        ① 순서        ② 질서        ③ 독서

3) **먼저**        ① 선거        ② 선배        ③ 선천적

4) **차례/층계**        ① 계층        ② 계산        ③ 계급


3. 알맞은 단어를 골라 문장을 완성하십시오.

1) 나는 소설책을 사면 (**결말, 말기**)이/가 궁금해서 마지막 부분부터 먼저 읽는다.

2) 자신의 미래를 위해 (**점차적으로, 우선적으로**) 해야 할 일은 지금 하고 있는 일에 최선을 다하는 것이라고 생각한다.

3) 복잡했던 비행기 탑승 (**절차, 차례**)가 전자 시스템 덕분에 훨씬 간단해졌다.

4) 이번 신인 가수 오디션 결과는 실력이 아니라 시청자들의 인기투표 (**계층, 순위**)에 따라 정해진 게 아니냐는 비판 여론이 많다.

4. 보기 에서 알맞은 단어를 골라 대화를 완성하십시오.

| 보기 | 차원 | 초보 | 예비 | 단계 | 초기 | 예상 |
|------|------|------|------|------|------|------|

1) 가: 어제 불우 이웃 돕기 행사는 잘 끝났어요? 비가 와서 걱정했어요.

   나: 걱정해 줘서 고마워요. 날씨가 나쁜데도 불구하고 _____보다 사람들이 훨씬 많이 와서 물건들이 금방 다 팔렸어요.

2) 가: 어? 이 차 봐봐. 아니 어떻게 여기에 주차할 생각을 했지?

   나: 어머, 하하하. 여기 차 유리창에 '_____ 운전' 스티커가 붙어 있네. 원래 운전 시작한 지 얼마 안 되면 이런 실수들을 종종 하잖아.

3) 가: 요즘도 방학 때면 밥을 못 먹는 초등학생들이 많다는 기사 읽었어요?

   나: 학교에 다니면 급식이라도 먹을 수 있을 텐데 말이에요. 진짜 이런 문제는 국가 _____에서 빨리 해결되어야 할 것 같아요.

4) 가: 요즘 하고 있는 프로젝트는 잘 되고 있지?

   나: 네, 교수님. 아직 제일 중요한 실험이 남아 있지만 거의 마지막 _____입니다.

5. 다음을 읽고 빈칸에 들어갈 단어를 순서대로 쓴 것을 고르십시오.

> 고객 여러분, 안녕하십니까? 잠시 안내 말씀을 드리겠습니다.
> 잠시 후 8시부터 채소 코너에서는 90% 깜짝 세일을 할 ( ㉮ )입니다.
> **연말**을 맞아 감사의 뜻으로 ( ㉯ ) 50명에게는 장바구니를 선물로 드립니다.
> 갑자기 사람들이 몰리는 경우 안전사고가 날 수 있으므로 고객 여러분의 안전을 위해서 ( ㉰ ) 있게 줄을 서서 기다려 주시기 바랍니다.

① ㉮ 예정 – ㉯ 선착순 – ㉰ 질서　　② ㉮ 예정 – ㉯ 순차적 – ㉰ 서열

③ ㉮ 예감 – ㉯ 선천적 – ㉰ 질서　　④ ㉮ 예정 – ㉯ 선착순 – ㉰ 서열

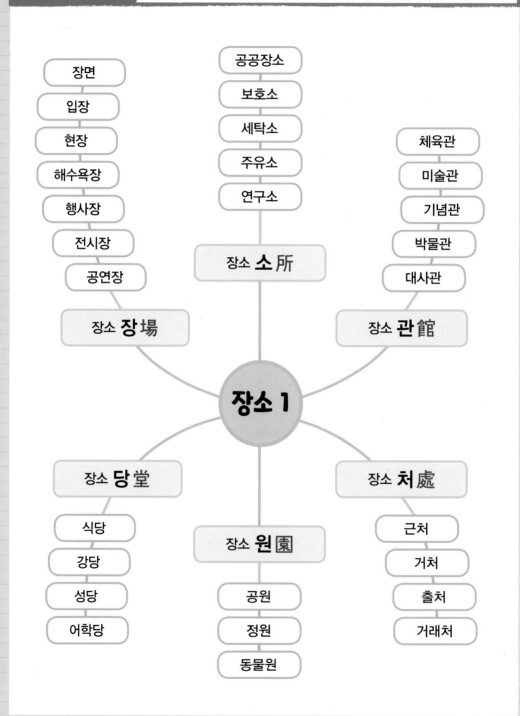

- 장면
- 입장
- 현장
- 해수욕장
- 행사장
- 전시장
- 공연장

**장소 장 場**

- 공공장소
- 보호소
- 세탁소
- 주유소
- 연구소

**장소 소 所**

- 체육관
- 미술관
- 기념관
- 박물관
- 대사관

**장소 관 館**

**장소 1**

**장소 당 堂**

- 식당
- 강당
- 성당
- 어학당

**장소 원 園**

- 공원
- 정원
- 동물원

**장소 처 處**

- 근처
- 거처
- 출처
- 거래처

| 장소 **장場** | place<br>場所(場)<br>场所、地点<br>địa điểm |
|---|---|

**공연장** concert hall / 公演会場 / 剧场、公演场地 / nơi trình diễn, rạp

**전시장** exhibition center / 展示場 / 展厅、展览厅 / khu triển lãm, nơi trưng bày

**행사장** event hall / イベント会場 / 活动场所、活动现场 / nơi tổ chức sự kiện

**해수욕장** beach / 海水浴場 / 海水浴场 / bãi tắm

**현장** site / 現場 / 现场 / hiện trường

**입장** stance / 立場 / 立场 / lập trường

**장면** scene / 場面 / 场面 / cảnh, cảnh tượng

| 장소 **소所** | place<br>場所<br>场所、地点<br>địa điểm |
|---|---|

**연구소** research institute / 研究所 / 研究所 / viện nghiên cứu

**주유소** gas station / ガソリンスタンド / 加油站 / cây xăng, trạm xăng

**세탁소** dry cleaner's / クリーニング店 / 洗衣店 / tiệm giặt là

**보호소** shelter / 動物愛護センター / 保护所 / nơi bảo hộ, nơi bảo vệ

**공공장소** public place / 公共施設 / 公共场所 / địa điểm công cộng

| 장소 **관館** | place<br>場所(館)<br>场所、地点<br>địa điểm |
|---|---|

**대사관** embassy / 大使館 / 大使馆 / đại sứ quán

**박물관** museum / 博物館 / 博物馆 / viện bảo tàng

**기념관** memorial hall / 記念館 / 纪念馆 / nhà tưởng niệm

**미술관** art gallery / 美術館 / 美术馆 / nơi triển lãm mỹ thuật

**체육관** gymnasium / 体育館 / 体育馆 / nhà thi đấu

| 장소 **당堂** | place<br>場所(堂)<br>场所、地点<br>địa điểm/nhà |
|---|---|

**식당** restaurant / 食堂 / 饭店、食堂 / nhà hàng

**강당** auditorium / 講堂 / 礼堂、讲堂 / giảng đường

**성당** Catholic church / 聖堂、(カトリック)教会 / 教堂 / nhà thờ

**어학당** language school / 語学堂 / 语学堂 / trung tâm ngôn ngữ

| 장소 **원園** | place<br>場所(園)<br>场所、地点<br>địa điểm |
|---|---|

**공원** park / 公園 / 公园 / công viên

**정원** garden / 庭園 / 庭院、院子 / vườn, sân vườn

**동물원** zoo / 動物園 / 动物园 / sở thú

| 장소 **처處** | place<br>場所(所)<br>场所、地点<br>địa điểm |
|---|---|

**근처** neighborhood / 近所、近く / 附近 / gần, xung quanh

**거처** dwelling / 住まい、居場所 / 居所、住所 / chỗ ở, nơi cư trú

**출처** source / 出処 / 出处 / nguồn, xuất xứ

**거래처** client (of a business) / 取引先 / 客户、商业伙伴 / địa điểm giao dịch

1. 보기 에서 빈칸에 공통적으로 들어갈 한자를 골라 쓰십시오.

| 보기 | 소  원  처  장  당  관 |
|---|---|

1) | 행 | 사 |  |　　| 전 | 시 |  |　　( 　　　　 )

2) | 연 | 구 |  |　　| 세 | 탁 |  |　　( 　　　　 )

3) | 체 | 육 |  |　　| 기 | 념 |  |　　( 　　　　 )

4) | 공 |  |　　| 정 |  |　　| 동 | 물 |  |　　( 　　　　 )

5) | 성 |  |　　| 식 |  |　　| 어 | 학 |  |　　( 　　　　 )

6) | 출 |  |　　| 근 |  |　　| 거 | 래 |  |　　( 　　　　 )

2. 보기 에서 밑줄 친 부분과 바꿔 사용할 수 있는 단어를 골라 쓰십시오.

| 보기 | 세탁소　　정원　　해수욕장　　박물관　　동물원　　주유소 |
|---|---|

1) 나는 다른 나라에 여행을 가면 꼭 그 나라의 <u>역사적 유물과</u>　　( 　　　　 )
   <u>예술품 등을 전시해 놓은 곳</u>에 들르는 편이다.

2) 앞집은 <u>화초나 나무를 가꾼 공간</u>이 아름답게 꾸며져 있다. 　　( 　　　　 )

3) 초여름부터 <u>바닷물에서 수영을 하거나 즐기며 노는 곳</u>에는 사　　( 　　　　 )
   람들이 몰리기 시작한다.

4) 우리 아버지는 시내에서 <u>자동차나 오토바이에 기름을 넣는 곳</u>　　( 　　　　 )
   을 운영하셨다.

3. 알맞은 단어를 골라 문장을 완성하십시오.

1) 그 회사는 규모는 작지만 사장님이 정직하고 성실해서 (**근처, 거래처**)가 많다.

2) 최 교수님의 강의를 듣기 위해 학생들이 (**강당, 성당**)으로 모였다.

3) 여기는 다양한 (**공연장, 기념관**)이 많아서 연극이나 콘서트 등을 골라서 볼 수 있다.

4) 인터넷에서 찾은 자료를 참고할 때는 반드시 그 자료의 (**거처, 출처**)를 밝혀야 한다.

4. 보기 에서 알맞은 단어를 골라 대화를 완성하십시오.

| 보기 | 미술관 | 연구소 | 대사관 | 행사장 | 체육관 | 공공장소 |
|------|--------|--------|--------|--------|--------|----------|

1) 가: 주말도 아닌데 여기가 왜 이렇게 막히는 거지요?

　　나: 아, 이 앞에서 축제가 있나 봐요. 그래서 ＿＿＿＿＿＿ 주변은 교통을 통제한다
　　고 며칠 전부터 안내문이 붙어 있더니 그날이 오늘인가 보네요.

2) 가: 요즘 어머니하고 외출을 자주 하시는 것 같네요. 주로 어디에 가세요?

　　나: 저희 엄마가 그림에 관심이 많으시거든요. 인사동에 가면 ＿＿＿＿＿＿이/가
　　많이 모여 있으니까 주로 인사동에 가는 편이에요.

3) 가: 이게 무슨 냄새지? 누가 담배 피우는 것 같지 않아?

　　나: 아무리 버스 정류장이 야외라 해도 ＿＿＿＿＿＿에서는 금연을 해야지.

4) 가: 여행 준비는 잘 되어 가고 있어요?

　　나: 네, 준비는 다 했고 이제 비자 받으러 ＿＿＿＿＿＿에만 갔다 오면 돼요.

5. 보기 에서 알맞은 단어를 골라 이야기를 완성하십시오.

| 보기 | 장면 | 보호소 | 입장 | 전시장 | 현장 | 공원 |
|------|------|--------|------|--------|------|------|

　　얼마 전 우리 동네 작은 가게에서 밤마다 자꾸 물건이 없어졌다. 어느 늦은 밤 가게 주인이
몰래 지켜보고 있다가 ①＿＿＿＿＿＿에서 도둑을 잡는데, 잡고 보니 아기 고양이였다. 여
기저기 떠돌아다니다가 작은 구멍으로 몰래 들어와 먹을 것을 훔쳤던 것이다. 가게 주인은 이
불쌍한 고양이를 동물 ②＿＿＿＿＿＿(으)로 보내지 않고 자신이 키우기로 했다.

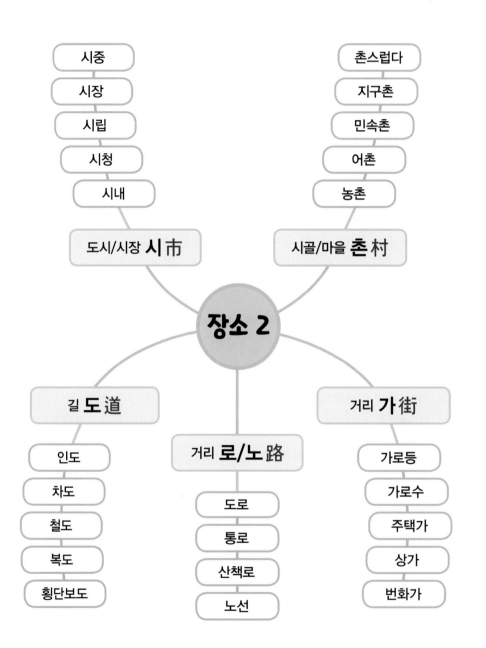

시중
시장
시립
시청
시내
도시/시장 **시 市**

촌스럽다
지구촌
민속촌
어촌
농촌
시골/마을 **촌 村**

**장소 2**

길 **도 道**
인도
차도
철도
복도
횡단보도

거리 **로/노 路**
도로
통로
산책로
노선

거리 **가 街**
가로등
가로수
주택가
상가
번화가

| 도시/시장<br>**시市** | city/market<br>都市/市場<br>城市/市场<br>thành phố/chợ |
|---|---|

**시내** downtown / 市内 / 市内、市区 / trong thành phố, nội thành

**시청** city hall / 市役所 / 市政府 / tòa thị chính

**시립** municipal / 市立 / 市立 / việc thành lập bằng ngân sách thành phố

**시장** market / 市場 / 市场 / chợ

**시중** market / 市中 / 市面、市中 / trong thành phố

| 시골/마을<br>**촌村** | country/village<br>田舎/村<br>农村、乡下/村、村庄<br>quê/làng |
|---|---|

**농촌** rural area / 農村 / 农村 / nông thôn, làng quê

**어촌** fishing village / 漁村 / 渔村 / làng chài, ngư thôn

**민속촌** folk village / 民俗村 / 民俗村 / làng dân tộc

**지구촌** global village / 地球村 / 地球村 / trái đất

**촌스럽다** to be countrified / 垢抜けない、田舎臭い / 土气、俗气 / quê, quê mùa

| 길<br>**도道** | way<br>道<br>路、道、道路<br>con đường |
|---|---|

**인도** sidewalk / 歩道 / 人行道 / via hè, lối cho người đi bộ

**차도** roadway / 車道 / 机动车道 / đường xe chạy

**철도** railroad / 鉄道 / 铁路、铁道 / đường sắt

**복도** hallway / 廊下 / 走廊、过道 / hành lang

**횡단보도** crosswalk / 横断歩道 / 人行横道 / lối sang đường cho người đi bộ

| 거리<br>**로/노路** | road<br>街路<br>路、街道<br>con đường |
|---|---|

**도로** street, road / 道路 / 路、道路 / đường, con đường

**통로** passage / 通路 / 通道 / con đường, lối đi

**산책로** walking trail / 散策路 / 散步路、步行路 / đường đi dạo bộ

**노선** route / 路線 / 路线 / tuyến đường

| 거리<br>**가街** | street<br>街<br>街、街道<br>con đường |
|---|---|

**가로등** street light / 街灯 / 路灯、街灯 / đèn đường

**가로수** street tree / 街路樹 / 绿化树、路边树 / hàng cây ven đường

**주택가** residential area / 住宅街 / 住宅区 / khu nhà ở

**상가** shopping district / 商店街 / 商业街 / cửa hàng

**번화가** main street / 繁華街 / 繁华街区、闹市区 / khu phố sầm uất

# Day 21 | 연습 문제

1. 한자의 의미와 한자, 단어가 맞는 것을 연결하십시오.

   1) 시골/마을 •          • ㉮ 도 •          • ㉠ 상가, 가로수

   2) 거리    •          • ㉯ 촌 •          • ㉡ 민속촌, 촌스럽다

   3) 도시/시장 •          • ㉰ 가 •          • ㉢ 시립, 시중

   4) 길     •          • ㉱ 시 •          • ㉣ 차도, 횡단보도

2. 한자의 의미가 <u>다른</u> 것을 고르십시오.

   1) **거리**       ① 노인      ② 산책로      ③ 노선

   2) **시골/마을**    ① 농촌      ② 지구촌      ③ 외삼촌

   3) **길**        ① 철도      ② 약도       ③ 복도

   4) **도시/시장**    ① 시청      ② 시험       ③ 시내

3. 보기 에서 밑줄 친 부분과 바꿔 사용할 수 있는 단어를 골라 쓰십시오.

   | 보기 | 시립   민속촌   인도   상가   어촌   가로등 |
   | --- | --- |

   1) 우리 동네 입구에는 양쪽 <u>길에 안전을 위해서 켜 놓은 전기</u>        (          )
      <u>등</u>이 있어서 밤에도 위험하지 않다.

   2) <u>사람이 다니는 길</u>에 주차된 차들 때문에 걸어 다니기가 힘들        (          )
      때가 있다.

   3) 이 미술관은 <u>시에서 세우고 관리하는 곳</u>이기 때문에 입장료가        (          )
      무료이다.

   4) 내 고향은 <u>물고기를 잡는 것을 생업으로 하는 사람들이 모여</u>        (          )
      <u>사는 마을</u>이다.

4. 보기 에서 알맞은 단어를 골라 대화를 완성하십시오.

| 보기 | 농촌 | 번화가 | 노선 | 통로 | 주택가 | 시중 |
|---|---|---|---|---|---|---|

1) 가: 주말에 시골로 '_____ 체험 여행'을 다녀왔어요. 맑은 공기와 아름다운
   자연이 있는 한옥에서 자고, 맛있는 채소로 요리도 해 보고 아주 즐거웠어요.

   나: 그거 정말 좋은 경험이었겠네요. 저희도 한번 가족 여행으로 다녀와야겠어요.

2) 가: 이번에 이사한 하숙집은 어때요?

   나: 전에 살던 집보다 훨씬 넓고 _____에 있어서 아주 조용해요.

3) 가: 주로 인터넷으로 쇼핑을 하시나 봐요.

   나: 네, 물건을 직접 사러 갈 시간이 없기도 하지만 인터넷으로 사면 _____
   에서 파는 것보다 가격이 많이 싸니까요.

4) 가: 여기에서 명동까지 가려면 어떻게 가야 하는지 알아?

   나: 목적지만 알면 인터넷에서 버스나 지하철 _____을/를 쉽게 찾을 수 있
   으니까 앱으로 한번 검색해 보자.

5. 다음을 읽고 맞지 않는 것을 고르십시오.

> 이번 주 일요일, 서울의 대표적인 문화 예술 거리인 대학로에서 30년 만에 '차 없는 거리'
> 행사가 부활된다고 한다. 다양한 거리 공연과 문화 행사, 어린이들을 위한 체험 행사도 많으
> 니 가족과 함께 방문하기에 좋을 듯하다.
>
> 행사는 낮 12시부터 오후 5시까지 진행되지만 행사 때문에 오전 9시부터 오후 7시까지 이
> 화사거리부터 혜화로터리까지 양쪽 방향 **도로**가 통제된다. 그리고 버스 **노선**도 임시 **노선**으
> 로 변경될 예정이므로 근처 버스 정류소에서 내려서 걸어오거나 지하철을 이용해야 한다. 이
> 번 주말은 대학로에서 가족들과 함께 즐거운 추억을 만들어 보면 어떨까 싶다.

① 이번 일요일에 대학로에서 거리 축제가 30년 만에 다시 시작될 예정이다.

② 이번 일요일에 대학로 도로에서 여러 예술 공연이 있을 예정이다.

③ 이번 일요일에 하루 종일 대학로 거리가 통제될 예정이다.

④ 이번 일요일에 대학로로 가는 버스 노선이 바뀔 예정이다.

# 한자성어

## 금 이제/오늘今   시 때時   초 처음初   문 듣다聞

➡️ 바로 지금 처음으로 듣는다.

가: 이 교수님이 암에 걸리셨다는 얘기 들었어?

나: 그게 무슨 소리야? 그런 얘기는 **금시초문**이야.

가: 이 교수님도 얼마 전에 두통이 심해서 병원에 갔다가 알게 되셨대. 의사가 암이니까 초기지만 빨리 수술했으면 좋겠다고 했는데 교수님께서 학생들하고 약속은 지켜야 하니까 이번 학기 수업은 끝까지 마치고 수술하겠다고 고집하셨대.

나: 어쩐지 요즘 피곤해 보이셨는데 그런 이유가 있었구나. 수술 잘 받으시고 다시 건강해지셨으면 좋겠다.


## 작 만들다作   심 마음心   삼 셋三   일 날日

➡️ 결심한 것이 삼일을 가지 못한다. 즉, 결심이 굳지 못함을 나타내는 말

가: 아빠, 아빠는 새해 목표가 뭐예요?

나: 올해 목표는 금주! 이제 술 좀 그만 마시고 운동도 열심히 하려고 해.

가: 에이, 다른 말은 믿어도 그 말은 못 믿어요. 아빠는 몇 년째 금주라고 하고서는 **작심삼일**이었잖아요. 조금만 지나면 회식이라고 또 동창회라고 하면서 술도 많이 마시고, 헬스클럽은 등록해 놓고 몇 번 가지도 못했잖아요.

나: 올해는 정말이야. 그런데 너도 매년 새해 목표가 다이어트이면서 아빠한테 그렇게 말하면 안 되지.

# 6

# 교통

# Day 22 / 이동 1

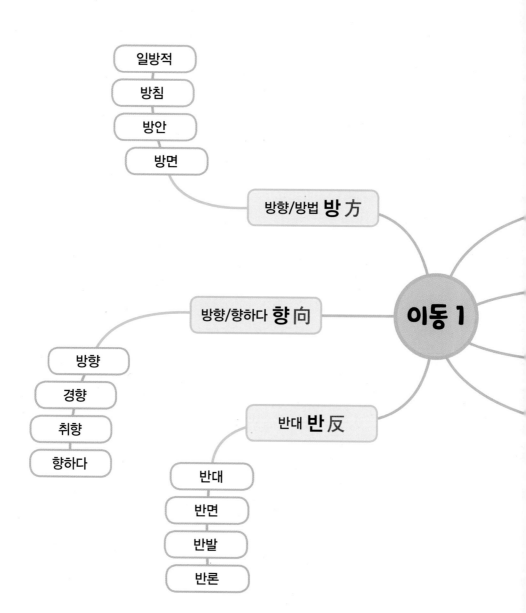

- 일방적
- 방침
- 방안
- 방면

방향/방법 **방 方**

방향/향하다 **향 向**
- 방향
- 경향
- 취향
- 향하다

**이동 1**

반대 **반 反**
- 반대
- 반면
- 반발
- 반론

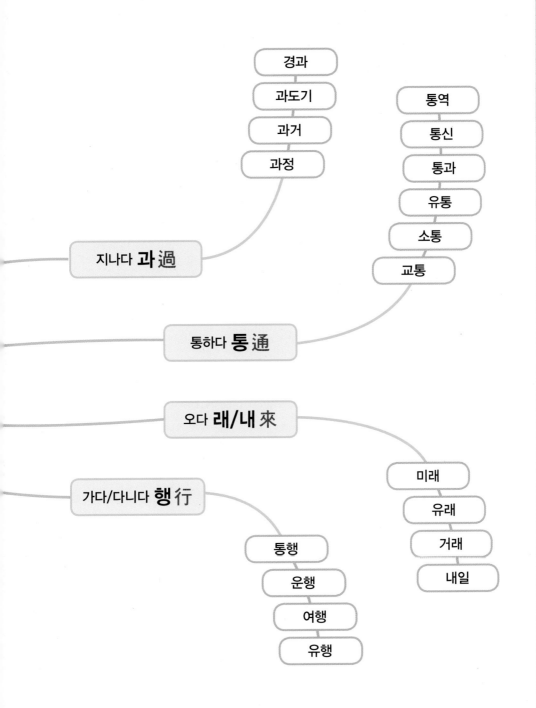

지나다 **과** 過
- 경과
- 과도기
- 과거
- 과정

통하다 **통** 通
- 통역
- 통신
- 통과
- 유통
- 소통
- 교통

오다 **래/내** 來
- 미래
- 유래
- 거래
- 내일

가다/다니다 **행** 行
- 통행
- 운행
- 여행
- 유행

<table>
<tr><td rowspan="2">방향/방법<br>**방方**</td><td>direction/way</td></tr>
<tr><td>方向/方法<br>方向/方法<br>phương hướng/phương pháp</td></tr>
</table>

**방면** direction / 方面 / 方面 / phương diện, phía

**방안** plan / 方案 / 方案 / phương án

**방침** policy / 方針 / 方针 / phương châm

**일방적** one-sided / 一方的 / 单方面的 / mang tính một phía, đơn phương

<table>
<tr><td rowspan="2">방향/향하다<br>**향向**</td><td>direction/to face, to head</td></tr>
<tr><td>方向/向かう<br>方向/向<br>phương hướng/hướng đến</td></tr>
</table>

**방향** direction / 方向 / 方向 / phương hướng

**경향** trend / 傾向 / 倾向 / khuynh hướng

**취향** taste / 趣向 / 爱好、取向 / sở thích

**향하다** to face, to head / 向かう / 向、向着、面向 / hướng đến, hướng tới

<table>
<tr><td rowspan="2">반대<br>**반反**</td><td>opposition</td></tr>
<tr><td>反対<br>反对<br>sự phản đối</td></tr>
</table>

**반대** opposition / 反対 / 反对 / sự phản đối

**반면** on the other hand / 反面 / 相反、反面 / sự ngược lại, sự trái lại

**반발** resistance / 反発 / 反拨、反抗 / sự phản bác

**반론** counterargument / 反論 / 反对意见 / sự bác bỏ, sự phản đối

| 지나다 과 過 | to pass<br>過ぎる<br>过、经过<br>trôi qua |
|---|---|

**과정** process / 過程 / 过程 / quá trình

**과거** past / 過去 / 过去 / quá khứ

**과도기** period of transition / 過渡期 / 过渡期 / thời kì quá độ

**경과** progress / 経過 / 经过 / sự quá hạn, sự trôi qua

| 통하다 통 通 | to go through<br>通じる<br>通、相通<br>thông qua |
|---|---|

**교통** transportation / 交通 / 交通 / giao thông

**소통** communication (opinion, thought) / 疎通 / 沟通 / sự giao tiếp

**유통** circulation / 流通 / 流通 / sự lưu thông

**통과** passage / 通過 / 通过 / sự thông qua

**통신** communication (mail, internet) / 通信 / 通信 / sự đưa tin, tin tức

**통역** interpretation / 通訳 / 翻译、口译 / việc thông dịch, việc dịch nói

| 오다 래/내 來 | to come<br>来る<br>来<br>đến |
|---|---|

**미래** future / 未来 / 未来、将来 / tương lai

**유래** origin / 由来 / 由来 / căn nguyên, gốc rễ

**거래** deal / 取引 / 交易、商业往来 / sự giao dịch

**내일** tomorrow / 明日 / 明天 / ngày mai

| 가다/다니다 행 行 | to go/to frequent<br>行く/通う<br>去/来回<br>đi/đi lại |
|---|---|

**통행** passage / 通行 / 通行 / sự thông hành

**운행** transportation service / 運行 / 运行 / sự vận hành (bằng xe)

**여행** travel / 旅行 / 旅行 / du lịch

**유행** fashion / 流行 / 流行 / trào lưu, sự thịnh hành

1. 보기 에서 빈칸에 공통적으로 들어갈 한자를 골라 쓰십시오.

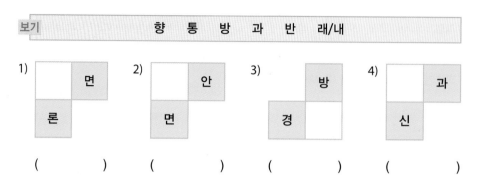

| 보기 | 향   통   방   과   반   래/내 |
| --- | --- |

1)
| | 면 |
| --- | --- |
| 론 | |

(          )

2)
| | 안 |
| --- | --- |
| 면 | |

(          )

3)
| | 방 |
| --- | --- |
| 경 | |

(          )

4)
| | 과 |
| --- | --- |
| 신 | |

(          )

2. 한자의 의미가 다른 것을 고르십시오.

1) **가다/다니다**      ① 통행      ② 여행      ③ 실행

2) **오다**      ① 거래      ② 국내      ③ 내일

3) **지나다**      ① 치과      ② 과정      ③ 경과

4) **통하다**      ① 소통      ② 통역      ③ 두통

3. 보기 에서 알맞은 단어를 골라 문장을 완성하십시오.

| 보기 | 유래   유통   과도기   반발   일방적   과정 |
| --- | --- |

1) 남자 친구가 _____(으)로 헤어지자는 문자를 보낸 후 내 연락을 안 받는다.

2) 서울시가 우리 동네에 쓰레기 처리장을 만들 계획이라고 발표하자 동네 주민들이 거세게 _____하고 있다.

3) 요리 _____을/를 자세하게 알 수 있어서 요리할 때 동영상을 자주 본다.

4) 한국 문화 시간에 설날 음식인 떡국의 _____에 대해서 배웠다.

**4.** 보기 에서 알맞은 단어를 골라 대화를 완성하십시오.

| 보기 | 취향 | 방안 | 통신 | 통과 | 방면 | 유행 |
|---|---|---|---|---|---|---|

1) 가: 수민 씨는 어느 _____ 회사 서비스를 이용하고 있어요?

   나: RG Telecom이요. 인터넷도 빠르고 요금제도 여러 가지가 있어서 좋아요.

2) 가: 나 운전면허 시험에 _____했어. 주차할 때 좀 실수해서 떨어질 줄 알았는데 합격했어.

   나: 와, 한 번 만에 시험에 붙었네. 축하해!

3) 가: 티셔츠 새로 산 거야? 예쁘긴 한데 좀 커 보이네.

   나: 응. 올해 여름에는 큰 사이즈 옷이 _____(이)래.

4) 가: 재윤 씨 생일이라서 선물로 향수를 사 주려고 하는데 어때?

   나: 향수는 사람마다 _____이/가 다르니까 고르기 좀 어려울 것 같아. 향수 말고 로션이나 핸드크림 같은 걸 사는 게 어때?

**5.** 알맞은 단어를 골라 신문 기사를 완성하십시오.

1)
> 제일화장품은 매년 경제적으로 어려운 4,000명의 학생들에게 장학금을 주고 있다. 아무리 경영 환경이 어려워도 기업은 도움이 필요한 사람들을 도와야 한다는 것이 이 회사의 경영 (**경향, 방침**)이다.

2)
> JKB건설의 김영훈 사장은 직원들과 (**교통, 소통**)하기 위해서 한 달에 한 번 직원들의 어려움이 무엇인지, 회사에 바라는 점이 무엇인지 대화하는 시간을 갖고 있다.

3)
> 희망출판사는 추석과 설날에 고향에 가는 직원들을 위해 명절 버스를 (**운행, 통역**)하고 있다. 고향이 먼 직원들은 고향으로 가는 버스표나 기차표를 사기 위한 시간과 교통비를 아낄 수 있어서 명절 버스에 대한 직원들의 만족도가 매우 높다.

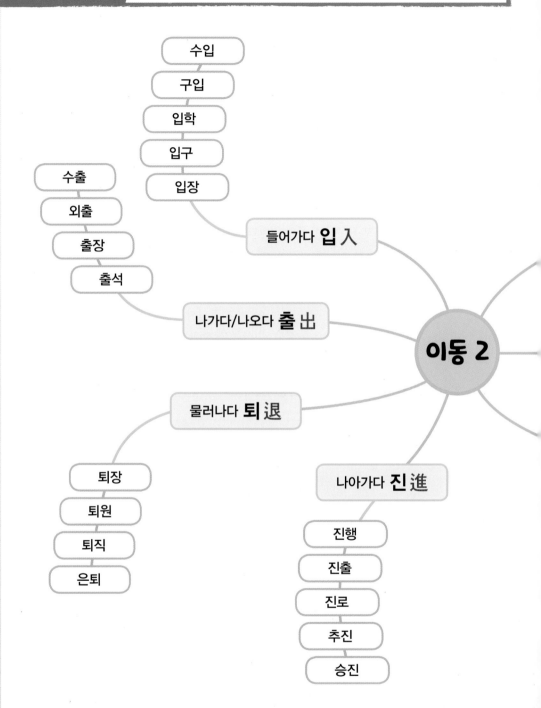

수입

구입

입학

입구

입장

들어가다 **입入**

수출

외출

출장

출석

나가다/나오다 **출出**

**이동 2**

물러나다 **퇴退**

퇴장

퇴원

퇴직

은퇴

나아가다 **진進**

진행

진출

진로

추진

승진

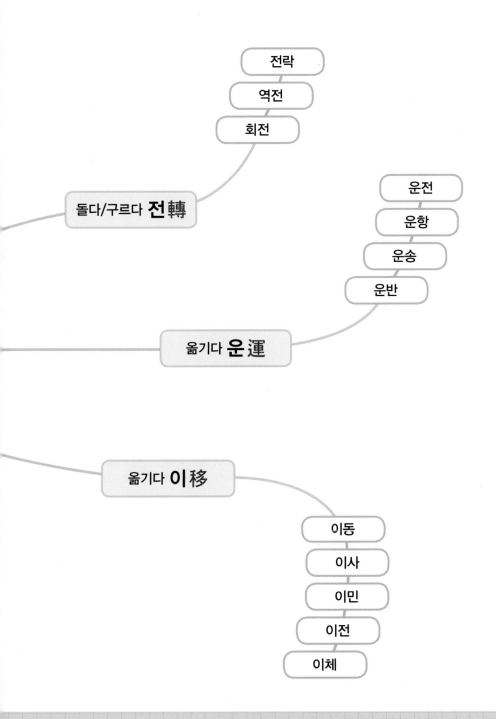

전락

역전

회전

돌다/구르다 전轉

운전

운항

운송

운반

옮기다 운運

옮기다 이移

이동

이사

이민

이전

이체

| 들어가다 入入 | to enter 入る 进入 đi vào |
|---|---|

**입장** admission / 入場 / 入场、进场 / việc vào cửa

**입구** entrance / 入口 / 入口 / lối vào, cửa vào

**입학** admission into a school / 入学 / 入学 / việc nhập học

**구입** purchase / 購入 / 购买 / việc nhập vào, việc mua vào

**수입** import / 輸入 / 进口 / nhập khẩu

| 나가다/나오다 出出 | to go out/to come out 出ていく/出てくる 出去/出来 đi ra/xuất hiện |
|---|---|

**출석** roll, attendance / 出席 / 出席、点名 / sự có mặt, sự xuất hiện

**출장** business trip / 出張 / 出差 / việc đi công tác

**외출** going out / 外出 / 外出 / việc đi ra ngoài

**수출** export / 輸出 / 出口 / xuất khẩu

| 물러나다 退退 | to leave, to go back 退く 退、退下 lùi lại |
|---|---|

**퇴장** making one's exit / 退場 / 退场 / sợ rời khỏi một vị trí

**퇴원** discharge from a hospital / 退院 / 出院 / việc ra viện

**퇴직** retirement / 退職 / 退休 / sự nghỉ việc

**은퇴** retirement / 引退 / 隐退、退居 / sự nghỉ hưu

| 나아가다 進進 | to advance 進む 前进、迈进 tiến lên |
|---|---|

**진행** progress / 進行 / 进行 / sự tiến hành

**진출** advance / 進出 / 进入、前进 / sự tiến vào

**진로** course, (career) path / 進路 / 前途、出路 / tiền đồ, con đường tiến thân

**추진** pushing ahead / 推進 / 推进、推动 / sự thúc đẩy

**승진** promotion / 昇進 / 升职、晋升 / sự thăng tiến

| 돌다/구르다 **전 轉** | to turn/to roll<br>回る/回す<br>转/滚、滚动<br>xoay/cuộn |
|---|---|

**회전** rotation / 回転 / 旋转 / sự quay tròn

**역전** reversal / 逆転 / 逆转、反转 / sự lật ngược

**전락** downfall / 転落 / 沦落、堕落 / sự suy sụp, sự sa sút

| 옮기다 **운 運** | to carry<br>移す<br>搬运、移动<br>chuyển |
|---|---|

**운반** transportation / 運搬 / 搬运 / sự chuyển đồ

**운송** shipping / 運送 / 运送、运输 / sự vận chuyển

**운항** flight / 運航 / 航运 / sự vận hành (bằng tàu hoặc máy bay)

**운전** driving / 運転 / 驾驶 / việc lái xe

| 옮기다 **이 移** | to carry<br>移す<br>挪<br>chuyển |
|---|---|

**이동** movement / 移動 / 移动 / sự di chuyển

**이사** moving / 引っ越し / 搬家 / việc chuyển nhà

**이민** emigration / 移民 / 移民 / việc di dân

**이전** to carry, relocation / 移転 / 迁移 / sự di chuyển, sự di dời

**이체** transfer / 振替 / 互换、转账 / sự chuyển khoản

1. <u>보기</u>에서 빈칸에 공통적으로 들어갈 한자를 골라 쓰십시오.

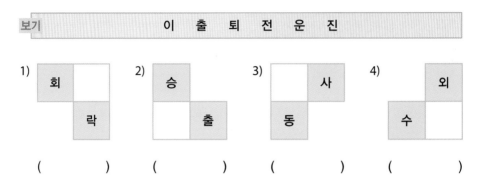

| 보기 | | 이 | 출 | 퇴 | 전 | 운 | 진 |

1)

| 회 | |
|---|---|
| | 락 |

( )

2)

| 승 | |
|---|---|
| | 출 |

( )

3)

| | 사 |
|---|---|
| 동 | |

( )

4)

| | 외 |
|---|---|
| 수 | |

( )

2. <u>보기</u>에서 공통적으로 들어간 한자의 의미를 골라 쓰십시오.

| 보기 | 물러나다 | 나가다/나오다 | 돌다/구르다 | 옮기다 | 나아가다 | 들어가다 |

1) 구<u>입</u>    <u>입</u>장    <u>입</u>구                    (          )

2) <u>운</u>반    <u>운</u>송    <u>운</u>전                    (          )

3) <u>퇴</u>직    <u>퇴</u>장    은<u>퇴</u>                    (          )

4) <u>진</u>행    <u>진</u>로    추<u>진</u>                    (          )

3. 알맞은 단어를 골라 문장을 완성하십시오.

1) 나는 휴대폰 요금을 은행에 가서 내지 않고 통장에서 자동 (**이전, 이체**)한다.

2) 조류 독감이 발생한 지역의 닭과 오리의 (**수입, 회전**)이 내일부터 금지된다.

3) 아리아항공은 부산과 방콕 간 비행기를 다음 달 25일부터 매일 (**운전, 운항**)한다.

4) 정부는 속초시와 서울시를 연결하는 고속 철도 사업을 (**승진, 추진**)하기로 했다.

4. 보기 에서 알맞은 단어를 골라 대화를 완성하십시오.

| 보기 | 진로 | 퇴원 | 출장 | 입장 | 이민 | 퇴직 |
|------|------|------|------|------|------|------|

1) 가: 나탈리 씨가 입원했다면서?

   나: 응. 자전거를 타다가 넘어졌는데 뼈가 부러져서 일주일 후에 _____할 수 있대.

2) 가: 가수 윤손하 씨는 영어를 정말 잘하던데요.

   나: 어렸을 때 미국으로 _____을/를 갔는데 가수가 되려고 다시 한국으로 왔대요.

3) 가: 다음 주에 동창회에 갈 거지?

   나: 난 못 갈 것 같아. 다음 주에 갑자기 일본으로 _____을/를 가게 됐어.

4) 가: 명절 연휴 기간에는 경복궁이 무료 _____(이)래요.

   나: 그래요? 그럼 우리 추석날 경복궁에 놀러 갈까요?

5. 보기 에서 알맞은 단어를 골라 신문 기사의 제목을 완성하십시오.

| 보기 | 수출 | 은퇴 | 입학 | 진행 | 출석 | 역전 |
|------|------|------|------|------|------|------|

1) 
   한국 전통 술 막걸리, 일본과 중국으로 _____ 작년보다 2배 늘어

2) 
   외국인 유학생 작년보다 2.5배 증가, 올해 국내 대학교에 16만 명 _____

3) 
   영화배우 김태린, 연예계 _____ 후 가방 디자이너로 두 번째 인생 시작

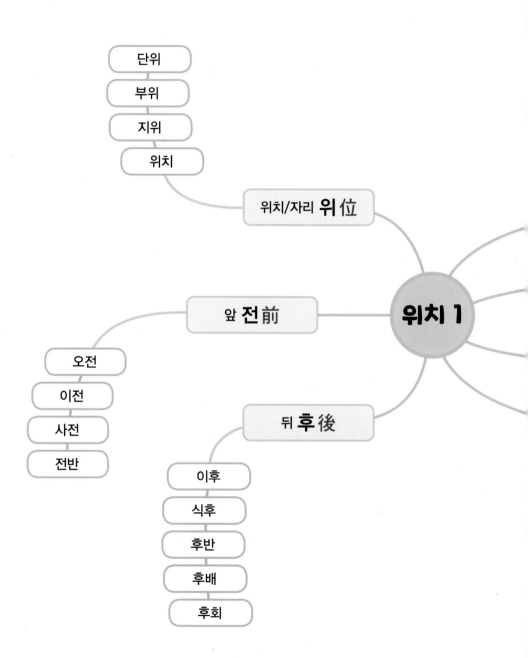

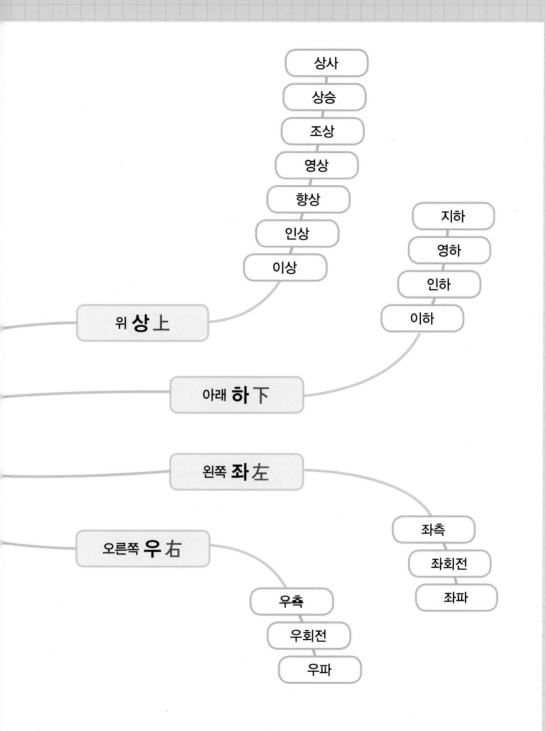

위 **상** 上

상사
상승
조상
영상
향상
인상
이상

아래 **하** 下

지하
영하
인하
이하

왼쪽 **좌** 左

좌측
좌회전
좌파

오른쪽 **우** 右

우측
우회전
우파

| 위치/자리<br>**위位** | location/postion<br>位置/場<br>位置/地方、座位<br>vị trí/chỗ |
|---|---|

**위치** location / 位置 / 位置 / vị trí

**지위** social position, status / 地位 / 地位 / địa vị xã hội, vị trí xã hội

**부위** part / 部位 / 部位 / phần, chỗ

**단위** unit / 單位 / 单位 / đơn vị

| 앞<br>**전前** | before<br>前<br>前、前面<br>phía trước |
|---|---|

**오전** morning / 午前 / 上午 / buổi sáng

**이전** previous / 以前 / 以前 / trước đây

**사전** beforehand / 事前 / 事先、预先 / trước

**전반** first half / 前半 / 前半、上半 / nửa trước

| 뒤<br>**후後** | after<br>後<br>后、后面<br>phía sau |
|---|---|

**이후** after this / 以後 / 以后 / sau, sau này

**식후** after each meal / 食後 / 饭后 / sau bữa ăn

**후반** second half / 後半 / 后半、下半场 / nửa sau

**후배** junior / 後輩 / 后辈 / hậu bối

**후회** regret / 後悔 / 后悔 / sự hối hận

| 위 **상上** | above<br>上<br>上、上面<br>trên |
|---|---|

**이상** more than or equal to / 以上 / 以上 / hơn, trên

**인상** price increase / 引き上げ / 上涨、涨价 / sự tăng (tiền, giá)

**향상** improvement / 向上 / 提高、提升 / sự nâng cao

**영상** above zero / 摂氏(プラス〜度) / 零上 / dương, trên 0 độ C

**조상** ancestor / 祖先 / 祖先 / tổ tiên

**상승** increase / 上昇 / 上升 / sự tăng (từ thấp lên cao)

**상사** higher-up / 上司 / 上司 / cấp trên

| 아래 **하下** | below<br>下<br>下、下面<br>bên dưới |
|---|---|

**이하** less than or equal to / 以下 / 以下 / dưới

**인하** reduction / 引き下げ / 下降、降低 / hạ xuống, giảm

**영하** below zero / 零下、マイナス / 零下 / độ âm, dưới 0 độ C

**지하** underground / 地下 / 地下 / tầng hầm

| 왼쪽 **좌左** | left<br>左<br>左、左边<br>bên trái |
|---|---|

**좌측** left side / 左側 / 左侧 / phía trái, bên trái

**좌회전** left turn / 左折 / 左转 / việc rẽ trái

**좌파** left wing / 左派 / 左派 / cánh tả

| 오른쪽 **우右** | right<br>右<br>右、右边<br>bên phải |
|---|---|

**우측** right side / 右側 / 右侧 / bên phải

**우회전** right turn / 右折 / 右转、右转弯 / việc rẽ phải

**우파** right wing / 右派 / 右派、保守派 / cánh hữu

1. 보기 에서 빈칸에 들어갈 한자를 골라 쓰십시오.

| 보기 | 우　상　전　후　좌　하 |

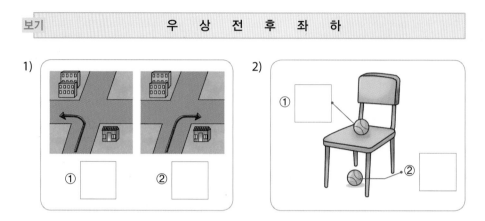

2. 한자의 의미가 <u>다른</u> 것을 고르십시오.

1) **아래**　　　　　① 축<u>하</u>　　② 인<u>하</u>　　③ 이<u>하</u>

2) **위치/자리**　　① 부<u>위</u>　　② 단<u>위</u>　　③ 주<u>위</u>

3) **앞**　　　　　① <u>전</u>달　　② 사<u>전</u>　　③ 이<u>전</u>

4) **뒤**　　　　　① <u>후</u>배　　② 기<u>후</u>　　③ 식<u>후</u>

3. 알맞은 단어를 골라 문장을 완성하십시오.

1) 타고 다니는 자동차가 그 사람의 사회적 (**부위, 지위**)를 나타낸다고 생각하는 사람들이 있다.

2) 이 영화는 15세 (**이상, 인하**)부터 볼 수 있다.

3) 고등학교 때 짝사랑했던 친구에게 고백하지 않은 것이 제일 (**후회, 후반**)이/가 된다.

4) 팥죽은 우리 (**상사, 조상**)들이 겨울에 즐겨 먹던 음식 중의 하나이다.

4. 보기 에서 밑줄 친 부분과 바꿔 사용할 수 있는 단어를 골라 쓰십시오.

| 보기 | 인상 | 지하 | 위치 | 우측 | 향상 | 우회전 |
|------|------|------|------|------|------|--------|

1) 다음 달부터 술 종류와 인기 과자 제품 가격이 10~20% (        )
   오른다.

2) 한국과 달리 홍콩과 싱가포르는 자동차 핸들이 오른쪽에 (        )
   있다.

3) 요즘은 휴대폰으로 택배가 어디까지 와 있는지 확인할 수 (        )
   있다.

4) 한국 드라마로 한국어를 공부한 후부터 말하기와 듣기 능 (        )
   력이 더 좋아졌다.

5. 보기 에서 알맞은 단어를 골라 일기 예보를 완성하십시오.

| 보기 | 전반 | 상승 | 사전 | 영하 | 이후 | 오전 |
|------|------|------|------|------|------|------|

오늘의 날씨를 말씀드리겠습니다. 오늘 ①_____에는 춥다가 오후에는 점점 기온이
②_____하겠습니다. 최저 기온은 ③_____ 9도까지 떨어지겠으나 최고 기온은
**영상** 5도까지 오르겠습니다. 오늘 밤부터는 비가 오겠습니다. 하지만 월요일 오전부터는 비가
그치겠고 ④_____에는 점차 기온이 오르면서 큰 추위는 없겠습니다.

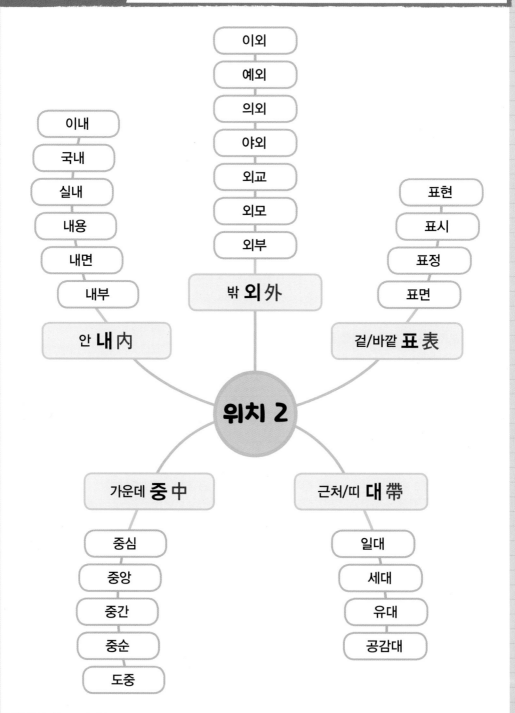

이외
예외
의외
야외
외교
외모
외부

밖 **외 外**

이내
국내
실내
내용
내면
내부

안 **내 內**

표현
표시
표정
표면

겉/바깥 **표 表**

**위치 2**

가운데 **중 中**

중심
중앙
중간
중순
도중

근처/띠 **대 帶**

일대
세대
유대
공감대

| 안 | inside |
| --- | --- |
| **내内** | 内<br>里面、内部<br>bên trong |

**내부** inside / 内部 / 内部 / phần bên trong

**내면** inner side / 内面 / 内在、里面 / bên trong

**내용** contents / 内容 / 内容 / nội dung

**실내** indoor / 室内 / 室内 / trong nhà

**국내** domestic / 国内 / 国内 / quốc nội, trong nước

**이내** within / 以内 / 以内 / trong vòng

| 밖 | outside |
| --- | --- |
| **외外** | 外<br>外、外面<br>bên ngoài |

**외부** outside / 外部 / 外部 / bên ngoài

**외모** appearance / 容姿 / 外貌 / ngoại hình

**외교** diplomacy / 外交 / 外交 / ngoại giao

**야외** outdoors / 野外 / 野外、郊外 / dã ngoại, ngoài trời

**의외** unexpectedness / 意外 / 意外 / ngoài ý muốn, ngoài dự đoán

**예외** exception / 例外 / 例外 / sự ngoại lệ

**이외** other than / 以外 / 以外 / ngoài, ngoại

| 겉/바깥 | surface/outside |
| --- | --- |
| **표表** | 表/外側<br>外表/外面<br>ngoài/bên ngoài |

**표면** surface / 表面 / 表面 / bề mặt

**표정** look, facial expression / 表情 / 表情 / sự biểu lộ, vẻ mặt

**표시** mark / 表示 / 表示 / sự biểu thị

**표현** expression / 表現 / 表现 / sự biểu hiện

| 가운데 | middle |
| --- | --- |
| **중中** | 中<br>中、正中<br>ở giữa |

**중심** hub / 中心 / 中心 / trọng tâm, trung tâm

**중앙** center / 中央 / 中央 / trung ương, trung tâm

**중간** middle / 中間 / 中间 / phần ở giữa

**중순** middle ten days of a month / 中旬 / 中旬 / trung tuần

**도중** while / 途中 / 途中 / trong khi, giữa đường

| 근저/띠 | vicinity/band |
| --- | --- |
| **대帶** | 近く/帯<br>附近/带子<br>gần/đai |

**일대** whole area / 一帯 / 一带 / toàn vùng, khắp vùng

**세대** household / 世帯 / 家庭、住户 / thế hệ

**유대** bond / きずな / 纽带 / sự ràng buộc, sự liên kết

**공감대** bond of sympathy / 共感領域 / 共识 / sự đồng cảm

**1.** 보기 에서 공통적으로 들어간 한자의 의미를 골라 쓰십시오.

| 보기 | | 밖 | 겉/바깥 | 근처/띠 | 안 | 가운데 |
|---|---|---|---|---|---|---|
| 1) 내부 | 내면 | 국내 | | | ( | ) |
| 2) 외교 | 예외 | 야외 | | | ( | ) |
| 3) 중간 | 도중 | 중앙 | | | ( | ) |
| 4) 유대 | 세대 | 일대 | | | ( | ) |

**2.** 한자의 의미가 <u>다른</u> 것을 고르십시오.

1) **안**         ① 내일     ② 실내     ③ 이내

2) **가운데**      ① 중순     ② 중심     ③ 중시

3) **겉/바깥**     ① 표면     ② 우표     ③ 표정

4) **근처/띠**      ① 침대     ② 공감대    ③ 지대

**3.** 보기 에서 알맞은 단어를 골라 이야기를 완성하십시오.

| 보기 | 공감대 | 내용 | 도중 | 중심 | 표시 | 표면 |
|---|---|---|---|---|---|---|

> 　　내가 올해 읽은 책 중에서 추천하고 싶은 책은 특히 여성들과 ①＿＿＿＿＿을/를 형성
> 할 수 있는 소설인 '80년에 태어난 지우'이다. 나는 이 책을 읽으면서 공감되는 부분이 많아서
> ②＿＿＿＿＿ 중에서 기억하고 싶은 부분에는 빨간색 펜으로 ③＿＿＿＿＿하였다. 이야
> 기 전개도 흥미진진해서 울기도 하고 웃기도 하면서 읽다 보니 2시간 만에 책을 다 읽었다.
> 이 소설은 곧 영화로도 만들어진다고 하니 벌써 기대가 된다.

4. 보기 에서 알맞은 단어를 골라 대화를 완성하십시오.

| 보기 | 외모 | 의외 | 표정 | 세대 | 중앙 | 중순 |
|---|---|---|---|---|---|---|

1) 가: 된장찌개가 맛있는데요!

   나: 그래요? 한국 친구한테 만드는 법을 배웠어요. 요리 방법이 어려울 거라고 생각했는데 _____(으)로 간단하더라고요.

2) 가: 결혼식 날짜 정했어요?

   나: 아직 안 정했는데 아마 올해 9월 _____쯤 하게 될 것 같아요.

3) 가: 민수 씨한테 무슨 일 있어요? 요즘 민수 씨 _____이/가 안 좋던데요.

   나: 몰랐어요? 지난주에 여자 친구하고 헤어졌대요.

4) 가: 새로 이사 간 동네는 어때요?

   나: 아파트촌인데 우리 아파트만 해도 2,700_____ 정도 살고 있어요. 그래서 학교, 마트, 병원 등이 모여 있어서 편리해요.

5. 다음을 읽고 빈칸에 들어갈 단어를 순서대로 쓴 것을 고르십시오.

### 〈호텔 이용 안내〉

- ( ㉮ )에서는 담배를 피울 수 없습니다. 건물 밖에 담배를 피울 수 있는 흡연실이 있습니다.
- 1층 식당의 아침 식사 시간은 오전 7시에서 9시까지입니다. 식사 시간 ( ㉯ )에는 커피와 음료만 판매합니다.
- 호텔 ( ㉰ )(으)로 전화를 걸려면 9번을 누르면 됩니다.

① ㉮ 국내 – ㉯ 이외 – ㉰ 외교　　② ㉮ 표현 – ㉯ 이내 – ㉰ 외부
③ ㉮ 실내 – ㉯ 이외 – ㉰ 외부　　④ ㉮ 야외 – ㉯ 외부 – ㉰ 내면

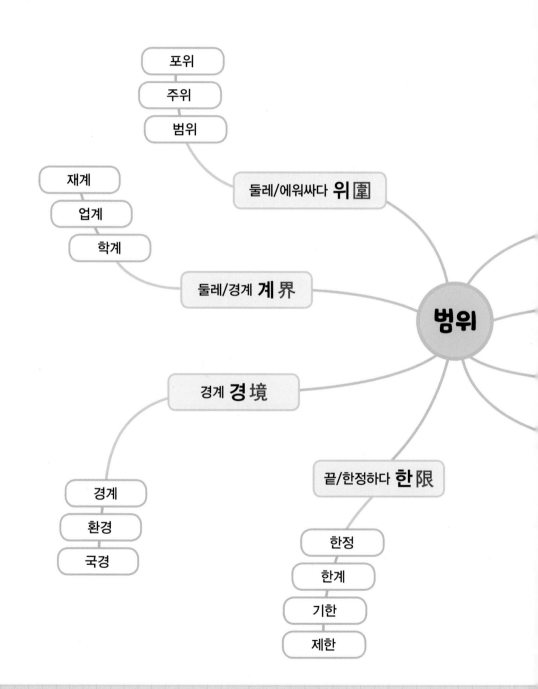

포위
주위
범위

둘레/에워싸다 **위**圍

재계
업계
학계

둘레/경계 **계界**

경계 **경境**

경계
환경
국경

범위

끝/한정하다 **한限**

한정
한계
기한
제한

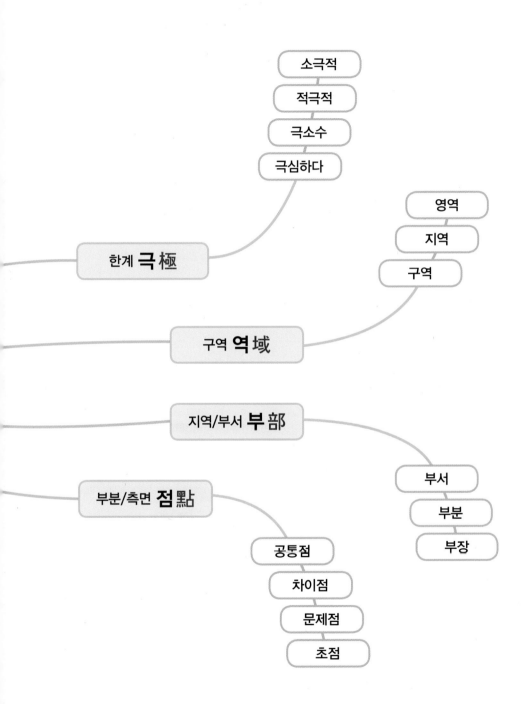

소극적

적극적

극소수

극심하다

한계 **극** 極

영역

지역

구역

구역 **역** 域

지역/부서 **부** 部

부서

부분

부장

부분/측면 **점** 點

공통점

차이점

문제점

초점

| 둘레/에워싸다 위圍 | circumference/ to surround 枠/囲む 围、周长/包围 xunh quanh/bao quanh |
|---|---|

범위 range / 範囲 / 范围 / phạm vi

주위 surroundings / 周囲 / 周围 / xung quanh, chu vi

포위 siege / 包囲 / 包围 / sự bao vây, vòng vây

| 둘레/경계 계界 | circumference/boundary 枠/境界 围、周长/境界、界限 sự bao quanh/ranh giới |
|---|---|

학계 academic world / 学界 / 学界 / giới học thuật

업계 industry / 業界 / 业界 / ngành, giới

재계 business world / 財界 / 财界 / giới tài chính

| 경계 경境 | boundary 境界 境界、界限 giới hạn, ranh giới |
|---|---|

경계 boundary / 境界 / 境界、界限 / giới hạn, ranh giới

환경 environment / 環境 / 环境 / môi trường

국경 border between two countries / 国境 / 国境 / biên giới

| 끝/한정하다 한限 | end/to limit 限度/限る 尽头/限定 cuối/hạn định |
|---|---|

한정 limit, restrict / 限定 / 限制、限定 / sự giới hạn, sự hạn định

한계 limit / 限界 / 界限、极限 / hạn mức

기한 deadline / 期限 / 期限 / kì hạn, thời hạn

제한 restriction / 制限 / 限制、约束 / sự hạn chế

| 한계 극極 | limit<br>限界<br>界限、极限<br>giới hạn |
|---|---|

**극심하다** to be extreme / ひどい、激しい / 极其严重 / quá nghiêm trọng

**극소수** tiny minority / ごく一部 / 极少数 / cực thiểu số, số rất ít

**적극적** enthusiastic / 積極的 / 积极的 / mang tính tích cực

**소극적** passive / 消極的 / 消极的 / mang tính tiêu cực

| 구역 역域 | territory<br>区域<br>区域<br>khu vực |
|---|---|

**구역** territory / 区域 / 区域 / khu vực

**지역** region / 地域 / 地区、地域 / khu vực

**영역** territory, field / 領域 / 领域 / lĩnh vực

| 지역/부서 부部 | region/department<br>地域/部署<br>地区、地域/部门<br>khu vực/bộ phận |
|---|---|

**부서** department / 部署 / 部门 / bộ phận

**부분** part / 部分 / 部分、一部分 / bộ phận, phần

**부장** manager / 部長 / 部长 / trưởng phòng, trưởng ban

| 부분/측면 점點 | portion/side<br>部分/側面<br>部分/侧面<br>bộ phận/phía |
|---|---|

**공통점** common ground / 共通点 / 共同点、相同点 / điểm chung

**차이점** difference / 違い / 区别、不同之处 / điểm khác biệt

**문제점** problem / 問題点 / 问题、问题的焦点 / vấn đề

**초점** focus / 焦点 / 焦点 / trọng điểm, tiêu điểm

1. 한자의 의미와 한자, 단어가 맞는 것을 연결하십시오.

   1) 둘레/경계 •          • ㉮ 극 •          • ㉠ 재계, 학계

   2) 끝/한정하다 •        • ㉯ 한 •          • ㉡ 지역, 영역

   3) 한계 •              • ㉰ 역 •          • ㉢ 제한, 한계

   4) 구역 •              • ㉱ 계 •          • ㉣ 극소수, 극심하다


2. 한자의 의미가 <u>다른</u> 것을 고르십시오.

   1) **경계**          ① 풍경          ② 환경          ③ 국경

   2) **둘레/에워싸다**   ① 주위          ② 범위          ③ 위치

   3) **지역/부서**      ① 부분          ② 부족          ③ 부장

   4) **부분/측면**      ① 문구점         ② 문제점         ③ 공통점


3. 알맞은 단어를 골라 문장을 완성하십시오.

   1) (**경계, 지역**)마다 김치를 담그는 채소의 종류가 다른데 서울은 배추와 무를 사용해
      서 배추김치와 깍두기를 만든다.

   2) 이번 중간시험 (**범위, 포위**)는 1과부터 25과까지이다.

   3) 유통 (**영역, 기한**)이 지난 약은 그냥 버리지 말고 약국에 가지고 가면 된다.

   4) 학교 근처의 어린이 보호 (**구역, 주위**)에서는 운전할 때 속도를 30km/h 이하로 줄
      여야 한다.

4. 보기 에서 밑줄 친 부분의 반대말을 고르십시오.

| 보기 | 한계 | 극소수 | 부분 | 소극적 | 차이점 | 초점 |
|------|------|--------|------|--------|--------|------|

1) 나와 달리 내 동생은 활발하고 적극적이다.                      (          )

2) 성공하는 사람들의 공통점 중의 하나는 자신이 무엇을 원하는      (          )
   지 정확하게 알고 있다는 점이다.

3) 신문 기사에 의하면 독일에서는 거의 대부분의 부모들이 자녀      (          )
   들이 다니는 학교에 대해 만족한다고 한다.

4) 가구의 위치만 바꿨는데도 집의 전체 분위기가 달라졌다.          (          )


5. 보기 에서 알맞은 단어를 골라 신문 기사를 완성하십시오.

| 보기 | 업계 | 국경 | 한정 | 공통점 | 부서 | 환경 |
|------|------|------|------|--------|------|------|

1)
> '기업은 사람이다'라는 말처럼 일부 기업들은 일찍부터 _____을/를 넘어 뛰어난 인재를 확보하기 시작했다. 한국의 KET전자는 미국, 캐나다 등 북미뿐 아니라 유럽, 일본, 인도, 러시아 등으로 채용을 확대해 가고 있다.

2)
> 대한양말은 옥수수를 이용하여 만든 '옥수수 양말'을 만들었다. 가격은 6,000원으로 조금 비싸지만 _____ 보호에 대한 관심이 높아 인기가 많다.

3)
> 한솔침대는 결혼 시즌을 맞아 10월 한 달 동안 인기가 높은 고급 가죽 침대를 40% 할인된 가격으로 각 매장에서 50개씩 _____ 판매한다.

4)
> 'CK설탕', '송라면', 'TSS맥주'는 식품 _____에서 10년이 넘게 1위를 놓치지 않고 있다.

# 한자성어

## 막없다莫 상위上 막없다莫 하아래下

⮕ 더 나은 것도 없고 더 못하는 것도 없다. 즉, 차이가 거의 없음을 나타내는 말

가: 어! 상대편이 골을 넣어서 다시 동점이 됐어요.

나: 전반전도 동점으로 끝났는데 이러다가 지는 거 아닐까요?

가: 두 팀 실력이 **막상막하**라서 어느 팀이 이길지 전혀 예측이 안 돼요.

나: 후반전이 얼마 안 남았는데 우리 팀이 빨리 한 골을 더 넣으면 좋겠어요.


## 설눈雪 상위上 가더하다加 상서리霜

⮕ 눈 위에 서리가 덮인다. 즉, 어려운 일이나 불행한 일이 계속 일어남을 나타내는 말

가: 오늘 정말 운이 없는 날이었어.

나: 무슨 일이 있었는데 그래?

가: 회의에 발표할 보고서 작성하느라 어제 늦게 잤는데 알람을 못 들어서 늦게 일어
났어. 세수만 대충 하고 지하철을 겨우 탔는데 **설상가상**으로 지하철이 고장이 나서
30분이나 멈춰 버린 거야. 그래서 회의에도 지각하고 부장님한테도 혼났어.

나: 가끔 그런 날이 있지. 오늘은 위로하는 의미로 내가 저녁 살게.

# 7

# 언어와 교육

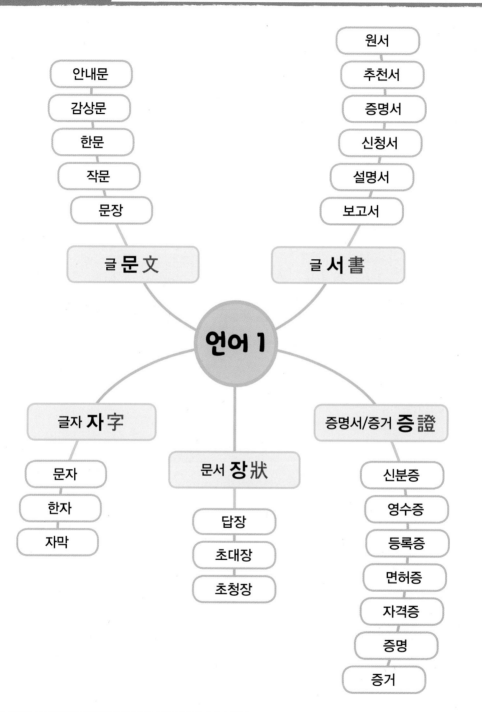

안내문
감상문
한문
작문
문장

글 문 文

원서
추천서
증명서
신청서
설명서
보고서

글 서 書

언어 1

글자 자 字

문자
한자
자막

문서 장 狀

답장
초대장
초청장

증명서/증거 증 證

신분증
영수증
등록증
면허증
자격증
증명
증거

| 글 | writing |
|---|---|
| **문文** | 文<br>文、文章<br>bài viết |

**문장** sentence / 文章 / 文章 / câu

**작문** essay / 作文 / 作文 / việc viết lách, bài văn

**한문** writings in Chinese characters / 漢文 / 汉文、古汉语 / Hán văn

**감상문** report (book, movie) / 感想文 / 观后感、读后感 / bài cảm nhận

**안내문** notice / 案内文 / 介绍、说明 / tờ hướng dẫn

| 글 | form |
|---|---|
| **서書** | 文(書)<br>文书形式<br>bài viết |

**보고서** report / 報告書 / 报告书 / bản báo cáo

**설명서** manual / 説明書 / 说明书 / bản hướng dẫn

**신청서** application / 申請書 / 申请书 / đơn đăng kí

**증명서** certificate / 証明書 / 证明、证明书 / giấy chứng nhận

**추천서** letter of recommendation / 推薦書 / 推荐信、推荐书 / thư giới thiệu

**원서** application / 願書 / 志愿书、申请书 / hồ sơ, giấy tờ

| 글자 | letter |
|---|---|
| **자字** | 文字<br>字、文字<br>chữ viết |

**문자** text, character, letter / 文字 / 文字 / tin nhắn

**한자** Chinese character / 漢字 / 汉字 / Hán tự, chữ Hán

**자막** subtitle / 字幕 / 字幕 / chú thích, phụ đề

| 문서 | document |
|---|---|
| **장狀** | 文書(状)<br>文书、公文<br>văn bản |

**답장** reply / 返事 / 回复、回信 / thư hồi đáp

**초대장** invitation / 招待状 / 请帖、请柬 / giấy mời

**초청장** invitation / 招請状 / 邀请函 / giấy mời

| 증명서/증거 | certificate/evidence |
|---|---|
| **증證** | 証明書/証拠<br>证明、证明书/证据<br>giấy chứng nhận/<br>chứng cứ |

**신분증** identification card / 身分証 / 身份证 / chứng minh thư

**영수증** receipt / 領収証 / 收据、发票 / hóa đơn

**등록증** registration certificate / 登録証 / 登录证 / giấy đăng kí, thẻ đăng kí

**면허증** license / 免許証 / 执照、牌照 / giấy phép

**자격증** certificate / 資格証 / 资格证 / chứng chỉ

**증명** proof / 証明 / 证明 / minh chứng

**증거** evidence / 証拠 / 证据 / chứng cứ

1. 보기 에서 빈칸에 공통적으로 들어갈 한자를 골라 쓰십시오.

| 보기 | 장　자　문　증　서 |
|------|--------------------|

1) | 증 | 명 | | | 신 | 청 | | | ( | ) |

2) | 한 | | | 감 | 상 | | | 작 | | ( | ) |

3) | 영 | 수 | | | | 거 | | | 명 | ( | ) |

4) | 문 | | | 한 | | | | 막 | ( | ) |

2. 한자의 의미가 <u>다른</u> 것을 고르십시오.

1) **글**　　　　　① 문<u>장</u>　　② 문<u>제</u>　　③ 안내<u>문</u>

2) **증명서/증거**　① 불면<u>증</u>　② 자격<u>증</u>　③ 신분<u>증</u>

3) **문서**　　　　① 답<u>장</u>　　② 초청<u>장</u>　③ 교<u>장</u>

4) **글**　　　　　① 경찰<u>서</u>　② 원<u>서</u>　　③ 보고<u>서</u>

3. 알맞은 단어를 골라 문장을 완성하십시오.

1) 영어는 알파벳, 한국어는 한글, 그리고 중국어는 (**한자, 문자**)로 쓴다.

2) 친구에게 이메일을 보낸 지 일주일이 지났는데 아직 (**증거, 답장**)이/가 없다.

3) 다음 달에 열리는 마라톤 대회의 참가 (**면허증, 신청서**)을/를 내일까지 내야 한다.

4) 모레까지 내야 하는 기말 (**보고서, 증명서**)를 쓰느라 밤을 새웠다.

4. 보기 에서 알맞은 단어를 골라 무엇이 필요한지 쓰십시오.

| 보기 | 설명서 | 영수증 | 초대장 | 추천서 | 감상문 | 신분증 |

1) 대학교에 지원하려고 하는데 고등학교 담임 선생님이 나에 대 (　　　　　)
   해서 써 주신 편지가 필요하다.

2) 여러 가지 기능이 있는 전자레인지를 샀는데 어떻게 사용해야 (　　　　　)
   하는지 잘 모르겠다.

3) 해외여행을 가려면 여권도 만들고 비자도 신청해야 한다. (　　　　　)

4) 바지를 샀는데 집에 가서 입어 보니까 조금 작다. 그래서 한 (　　　　　)
   사이즈 큰 바지로 바꾸고 싶다.

5. 보기 에서 알맞은 단어를 골라 대화를 완성하십시오.

| 보기 | 증명서 | 자격증 | 자막 | 안내문 | 등록증 | 원서 |

1) 가: 웨이 씨는 한국어 공부한 지 6개월쯤 되었는데 한국 영화를 볼 때 어때요? 이해
   가 잘 돼요?
   나: 영화배우들이 말하는 속도가 빨라서 아직 _____이/가 없으면 이해하기
   어려워요.

2) 가: 오늘 수업 후에 시간 있으면 영화 보러 갈래?
   나: 미안해. 대학원 입학 _____ 접수가 이번 주 금요일까지라서 이번 주에
   는 좀 바쁠 것 같아.

3) 가: 민지 씨 요리 솜씨가 정말 좋은데요! 요리사 _____이/가 있어서 그런지
   확실히 다르네요.
   나: 별말씀을요. 맛있게 먹어 줘서 고마워요.

4) 가: 여기 _____ 좀 봐. 다음 주까지 여름휴가라서 병원 문을 안 연대.
   나: 할 수 없지, 뭐. 근처에 있는 다른 병원으로 가자.

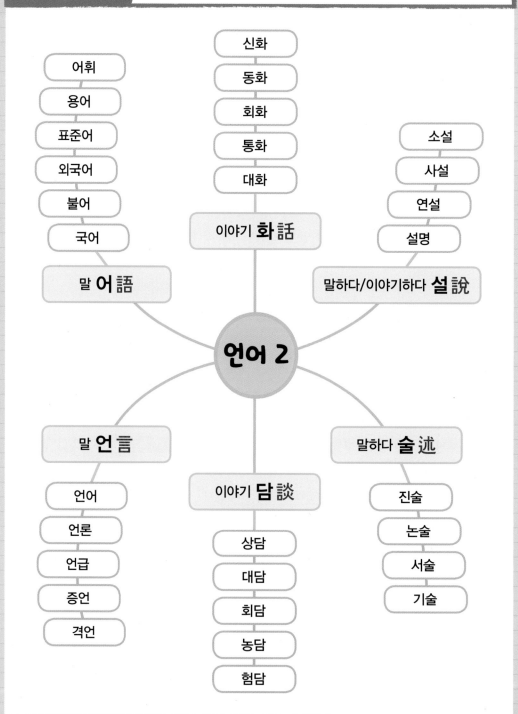

신화
동화
회화
통화
대화

이야기 **화** 話

어휘
용어
표준어
외국어
불어
국어

말 **어** 語

소설
사설
연설
설명

말하다/이야기하다 **설** 說

언어 2

말 **언** 言

언어
언론
언급
증언
격언

이야기 **담** 談

상담
대담
회담
농담
험담

말하다 **술** 述

진술
논술
서술
기술

| 말<br>**어 語** | language<br>言葉(語)<br>话、语言<br>lời nói |
|---|---|

**국어** national language / 国語 / 语文、国语 / ngữ văn

**불어** French / フランス語 / 法语 / tiếng Pháp

**외국어** foreign language / 外国語 / 外国语、外语 / ngoại ngữ

**표준어** standard language / 標準語 / 普通话、标准语 / ngôn ngữ chuẩn

**용어** term / 用語 / 用语、术语 / từ chuyên ngành

**어휘** vocabulary / 語彙 / 词汇 / từ vựng

| 말<br>**언 言** | saying<br>言<br>话、语言<br>lời nói |
|---|---|

**언어** language / 言語 / 语言 / ngôn ngữ

**언론** mass media / 言論 / 新闻、言论 / ngôn luận, báo chí

**언급** mention / 言及 / 言及、提到 / sự đề cập, sự nhắc đến

**증언** testimony / 証言 / 证词、证言 / việc làm chứng

**격언** maxim / 格言 / 格言、至理名言 / tục ngữ, châm ngôn

| 이야기<br>**화 話** | talk<br>話<br>话、故事<br>câu chuyện |
|---|---|

**대화** dialogue / 対話 / 对话 / nói chuyện, đối thoại

**통화** telephone conversation / 通話 / 通话 / việc nói chuyện điện thoại

**회화** conversation (usually in a foreign language) / 会話 / 会话 / hội thoại

**동화** children's story / 童話 / 童话 / đồng thoại, truyện dành cho trẻ em

**신화** myth / 神話 / 神话 / thần thoại

| 이야기<br>**담 談** | tale<br>話<br>说话、谈话<br>câu chuyện |
|---|---|

**상담** counseling / 相談 / 商谈、洽谈 / sự tư vấn

**대담** interview (formal) / 対談 / 面谈 / tọa đàm, việc trao đổi

**회담** (political) meeting, talks / 会談 / 会谈 / hội đàm

**농담** joke / 冗談 / 玩笑 / lời nói đùa

**험담** slander / 悪口、中傷 / 诋毁的话、闲话 / lời nói xấu

| 말하다/이야기하다<br>**설 說** | to speak/to tell<br>語る/話す<br>说/谈、告诉<br>nói/kể chuyện |
|---|---|

**설명** explanation / 説明 / 说明 / sự giải thích

**연설** address / 演説 / 演讲、演说 / việc diễn thuyết

**사설** editorial / 社説 / 社论、社评 / bài xã luận

**소설** novel / 小説 / 小说 / tiểu thuyết

| 말하다<br>**술 述** | to speak, to tell<br>述べる<br>说、表达<br>nói |
|---|---|

**진술** statement / 陳述 / 陈述 / sự tường trình, sự trình bày

**논술** logical essay / 論述 / 论述 / việc viết luận

**서술** narration / 叙述 / 叙述、阐述 / sự tường thuật

**기술** depiction / 記述 / 记述、描述 / việc mô tả, việc ghi lại

# Day 28 | 연습 문제

**1.** 보기 에서 빈칸에 공통적으로 들어갈 한자를 골라 쓰십시오.

| 보기 | | 담   언   설   술   화   어 |
|---|---|---|

1) 외 국 ☐    용 ☐    불 ☐      (       )

2) 상 ☐    농 ☐    험 ☐      (       )

3) 논 ☐    진 ☐    기 ☐      (       )

4) ☐ 론    ☐ 급    격 ☐      (       )

**2.** 한자의 의미가 <u>다른</u> 것을 고르십시오.

1) **이야기**                 ① 대화        ② 평화        ③ 동화

2) **말하다/이야기하다**     ① 시설        ② 설명        ③ 사설

3) **이야기**                 ① 회담        ② 대담        ③ 부담

4) **말**                     ① <u>어</u>부       ② <u>어</u>휘       ③ 국<u>어</u>

**3.** 알맞은 단어를 골라 문장을 완성하십시오.

1) 요즘은 신문, 잡지, 인터넷, 텔레비전 등 (**언급, 언론**) 매체가 과거보다 훨씬 다양해 졌다.

2) (**격언, 표준어**)은/는 한 나라에서 공용어로 쓰는 규범이 되는 언어로서 한국에서는 현대 서울말로 정해져 있다.

3) 내가 어렸을 때 우리 아버지는 자기 전에 항상 (**동화, 험담**)을/를 읽어 주셨다.

4) 우리 학교에는 (**상담, 연설**) 선생님이 계셔서 고민이 있을 때 많은 도움을 받았다.

**4.** 보기 에서 알맞은 단어를 골라 대화를 완성하십시오.

| 보기 | 서술　농담　사설　용어　통화　대담 |
| --- | --- |

1) 가: 그 잡지는 전문 _____이/가 많아서 좀 어렵지 않아요?

　　나: 자동차에 관심이 있어서 읽어 보려고 샀는데 생각보다 어렵네요.

2) 가: 치킨집에 전화했는데 계속 _____ 중이네.

　　나: 가끔 그럴 때가 있어. 지금 제일 바쁜 시간이잖아. 조금 이따가 다시 걸어 보자.

3) 가: 아까 민호 씨가 웃자고 한 _____이/가 좀 지나친 것 같지 않았어요?

　　나: 저도 그렇게 생각했어요. 지우 씨가 좀 화가 난 것 같더라고요.

4) 가: 선배님, 대학원에서는 중간시험을 어떻게 봐요?

　　나: 보통 여러 문제 중에서 한두 개를 선택해서 자신의 의견을 _____하는 방식이 많아.

**5.** 보기 에서 알맞은 단어를 골라 이야기를 완성하십시오.

| 보기 | 불어　증언　소설　신화　외국어　회화 |
| --- | --- |

나는 ①_____ 배우는 것이 취미이다. 초등학교 때 영어를 처음 배웠는데 영어가 너무 재미있고 영어로 대화해 보고 싶어서 영어 ②_____ 학원에도 다녔다. 고등학교 때는 ③_____을/를 처음 배웠는데 프랑스 문화에 관심이 많이 생겨서 대학교 때는 한 학기 동안 프랑스에 교환 학생으로 갔다 왔다. 지금까지 영어와 프랑스어를 꾸준히 공부하고 있다. 프랑스어는 그렇게 잘하지 못하지만 영어는 꽤 잘하는 편이어서 영어로 된 ④_____ 정도는 어려움 없이 읽을 수 있다.

# Day 29 / 언어 3

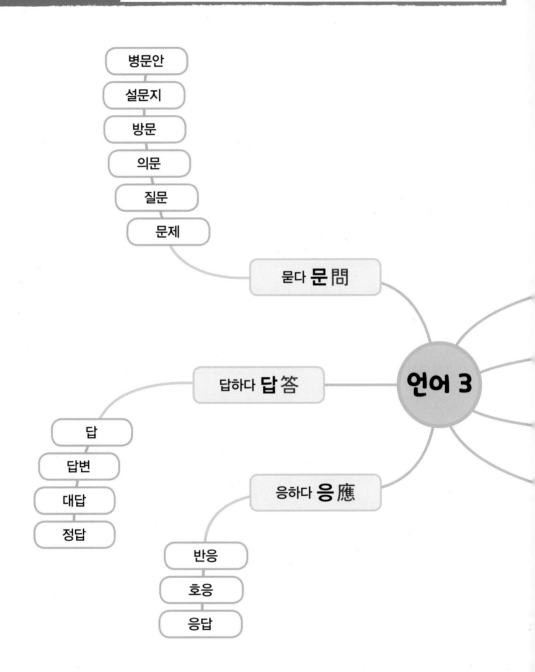

병문안

설문지

방문

의문

질문

문제

묻다 문問

답하다 답答

답

답변

대답

정답

응하다 응應

반응

호응

응답

언어 3

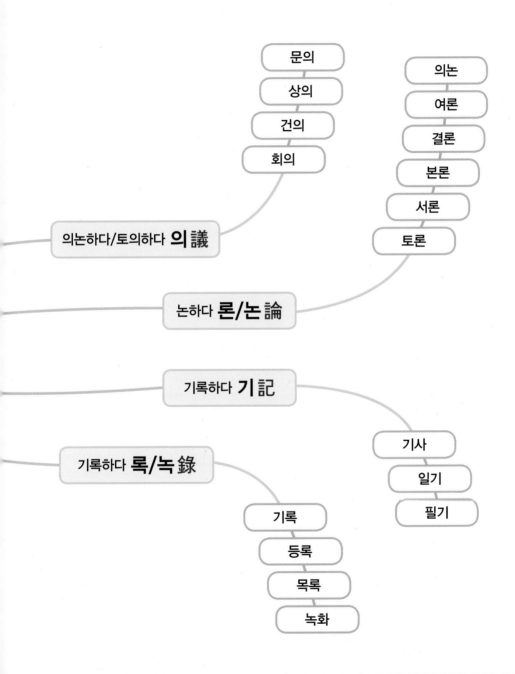

문의

상의

건의

회의

의논

여론

결론

본론

서론

토론

의논하다/토의하다 **의** 議

논하다 **론/논** 論

기록하다 **기** 記

기사

일기

필기

기록하다 **록/녹** 錄

기록

등록

목록

녹화

| 묻다 **문問** | to ask<br>問う<br>问、询问<br>hỏi |
|---|---|

**문제** problem / 問題 / 问题 / vấn đề

**질문** question / 質問 / 提问、问题 / câu hỏi

**의문** doubt / 疑問 / 疑问 / sự nghi vấn, câu hỏi

**방문** visit / 訪問 / 访问 / sự thăm hỏi

**설문지** questionnaire / 設問用紙 / 问卷 / phiếu khảo sát, bảng hỏi

**병문안** visiting someone at hospital / (病気)見舞い / 探病、探望病人 / việc đi thăm người ốm

| 답하다 **답答** | to answer<br>答える<br>答、回答<br>trả lời |
|---|---|

**답** response / 答え、解答 / 答复、回答 / lời đáp

**답변** reply / 返事、答弁 / 答辩 / câu trả lời, lời đáp

**대답** answer / 答え、返事 / 回答 / việc đối đáp, việc trả lời

**정답** right answer / 正解 / 正确答案 / câu trả lời đúng

| 응하다 **응應** | to respond<br>応じる<br>回应、答应<br>đáp ứng |
|---|---|

**반응** reaction / 反応 / 反应 / sự phản ứng

**호응** positive response / 呼応 / 呼应 / sự hô ứng

**응답** reply / 応答 / 应答、回应 / việc đối đáp

| 의논하다/토의하다<br>**의 議** | to consult/to discuss<br>議論する/討議する<br>议论/商讨<br>bàn bạc/thảo luận |
|---|---|

**회의** meeting / 會議 / 会议 / cuộc họp

**건의** suggestion / 建議 / 建议 / sự kiến nghị

**상의** consultation / 相談、商談 / 商议、商量 / việc thương lượng

**문의** inquiry / 問い合わせ / 咨询、询问 / việc hỏi, việc tìm hiểu

| 논하다<br>**론/논 論** | to discuss<br>論ずる<br>论述、议论<br>thảo luận |
|---|---|

**토론** debate / 討論、話合い / 讨论 / sự thảo luận

**서론** introduction / 序論 / 绪论、序论 / phần mở đầu, mở bài

**본론** main body / 本論 / 本论、正文 / phần thân bài

**결론** conclusion / 結論 / 结论 / kết luận

**여론** public opinion / 世論 / 舆论 / dư luận

**의논** consultation / 議論、話合い / 议论 / sự trao đổi, sự thảo luận

| 기록하다<br>**기 記** | to record<br>記録する<br>记录<br>ghi chép |
|---|---|

**기사** article / 記事 / 报道 / bài báo, tin

**일기** diary / 日記 / 日记 / nhật kí

**필기** note / 筆記 / 笔记 / sự ghi chép

| 기록하다<br>**록/녹 錄** | to record<br>記録する<br>记录<br>ghi chép |
|---|---|

**기록** record / 記錄 / 记录 / việc ghi chép

**등록** enrollment / 登錄 / 登录 / việc đăng kí

**목록** list / 目錄 / 目录 / mục lục

**녹화** recording / 錄画 / 录像、拍摄 / sự ghi hình

# Day 29 | 연습 문제

1. 보기에서 빈칸에 공통적으로 들어갈 한자를 골라 쓰십시오.

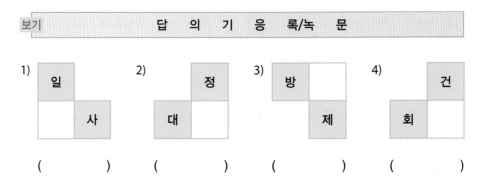

| 보기 | 답 | 의 | 기 | 응 | 록/녹 | 문 |
|------|----|----|----|----|-------|----|

1)

| 일 | |
|----|----|
| | 사 |

( )

2)

| | 정 |
|----|----|
| 대 | |

( )

3)

| 방 | |
|----|----|
| | 제 |

( )

4)

| | 건 |
|----|----|
| 회 | |

( )

2. 보기에서 공통적으로 들어간 한자의 의미를 골라 쓰십시오.

| 보기 | 기록하다 | 답하다 | 논하다 | 응하다 | 묻다 | 의논하다/토의하다 |
|------|----------|--------|--------|--------|------|-------------------|

1) 질문　　　설문지　　　의문　　　　　( 　　　　　 )

2) 반응　　　호응　　　응답　　　　　( 　　　　　 )

3) 등록　　　목록　　　녹화　　　　　( 　　　　　 )

4) 토론　　　서론　　　본론　　　　　( 　　　　　 )

3. 알맞은 단어를 골라 문장을 완성하십시오.

1) 오늘 아침 중요한 (답변, 회의)에 30분이나 늦어서 부장님께 크게 혼났다.

2) 아이돌 그룹 DTA의 세 번째 앨범이 이번 주에 나왔는데 벌써 팬들의 (반응, 여론)이
아주 뜨겁다.

3) 이 화장품을 3일만 쓰면 피부가 좋아진다고 해서 사긴 했는데 솔직히 정말 효과가
있을지 (의문, 문제)(이)다.

4) 나는 여행을 가면 그곳의 날씨와 풍경, 그때의 느낌을 공책에 (기록, 의논)하는 습관
이 있다.

4. 보기 에서 밑줄 친 부분과 바꿔 사용할 수 있는 단어를 골라 쓰십시오.

| 보기 | 목록　　녹화　　문의　　병문안　　토론　　기사 |

1) 친구가 자전거를 타다가 넘어지는 바람에 다리가 부러져서 입　(　　　　　)
원했다. 그래서 주말에 안부를 물으러 병원에 가려고 한다.

2) 며칠 전부터 인터넷이 자꾸 끊긴다. 고객 센터로 전화해서 물　(　　　　　)
어봐야겠다.

3) 오늘 말하기 시간에 사형 제도에 대해서 찬성하는지 반대하는　(　　　　　)
지 팀을 나누어서 이야기했다.

4) 나는 마트에 갈 때 사야 할 것들을 종이에 적어서 간다.　　(　　　　　)

5. 보기 에서 알맞은 단어를 골라 이야기를 완성하십시오.

| 보기 | 결론　　필기　　설문지　　응답　　등록　　상의 |

　　한 달 후에 '한국 언론과 시민의 역할'이라는 주제로 수업 시간에 팀을 나누어서 조사 발표를 해야 한다. 먼저 주제를 무엇으로 할 것인지 같은 팀 친구들과 ①＿＿＿＿＿＿했다. 그리고 사람들에게 어떤 **질문**을 할지 이야기하면서 ②＿＿＿＿＿＿을/를 만들고 각자 50부씩 맡았다. 설문 조사 후 다시 모여서 사람들의 ③＿＿＿＿＿ 내용을 정리하고 어제까지 **서론**과 **본론**을 다 썼다. 이제 발표문의 ④＿＿＿＿＿ 부분만 쓰면 된다.

| 학문/배우다<br>**학 學** | scholarship/to learn<br>学問/学ぶ<br>学问/学习<br>học vấn/học | 공부하다/부과하다<br>**과 課** | to study/to assign<br>勉強する/課する<br>学习/摊派、征收<br>học/đánh thuế |
| --- | --- | --- | --- |

**학문** scholarship, learing / 学問 / 学问 / học vấn

**학부모** students' parents / 保護者、父兄 / 学生家长 / phụ huynh

**견학** field trip / 見学 / 参观学习 / sự kiến tập

**재학** attending school / 在学 / 在学 / sự đang theo học

**휴학** leave of absence from school / 休学 / 休学 / việc bảo lưu

**문학** literature / 文学 / 文学 / văn học

**수학** mathmatics / 数学 / 数学 / toán học

**과학** science / 科学 / 科学 / khoa học

**과제** assignment / 課題 / 课题、作业 / bài tập

**과정** course / 課程 / 课程 / chương trình học

**과외** tutoring / 課外、家庭教師 / 课外、课余 / sự phụ thêm, việc học phụ đạo

**일과** daily work / 日課 / (一天的)工作、功课 / công việc hàng ngày

**부과** assignment / 賦課 / 摊派、征收 / sự đánh thuế

| 익히다<br>**습 習** | to acquire<br>習う<br>使…熟悉<br>quen | 익히다<br>**련/연 練·鍊** | to practice<br>練る、訓練する<br>使…熟练<br>quen |
| --- | --- | --- | --- |

**학습** study / 学習 / 学习 / sự học tập

**예습** preparation for class / 予習 / 预习 / sự luyện tập trước

**실습** practice / 実習 / 实习 / việc thực tập

**습득** acquisition / 習得 / 学会、掌握 / sự tiếp thu

**습관** habit / 習慣 / 习惯 / thói quen

**연습** practice / 練習 / 练习 / sự luyện tập

**연수** (job) training / 研修 / 研修、进修 / sự đào tạo

**훈련** (athletic) training / 訓練 / 训练 / sự huấn luyện, sự đào tạo

**단련** (physical or spiritual) training / 鍛錬 / 锻炼 / sự tôi luyện, sự rèn luyện

**수련** (mental) training / 修練 / 修炼 / sự rèn luyện

| 시험<br>**시 試** | examination<br>試験<br>考试<br>bài thi |
| --- | --- |

**시도** attempt / 試み / 试图 / sự thử nghiệm

**시합** match / 試合 / 比赛、竞赛 / cuộc thi đấu

**입시** entrance examination / 入試 / 入学考试 / thi tuyển sinh

**응시** taking an exam / 受験 / 应试 / việc ứng thí

1. 보기 에서 공통적으로 들어간 한자의 의미를 골라 쓰십시오.

| 보기 | 학문/배우다 | 시험 | 익히다 | 공부하다/부과하다 |
|---|---|---|---|---|

1) <u>습</u>관    실<u>습</u>    학<u>습</u>                    (          )

2) 응<u>시</u>    <u>시</u>도    <u>시</u>합                    (          )

3) 일<u>과</u>    <u>과</u>정    <u>과</u>제                    (          )

4) 재<u>학</u>    <u>과</u>학    수<u>학</u>                    (          )


2. 한자의 의미가 맞는 것을 고르십시오.

1) **익히다**          ① <u>습</u>도        ② 풍<u>습</u>        ③ <u>습</u>득

2) **시험**          ① <u>임시</u>        ② <u>시</u>선        ③ 입<u>시</u>

3) **익히다**          ① 연<u>습</u>        ② <u>연</u>기        ③ 공<u>연</u>

4) **공부하다/부과하다**          ① <u>과</u>식        ② <u>과</u>외        ③ <u>과</u>거


3. 알맞은 단어를 골라 문장을 완성하십시오.

1) 어제 축구 (**시합, 시도**)에서 우리 팀이 3:1로 이겼다.

2) 일찍 일어나는 (**습관, 과정**)을 기르기 위해서는 무엇보다 일찍 자는 것이 중요하다.

3) 고양이는 강아지보다 (**시도, 훈련**)하는 것이 조금 더 어렵다고 한다.

4) 뉴질랜드에 영어를 공부하러 가기 위해 1년 동안 (**학문, 휴학**)을 하기로 했다.

**4.** 보기 에서 알맞은 단어를 골라 안내문을 완성하십시오.

| 보기 | 단련 | 학부모 | 입시 | 견학 | 응시 | 과제 |
|------|------|--------|------|------|------|------|

1)

**한국어능력시험 안내**

- 시험 시작 30분 전까지 교실에 들어 와야 합니다.
- 신분증이 없으면 _____ 할 수 없습니다.
- 휴대폰을 가지고 교실에 들어올 수 없습니다.

2)

**좋은 엄마 되기 교실**

- 대상: 자녀 교육에 대해서 고민하는 _____ 누구나
- 일시: 4.28 ~ 5.26
  매주 수요일 14:00~16:00
- 비용: 무료
- 장소: 대한초등학교 강당

3)

**외국인을 위한 한국대학교 _____ 설명회**

- 3월 4일(수) 15:00~17:00
- 한국대학교 A동 305호
- 내용 – 입학 신청에 필요한 서류
  – 시험 일정
  – 전공 소개

4)

**하트맥주 공장 _____ 안내**

- 신청: 방문 1주일 전
- 걸리는 시간: 약 60분
- 공장을 방문하시는 모든 분들은 맥주를 직접 마셔 볼 수 있습니다.

**5.** 보기 에서 알맞은 단어를 골라 이야기를 완성하십시오.

| 보기 | 과외 | 연수 | 부과 | 문학 | 습득 | 예습 |
|------|------|------|------|------|------|------|

내 친구 현수는 ①_____을/를 좋아해서 가방에 항상 소설책을 가지고 다닌다. 문희는 **수학**을 잘 못해서 일주일에 두 번 **수학** ②_____을/를 받고 있다. 준수는 항상 우리 반 1등인데 공부를 잘하는 비결이 배울 내용을 미리 ③_____하는 것이라고 한다. 그리고 수현이는 한국어와 영어를 유창하게 하는데 아버지가 외교관이시라서 초등학교 때까지 외국에서 살았기 때문에 두 개의 언어를 동시에 ④_____했다고 한다.

| 가르치다 교教 | to teach<br>教える<br>教、传授<br>dạy |
|---|---|

교육 education / 教育 / 教育 / giáo dục

교훈 lesson / 教訓 / 教训 / sự giáo huấn

종교 religion / 宗教 / 宗教 / tôn giáo

기독교 Christianity / キリスト教(プロテスタント) / 基督教 / Cơ Đốc giáo

천주교 Catholicism / カトリック教 / 天主教 / đạo Thiên chúa

유교 Confucianism / 儒教 / 儒教 / Nho giáo

불교 Buddhism / 仏教 / 佛教 / Phật giáo

| 기르다/먹이다 양養 | to raise/to feed<br>育てる/養う<br>养/喂养<br>nuôi/cho ăn |
|---|---|

양육 bringing up children / 養育 / 养育 / sự dưỡng dục, sự nuôi nấng

양성 training / 養成 / 养成、培养 / sự nuôi dạy

영양 nutrition / 栄養 / 营养 / dinh dưỡng

교양 refinement / 教養 / 教养 / học thức, tri thức

부양 support / 扶養 / 抚养 / sự chu cấp, sự cấp dưỡng

입양 adoption / 養子縁組 / 领养、收养 / việc nhận con nuôi

| 인도하다 도導 | to guide<br>導く<br>引导、指引<br>dẫn dắt |
|---|---|

인도 guidance / 導く、案内する / 引导、指引 / sự dẫn dắt, sự chỉ dẫn

지도 instruction / 指導 / 指导 / sự hướng dẫn

유도 inducement / 誘導 / 诱导 / sự dẫn dắt

주도 leading / 主導 / 主导 / sự chủ đạo

도입 introduction / 導入 / 引进、导入 / sự dẫn nhập, sự du nhập

| 설명하다/강의 강講 | to explain/lecture<br>説明する/講義<br>说明/课、讲义<br>giải thích/bài giảng |
|---|---|

강의 lecture / 講義 / 课、讲义 / bài giảng

강연 speech / 講演 / 讲演、演讲 / sự thuyết giảng

강좌 lecture / 講座 / 讲座 / lớp học, khóa học

개강 opening a course / 開講 / 开学 / sự khai giảng

휴강 canceling a class / 休講 / 停课、暂停授课 / sự nghỉ dạy

| 연구하다 구究 | to research<br>研究する<br>研究<br>nghiên cứu |
|---|---|

연구 research / 研究 / 研究 / việc nghiên cứu

탐구 quest / 探求 / 探究 / sự khảo cứu

학구열 passion for one's study / 向学心 / 学习热情 / nhiệt huyết học tập

# Day 31 | 연습 문제

**1.** 보기 에서 빈칸에 공통적으로 들어갈 한자를 골라 쓰십시오.

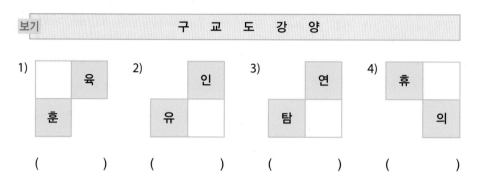

| 보기 | 구   교   도   강   양 |

1)
| | 육 |
| 훈 | |

(          )

2)
| | 인 |
| 유 | |

(          )

3)
| | 연 |
| 탐 | |

(          )

4)
| 휴 | |
| | 의 |

(          )

**2.** 한자의 의미가 <u>다른</u> 것을 고르십시오.

1) 기르다/먹이다      ① 입<u>양</u>      ② 부<u>양</u>      ③ 서<u>양</u>

2) 인도하다      ① 지<u>도</u>      ② <u>도</u>망      ③ <u>도</u>입

3) 설명하다/강의      ① <u>강</u>조      ② <u>강</u>연      ③ 개<u>강</u>

4) 가르치다      ① <u>교</u>류      ② 불<u>교</u>      ③ 천주<u>교</u>

**3.** 보기 에서 밑줄 친 부분과 바꿔 사용할 수 있는 단어를 골라 쓰십시오.

| 보기 | 교훈   주도   연구   양성   학구열   휴강 |

1) 이 책의 주제는 실패에서도 <u>배울 점</u>이 있다는 것이다.      (          )

2) '가족과 여성' 수업은 학생들의 <u>배우려는 열정</u>이 뜨거워서 질      (          )
   문도 많고 토론 시간도 항상 부족하다.

3) 교수님이 편찮으셔서 내일 <u>수업을 쉰다는</u> 이메일을 받았다.      (          )

4) 로봇 산업은 미래를 <u>이끌어 갈</u> 대표적인 산업이 될 것이다.      (          )

4. 보기 에서 알맞은 단어를 골라 문장을 완성하십시오.

| 보기 | 강좌 | 양육 | 유도 | 기독교 | 탐구 | 영양 |
|------|------|------|------|--------|------|------|

1) 나는 집에서 먹을 때는 만들기에 간단하고 쉽지만 _____이/가 많은 음식을 만들어 먹는다.

2) 요즘은 자녀 _____에 참여하는 아빠들이 점점 많아지고 있다.

3) 우리 동네 문화 센터에서는 영어 회화, 역사 교실, 사진반 등 다양한 _____ 이/가 열린다.

4) 한국에 교회가 많은 것을 보면 _____을/를 믿는 사람들이 많은 것 같다.

5. 보기 에서 알맞은 단어를 골라 대화를 완성하십시오.

| 보기 | 강의 | 개강 | 교양 | 도입 | 종교 | 지도 |
|------|------|------|------|------|------|------|

히로코: 방학을 시작한 지 엊그제 같은데 벌써 ①_____(이)네. 이번 학기에 무슨 수업을 들을 거야?

율리아: 한국의 ②_____에 대해 관심이 있어서 '한국의 불교와 유교'라는 수업을 들으려고 해. 너는?

히로코: 나는 김항식 교수님의 'K-POP과 문화'라는 수업을 들으려고 해. 작년에 학생들에게 좋은 ③_____ 평가를 받았다고 들었어.

율리아: 재미있겠다. 그런데 나 이제 점심 먹으러 가려고 하는데 같이 점심 먹을래?

히로코: 곧 ④_____ 교수님과 면담이 있어서 안 될 것 같아.

율리아: 그래? 그럼 다음에 또 보자.

# 한자성어

## 중 다시重　언 말씀　부 다시復　언 말씀

⭕ 이미 한 말을 자꾸 반복해서 한다.

가: 대학교 면접시험을 잘 보려면 어떻게 해야 돼요?

나: 질문에 대답을 할 때 **중언부언**하지 말고 간결하고 정확하게 대답하는 게 중요해요.

가: 모르는 질문을 받았을 때는 어떻게 하면 돼요?

나: 그럴 때는 모른다고 말하기보다는 그것과 관련해서 알고 있는 것에 대해 끝까지 최선을 다해서 대답하려고 노력하는 모습을 보이는 게 좋아요.

## 탁 탁자卓　상 위上　공 비다空　론 논하다論

⭕ 탁자 위에서만 벌어지는 공허한 토론. 즉, 실현될 가능성이 없는 허황된 이론이나 논의를 나타내는 말

가: 대한패션이 중소기업으로서 이렇게 성공한 비결은 무엇입니까?

나: 저희 회사에는 **탁상공론**이 없습니다. 소비자들이 원하는 것이 무엇인지 알기 위해서 직접 현장에 나가 시장 조사를 철저하게 하는 것을 가장 중요하게 여깁니다.

가: 품질에 비해서 가격이 매우 저렴한데 어떻게 가격을 낮출 수 있었습니까?

나: 저희는 광고를 하지 않습니다. 그리고 매장은 전국에 20개 정도밖에 없고 대부분 인터넷으로 판매합니다.

# 8

# 감정·감각·
# 생각·판단

# Day 32 ｜ 마음과 감정

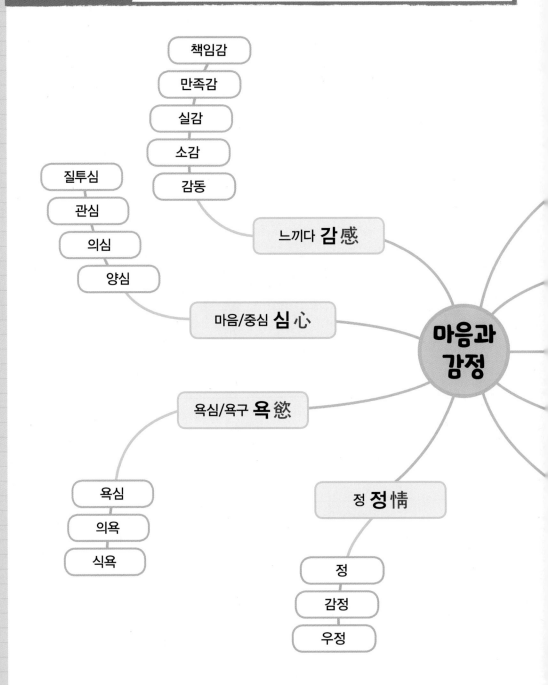

책임감
만족감
실감
소감
감동

느끼다 **감** 感

질투심
관심
의심
양심

마음/중심 **심** 心

욕심/욕구 **욕** 慾

욕심
의욕
식욕

정 **정** 情

정
감정
우정

마음과 감정

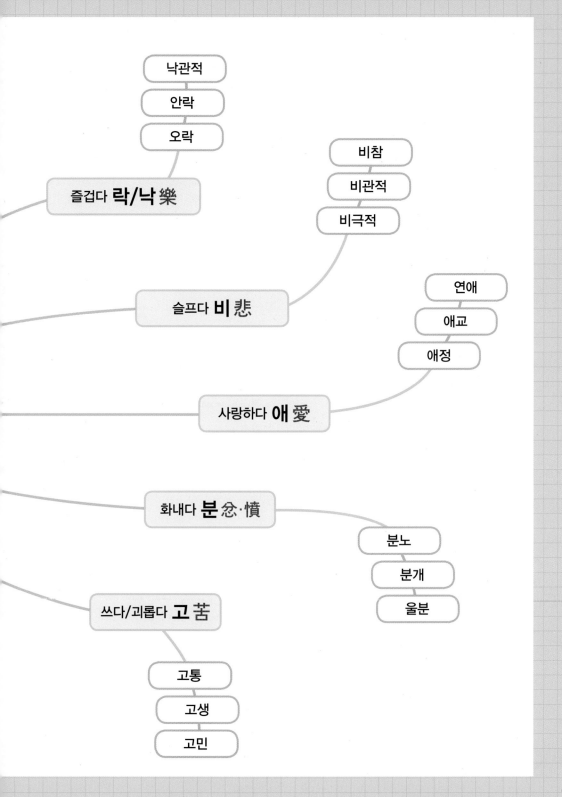

낙관적

안락

오락

즐겁다 **락/낙** 樂

비참

비관적

비극적

슬프다 **비** 悲

연애

애교

애정

사랑하다 **애** 愛

화내다 **분** 忿·憤

분노

분개

울분

쓰다/괴롭다 **고** 苦

고통

고생

고민

| 느끼다<br>**감 感** | to feel<br>感じる<br>感觉、感受<br>cảm nhận |
|---|---|

**감동** strong impression / 感動 / 感动 / sự cảm động

**소감** thoughts / 感想 / 感想、感受 / cảm nhận, cảm nghĩ

**실감** realization / 実感 / 实感、真实感 / cảm nhận thực tế

**만족감** feeling of satisfaction / 満足感 / 满足感、满足 / cảm giác mãn nguyện

**책임감** sense of responsibility / 責任感 / 责任感 / tinh thần trách nhiệm

| 마음/중심<br>**심 心** | heart/center<br>心/中心<br>心/中心<br>tấm lòng/trọng tâm |
|---|---|

**양심** conscience / 良心 / 良心 / lương tâm

**의심** suspicion / 疑心、疑い / 疑心 / sự nghi ngờ

**관심** interest / 関心 / 关心 / mối quan tâm

**질투심** jealousy / 嫉妬心 / 嫉妒心 / lòng đố kị

| 욕심/욕구<br>**욕 慾** | greed/desire<br>欲/欲求<br>欲望/欲求<br>tham vọng/nhu cầu |
|---|---|

**욕심** greed / 欲 / 欲望 / tham vọng

**의욕** will / 意欲 / 热情、意欲 / ý muốn, sự khao khát

**식욕** appetite / 食欲 / 食欲 / sự thèm ăn

| 정<br>**정 情** | attachment<br>情<br>情<br>tình cảm |
|---|---|

**정** attachment / 情 / 情、感情 / tình cảm

**감정** feeling / 感情 / 感情 / cảm tình, tình cảm

**우정** friendship / 友情 / 友情 / tình bạn

| 즐겁다 **락/낙 樂** | to be happy<br>楽しい<br>快乐<br>vui thích |
|---|---|

**오락** entertainment / 娯楽 / 娱乐 / sự giải trí

**안락** comfort / 安楽 / 安乐、安逸 / sự an lạc, sự an vui

**낙관적** optimistic / 楽観的 / 乐观的 / mang tính lạc quan

| 슬프다 **비 悲** | to be sad<br>悲しい<br>悲伤<br>đau buồn |
|---|---|

**비극적** tragic / 悲劇的 / 悲剧的 / mang tính bi kịch

**비관적** pessimistic / 悲観的 / 悲观的 / mang tính bi quan

**비참** misery / 悲惨 / 悲惨 / sự bi thảm

| 사랑하다 **애 愛** | to love<br>愛する<br>爱、相爱<br>yêu thương |
|---|---|

**애정** affection / 愛情 / 爱情 / tình cảm, ái tình

**애교** charming / 愛嬌 / 撒娇 / hành động đáng yêu

**연애** dating / 恋愛 / 恋爱 / việc yêu đương

| 화내다 **분 忿·憤** | to get angry<br>怒る<br>生气、发火<br>nổi nóng |
|---|---|

**분노** fury / 怒り / 憤怒 / sự phẫn nộ

**분개** indignation / 憤慨 / 愤慨 / sự giận dữ

**울분** frustration / うっ憤 / 愤懑 / sự uất ức

| 쓰다/괴롭다 **고 苦** | to be bitter/to be painful<br>辛い/苦しい<br>苦/痛苦<br>đắng/đau khổ |
|---|---|

**고통** pain / 苦痛 / 苦痛 / sự đau khổ

**고생** hardship / 苦労 / 辛苦、劳累 / sự vất vả

**고민** agony / 悩み / 苦闷、烦恼 / mối bận tâm, mối lo

# Day 32 | 연습 문제

1. **보기** 에서 빈칸에 공통적으로 들어갈 한자를 골라 쓰십시오.

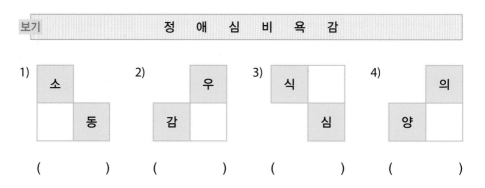

| 보기 | 정 애 심 비 욕 감 |

1)
| 소 | |
|---|---|
| | 동 |

(          )

2)
| | 우 |
|---|---|
| 감 | |

(          )

3)
| 식 | |
|---|---|
| | 심 |

(          )

4)
| | 의 |
|---|---|
| 양 | |

(          )

2. 한자의 의미가 <u>다른</u> 것을 고르십시오.

1) **사랑하다**      ① 연애      ② 장애      ③ 애교

2) **슬프다**      ① 비치      ② 비관적      ③ 비참

3) **즐겁다**      ① 안락      ② 낙관적      ③ 허락

4) **화내다**      ① 구분      ② 분개      ③ 울분

5) **쓰다/괴롭다**      ① 고통      ② 고백      ③ 고민

3. 알맞은 단어를 골라 문장을 완성하십시오.

1) 요즘 날씨가 더우니까 (**의욕, 식욕**)이 없어서 밥을 잘 못 먹고 있다.

2) 아이가 생기고 아빠가 되니까 가정에 대한 (**질투심, 책임감**)이 더 생긴다.

3) 나는 (**의심, 관심**)이 많은 편이어서 남을 잘 믿지 않는다.

4) 동물을 장난감처럼 대하는 사람들에 대한 기사를 보면 나도 모르게 (**분노, 고민**) 이/가 치밀어 오른다.

**4.** 보기 에서 알맞은 단어를 골라 대화를 완성하십시오.

| 보기 | 양심 | 오락 | 우정 | 만족감 | 고생 | 실감 |
|---|---|---|---|---|---|---|

1) 가: 윤지 씨는 영호 씨하고 무슨 관계인 거예요? 남자 친구는 아닌 것 같고…….

　나: 아직은 사랑과 _____ 사이라고 할까요? 오래된 고향 친구인데 요즘 조금씩 좋아하는 마음이 생기고 있어요.

2) 가: 축하드립니다. 국제 디자인 대회에서 한국인 최초로 금상을 타셨는데 기분이 어떠세요?

　나: 감사합니다. 그런데 아직까지 _____이 나지 않네요. 먼저 그동안 저를 응원해 주신 부모님과 가족들께 감사드리고 싶습니다.

3) 가: 엄마, 오늘 드디어 모든 시험이 다 끝났어요!

　나: 그래, 그동안 공부하느라고 잠도 제대로 못 자고 진짜 _____ 많았어. 좋은 결과가 나왔으면 좋겠구나.

4) 가: 오랜만에 공원에 나와서 산책하니까 좋다. 그런데 저기 나무 뒤에 있는 게 뭐지? 쓰레기 아니야?

　나: 어, 그렇네. 다른 사람이 안 본다고 아무 곳에나 쓰레기를 버리다니 아직도 _____이 없는 사람들이 많은 것 같아.

**5.** 다음을 읽고 빈칸에 들어갈 단어를 순서대로 쓴 것을 고르십시오.

> 우리 엄마와 아빠는 대학교 때 만나 10년 넘게 ( ㉮ )을/를 하시고 늦게 결혼하셨다고 한다. 양쪽 부모님의 심한 반대 때문에 한동안 헤어지셨는데, 그때 두 분 모두 마음의 ( ㉯ )이/가 심하셔서 몸까지 많이 아프셨다고 한다. 하지만 자식을 이기는 부모가 없듯이 힘들어하는 두 분을 차마 계속 지켜볼 수 없었던 부모님들께서 결국에는 결혼을 허락하셨다고 한다. 로미오와 줄리엣의 이야기처럼 ( ㉰ )인 사랑 이야기로 끝나지 않고 행복한 결말이 되어서 기쁘다. 그래서 나처럼 예쁜 딸이 이 세상에 태어날 수 있었던 것이다.

① ㉮ 애정 – ㉯ 고통 – ㉰ 낙관적　　② ㉮ 연애 – ㉯ 분개 – ㉰ 낙관적

③ ㉮ 연애 – ㉯ 고통 – ㉰ 비극적　　④ ㉮ 애정 – ㉯ 감동 – ㉰ 비극적

무시
시청
시력
시야
시선
시각

보다 **시** 視

보여주다 **시** 示

**감각 1**

보다/살피다 **감** 監

시사
시범
시위
과시
전시회

감시
감독
감옥
감금

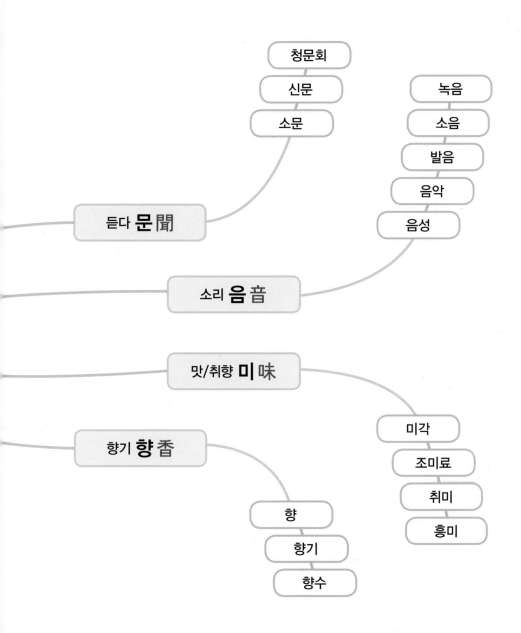

| 보다 **시視** | to see<br>見る、視る<br>看、观看<br>nhìn |
|---|---|

**시각** point of view / 視角、視点 / 视角、角度 / tầm nhìn, mắt nhìn

**시선** eyes, gaze, attention / 視線 / 视线 / ánh mắt

**시야** field of vision / 視野 / 视野 / tầm mắt, tầm nhìn

**시력** eyesight / 視力 / 视力 / thị lực

**시청** watching / 視聴 / 看、收看 / sự nghe nhìn

**무시** disregard / 無視 / 无视、轻视 / sự coi thường

| 보여주다 **시示** | to show<br>示す<br>展示、展现<br>cho xem |
|---|---|

**시사** indication / 示唆 / 暗示、提示 / việc ám thị, dấu hiệu

**시범** demonstration / 模範 / 示范 / sự thị phạm, sự làm gương

**시위** demonstration, protest / 示威 / 示威 / sự thị uy

**과시** showing off / 誇示 / 炫耀、显摆 / sự trổ tài

**전시회** exhibition / 展示会 / 展览会、展览会 / hội chợ, triển lãm

| 보다/살피다 **감監** | to look at/to watch<br>見る/世話する<br>看/观察<br>nhìn/xem xét |
|---|---|

**감시** surveillance / 監視 / 监视 / sự theo dõi

**감독** supervision / 監督 / 监督 / sự giám sát

**감옥** prison / 監獄、刑務所 / 监狱 / nhà giam, nhà tù

**감금** detention / 監禁 / 监禁 / sự giam giữ, sự giam cầm

| 듣다<br>**문 聞** | to hear<br>聴く<br>听、闻<br>nghe |
|---|---|

**소문** rumor / 噂 / 传闻、风言风语 / lời đồn, tin đồn

**신문** newspaper / 新聞 / 新闻 / báo chí

**청문회** hearing / 聴聞会 / 听证会 / cuộc họp trưng cầu ý kiến

| 소리<br>**음 音** | sound<br>音<br>声音<br>tiếng, âm thanh |
|---|---|

**음성** voice / 音声 / 声音 / âm thanh

**음악** music / 音楽 / 音乐 / âm nhạc

**발음** pronunciation / 発音 / 发音 / việc phát âm

**소음** noise / 騒音 / 噪音、噪声 / tiếng ồn

**녹음** recording / 録音 / 录音 / sự ghi âm

| 맛/취향<br>**미 味** | taste/preference<br>味/趣向<br>味道/取向、口味<br>vị/sở thích |
|---|---|

**미각** sense of taste / 味覚 / 味觉 / vị giác

**조미료** seasoning / 調味料 / 调料 / gia vị

**취미** hobby / 趣味 / 兴趣、爱好 / sở thích

**흥미** interest / 興味 / 兴致、兴趣 / sự hứng thú

| 향기<br>**향 香** | scent<br>香り<br>香、香气<br>mùi hương |
|---|---|

**향** scent, incense / 香(こう) / 香、(焚) 香 / hương

**향기** scent / 香り / 香、香气 / mùi hương

**향수** perfume / 香水 / 香水 / nước hoa

1. 한자의 의미와 한자, 단어가 맞는 것을 연결하십시오.

   1) 향기 •           • ㉮ 미 •           • ㉠ 감시, 감옥

   2) 소리 •           • ㉯ 향 •           • ㉡ 녹음, 음악

   3) 맛/취향 •         • ㉰ 음 •           • ㉢ 향기, 향수

   4) 보다/살피다 •      • ㉱ 감 •           • ㉣ 미각, 취미

2. 한자의 의미가 맞는 것을 고르십시오.

   1) **보다**           ① 시일        ② 시야        ③ 시내

   2) **듣다**           ① 질문        ② 작문        ③ 신문

   3) **보여주다**        ① 시사        ② 시절        ③ 시험

   4) **보다/살피다**      ① 감동        ② 감독        ③ 감소

3. 보기 에서 밑줄 친 부분과 바꿔 사용할 수 있는 단어를 골라 쓰십시오.

   | 보기 | 소음  시위  향기  음성  소문  시력 |
   | --- | --- |

   1) 나이가 점점 들어서 그런지 <u>물건이나 사람을 구별하는 눈의</u>    (          )
   <u>기능</u>이 많이 나빠졌다.

   2) 아름다운 피아노 소리도 가끔은 <u>불쾌하고 시끄러운 소리</u>가 될    (          )
   수 있다.

   3) 이 꽃은 선물 받은 지 일주일이 넘었는데 아직도 꽃에서 <u>좋은</u>    (          )
   <u>냄새</u>가 난다.

   4) <u>사람들이 전해서 들리는 말</u>에 의하면 김 선생님은 첫사랑을    (          )
   잊지 못해서 아직까지 혼자 살고 있다고 한다.

4. 보기 에서 알맞은 단어를 골라 대화를 완성하십시오.

| 보기 | 시범 발음 전시회 시각 과시 조미료 |

1) 가: 선생님, 지난 20년 동안 아이들을 가르치면서 제일 중요하게 생각했던 건 무엇입니까?

   나: 글쎄요, 여러 가지가 있겠지만 저는 뭐든지 아이들의 _____에서 바라보고 이해하는 게 제일 중요하다고 생각했습니다.

2) 가: 여기가 줄을 서서 먹는 유명한 식당이라는데 그렇게 맛있는지는 잘 모르겠네.

   나: 맛은 괜찮은데 _____을/를 좀 많이 넣은 것 같지 않아?

3) 가: 와서 TV 좀 보세요. 국가 대표 팀이 태권도 _____ 공연을 하고 있어요.

   나: 와, 국가 대표들이라서 그런지 역시 잘하네요.

4) 가: 방금 주디 씨 옆에 있던 남자 친구 말이에요. 진짜 한국 사람 같죠?

   나: 네? 한국 사람이 아니에요? 말도 잘하는 데다가 한국어 _____이/가 정확해서 저는 당연히 한국 사람인 줄 알았어요.

5. 다음을 읽고 맞지 <u>않는</u> 것을 고르십시오.

> 요즘 사람들은 텔레비전이나 인터넷으로 영상을 **시청**하는 시간이 독서하는 시간보다 훨씬 많다고 한다. 주로 **시청**하는 프로그램을 조사한 결과, 다큐멘터리 같이 교양이나 정보를 제공하는 프로그램이 아니라 연예나 **흥미** 위주의 오락 프로그램이 많은 편이라고 한다. 특히 어린 아이들은 아직 좋은 내용과 나쁜 내용을 구별해서 제대로 선택할 수 없으므로 아이들이 영상을 **시청**할 때는 가정에서 부모님이나 어른들이 **감독**을 하는 것이 필요하다. 이와 함께 어른들은 책임감을 가지고 아이들의 창의력을 높이는 내용의 프로그램을 만들어야 할 것이다.

① 요즘 사람들은 독서를 별로 하지 않는 편이다.
② 요즘 사람들은 오락 프로그램을 많이 시청하는 편이다.
③ 어린 아이들은 항상 부모님이나 어른들이 감독을 해야 한다.
④ 어른들은 아이들의 창의력을 높이는 프로그램을 만들 책임이 있다.

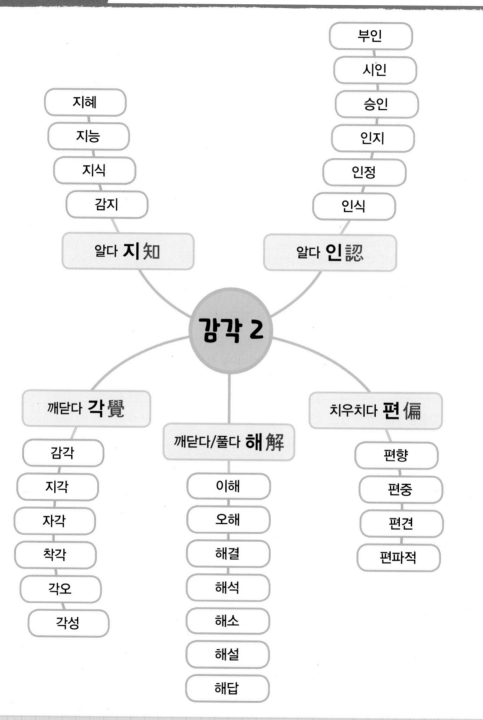

부인
시인
승인
인지
인정
인식

알다 **인** 認

지혜
지능
지식
감지

알다 **지** 知

# 감각 2

깨닫다 **각** 覺

감각
지각
자각
착각
각오
각성

깨닫다/풀다 **해** 解

이해
오해
해결
해석
해소
해설
해답

치우치다 **편** 偏

편향
편중
편견
편파적

| 알다<br>**지 知** | to know<br>知る<br>认识、知道<br>biết |
|---|---|

**감지** sensing / 感知 / 感知、察觉 / sự cảm nhận

**지식** knowledge / 知識 / 知识 / kiến thức, tri thức

**지능** intelligence / 知能 / 智能、智力 / khả năng hiểu biết

**지혜** wisdom / 知恵 / 智慧 / trí tuệ

| 알다<br>**인 認** | to recognize<br>認める、知る<br>认识、知道<br>biết |
|---|---|

**인식** awareness / 認識 / 认识 / sự nhận thức

**인정** admission, approval / 認定 / 认定、肯定 / sự thừa nhận, sự công nhận

**인지** recognition / 認知 / 认知 / sự nhận biết

**승인** approval / 承認 / 承认 / sự tán thành,, sự cho phép

**시인** admission / 是認 / 承认、认证 / sự thừa nhận, sự chấp nhận

**부인** denial / 否認 / 否认 / sự phủ nhận

| 깨닫다<br>**각 覺** | to realize<br>悟る、覚める<br>醒悟、觉悟<br>nhận ra |
|---|---|

**감각** sense / 感覚 / 感觉 / cảm giác

**지각** discretion, perception / 知覚 / 感知、领会 / sự nhận thức, tri giác

**자각** self-awareness / 自覚 / 自我觉醒 / sự tự giác

**착각** delusion / 錯覚 / 错觉 / sự nhầm lẫn

**각오** resolution / 覚悟 / 觉悟、醒悟 / sự quyết tâm

**각성** awakening / 覚醒 / 觉醒、觉悟 / sự thức tỉnh, sự đánh thức

| 깨닫다/풀다<br>**해 解** | to understand/to explain<br>悟る/解く<br>醒悟、觉悟/解开<br>nhận ra/tháo gỡ |
|---|---|

**이해** understanding / 理解 / 理解 / sự hiểu ra

**오해** misunderstanding / 誤解 / 误会、误解 / sự hiểu lầm

**해결** solution / 解決 / 解决 / sự giải quyết

**해석** interpretation / 解釈 / 解释 / sự giải thích

**해소** relief / 解消 / 消除 / sự giải tỏa

**해설** explanation / 解説 / 解说、讲解 / sự diễn giải

**해답** answer / 解答 / 解答 / sự giải đáp, đáp án

| 치우치다<br>**편 偏** | to lean<br>偏る<br>偏、偏重<br>lệch, nghiêng |
|---|---|

**편향** bias / 偏向 / 偏向 / sự lệch hướng

**편중** unequal distribution / 偏重 / 偏重 / sự đặt nặng

**편견** prejudice / 偏見 / 偏见 / định kiến

**편파적** biased / 偏った、不公平な / 偏颇的、不公正的 / mang tính thiên vị

**1.** 보기 에서 빈칸에 공통적으로 들어갈 한자를 골라 쓰십시오.

| 보기 | 각 편 해 인 지 |
|---|---|

1) | 오 ☐ | ☐ 석 | ☐ 설 | (       )

2) | ☐ 혜 | 감 ☐ | ☐ 식 | (       )

3) | 자 ☐ | 감 ☐ | ☐ 성 | (       )

4) | ☐ 정 | 시 ☐ | 부 ☐ | (       )

**2.** 한자의 의미가 <u>다른</u> 것을 고르십시오.

1) **깨닫다**       ① <u>각</u>오       ② 착<u>각</u>       ③ <u>각</u>자

2) **알다**       ① <u>인</u>간       ② <u>인</u>식       ③ 승<u>인</u>

3) **깨닫다/풀다**       ① 이<u>해</u>       ② <u>해</u>양       ③ <u>해</u>답

4) **치우치다**       ① <u>편</u>파적       ② <u>편</u>향       ③ 상대<u>편</u>

**3.** 알맞은 단어를 골라 문장을 완성하십시오.

1) 어려운 문제도 언니가 쉽게 설명해 주니까 (**이해, 오해**)하기가 쉽다.

2) 내 말을 다 알아듣는 걸 보면 우리 강아지는 (**지능, 각성**)이 높은 게 틀림없다.

3) 윤아는 디자이너인 어머니의 영향을 받아서 그런지 패션 (**감각, 자각**)이 뛰어나다.

4) 어제 이상한 꿈을 꾸었는데 꿈 내용을 어떻게 (**인지, 해석**)해야 할지 모르겠다.

4. 보기 에서 알맞은 단어를 골라 대화를 완성하십시오.

| 보기 | | | | | |
|---|---|---|---|---|---|
| 착각 | 지혜 | 시인 | 해소 | 지각 | 편견 |

1) 가: 리나 씨는 스트레스가 쌓일 때 어떻게 풀어요?

　　나: 제가 스트레스를 _____하는 방법은 노래방에 가서 큰 소리로 노래를 부르는 거예요.

2) 가: 아까부터 계속 저를 보고 웃으시는데 혹시 저를 아세요?

　　나: 어, 죄송합니다. 제 초등학교 동창하고 너무 닮아서 제가 _____을/를 했나 봐요.

3) 가: 정훈 씨가 육아 휴직을 한다는 얘기 들었어요? 맞벌이 부부라던데 왜 아내가 일하고 남편이 아기를 보는 걸까요?

　　나: 왜 엄마만 아기를 봐야 해요? 그것도 일종의 _____이에요/예요. 요즘은 세상이 많이 변했잖아요.

4) 가: 지난주 옆집 화재 사건의 범인이 그 집 아들이라면서요?

　　나: 네, 처음에는 절대 아니라고 하더니 경찰이 현장 CCTV에 찍힌 모습을 보여 주며 말하니까 자기가 한 일이라고 _____했대요.

5. 보기 에서 알맞은 단어를 골라 이야기를 완성하십시오.

| 보기 | | | | | |
|---|---|---|---|---|---|
| 해결 | 지식 | 편중 | 인식 | 해설 | 인정 |

　　이민아 씨는 비교적 젊은 나이에 능력을 ①_____받아서 다니던 회사의 CEO가 되었다. 10년 넘게 관련 분야에서 쌓은 경력과 업무에 대한 풍부한 ②_____, 그리고 문제를 ③_____하는 능력이 뛰어나서 짧은 기간 안에 높은 자리까지 올라갈 수 있었던 것이다. 아직도 남성들만의 세계라는 ④_____이 강한 자동차 업계에서 최초로 여성이 CEO가 됐다는 것은 큰 의미가 아닐 수 없다.

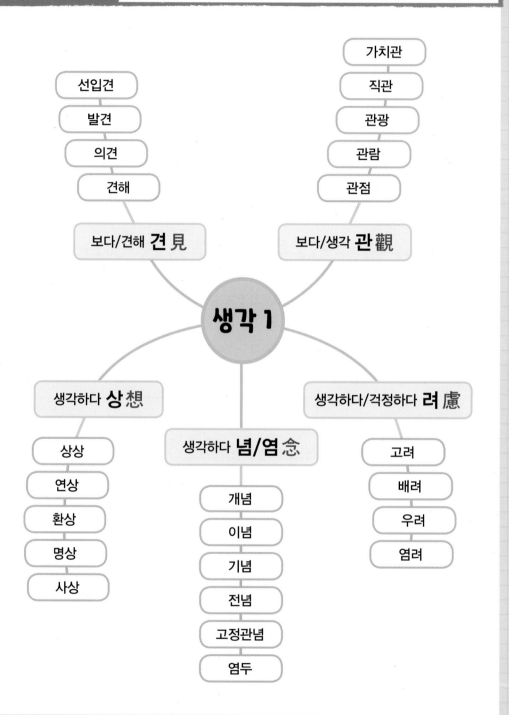

| 보다/견해<br>**견 見**<br>to see/opinion<br>見る/見解<br>看/见解<br>nhìn/kiến giải | 보다/생각<br>**관 觀**<br>to see/thought<br>観る/思い<br>看/想法<br>nhìn/suy nghĩ |

**견해** opinion / 見解 / 见解 / kiến giải

**의견** opinion / 意見 / 意见 / ý kiến

**발견** discovery / 発見 / 发现、发觉 / sự phát hiện

**선입견** preconception / 先入観 / 成见、偏见 / sự thành kiến, sự định kiến

**관점** viewpoint / 観点 / 观点 / quan điểm

**관람** watching / 観覧 / 观览、观看 / việc xem, việc thưởng thức

**관광** sightseeing / 観光 / 观光、旅游、游览 / sự tham quan

**직관** intuition / 直観 / 直觉、直观 / trực quan

**가치관** values / 価値観 / 价值观 / giá trị quan

| 생각하다<br>**상 想**<br>to think<br>考える、想う<br>想、认为<br>nghĩ | 생각하다<br>**념/염 念**<br>to ponder<br>考える、念じる<br>思考、认为<br>nghĩ |

**상상** imagination / 想像 / 想象 / sự tưởng tượng

**연상** association / 連想 / 联想 / sự liên tưởng

**환상** illusion / 幻想 / 幻想 / sự ảo tưởng, sự hoang tưởng

**명상** meditation / 瞑想 / 冥想 / việc ngồi thiền

**사상** thought / 思想 / 思想 / tư tưởng

**개념** concept / 概念 / 概念 / khái niệm

**이념** philosophy, ideology / 理念 / 理念 / ý niệm

**기념** commemoration / 記念 / 纪念 / kỉ niệm

**전념** commitment / 専念 / 专心、专注 / sự toàn tâm, sự chuyên tâm

**고정관념** fixed idea / 固定観念 / 固有观念 / quan niệm cố hữu

**염두** mind / 念頭 / 念头、想法 / suy nghĩ trong đầu

| 생각하다/걱정하다<br>**려 慮**<br>to condiser/to worry<br>慮る/心配する<br>考虑/担心<br>nghĩ/lo lắng |

**고려** consideration / 考慮 / 考虑 / sự cân nhắc

**배려** consideration / 配慮 / 照顾、关心 / sự quan tâm, sự săn sóc

**우려** worry / 憂慮 / 忧虑、担忧 / sự lo ngại

**염려** worry / 心配、おそれ / 挂念、惦记 / sự lo lắng

1. 보기 에서 빈칸에 공통적으로 들어갈 한자를 골라 쓰십시오.

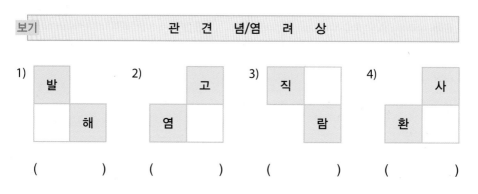

보기          관  견  념/염  려  상

1)
| 발 |   |
|---|---|
|   | 해 |

(          )

2)
|   | 고 |
|---|---|
| 염 |   |

(          )

3)
| 직 |   |
|---|---|
|   | 람 |

(          )

4)
|   | 사 |
|---|---|
| 환 |   |

(          )

2. 한자의 의미가 <u>다른</u> 것을 고르십시오.

1) **생각하다**          ① 염색          ② 염두          ③ 개념

2) **보다/생각**          ① 관광          ② 관점          ③ 관계

3) **생각하다**          ① 상상          ② 부상          ③ 연상

4) **생각하다/걱정하다**          ① 우려          ② 배려          ③ 화려하다

3. 보기 에서 알맞은 단어를 골라 문장을 완성하십시오.

보기          이념   환상   관람   고려   명상   발견

1) 이번 가족 여행은 부모님의 건강을 _____해서 가까운 곳으로 가기로 했다.

2) 얼마 전 가수 송지나 씨가 그동안 고생한 이야기를 듣고 화려할 줄만 알았던 연예인에 대한 _____이/가 깨지게 되었다.

3) 그 영화는 세계 대전을 배경으로 했지만 민주주의냐 공산주의냐 하는 _____의 문제가 아니라 전쟁 중에 피어난 사랑과 우정에 대한 이야기를 다루었다.

4) 암 같은 병도 초기에 _____하면 완전하게 치료할 수 있다고 한다.

4. 보기 에서 알맞은 단어를 골라 대화를 완성하십시오.

| 보기 | 배려 | 상상 | 염려 | 의견 | 연상 | 관점 |
|---|---|---|---|---|---|---|

1) 가: 언니, 아빠가 이번 주말에 가족들끼리 등산 갈 거니까 다른 약속 잡지 말래.

   나: 아빠는 왜 우리 _____은/는 물어보지도 않고 모든 걸 결정하는지 모르겠어.

2) 가: 어제 TV에서 새해 축하 공연에 BTJ가 나온 것 봤어요? 거기에 있던 외국 사람들이 한국말로 노래를 다 따라하더라고요.

   나: 네, 저도 봤어요. 옛날 같으면 한국 노래를 전 세계 사람들이 다 따라한다는 것은 _____도 못할 일이잖아요. BTJ는 정말 대단한 것 같아요.

3) 가: 지하철에서 큰 소리로 전화 통화하는 사람은 왜 그렇게 하는 걸까요?

   나: 옆 사람이 쳐다보며 싫어하는 표정을 짓는데도 신경 쓰지 않는 걸 보면 다른 사람을 _____하는 마음이 부족해서 그런 거겠지요.

4) 가: 저 상품이 유럽 디자인 대회에서 1등을 한 작품이라는데 별로 안 예쁘지 않아?

   나: 글쎄, 나라마다 아름다움에 대한 _____이/가 다르기 때문에 어떤 게 더 아름답다고 말하기는 쉽지 않지.

5. 다음을 읽고 빈칸에 들어갈 단어를 순서대로 쓴 것을 고르십시오.

---

이철민 씨는 유명한 메이크업 아티스트이다. 이 일을 시작할 당시 미용 분야는 여성들의 전문 분야라는 ( ㉮ )을 깬 최초의 남성 메이크업 아티스트였다. 남자가 미용 분야에서 성공할 수 없을 거라는 ( ㉯ )이/가 있었지만 20년 동안 자신만의 개성과 성실함으로 이 일에만 ( ㉰ )한 결과 지금의 성공을 이루어 냈다.

---

① ㉮ 가치관 – ㉯ 우려 – ㉰ 전념       ② ㉮ 고정관념 – ㉯ 사상 – ㉰ 염두

③ ㉮ 선입견 – ㉯ 견해 – ㉰ 기념       ④ ㉮ 고정관념 – ㉯ 우려 – ㉰ 전념

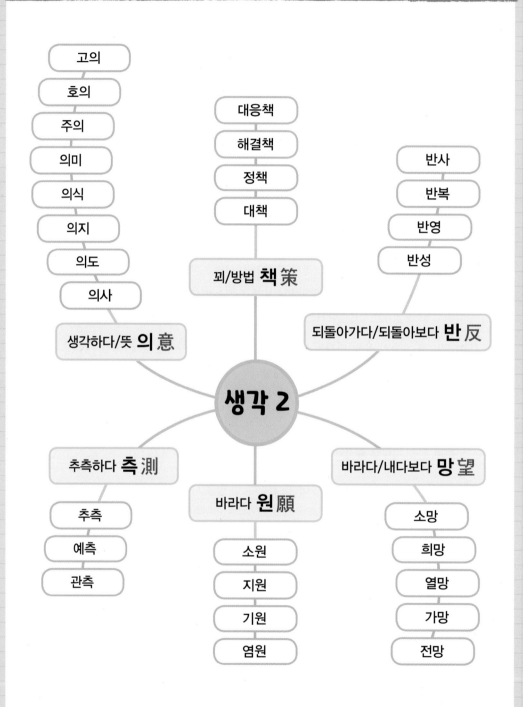

고의
호의
주의
의미
의식
의지
의도
의사

생각하다/뜻 **의** 意

대응책
해결책
정책
대책

꾀/방법 **책** 策

반사
반복
반영
반성

되돌아가다/되돌아보다 **반** 反

## 생각 2

추측하다 **측** 測

추측
예측
관측

바라다 **원** 願

소원
지원
기원
염원

바라다/내다보다 **망** 望

소망
희망
열망
가망
전망

| 생각하다/뜻 **의意** | to consider/meaning<br>考える/意図<br>认为/意向<br>nghĩ/nghĩa |
|---|---|

의사 intention / 意思 / 意思、用意 / ý nghĩ, ý định

의도 intention / 意図 / 意图 / ý đồ, ý định

의지 will / 意志 / 意志 / ý chí

의식 consciousness / 意識 / 意识 / ý thức

의미 meaning / 意味 / 意义 / ý nghĩa

주의 care, caution / 注意 / 注意 / sự chú ý

호의 goodwill / 好意 / 好意 / hảo ý, ý tốt

고의 intention, deliberation / 故意 / 故意 / sự cố ý

| 꾀/방법 **책策** | trick/means<br>策/方法<br>点子/方法<br>mưu mẹo/phương<br>pháp |
|---|---|

대책 measure / 対策 / 对策 / đối sách

정책 policy / 政策 / 政策 / chính sách

해결책 solution / 解決策 / 解决方案 / giải pháp

대응책 countermeasure / 対応策 / 应对措施、对策 / biện pháp đối phó

| 되돌아가다/되돌아보다 **반反** | to return/to look back<br>元に戻る/振り返る<br>返回/回顾<br>quay lại/nhìn lại |
|---|---|

반성 self-questioning / 反省 / 反省 / sự kiểm điểm

반영 reflection / 反映 / 反映、折射 / sự phản ánh

반복 repetition / 反復 / 反复、重复 / sự lặp lại

반사 reflection, reflex / 反射 / 反射 / sự phản xạ

| 추측하다 **측測** | to guess<br>推測する<br>推测<br>suy đoán |
|---|---|

추측 speculation / 推測 / 推测 / sự suy đoán

예측 forecast / 予測 / 预测 / sự dự đoán

관측 observation, prediction / 観測 / 观测 / sự quan trắc

| 바라다 **원願** | to wish<br>願う<br>希望、祝願<br>mong muốn |
|---|---|

소원 wish / 願い / 愿望、期望 / ước mơ, ước muốn

지원 application / 志願 / 志愿、申请 / sự đăng kí tham gia

기원 prayer / 祈願 / 祈愿、祈求 / sự cầu mong

염원 one's greatest wish / 念願 / 心愿、愿望 / niềm ao ước

| 바라다/내다보다 **망望** | to hope/to view<br>願う/望む<br>希望/展望<br>mong muốn/nhìn ra |
|---|---|

소망 wish / 望み / 愿望、心愿 / ước muốn, mong ước

희망 hope / 希望 / 希望 / niềm hi vọng

열망 aspiration / 熱望 / 渴望、热切希望 / sự khát vọng

가망 possibility / 見込み / 指望、可能 / hi vọng, triển vọng

전망 prospect / 展望 / 展望、前景 / tầm nhìn toàn cảnh

**1.** 한자의 의미와 한자, 단어가 맞는 것을 연결하십시오.

1) 생각하다/뜻 •    • ㉮ 측 •    • ㉠ 희망, 가망

2) 바라다/내다보다 •    • ㉯ 망 •    • ㉡ 의지, 호의

3) 되돌아가다/되돌아보다 •   • ㉰ 의 •    • ㉢ 반영, 반사

4) 추측하다 •    • ㉱ 반 •    • ㉣ 예측, 관측

**2.** 한자의 의미가 <u>다른</u> 것을 고르십시오.

1) 바라다       ① 소원     ② 염원     ③ 공원

2) 꾀/방법      ① 정책     ② 공책     ③ 대응책

3) 생각하다/뜻    ① 문의     ② 의식     ③ 고의

4) 바라다/내다보다 ① 열망     ② 전망     ③ 사망

**3.** 보기 에서 밑줄 친 부분과 바꿔 사용할 수 있는 단어를 골라 쓰십시오.

| 보기 | 반성   예측   의사   대책   의미   소망 |
|---|---|

1) 부모님은 더 늦기 전에 결혼을 하라고 하시지만 나는 아직 결 (     )
혼을 <u>하고자 하는 생각</u>이 전혀 없다.

2) 동생은 자기가 잘못하고도 아직 <u>자기가 한 행동이나 말에 무</u> (     )
<u>슨 잘못이 있는지 다시 돌아볼 생각</u>도 없어 보인다.

3) 자식들이 건강하고 행복하게 사는 것은 모든 부모들이 <u>바라는</u> (     )
것일 것이다.

4) 두 팀의 실력이 비슷해서 이번 경기는 어느 팀이 승리할지 결 (     )
과를 <u>미리 생각해서 추측하기</u>가 힘들다.

4. 보기 에서 알맞은 단어를 골라 대화를 완성하십시오.

| 보기 | 주의 | 지원 | 반사 | 전망 | 호의 | 해결책 |
|---|---|---|---|---|---|---|

1) 가: 이 앞에서 또 주차 문제로 싸우다가 한 사람이 크게 다쳤다면서요?

   나: 네, 주차 공간은 좁은데 요즘은 다들 차를 가지고 다니니까 점점 문제가 심각해
       지는 것 같아요. 하루라도 빨리 _____을/를 찾았으면 좋겠어요.

2) 가: 전공이 이쪽이 아닌데 저희 회사에 _____한 동기는 무엇입니까?

   나: 평소에 어린이 교육에 관심이 많아서 관련된 일을 한번 해 보고 싶었습니다.

3) 가: 내년 봄에는 어떤 패션이 유행할까요?

   나: 올해와는 달리 여성스럽고 화려한 무늬가 들어간 옷들이 유행할 _____
       입니다.

4) 가: 식당에서 저렇게 아이들이 시끄럽게 뛰어다니면 위험하지 않아?

   나: 위험하기도 하지만 정신이 없어서 밥도 제대로 못 먹겠어. 저런 행동은 아이 부
       모들이 _____을/를 시켜야 하는데 왜 신경을 안 쓰는 걸까?

5. 다음을 읽고 빈칸에 들어갈 단어를 순서대로 쓴 것을 고르십시오.

> 소설가 김사랑 선생님의 어렸을 때 ( ㉮ )은 하루 세끼라도 제대로 먹는 것이었다고 한
> 다. 가난한 환경이지만 학업에 대한 ( ㉯ )이/가 강했던 김 선생님을 눈여겨보던 학교 선생
> 님과 동네 이웃들의 도움을 받아서 고등학교까지 졸업할 수 있었다고 한다. 주변 사람들의 도
> 움으로 성장한 선생님은 이제는 다른 사람을 도와주는 역할을 하고 싶다고 한다. 그래서 선생
> 님의 소설에는 이런 선생님의 인생관이 잘 ( ㉰ )되어 있다. 즉, 가난하지만 서로서로 도와
> 가며 힘든 상황을 이겨 내고, 그 가운데 감사하며 아름답게 살아가는 우리 이웃들의 따뜻한
> 이야기가 담겨져 있다.

① ㉮ 희망 – ㉯ 의식 – ㉰ 추측     ② ㉮ 소원 – ㉯ 의지 – ㉰ 반영

③ ㉮ 소원 – ㉯ 의도 – ㉰ 반복     ④ ㉮ 가망 – ㉯ 기원 – ㉰ 반영

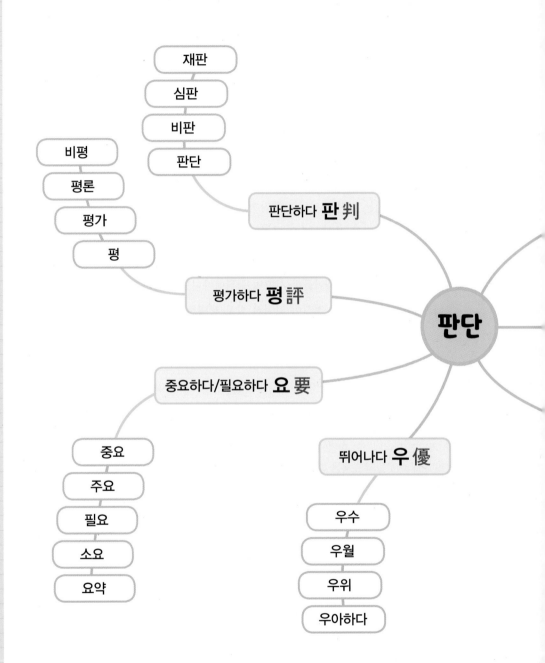

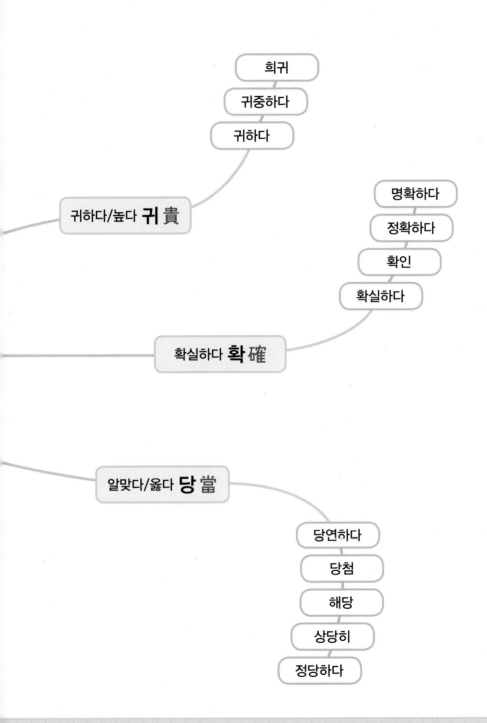

희귀

귀중하다

귀하다

귀하다/높다 **귀** 貴

명확하다

정확하다

확인

확실하다

확실하다 **확** 確

알맞다/옳다 **당** 當

당연하다

당첨

해당

상당히

정당하다

| 판단하다<br>판 判 | to judge<br>判断する<br>判断<br>phán đoán |
|---|---|

**판단** judgment / 判断 / 判断 / sự phán đoán

**비판** criticism / 批判 / 批判 / sự phê phán

**심판** judgment / 審判 / 审判 / sự phán xét, sự phán quyết

**재판** trial / 裁判 / 审理、裁决 / sự xét xử, phiên tòa

| 평가하다<br>평 評 | to review, to estimate<br>評価する<br>评价<br>đánh giá |
|---|---|

**평** review / 評判 / 评定、评价 / sự bình phẩm

**평가** estimation / 評価 / 评价 / sự đánh giá

**평론** critique / 評論 / 评论 / sự bình luận, lời bình

**비평** review, criticism / 批評 / 批评 / sự phê bình

| 중요하다/필요하다<br>요 要 | to be important/to be necessary<br>重要だ/必要だ<br>重要/需要<br>quan trọng/cần thiết |
|---|---|

**중요** importance / 重要 / 重要 / sự quan trọng

**주요** main thing / 主要 / 主要 / sự chủ yếu, sự chủ chốt

**필요** necessity / 必要 / 需要、需求 / sự cần thiết

**소요** what is required / 所要 / 所需 / sự cần thiết

**요약** summary / 要約 / 概要、扼要 / sự tóm tắt

| 뛰어나다<br>우 優 | to be superior<br>優れた<br>出色、卓越<br>vượt trội |
|---|---|

**우수** excellence / 優秀 / 优秀 / sự ưu tú

**우월** supremacy / 優越 / 优越 / sự ưu việt

**우위** superiority / 優位 / 优势、上风 / sự ưu thế, sự vượt trội

**우아하다** to be elegant / 優雅だ / 优雅 / trang nhã, tao nhã

| 귀하다/높다<br>**귀 貴** | to be noble/to be high<br>珍しい、貴い/高貴だ<br>宝贵、高贵/高<br>quý, cao quý/cao |
|---|---|

**귀하다** to be noble, to be precious / 珍しい、貴い / 宝贵、高贵、尊贵 / quý, cao quý

**귀중하다** to be valuable / 貴重だ、大切だ / 贵重、珍贵 / quý trọng

**희귀** rarity / 珍しい / 珍贵、稀有 / sự quý hiếm

| 확실하다<br>**확 確** | to be certain<br>確実だ<br>确实、准确<br>xác thực |
|---|---|

**확실하다** to be certain / 確実だ / 确实、准确 / xác thực

**확인** confirmation / 確認 / 确认 / sự xác nhận

**정확하다** to be correct / 正確だ / 正确 / chuẩn xác, chính xác

**명확하다** to be clear / 明確だ / 明确、清楚 / minh bạch, rành mạch

| 알맞다/옳다<br>**당 當** | to be proper/to be right<br>相応しい/正しい<br>合适/正确<br>phù hợp/đúng |
|---|---|

**당연하다** to be reasonable / 当然だ / 当然、理所当然 / hiển nhiên, đương nhiên

**당첨** winning a prize / 当せん / 中、中奖 / sự trúng giải

**해당** relevant / 該当 / 相关、有关 / sự tương ứng, sự phù hợp

**상당히** quite, considerably / ずいぶん、かなり / 相当（地） / khá, tương đối

**정당하다** to be just / 正当だ / 正当（的） / chính đáng, thỏa đáng

# Day 37 | 연습 문제

1. 보기 에서 공통적으로 들어간 한자의 의미를 골라 쓰십시오.

| 보기 | 확실하다 | 평가하다 | 알맞다/옳다 |
|------|----------|----------|-------------|
|      | 뛰어나다 | 판단하다 | 중요하다/필요하다 |

1) 우월      우위      우수              (                    )

2) 당첨      상당히    정당하다          (                    )

3) 확인      정확하다  명확하다          (                    )

4) 소요      요약      주요              (                    )

2. 한자의 의미가 맞는 것을 고르십시오.

1) **판단하다**          ① 재판          ② 간판          ③ 게시판

2) **평가하다**          ① 평등          ② 공평하다      ③ 비평

3) **귀하다/높다**       ① 귀가          ② 희귀          ③ 귀국

4) **알맞다/옳다**       ① 강당          ② 해당          ③ 식당

3. 알맞은 단어를 골라 문장을 완성하십시오.

1) 여행을 떠나기 전에 숙소 예약을 한 번 더 (**확인, 요약**)하는 게 필요하다.

2) 좋은 꿈을 꿀 때마다 복권을 사 봤지만 (**해당, 당첨**)된 적이 한 번도 없다.

3) 여기에서 부산까지의 평균 (**소요, 주요**) 시간은 3시간 30분 정도이다.

4) 고의로 다른 사람에게 피해를 준 사람은 법의 (**평론, 심판**)을 받아야 한다.

4. 보기 에서 알맞은 단어를 골라 대화를 완성하십시오.

보기    당연하다    우아하다    정당하다    명확하다    필요하다    귀중하다

1) 가: 저희 아빠는 아직도 제가 늦게 집에 들어오면 걱정되시나 봐요. 집에 도착할 때
       까지 전화를 어찌나 많이 하시는지 모르겠어요.
   나: 자식이 아무리 나이가 들어도 부모가 자식 걱정하는 것은 _____지.

2) 가: 나는 관심이 없다고 했는데도 진수 씨가 자꾸 연락을 하는데 어떻게 하지?
   나: 네가 태도를 _____게 하지 않으니까 자꾸 연락하는 거 아닐까? 그냥 확
       실하게 싫다고 말해.

3) 가: 이 도자기는 뭐야? 아주 오래된 것 같은데 특이하게 생겼네.
   나: 그건 우리 할아버지의 할아버지 때부터 전해져 온 _____(으)ㄴ 물건이
       야. 우리 부모님이 아끼시는 거니까 조심해서 만져야 돼.

4) 가: 이건 얼마 전에 어머니 칠순 잔치 때 찍은 가족사진이에요. 여기 가운데 앉아
       계신 분이 저희 어머니세요.
   나: 어머니께서 한복 입은 모습이 아주 _____아/어 보이시네요.

5. 보기 에서 빈칸에 공통적으로 들어갈 단어를 골라 문장을 완성하십시오.

보기        비판    우월    판단    중요    평가    우위

1) • 사람의 겉모습만 보고 _____하는 것은 좋지 않다.
   • 두 개 중에 어떤 것을 선택해야 할지 _____이/가 서지 않는다.

2) • 인간관계에서 단점을 _____하기 보다는 장점을 칭찬하는 것이 효과적이다.
   • 이 드라마는 현실 사회를 _____하는 내용을 담고 있다.

3) • 이번 연극은 전문가들에게서 좋은 _____을/를 받았다.
   • 새로 바뀐 교육 정책은 현실을 잘 반영한 좋은 대책이라고 _____되고 있다.

# 한자성어

## 이 -(으)로以   심 마음心   전 전하다傳   심 마음心

⊙ 마음에서 마음으로 전한다. 즉, 마음과 마음으로 서로 뜻이 통함을 나타내는 말

가: 유진 씨하고는 굉장히 친한 것 같던데 어떻게 만났어요?

나: 십 년 전쯤 제 친구들하고 유진 씨 친구들하고 우연히 같이 만나서 어울렸는데 좋아 하는 음악이랑 취미가 비슷해서 이야기하다가 점점 친해지게 됐어요.

가: 십 년이면 꽤 오래 된 사이네요.

나: 네, 이제는 특별히 무슨 말을 하지 않아도 **이심전심**으로 통하는 사이예요. 얼굴만 봐도 무슨 일이 있는지 알 수 있을 정도이니까요.


## 고 쓰다苦   진 다하다盡   감 달다甘   래 오다來

⊙ 쓴 것이 다하면 단 것이 온다. 즉, 고생 끝에 즐거움이 옴을 나타내는 말

가: 오늘 아침 '의사가 된 배달원'이라는 신문 기사 읽었어요? 집이 너무 가난한 청년이 고등학교를 졸업하자마자 새벽부터 밤늦게까지 온갖 배달 일을 하면서 힘들게 돈을 버는데 어느 날 어머니도 원인 모를 병으로 쓰러지시는 바람에 병원에서 자면서 어 머니까지 간호해야 했대요.

나: 어머니는 어떻게 되셨대요?

가: 다행히 지금은 회복 중이신가 봐요. 그런데 이 안타까운 사정을 알게 된 병원 원장 의 도움으로 병원비는 물론이고 생활비까지 지원받게 되었고, 이 청년은 이 일을 계 기로 공부를 정말 열심히 해서 의과 대학에 전액 장학금을 받고 입학했대요. 그리고 결국에는 본인도 의사가 됐다는 얘기예요.

나: 그렇게 고생을 하더니 **고진감래**네요. 앞으로도 좋은 일만 생겼으면 좋겠네요.

# 9

# 문제와 해결

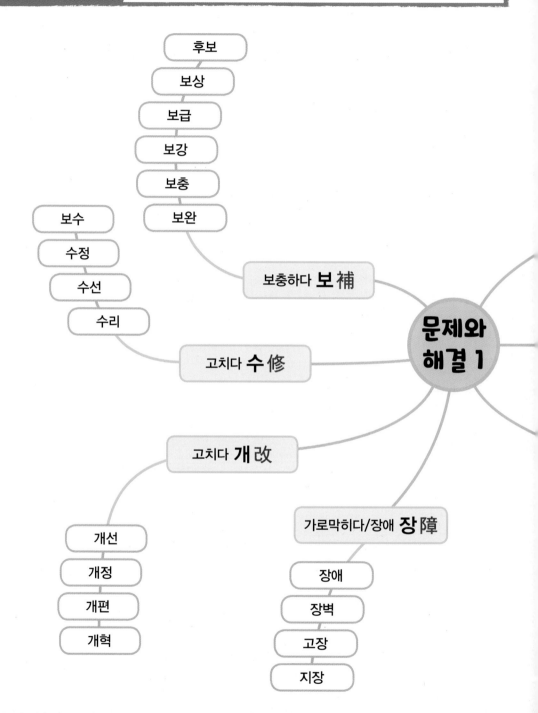

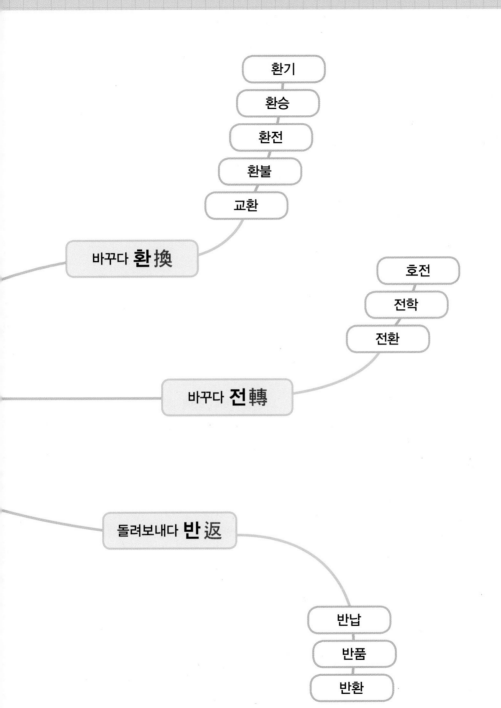

환기

환승

환전

환불

교환

바꾸다 **환**換

호전

전학

전환

바꾸다 **전**轉

돌려보내다 **반**返

반납

반품

반환

| 보충하다 | to supplement |
|---|---|
| **보補** | 補う<br>补充<br>bổ sung |

**보완** complement / 補完 / 完善、弥补 / sự hoàn thiện

**보충** supplementation / 補充 / 补充 / sự bổ sung

**보강** reinforcement / 補強 / 加强、增强 / sự tăng cường, sự củng cố

**보급** supply / 補給 / 补给、供给 / sự cung ứng, sự cung cấp

**보상** reward / 補償 / 补偿、赔偿 / sự bồi thường

**후보** candidate / 候補 / 候补、候选人 / ứng cử viên, việc ứng cử

| 고치다 | to fix |
|---|---|
| **수修** | 直す<br>修改<br>sửa |

**수리** repair / 修理 / 修理 / sự sửa chữa

**수선** mending / 修繕 / 修缮、修补 / sự sửa chữa, sự tu bổ

**수정** revision / 修正 / 修正、修改 / sự chỉnh sửa, việc sửa

**보수** repair, maintenance / 補修 / 修补、修缮 / việc sửa chữa, việc tu sửa

| 고치다 | to mend |
|---|---|
| **개改** | 改める<br>修改<br>sửa |

**개선** improvement / 改善 / 改善 / sự cải tiến, sự cải thiện

**개정** revision / 改正 / 改正、修订 / sự chỉnh sửa, sự điều chỉnh

**개편** restructuring / 改編 / 改编 / sự cải tổ, sự đổi mới

**개혁** reform / 改革 / 改革 / sự cải cách

| 가로막히다/장애 | to be blocked/obstacle |
|---|---|
| **장障** | 塞ぐ/障がい<br>被阻挡/障碍<br>chặn ngang/chướng ngại |

**장애** obstacle / 障がい / 障碍 / chướng ngại

**장벽** barrier / 障壁、壁 / 隔阂、障碍 / vách ngăn, bức tường

**고장** breakdown / 故障 / 故障 / sự hỏng

**지장** inconvenience / 支障 / 阻碍、障碍 / trở ngại, sự cản trở

| 바꾸다 환 煥 | to change<br>変える<br>换、替换<br>đổi, thay đổi |
|---|---|

교환 exchange / 交換 / 交换 / sự trao đổi, sự hoán đổi

환불 refund / 払い戻し / 退钱、退款 / sự hoàn tiền

환전 money changing / 両替 / 换钱、货币兑换 / sự đổi tiền

환승 transfer (in traffic) / 乗り換え / 换乘 / sự đổi tuyến, sự chuyển tàu xe

환기 ventilation / 換気 / 换气 / sự thông gió

| 바꾸다 전 轉 | to change<br>替える<br>换、替换<br>thay đổi |
|---|---|

전환 change / 転換 / 转换 / sự thay đổi, sự chuyển đổi

전학 transfer to another school / 転校 / 转学 / việc chuyển trường

호전 improvement / 好転 / 好转 / sự cải thiện

| 돌려보내다 반 返 | to return<br>返す<br>还、返还<br>trả lại |
|---|---|

반납 return / 返納、返却 / 归还、还给 / sự trả lại, sự hoàn lại

반품 return for purchases / 返品 / 退货 / việc gửi trả lại hàng

반환 return / 返還 / 返还 / sự hoàn trả

1. 보기 에서 빈칸에 공통적으로 들어갈 한자를 골라 쓰십시오.

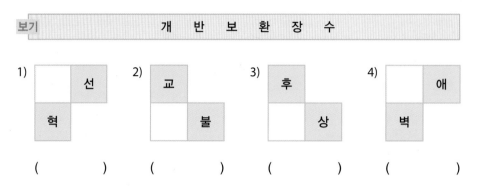

보기     개   반   보   환   장   수

1)
| | 선 |
|---|---|
| 혁 | |

(          )

2)
| 교 | |
|---|---|
| | 불 |

(          )

3)
| | 후 |
|---|---|
| | 상 |

(          )

4)
| | 애 |
|---|---|
| 벽 | |

(          )

2. 한자의 의미와 한자, 단어가 맞는 것을 연결하십시오.

1) **가로막다/장애**     •        • ㉮ 수 •        • ㉠ <u>전</u>환, 호<u>전</u>

2) **고치다**     •        • ㉯ 장 •        • ㉡ <u>수</u>리, <u>수</u>선

3) **돌려보내다**     •        • ㉰ 전 •        • ㉢ 고<u>장</u>, 지<u>장</u>

4) **바꾸다**     •        • ㉱ 반 •        • ㉣ <u>반</u>품, <u>반</u>납

3. 알맞은 단어를 골라 문장을 완성하십시오.

1) 얼굴에 여드름이 너무 많이 나서 피부과에 다니기 시작했는데 조금씩 (**보완, 호전**) 되고 있다.

2) 허리 통증이 너무 심해서 일상생활에 (**전환, 지장**)을 줄 정도이다.

3) 추운 겨울에도 실내 공기를 하루에 세 번, 한 번에 20~30분 정도 (**반환, 환기**)하는 것이 좋다.

4) 나는 부족한 운동량을 (**개편, 보충**)하기 위해 자동차 대신 버스나 지하철을 이용해서 출근한다.

4. 보기 에서 알맞은 단어를 골라 문장을 완성하십시오.

| 보기 | 고장 | 교환 | 전학 | 수정 | 반품 | 환불 |

1) 휴대폰을 산 후 한 달 안에 이상이 생기면 다른 휴대폰으로 _____할 수 있다.

2) 냉장고 구입 후 1년 안에 _____이 난 경우 무료로 고쳐 준다.

3) 인터넷으로 물건을 산 후 제품에 문제가 생겨서 _____ 받고 싶은 경우에는 자신의 은행 계좌로 돈을 돌려받을 수 있다.

4) 택배로 _____을 할 때는 받은 상태 그대로 제품을 포장해서 보내면 된다.

5. 보기 에서 알맞은 단어를 골라 어떤 일을 하는 장소인지 쓰십시오.

| 보기 | 수리 | 개정 | 환승 | 보강 | 반납 | 환전 |

1)
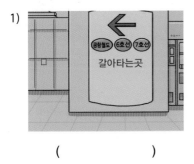
(          )

2)

(          )

3)
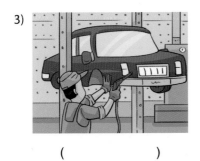
(          )

4)

(          )

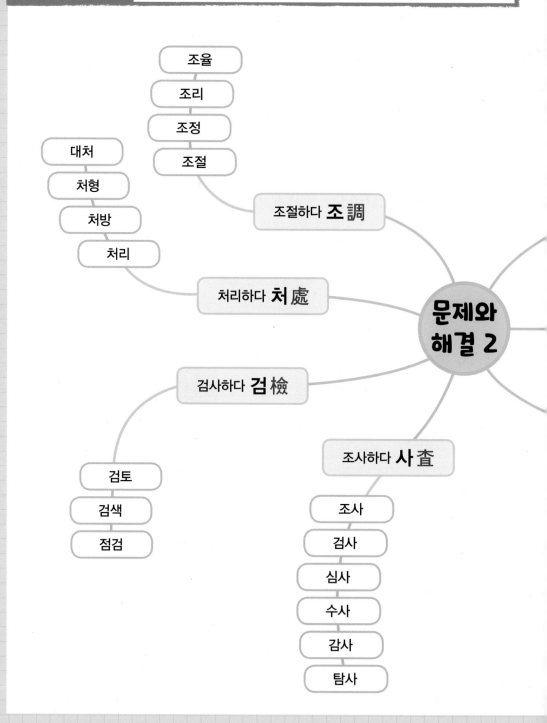

조율

조리

조정

조절

대처

처형

처방

처리

조절하다 **조**調

처리하다 **처**處

검사하다 **검**檢

문제와 해결 2

조사하다 **사**査

검토

검색

점검

조사

검사

심사

수사

감사

탐사

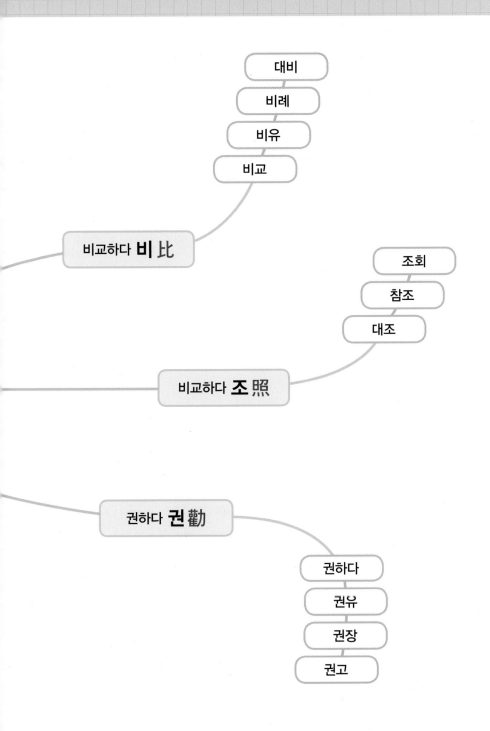

대비
비례
비유
비교

비교하다 **비** 比

조회
참조
대조

비교하다 **조** 照

권하다 **권** 勸

권하다
권유
권장
권고

| 조절하다<br>**조 調** | to arrange<br>調節する<br>调节、调整<br>điều chỉnh |
|---|---|

조절 arrangement / 調節 / 调节 / sự điều chỉnh, sự điều tiết

조정 rearrangement / 調整 / 调整 / sự điều chỉnh

조리 cooking / 調理 / 烹饪、调制 / sự điều dưỡng

조율 coordination / 調節、調律 / 调整、协调 / sự điều chỉnh

| 처리하다<br>**처 處** | to handle<br>処理する<br>处理、办理<br>xử lí |
|---|---|

처리 handling / 処理 / 处理 / sự xử lí

처방 prescription / 処方 / 处方 / sự kê đơn thuốc

처형 execution / 処刑 / 处决、处以死刑 / sự trừng phạt

대처 coping with / 対処 / 应对、处理 / sự ứng phó, sự đối phó

| 검사하다<br>**검 檢** | to examine<br>検査する<br>检查<br>kiểm tra |
|---|---|

검토 examination / 検討 / 探讨、研讨 / sự xem xét

검색 search / 検索 / 搜索、检索 / sự tìm kiếm

점검 inspection / 点検 / 检修、清点 / sự kiểm chứng

| 조사하다<br>**사 查** | to inquire, to investigate<br>調査する<br>调查<br>điều tra |
|---|---|

조사 inquiry, investigation / 調査 / 调查 / sự điều tra

검사 check / 検査 / 检查 / sự kiểm tra

심사 screening / 審査 / 审查 / sự thẩm định

수사 investigation (by the police or the prosecution) / 捜査 / 搜查 / sự điều tra, sự thẩm tra

감사 audit / 監査 / 监察 / sự thanh tra, sự kiểm sát

탐사 exploration / 探査 / 勘察、勘探 / sự thám hiểm

| 비교하다 **비比** | to compare<br>比べる<br>比较<br>so sánh |
|---|---|

**비교** comparison / 比較 / 比较 / sự so sánh

**비유** figure of speech / 比喩 / 比喻 / sự so sánh, sự ví von

**비례** proportion / 比例 / 比例 / sự tỉ lệ

**대비** contrast / 対比、備え / 对比 / sự so sánh, sự đối chiếu

| 비교하다 **조照** | to compare<br>比べる<br>比较<br>so sánh |
|---|---|

**대조** contrast / 対照 / 对照 / sự đối chiếu

**참조** reference / 参照 / 参照、参考 / sự tham khảo

**조회** verification / 照会 / 查询、查看 / sự kiểm tra

| 권하다 **권勸** | to recommend<br>勧める<br>劝、劝说<br>khuyên |
|---|---|

**권하다** to recommend / 勧める / 劝、劝说 / khuyên

**권유** advice / 勧誘 / 劝导、劝说 / sự đề nghị, sự khuyên nhủ

**권장** encouragement / 勧奨 / 鼓励、建议 / sự khuyến khích, sự đề nghị

**권고** recommendation / 勧告 / 劝告 / sự khuyên bảo, sự thuyết phục

# Day 39 | 연습 문제

1. 보기 에서 공통적으로 들어간 한자의 의미를 골라 쓰십시오.

| 보기 | 검사하다 | 조절하다 | 조사하다 | 권하다 | 처리하다 | 비교하다 |
|------|---------|---------|---------|--------|---------|---------|

1) 권유       권장       권고              (          )

2) 감사       검사       탐사              (          )

3) 대조       참조       조회              (          )

4) 검토       검색       점검              (          )

2. 한자의 의미가 <u>다른</u> 것을 고르십시오.

1) **처리하다**　　　　　① 근처　　　② 처형　　　③ 처방

2) **조사하다**　　　　　① 수사　　　② 강사　　　③ 심사

3) **비교하다**　　　　　① 대비　　　② 비밀　　　③ 비례

4) **조절하다**　　　　　① 조언　　　② 조리　　　③ 조정

3. 알맞은 단어를 골라 문장을 완성하십시오.

1) 성인의 경우 하루 카페인 (**권장, 조정**) 섭취량은 400mg 이하이다.

2) 어렸을 때 나의 꿈은 우주 비행사가 되어서 화성을 (**점검, 탐사**)하는 것이었다.

3) 일본 유학 비자를 신청했는데 비자 (**대처, 심사**) 기간이 한 달에서 길게는 두 달까지 걸린다고 한다.

4) 운동선수들의 연봉은 일반적으로 선수의 실력에 (**비례, 대조**)한다.

4. 보기 에서 알맞은 단어를 골라 대화를 완성하십시오.

| 보기 | 조율　　비유　　권고　　조사　　조회　　처리 |
| --- | --- |

1) 가: 인터넷에 올린 '신나는 한국어' 동영상이 _____ 수가 300회가 넘었어!

　나: 와, 대단하다. 나도 네 영상 봤는데 한국어 단어를 그림이랑 같이 설명하니까 이해하기 쉬워서 인기가 많을 거라고 생각했어.

2) 가: 우리 팀 발표 주제가 '한국의 김치'인데 어떻게 준비하면 좋을까?

　나: 먼저 각자 책이나 인터넷으로 김치에 대해 _____한 후에 발표 내용과 순서를 정하는 게 어때?

3) 가: 주문한 원피스를 오늘 받았는데 색깔이 다른 옷이 와서 환불하고 싶어요.

　나: 네, 고객님. 죄송합니다. 바로 _____해 드리겠습니다.

4) 가: 선생님, '검은 머리가 파뿌리가 될 때까지 사세요'가 무슨 뜻이에요?

　나: 파뿌리는 흰머리를 _____하는 말인데 결혼하는 커플에게 나이가 들어서 흰머리가 날 때까지 오랫동안 행복하게 잘 살라는 의미로 하는 말이에요.

5. 보기 에서 알맞은 단어를 골라 이야기를 완성하십시오.

| 보기 | 검사　　대비　　검색　　조절　　감사　　처방 |
| --- | --- |

해란: 저는 컴퓨터를 보는 시간이 길어요. 요즘 눈이 침침하고 눈물도 자주 나와요. 아무래도 안과에 가서 시력 ①_____을/를 해야 할 것 같아요.

공유: 회사를 옮겼는데 야근이 많아서 밤늦게 야식을 먹을 때가 많아요. 1년 동안 3kg이나 늘었어요. 그래서 요즘 체중 ②_____을/를 하고 있는데 저녁은 7시 전에 가볍게 먹고 칼로리가 높은 음식도 피하고 있어요.

유진: 감기에 걸렸는데 2주가 지났는데도 낫지 않고 있어요. 오늘은 병원에 가서 주사도 맞고 의사에게 약도 ③_____ 받으려고 해요.

수홍: 최근에 건강을 위해서 영양제를 먹어 보려고 인터넷으로 ④_____ 해 보니까 영양제 종류가 너무 다양해서 무엇을 선택해야 할지 모르겠더라고요. 그래서 일단 종합 비타민제를 사서 먹고 있어요.

선수
선출
선별
선발
선거
선정

선택하다/가리다 **선選**

판결
결제
결승
결산
결심

결정하다 **결決**

용도
소용없다
인용
적용
활용

사용하다 **용用**

**문제와 해결 3**

선택하다/가리다 **택擇**

선택
채택
택하다

정하다 **정定**

결정
지정
정의
정원

행하다 **행行**

수행
실행
시행
행위
행사

| 선택하다/가리다 | to choose/to sort |
|---|---|
| **선選** | 選ぶ/選択する<br>选、挑选/挑出<br>lựa chọn/kén chọn |

**선정** choice / 選定 / 选定 / sự tuyển chọn

**선거** election / 選挙 / 选举 / cuộc bầu cử

**선발** selection / 選拔 / 选拔 / sự tuyển chọn

**선별** sorting / 選別 / 挑选 / sự phân loại

**선출** election / 選出 / 选出 / việc lựa chọn

**선수** athlete / 選手 / 选手 / tuyển thủ, vận động viên

| 선택하다/가리다 | to select/to pick out |
|---|---|
| **택擇** | 選ぶ/おおう<br>选、挑选/挑出<br>lựa chọn/kén chọn |

**선택** selection / 選択 / 选择 / sự lựa chọn

**채택** adoption / 採択 / 采用、选用 / sự tuyển chọn

**택하다** to choose / 選ぶ / 选择 / chọn ra, lựa ra

| 결정하다 | to decide |
|---|---|
| **결決** | 決定する<br>决定<br>quyết định |

**결심** resolution / 決心 / 决心 / sự quyết tâm

**결산** settlement of accounts / 決算 / 结算 / sự quyết toán sổ sách

**결승** final / 決勝 / 决胜、决赛 / chung kết

**결제** payment / 決済 / 结账 / sự thanh toán

**판결** ruling / 判決 / 判决 / sự phán quyết

| 정하다 | to determine |
|---|---|
| **정定** | 決める<br>定、決定<br>định ra |

**결정** decision / 決定 / 决定 / quyết định

**지정** designation / 指定 / 指定 / sự chỉ định

**정의** definition / 定義 / 定义 / sự định nghĩa

**정원** fixed number of people / 定員 / 定员 / số lượng người quy định

| 사용하다 | to use |
|---|---|
| **용用** | 使用する<br>用、使用<br>sử dụng |

**활용** practical use / 活用 / 活用 / việc sử dụng

**적용** application / 適用 / 适用、运用 / việc áp dụng

**인용** quotation / 引用 / 引用 / sự trích dẫn

**소용없다** to be useless / 何もならない、無駄だ / 没用、无济于事 / vô ích, vô dụng

**용도** way to use something, place where something is used / 用途 / 用途 / mục đích sử dụng

| 행하다 | to conduct |
|---|---|
| **행行** | 行う、実施する<br>行、进行<br>thi hành |

**수행** fulfillment / 遂行 / 执行、履行 / sự thực hiện

**실행** practice / 実行 / 实行、实施 / sự tiến hành

**시행** implementation / 施行 / 施行、实施 / việc thi hành

**행위** action / 行為 / 行为 / hành vi

**행사** exercise / 行使 / 行使、使用 / sự thực thi

1. 보기 에서 빈칸에 공통적으로 들어갈 한자를 골라 쓰십시오.

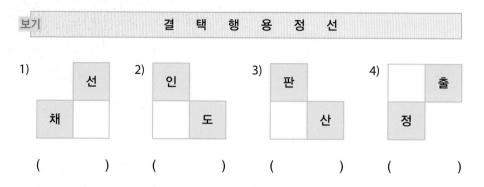

보기 　　　　결　택　행　용　정　선

1)

| | 선 |
|---|---|
| 채 | |

(　　　　)

2)

| 인 | |
|---|---|
| | 도 |

(　　　　)

3)

| 판 | |
|---|---|
| | 산 |

(　　　　)

4)

| | 출 |
|---|---|
| 정 | |

(　　　　)

2. 보기 에서 공통적으로 들어간 한자의 의미를 골라 쓰십시오.

보기　　선택하다/가리다　　정하다　　사용하다　　행하다　　결정하다

1) 지<u>정</u>　　　<u>정</u>의　　　<u>정</u>원　　　　　　　(　　　　)

2) 소<u>용</u>없다　　활<u>용</u>　　　적<u>용</u>　　　　　　(　　　　)

3) <u>선</u>별　　　<u>선</u>거　　　<u>선</u>발　　　　　　(　　　　)

4) <u>행</u>사　　　<u>행</u>위　　　실<u>행</u>　　　　　　(　　　　)

3. 알맞은 단어를 골라 문장을 완성하십시오.

1) 나라마다 금기시되는 (**행위, 수행**)이/가 있는데 태국에서는 아이의 머리를 쓰다듬으면 안 된다.

2) 남녀고용평등법이 (**시행, 선택**)된 지 3년이 지났지만 취업, 연봉, 승진에서 여성에 대한 차별은 여전한 것으로 조사되었다.

3) 음식을 만들고 조금씩 남은 야채들을 (**선출, 활용**)해서 소고기 야채 볶음을 만들어 먹었다.

4) 내가 지원한 학과 (**선정, 정원**)은 40명인데 90명이 지원해서 경쟁률이 2:1이 넘는다.

4. 보기 에서 알맞은 단어를 골라 대화를 완성하십시오.

| 보기 | 결제 | 적용 | 판결 | 인용 | 지정 | 결심 |

1) 가: 여기 할인하나 봐. 이 가방이 마음에 드는데 살까?
   나: 예쁘네. 그런데 이건 신상품이라서 할인이 _____되지 않는 것 같아.

2) 가: 미리 좌석을 선택하면 돈을 더 내야 한다고요?
   나: 네, 고객님. 저희 항공사는 좌석을 _____하는 경우 7,000원의 요금이 추가됩니다.

3) 가: 이제 곧 새해가 되는데 유진 씨는 새해 목표가 있어요?
   나: 네, 내년부터는 일주일에 최소 3일은 꼭 운동하기로 _____했어요.

4) 가: 지금 교통 카드로 계산한 거예요? 그 카드로 편의점에서 _____도 할 수 있어요?
   나: 올가 씨가 몰랐군요. 편의점뿐만 아니라 식당이나 카페도 교통 카드로 계산할 수 있는 곳이 많아요.

5. 보기 에서 알맞은 단어를 골라 신문 기사의 제목을 완성하십시오.

| 보기 | 결승 | 선거 | 정의 | 용도 | 선수 | 채택 |

1) 태권도, 2000년 시드니 올림픽 정식 종목으로 새롭게 _____

2) 한국 축구팀, 오늘 호주와의 _____에서 2:1로 이겨 우승 차지

3) 월드컵 경기장, 시민을 위한 야외 영화관과 스포츠 체험관 등 다양한 _____(으)로 사용하기로

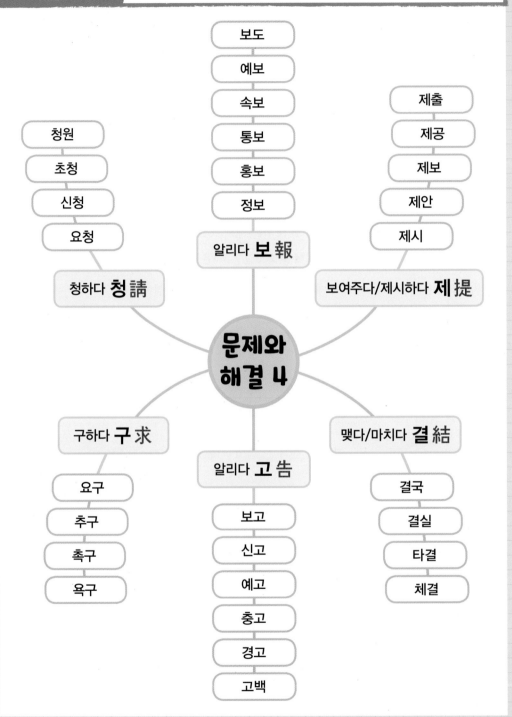

| 청하다<br>**청 請** | to request<br>頼む、請う<br>请、请求<br>mời, yêu cầu |
|---|---|

**요청** request / 要請 / 要求、请求 / yêu cầu

**신청** application / 申請 / 申请 / sự đăng kí

**초청** invitation / 招請 / 邀请 / sự mời

**청원** petition / 請願 / 请、请求 / sự thỉnh cầu

| 구하다<br>**구 求** | to seek<br>求める<br>求、寻求<br>tìm kiếm |
|---|---|

**요구** demand / 要求 / 要求 / yêu cầu, đòi hỏi

**추구** pursuit / 追求 / 追求 / sự mưu cầu, sự theo đuổi

**촉구** pressing / 求める、促す / 敦促、催促 / sự thúc giục

**욕구** desire / 欲求 / 欲求、欲望 / nhu cầu, yêu cầu

| 알리다<br>**보 報** | to inform<br>知らせる<br>告知、通知<br>cho biết |
|---|---|

**정보** information / 情報 / 情报 / thông tin

**홍보** publicity / 広報 / 宣传、推广 / sự quảng bá

**통보** notice / 通報 / 通报 / sự thông báo

**속보** breaking news / 速報 / 速报 / bản tin nhanh

**예보** forecast / 予報 / 预报 / sự dự báo

**보도** report / 報道 / 报道 / sự đưa tin, sự đăng tin

| 알리다<br>**고 告** | to notify<br>知らせる、告げる<br>告知、告诉<br>cho biết |
|---|---|

**보고** report (to one's superior) / 報告 / 报告、汇报 / sự báo cáo

**신고** report (to a government office) / 申告 / 申告、申报 / sự khai báo

**예고** advance notice / 予告 / 预告 / sự báo trước, sự cảnh báo

**충고** advice / 忠告 / 忠告 / lời khuyên

**경고** warning / 警告 / 警告 / sự cảnh báo

**고백** confession / 告白 / 告白 / sự thổ lộ, sự bộc lộ

| 보여주다/제시하다<br>**제 提** | to show/to present<br>示す/提示する<br>展示/提出<br>cho xem/đưa ra |
|---|---|

**제시** presentation / 提示 / 提出 / sự đưa ra

**제안** proposal / 提案 / 提议、提案 / đề nghị, đề án

**제보** tip-off / 情報提供 / 举报、提供情报 / sự báo tin

**제공** providing / 提供 / 提供 / sự cung cấp

**제출** submission / 提出 / 提交 / sự nộp, sự trình

| 맺다/마치다<br>**결 結** | to bear/to conclude<br>結ぶ/終える<br>结、系/结束<br>kết thúc/kết |
|---|---|

**결국** after all / 結局 / 最终、结果 / cuối cùng, kết quả

**결실** fruit / 結実 / 成果，结果 / sự kết trái

**타결** settlement / 妥結 / 达成共识 / sự thỏa thuận, sự dàn xếp

**체결** contract / 締結 / 缔结、签订 / sự kí kết

# Day 41 | 연습 문제

1. 보기 에서 빈칸에 공통적으로 들어갈 한자를 골라 쓰십시오.

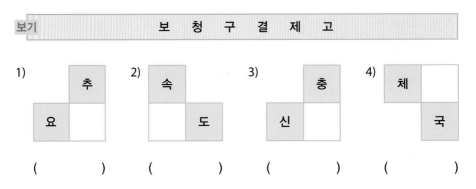

| 보기 | 보 청 구 결 제 고 |
| --- | --- |

1)
| | 추 |
| --- | --- |
| 요 | |

(        )

2)
| 속 | |
| --- | --- |
| | 도 |

(        )

3)
| | 충 |
| --- | --- |
| 신 | |

(        )

4)
| 체 | |
| --- | --- |
| | 국 |

(        )

2. 한자의 의미가 <u>다른</u> 것을 고르십시오.

1) **알리다**          ① 고통          ② 보고          ③ 고백

2) **보여주다/제시하다**     ① 제보          ② 제출          ③ 제사

3) **청하다**          ① 신청          ② 시청          ③ 요청

4) **구하다**          ① 야구          ② 축구          ③ 욕구

3. 알맞은 단어를 골라 문장을 완성하십시오.

1) 오늘 일기 (**예보, 제공**)에서 비 소식이 없었는데 갑자기 비가 왔다.

2) 개인 (**정보, 제출**)이/가 유출되었는지 휴대 전화에 광고 메시지가 너무 자주 온다.

3) 내 업무는 우리 회사에 대한 고객들의 (**요구, 통보**) 사항을 분석하는 일이다.

4) 흐엉 씨는 다른 사람의 (**예고, 충고**)나 조언을 잘 들으려고 하지 않는다.

**4.** 보기 에서 알맞은 단어를 골라 광고문을 완성하십시오.

| 보기 | 경고 | 결실 | 신고 | 제안 | 타결 | 초청 |
|------|------|------|------|------|------|------|

1)
> 화재 _____ 은/는 119번으로 전화해 주세요!

2)
> 살기 좋은 우리 동네. 주민들이 만듭니다.
> 우리 동네 발전 아이디어를 구청 홈페이지에 _____ 해 주세요.

3)
> **세계 최고의 프랑스 파리 소년 합창단 _____ 공연**
> 서울, 부산 등 5개 도시에서 천사들의 목소리를 들으실 수 있습니다.

4)
> _____! CCTV 작동 중.
> 여기는 쓰레기를 버리는 곳이 아닙니다.

**5.** 다음을 읽고 내용과 같으면 O, 다르면 X 하십시오.

### 한국자동차 신입 사원 모집

- **제출** 서류: 자기소개서, 이력서
- 모집 분야: **홍보**, 영업
- 서류 접수: 1. 23 ~ 2. 5
- 면접시험: 2. 15 ~ 2. 20 (면접시험 응시자에게 교통비 **제공**)
- 합격자 발표: 개별 **통보**
- 회사 홈페이지: www.KTS.co.kr

1) 이 회사는 광고 업무를 할 사람이 필요하다.          (          )

2) 지원하는 사람들이 내야 할 서류는 두 종류이다.          (          )

3) 지원하는 모든 사람들은 교통비를 받을 수 있다.          (          )

4) 합격 여부는 홈페이지를 통해서 알 수 있다.          (          )

# 한자성어

## 권 권하다勸    선 착하다善    징 벌주다懲    악 나쁘다惡

➡ 착한 일을 권하고 나쁜 일을 하면 벌을 준다.

가: 이거 한국 전래 동화책이네요.

나: 네, 한국 친구한테 선물로 받은 거예요. 읽어 봤는데 역시 어느 나라나 비슷하게 착한 사람은 행복하게 살고 나쁜 사람은 벌을 받는다는 내용이더라고요.

가: 맞아요. 그런데 전래 동화의 내용은 왜 **권선징악**인 경우가 많은 걸까요?

나: 음, 제 생각에 어린 아이들에게는 옳고 그름의 기준을 분명하게 가르치는 게 필요하니까 그런 거 아닐까요?

## 전 바꾸다轉    화 재앙禍    위 되다爲    복 복福

➡ 좋지 않은 일이나 걱정이 바뀌어 오히려 복이 된다.

가: 일본 여행은 잘 갔다 왔어요?

나: 잘 갔다 오기는 했는데…… 실은 금요일 밤에 출발하는 표를 예매했는데 여행사에서 실수로 토요일 아침 표로 예약해 놓았지 뭐예요.

가: 그래요? 그래서 어떻게 했어요?

나: 여행사에서 미안하다고 공항 근처에 있는 별 다섯 개짜리 호텔을 잡아 주어서 거기에서 하루 자고 토요일에 출발했죠. 그리고 일본에서 묵기로 한 호텔 방도 업그레이드해 주고 예정에 없던 온천도 했어요.

가: 직원의 실수 때문에 화가 나기는 했겠지만 그래도 **전화위복**이 되었네요.

# 10

# 관계 I

# Day 42 사람 1

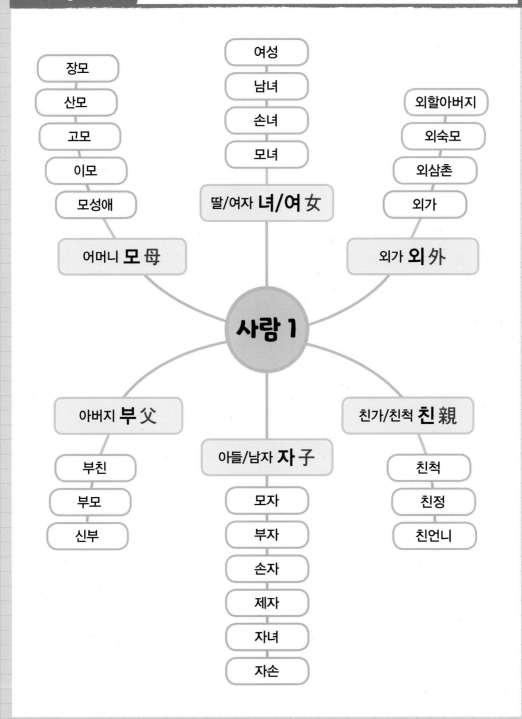

| 어머니 **모 母** | mother<br>母<br>母亲<br>mẹ |
|---|---|

**모성애** maternal affection / 母性愛 / 母爱 / tình mẫu tử

**이모** one's mother's sister / (母方の)おば / 姨、姨妈 / dì

**고모** one's father's sister / (父方の)おば / 姑姑、姑妈 / cô

**산모** new mother / 産婦 / 产妇 / sản phụ

**장모** one's wife's mother / 義母(妻の母) / 丈母娘、岳母 / mẹ vợ

| 아버지 **부 父** | father<br>父<br>父亲<br>bố |
|---|---|

**부친** father / 父親 / 父亲 / bố đẻ, bố ruột

**부모** parents / 親、両親 / 父母 / bố mẹ

**신부** priest / 神父 / 神父 / linh mục

| 딸/여자 **녀/여 女** | daughter/woman<br>娘/女<br>女儿/女人<br>đứa con gái/con gái |
|---|---|

**모녀** mother and daughter / 母娘 / 母女 / mẹ và con gái

**손녀** granddaughter / 孫娘 / 孙女 / cháu gái

**남녀** man and woman / 男女 / 男女 / nam nữ

**여성** woman / 女性 / 女人、女性 / con gái, phụ nữ

| 아들/남자 **자 子** | son/man<br>息子/男<br>儿子/男人<br>con trai/nam giới |
|---|---|

**모자** mother and son / 母と子、母と息子 / 母子 / mẹ và con

**부자** father and son / 父と子 / 父子 / cha và con

**손자** grandson / 孫 / 孙子 / cháu trai

**제자** disciple / 教え子 / 弟子 / học trò, đệ tử

**자녀** children / 子女 / 子女 / con, con cái

**자손** descendant / 子孫 / 子孙 / con cháu

| 외가 **외 外** | one's mother's side<br>母方<br>外祖父母家<br>nhà ngoại |
|---|---|

**외가** one's mother's side / 母方 / 外祖父母家 / nhà ngoại

**외삼촌** one's mother's brother / (母方の)おじ / 舅舅 / cậu

**외숙모** wife of one's mother's brother / (母方の)おば / 舅妈 / mợ

**외할아버지** maternal grandfather / (母方の)祖父 / 外祖父、外公 / ông ngoại

| 친가/친척 **친 親** | one's father's side/<br>relative<br>実家/親戚<br>本家/亲戚<br>nhà nội/họ hàng |
|---|---|

**친척** relative / 親戚 / 亲戚 / họ hàng

**친정** married woman's parents' home / 妻の実家 / 娘家 / nhà ngoại, nhà bên vợ

**친언니** one's older sister by blood / 実姉 / 亲姐姐 / chị gái ruột

1. 보기 에서 빈칸에 공통적으로 들어갈 한자를 골라 쓰십시오.

| 보기 | 모  외  부  친  녀/여  자 |

1) ☐ 척    ☐ 정    ☐ 언 니    (        )

2) ☐ 숙 모    ☐ 할 아 버 지    (        )

3) 고 ☐    산 ☐    장 ☐    (        )

4) 부 ☐    손 ☐    제 ☐    (        )

2. 한자의 의미가 <u>다른</u> 것을 고르십시오.

1) **어머니**      ① 이모      ② 모성애      ③ 모방

2) **아버지**      ① 부족      ② 부모      ③ 부친

3) **딸/여자**      ① 모녀      ② 여가      ③ 여성

4) **아들/남자**      ① 자손      ② 자녀      ③ 자유

3. 알맞은 단어를 골라 문장을 완성하십시오.

1) 하숙집 룸메이트 언니와 3년 동안 같이 살다 보니 서로 잘 알고 친해져서 이제는 언니가 마치 내 (**친언니, 친정**) 같은 느낌이 든다.

2) 한국에서는 출산 후 (**신부, 산모**)의 건강 회복을 위해서 미역국을 끓여 먹는다.

3) 요즘은 성별 구분 없이 (**남녀, 모자**)가 모두 입을 수 있는 옷이 많다.

4) 우리 아버지는 형제가 8명이라서 명절에 (**친척, 외가**)들이 모이면 40명이 넘는다.

**4.** 다음을 읽고 빈칸에 들어갈 단어를 순서대로 쓴 것을 고르십시오.

## 5월의 추천 영화

- '7일'은 딸을 잃어버린 어머니가 7일 동안 아이를 찾는 이야기로 아이에 대한 어머니의 강한 ( ㉮ )를 느낄 수 있다.
- '둘리'는 다섯 아이를 키우면서 힘든 육아를 통해 ( ㉯ )가 되어 가는 한 엄마에 대한 이야기이다.
- '선생님, 우리 선생님'은 ( ㉰ )들에게 좋은 대학 입학을 위한 지식보다는 스스로 자신의 인생을 계획할 수 있도록 교육하는 이 시대의 진정한 선생님에 대한 내용이다.

① ㉮ 부모 – ㉯ 장모 – ㉰ 제자      ② ㉮ 모성애 – ㉯ 부모 – ㉰ 제자

③ ㉮ 장모 – ㉯ 부모 – ㉰ 손자      ④ ㉮ 모성애 – ㉯ 손자 – ㉰ 모녀

**5.** 다음을 읽고 내용과 같으면 O, 다르면 X 하십시오.

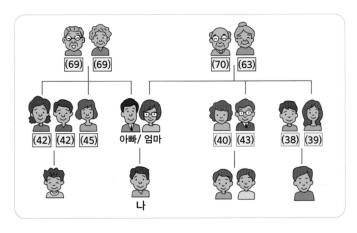

1) 나는 고모가 두 명이 있다.                    (          )

2) 외숙모는 나이가 39세이다.                 (          )

3) 이모는 자녀가 한 명이다.                  (          )

4) 외할아버지와 외할머니는 손녀가 다섯 명이다.     (          )

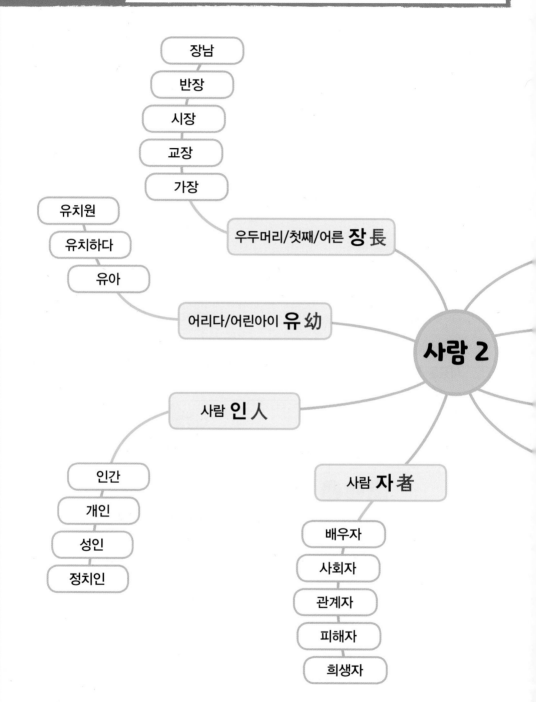

장남
반장
시장
교장
가장

우두머리/첫째/어른 장 長

유치원
유치하다
유아

어리다/어린아이 유 幼

사람 인 人

사람 2

인간
개인
성인
정치인

사람 자 者

배우자
사회자
관계자
피해자
희생자

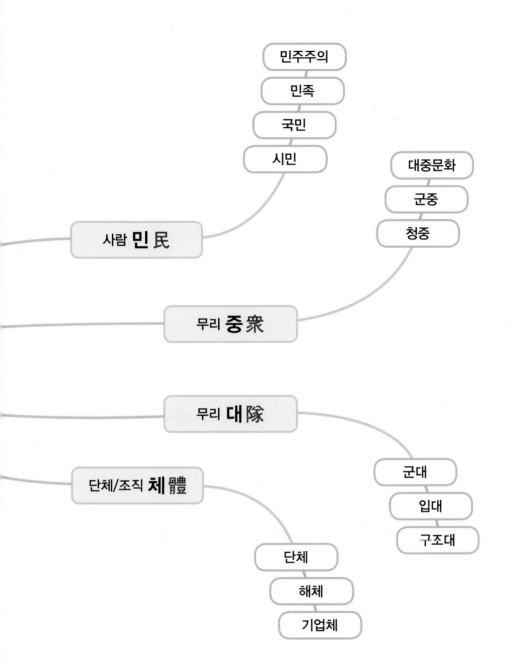

민주주의

민족

국민

시민

사람 **민** 民

대중문화

군중

청중

무리 **중** 衆

무리 **대** 隊

단체/조직 **체** 體

군대

입대

구조대

단체

해체

기업체

| 우두머리/첫째/어른<br>**장 長** | boss/firstborn/adult<br>長/一番/大人<br>首领/老大/成人<br>người đứng đầu/thứ nhất/<br>người lớn |
|---|---|

**가장** head of household / 一家を率いる人 / 家长 / chủ gia đình

**교장** pricipal / 校長 / 校长 / hiệu trưởng

**시장** mayor / 市長 / 市长 / thị trưởng

**반장** class president / 班長 / 班长 / lớp trưởng

**장남** first born son / 長男 / 长男、长子、大儿子 / trưởng nam

| 어리다/어린아이<br>**유 幼** | to be young/a child<br>幼稚だ/幼児<br>幼小/孩子<br>nhỏ/em bé |
|---|---|

**유아** infant / 幼児 / 幼儿 / trẻ nhỏ

**유치하다** to be childish / 幼稚だ / 幼稚 / ấu trĩ, trẻ con

**유치원** kindergarten / 幼稚園 / 幼儿园 / mẫu giáo

| 사람<br>**인 人** | human being<br>人<br>人<br>người |
|---|---|

**인간** human being / 人間 / 人、人类 / con người

**개인** individual / 個人 / 个人 / cá nhân

**성인** adult / 成人 / 成人 / người trưởng thành

**정치인** politician / 政治家 / 政治家、政界人士 / chính trị gia

| 사람<br>**자 者** | person concerned<br>者<br>人<br>người |
|---|---|

**배우자** spouse / 配偶者 / 配偶、伴侣、对象 / bạn đời

**사회자** MC / 司会者 / 主持人、司仪 / người dẫn chương trình, MC

**관계자** person concerned / 関係者 / 有关人员、相关人员 / người có phận sự, người liên quan

**피해자** victim / 被害者 / 受害人、受害者 / người thiệt hại

**희생자** casualty / 犠牲者 / 牺牲者、遇难者 / người hi sinh

| 사람 민民 | people<br>人、民<br>人<br>người |
|---|---|

**시민** citizen / 市民 / 市民 / thị dân, người dân thành phố

**국민** nation, people / 国民 / 国民 / nhân dân, quốc dân

**민족** nationality / 民族 / 民族 / dân tộc

**민주주의** democracy / 民主主義 / 民主主义 / chủ nghĩa dân chủ

| 무리 중衆 | mass<br>群れ、衆<br>群、人群<br>đám đông |
|---|---|

**청중** audienece / 聴衆 / 听众 / thính giả

**군중** mass / 群衆 / 群众 / quần chúng, đại chúng

**대중문화** popular culture / 大衆文化 / 大众文化 / văn hóa đại chúng

| 무리 대隊 | party<br>隊<br>队、伙、帮<br>đoàn |
|---|---|

**군대** military / 軍隊 / 军队 / quân đội

**입대** enlistment / 入隊 / 入伍、参军 / nhập ngũ

**구조대** rescue team / 救助隊 / 救援队 / đội cứu hộ

| 단체/조직 체體 | group/organization<br>団体/組織<br>团体/组织<br>đoàn thể/tổ chức |
|---|---|

**단체** group / 団体 / 团体 / đoàn thể

**해체** breakup / 解体 / 解体、解散 / sự giải thể, sự tan rã

**기업체** business, enterprise / 企業 / 企业 / doanh nghiệp

**1.** 보기 에서 빈칸에 공통적으로 들어갈 한자를 골라 쓰십시오.

| 보기 | 자 인 유 대 체 민 |
|---|---|

1) 단 ☐  해 ☐  기 업 ☐  ( )

2) ☐ 주 주 의  국 ☐  ( )

3) 희 생 ☐  관 계 ☐  ( )

4) ☐ 치 하 다  ☐ 아  ( )

**2.** 한자의 의미가 <u>다른</u> 것을 고르십시오.

1) **사람**　　① 인간　② 원인　③ 성인

2) **무리**　　① 청중　② 대중문화　③ 비중

3) **무리**　　① 현대　② 군대　③ 입대

4) **우두머리/첫째/어른**　① 장남　② 장점　③ 시장

**3.** 알맞은 단어를 골라 문장을 완성하십시오.

1) 민주주의는 (**국민, 군중**)이 주인이 되어 정치가 이루어지는 제도이다.

2) 작년에 서울 (**민족, 시민**)이 가장 많이 참여한 축제는 '여의도 봄꽃 축제'였다.

3) 초등학교 6학년 때 나는 처음으로 (**교장, 반장**)이 되었다.

4) 콘서트에서 가수 임진수가 부른 '그리운 어머니'를 듣고 (**성인, 청중**)들은 눈물을 흘렸다.

4. 보기 에서 알맞은 단어를 골라 대화를 완성하십시오.

| 보기 | 개인 | 가장 | 군대 | 배우자 | 유치원 | 정치인 |
|---|---|---|---|---|---|---|

1) 가: 페도르 씨는 여동생이 유아 교육을 전공한다고 했죠? 지금 몇 학년이죠?

　　나: 올해 대학교를 졸업하고 지금은 _____ 선생님이에요.

2) 가: 오늘 아주 기분이 좋아 보이는데 무슨 좋은 일 있어?

　　나: 응. 오늘 남자 친구가 _____ 에서 휴가를 나오는 날이거든.

3) 가: 로자나 씨가 _____ 사정으로 갑자기 고향으로 돌아가게 됐대요.

　　나: 그래요? 친해진 지 얼마 안 되었는데 벌써 헤어져야 하다니 많이 서운하네요.

4) 가: 미나 씨는 결혼 상대를 선택할 때 가장 중요한 조건이 뭐예요?

　　나: 글쎄요. _____은/는 성격이나 가치관이 비슷한 사람이면 좋겠어요.

5. 보기 에서 알맞은 단어를 골라 신문 기사를 완성하십시오.

| 보기 | 구조대 | 단체 | 사회자 | 피해자 | 해체 | 입대 |
|---|---|---|---|---|---|---|

1)
　　2012년에 '난 너의 것'으로 데뷔해 3개월 만에 음악 방송 1위를 했던 아이돌 그룹 '무지개'가 소속사와 계약 문제로 결국 팀을 _____하기로 했다.

2)
　　대한고등학교에서 '진로 토크 콘서트'가 열린다. 이번 행사의 _____ 는 방송인 김세동 씨이며 청소년들이 만나고 싶은 사람으로 뽑힌 5명이 초대 손님으로 참가한다.

3)
　　29일 연예인 봉사 _____ '마음이 따뜻한 사람들의 모임' 회원들이 겨울 스웨터 300벌을 한부모가족 아이들에게 전달했다.

4)
　　인기 남자 그룹 EXE 멤버들은 군대를 마친 후에도 함께 그룹 활동을 할 수 있도록 서로 비슷한 시기에 _____하기를 원하는 것으로 전해졌다.

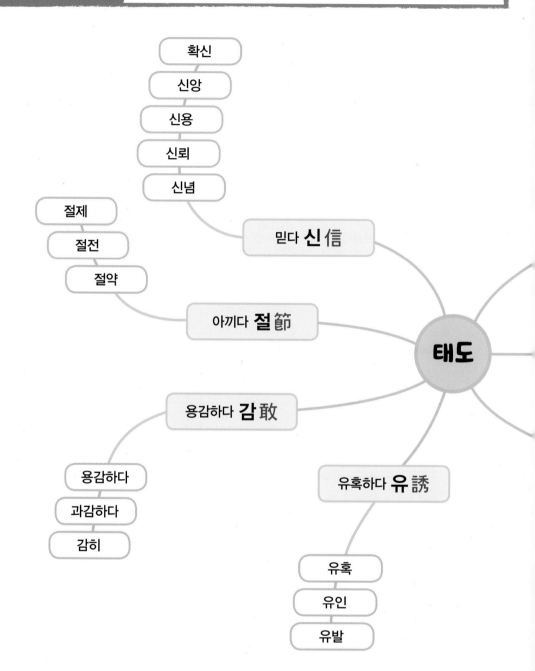

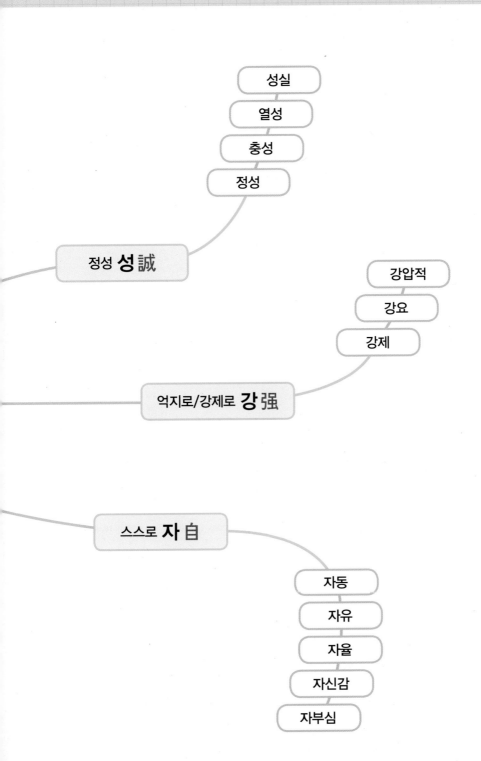

성실

열성

충성

정성

정성 **성**誠

강압적

강요

강제

억지로/강제로 **강**强

스스로 **자**自

자동

자유

자율

자신감

자부심

| 믿다 **신 信** | to trust<br>信じる<br>信、相信<br>tin tưởng |
| --- | --- |

**신념** conviction / 信念 / 信念 / lòng tin, đức tin

**신뢰** trust / 信頼 / 信赖 / sự tin tưởng

**신용** credibility / 信用 / 信用 / sự tín nhiệm

**신앙** faith / 信仰 / 信仰 / tín ngưỡng

**확신** confidence, conviction / 確信 / 确信、坚信 / sự tin chắc

| 아끼다 **절 節** | to save<br>おしむ<br>节省、珍惜<br>tiết kiệm |
| --- | --- |

**절약** economy / 節約 / 节约 / sự tiết kiệm

**절전** power saving / 節電 / 节电 / việc tiết kiệm điện

**절제** self-control / 節制 / 节制、克制 / sự kiềm chế, sự tiết chế

| 용감하다 **감 敢** | to be brave<br>勇敢だ<br>勇敢<br>dũng cảm |
| --- | --- |

**용감하다** to be brave / 勇敢だ / 勇敢 / dũng cảm

**과감하다** to be daring / 果敢だ / 果断 / quả cảm, dũng cảm

**감히** dare (to do) / あえて / 竟敢、胆敢 / dám, cả gan

| 유혹하다 **유 誘** | to lure<br>誘う<br>勾引、诱惑<br>cám dỗ, quyến rũ |
| --- | --- |

**유혹** lure / 誘惑 / 诱惑 / sự cám dỗ, sự quyến rũ

**유인** temptation / 誘う、おびき寄せる / 引诱、吸引 / sự dẫn dụ, sự lôi kéo

**유발** arousal / 誘発 / 诱发 / sự gây ra, sự tạo ra

| 정성 | devotion |
|------|----------|
| **성 誠** | まこと(誠)<br>精诚、致诚<br>sự tận tâm |

**정성** devotion / まこと / 精诚、致诚 / sự tận tâm

**충성** loyalty / 忠誠 / 忠诚 / sự trung thành

**열성** enthusiasm / 熱烈 / 热诚、热忱 / sự nhiệt thành, sự nhiệt tình

**성실** diligence / 誠実 / 诚实 / sự thành thật

| 억지로/강제로 | by force/coercively |
|------|----------|
| **강 强** | 無理に/強いて<br>勉强/强制<br>bắt buộc/cưỡng chế |

**강제** coercion / 强制 / 强制 / sự cưỡng chế

**강요** pressure / 强要 / 强迫、迫使 / sự cưỡng ép, sự ép buộc

**강압적** repressive / 强圧的 / 强制性的 / mang tính ép buộc

| 스스로 | oneself, for oneself |
|------|----------|
| **자 自** | 自ら<br>自己、主动<br>tự |

**자동** automatic / 自動 / 自动 / sự tự động

**자유** freedom / 自由 / 自由 / sự tự do

**자율** autonomy / 自律 / 自律 / sự tự do

**자신감** confidence / 自信、自信感 / 自信、信心 / sự tự tin

**자부심** pride / 自負心 / 自信心、自豪感 / sự tự hào, lòng tự phụ

**1.** 한자의 의미와 한자, 단어가 맞는 것을 연결하십시오.

1) 정성 •           • ㉮ 강 •           • ㉠ 자신감, 자율

2) 용감하다 •           • ㉯ 성 •           • ㉡ 감히, 과감하다

3) 억지로/강제로 •           • ㉰ 감 •           • ㉢ 열성, 성실

4) 스스로 •           • ㉱ 자 •           • ㉣ 강요, 강압적

**2.** 한자의 의미가 <u>다른</u> 것을 고르십시오.

1) **믿다**          ① 신념          ② 신체          ③ 신용

2) **아끼다**          ① 절제          ② 절약          ③ 절단

3) **유혹하다**          ① 유아          ② 유인          ③ 유발

4) **스스로**          ① 자동          ② 자녀          ③ 자유

**3.** 보기 에서 밑줄 친 단어와 바꿔 사용할 수 있는 단어를 골라 쓰십시오.

| 보기 | 유인 | 신뢰 | 강제 | 유발 | 절약 | 유혹 |
|------|------|------|------|------|------|------|

1) 좋은 관계를 맺는 데 필요한 것 중의 하나는 상대방이 <u>믿을</u> (          )
수 있는 사람이 되는 것이다.

2) 우리 사무실에서는 종이를 <u>아끼기</u> 위해서 앞면만 쓴 종이는 (          )
버리지 않고 뒷면도 사용한다.

3) 지하철과 버스 안에 붙은 '민아야, 돌아와'라는 광고는 많은 (          )
사람들의 호기심을 <u>불러일으켰다</u>.

4) 자연스럽게 나오는 웃음뿐만 아니라 <u>억지로</u> 웃는 웃음도 건강 (          )
에 좋다고 한다.

4. 보기 에서 알맞은 단어를 골라 문장을 완성하십시오.

| 보기 | 용감하다 | 충성 | 절전 | 과감하다 | 신용 | 자동 |
|------|----------|------|------|----------|------|------|

1) 보석 가게에서 천만 원어치의 액세서리를 훔쳐서 도망가는 강도를 잡은 A 씨는 서울경찰서로부터 '_____(으)ㄴ 시민상'을 받았다.

2) 이번에 새로 나온 LC 세탁기는 빨래를 넣으면 빨래의 무게를 계산해서 그 무게에 따라 세제의 양을 _____으로 넣어 준다.

3) 나는 매일 먼 거리를 운전하기 때문에 기름값을 많이 할인해 주는 혜택이 있는 _____ 카드를 사용한다.

4) 새로 산 에어컨은 전기가 낭비되지 않도록 적절한 실내 온도를 계산해서 온도를 조절하는 _____ 기능이 있다.


5. 알맞은 단어를 골라 신문 기사를 완성하십시오.

1)
한국우유의 성호신 회장은 **(성실, 신앙)**을 중요하게 생각했다. 그는 젊은 시절 우유 배달을 할 때 매일 제시간에 우유를 배달한 것으로 유명하다.

2)
반찬 가게로 성공한 허미애 사장은 자신의 가족들이 먹는 음식이라는 생각으로 매일 새벽에 시장에서 직접 사 온 신선한 재료를 사용하여 **(정성, 확신)**을 다해서 음식을 만든다.

3)
떡 카페 사장이 된 김미나 씨는 2년 동안 떡집과 카페에서 아르바이트를 했다. 김미나 씨는 떡과 차에 대한 경험과 지식이 쌓이면서 나도 할 수 있다는 **(자신감, 자부심)**이 생겼을 때 떡 카페를 시작한 것이 성공의 비결이라고 했다.

4)
게임 개발 회사 GW의 이채무 사장은 직원들이 회사의 중요한 결정에 함께 참여하고 자유롭게 의사소통하는 것을 강조한다. 또한 직원들이 자신이 원하는 부서를 **(강압적, 자율적)**으로 선택할 수 있도록 하였는데 이러한 경영 방식은 직원들 간의 강한 팀워크와 최고의 아이디어를 만들어 내고 있다.

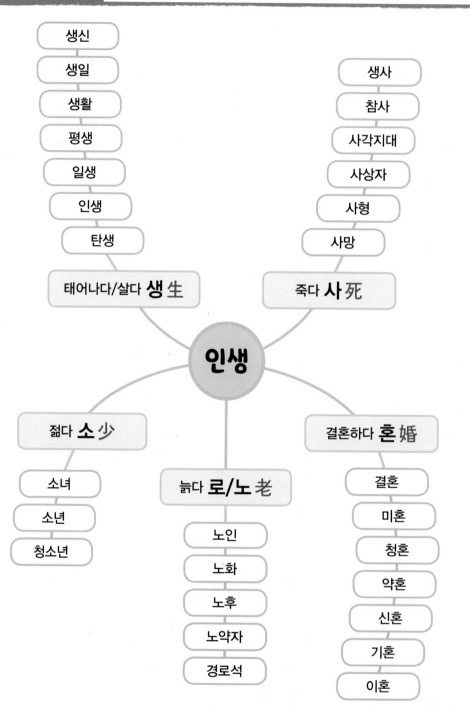

생신
생일
생활
평생
일생
인생
탄생
태어나다/살다 **생 生**

생사
참사
사각지대
사상자
사형
사망
죽다 **사 死**

**인생**

젊다 **소 少**
소녀
소년
청소년

늙다 **로/노 老**
노인
노화
노후
노약자
경로석

결혼하다 **혼 婚**
결혼
미혼
청혼
약혼
신혼
기혼
이혼

| 태어나다/살다<br>**생 生** | to be born/to live<br>生まれる/生きる<br>出生/活<br>sinh ra/sống |
|---|---|

**탄생** birth / 誕生 / 诞生 / sự ra đời, sự sinh ra

**인생** life / 人生 / 人生 / nhân sinh, cuộc đời

**일생** lifetime / 一生 / 一生 / đời sống, cuộc sống

**평생** one's whole life / 一生、生涯 / 平生 / suốt đời, cả đời

**생활** life, living / 生活 / 生活 / sinh hoạt

**생일** birthday / 誕生日 / 生日 / sinh nhật

**생신** birthday (honorific) / 「誕生日」の尊敬語 / 寿辰 / sinh nhật (nói kính trọng)

| 죽다<br>**사 死** | to die<br>死ぬ<br>死、死亡<br>chết |
|---|---|

**사망** death / 死亡 / 死亡 / sự tử vong

**사형** death penalty / 死刑 / 死刑 / sự tử hình

**사상자** casualty / 死傷者 / 伤亡人员 / người bị thương

**사각지대** blind spot / 死角 / 死角地带、盲区 / điểm mù, tầm khuất

**참사** disaster / 惨死、惨事 / 惨死 / cái chết do tai nạn

**생사** life or death / 生死 / 生死 / sự sinh tử

| 젊다<br>**소 少** | to be young<br>若い<br>年轻、年少<br>trẻ trung |
|---|---|

**소녀** girl / 少女 / 少女 / cô bé thiếu niên

**소년** boy / 少年 / 少年 / cậu bé thiếu niên

**청소년** adolescent / 青少年 / 青少年 / thanh thiếu niên

| 결혼하다<br>**혼 婚** | to get married<br>結婚する<br>结婚<br>kết hôn |
|---|---|

**결혼** marriage / 結婚 / 结婚 / sự kết hôn

**미혼** being single / 未婚 / 未婚 / người chưa kết hôn

**청혼** marriage proposal / 求婚、プロポーズ / 求婚 / sự cầu hôn

**약혼** engagement / 婚約 / 订婚 / việc đính hôn

**신혼** newly married / 新婚 / 新婚 / tân hôn

**기혼** being married / 既婚 / 已婚 / người đã kết hôn

**이혼** divorce / 離婚 / 离婚 / việc ly hôn, việc ly dị

| 늙다<br>**로/노 老** | to be old<br>老いる<br>老、衰老<br>già |
|---|---|

**노인** senior citizen / 老人 / 老人 / người già

**노화** aging / 老化 / 老化 / sự lão hóa

**노후** retirement / 老後 / 晚年、老年 / khi về già, sự về già

**노약자** the old and the weak / お年寄り、体の不自由な人 / 老弱病残 / người già và yếu

**경로석** seat reserved for senior citizens / 敬老席、優先席 / 老弱病残孕专座 / ghế dành cho người cao tuổi

1. 보기 에서 공통적으로 들어간 한자의 의미를 골라 쓰십시오.

| 보기 | | 죽다 | 늙다 | 결혼하다 | 젊다 | 태어나다/살다 |
|---|---|---|---|---|---|---|

1) <u>생</u>일      인<u>생</u>      <u>생</u>활                    (                    )

2) <u>노</u>후      <u>노</u>약자      경<u>로</u>석                    (                    )

3) <u>사</u>형      <u>사</u>각지대      생<u>사</u>                    (                    )

4) 약<u>혼</u>      이<u>혼</u>      신<u>혼</u>                    (                    )

2. 한자의 의미가 <u>다른</u> 것을 고르십시오.

1) **늙다**             ① <u>노</u>화        ② <u>노</u>인        ③ <u>노</u>선

2) **죽다**             ① <u>사</u>립        ② <u>사</u>망        ③ <u>사</u>상자

3) **젊다**             ① <u>소</u>수        ② <u>소</u>녀        ③ 청<u>소</u>년

4) **결혼하다**             ① 기<u>혼</u>        ② <u>혼</u>합        ③ 청<u>혼</u>

3. 알맞은 단어를 골라 문장을 완성하십시오.

1) 한국에서는 65세 이상 (**노인, 노화**)은/는 지하철을 무료로 탈 수 있다.

2) 대한민국 최저 임금은 2019년 현재 8,350원이지만 대부분의 청소년들은 최저 임금도 보호받지 못하는 (**사각지대, 참사**)에 놓여 있는 것으로 나타났다.

3) 나는 사람이 죽는 것을 결정할 권리는 누구에게도 없다고 생각하기 때문에 (**사형, 생사**) 제도에 반대한다.

4) 20대 (**미혼, 약혼**) 남녀의 결혼 인식 조사에 따르면 응답자의 17.3%가 '결혼 계획이 없다'고 대답했다.

4. 보기 에서 알맞은 단어를 골라 대화를 완성하십시오.

| 보기 | 신혼 | 탄생 | 노약자 | 사상자 | 청소년 | 평생 |

1) 가: 지수 씨 부부는 결혼한 지 10년이 넘었는데도 아직도 _____ 같아요. 지금까지 싸운 적도 별로 없죠?

나: 아니에요. 저희도 결혼한 지 얼마 안 되었을 때는 성격도 다르고 습관도 안 맞아서 많이 싸웠는데 조금씩 맞춰서 살다 보니까 지금은 싸울 일이 별로 없어요.

2) 가: 오늘 뮤지컬은 정말 감동적이었어. _____ 잊지 못할 공연이 될 것 같아.

나: 나도 그래. 내용도 배우들의 연기도 음악도 전부 훌륭했어.

3) 가: 여기 _____ 좌석인데 앉아도 돼요?

나: 괜찮아요. 자리가 비었을 때는 앉았다가 노인이나 임산부가 타면 다른 자리로 옮기면 돼요.

4) 가: 여기 입장료가 성인은 1,500원, _____은/는 800원이네.

나: 그럼 우리는 성인 두 명, 중학생 한 명이니까 3,800원 내면 되겠네.

5. 보기 에서 알맞은 단어를 골라 신문 기사의 제목을 완성하십시오.

| 보기 | 결혼 | 일생 | 경로석 | 노후 | 사망 | 이혼 |

1) 40대 남성 사거리에서 신호 무시하고 직진, 맞은편에서 오던 트럭과 충돌해 _____

2) 야구 선수 박중호 1월 _____, 신부는 한국호텔 요리사

3) 직장인 10명 중 7명 일하는 노인에 대해 긍정적, 소득이 낮더라도 _____에도 일하고 싶어

# 한자성어

## 반 반半  신 믿다信  반 반半  의 의심하다疑

➡ 반은 믿고 반은 의심한다. 즉, 믿으면서도 한편으로는 의심함을 나타내는 말

가: 불고기가 아주 맛있는데요!

나: 그렇죠? 며칠 전에 홈 쇼핑으로 산 거예요.

가: 그래요? 저는 입에 안 맞을까 봐 홈 쇼핑에서 음식을 주문해서 먹어 본 적이 없는데 괜찮네요.

나: 저도 **반신반의**하면서 주문하기는 했는데 값도 싸고 맛있어서 이거 다 먹고 다른 것도 주문해 보려고 해요.

## 중 무리衆  구 입口  난 어렵다難  방 막다防

➡ 여러 사람의 말을 막기 어렵다. 즉, 막기 어려울 정도로 여러 사람이 마구 떠듦을 나타내는 말

가: 정부가 저출산 문제를 해결하기 위해서 그동안 많은 예산을 쏟아부었지만 별로 효과가 없는 것 같아요.

나: 네, 출산율이 1명 이하였는데 올해 더 떨어진 걸 보면 그런 것 같아요.

가: 정부 정책이 **중구난방**인 데다가 아이를 낳지 않으려고 하는 사람들보다 아이를 키우는 사람들에게만 초점을 두고 있는 것도 문제예요.

나: 맞아요. 직장 생활을 하면서 동시에 육아를 하는 게 어려운 상황이거나 결혼을 하지 않으려고 하는 상황은 별로 고려되지 않는 것 같아요.

# 11

# 관계 II

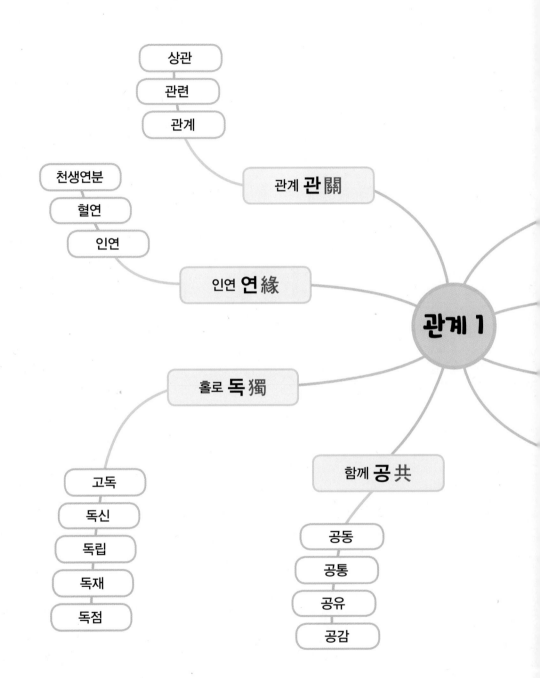

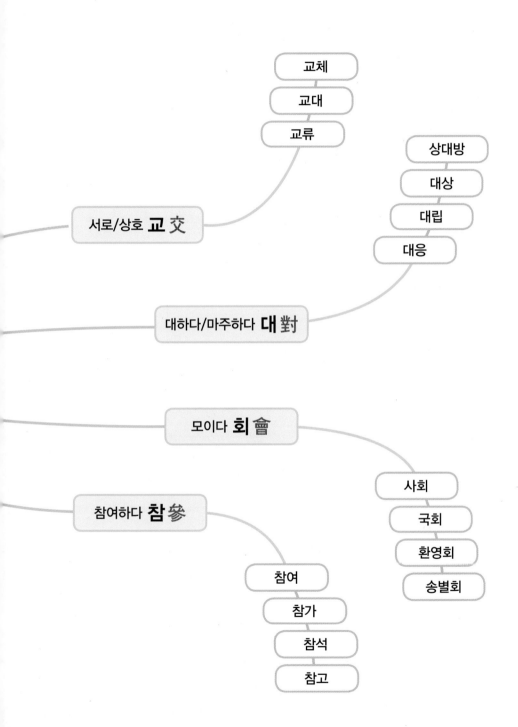

교체
교대
교류

상대방
대상
대립
대응

서로/상호 교 交

대하다/마주하다 대 對

모이다 회 會

사회
국회
환영회
송별회

참여하다 참 參

참여
참가
참석
참고

| 관계 관關 | relationship<br>関係<br>关系<br>mối quan hệ |
|---|---|

| 관계 | relationship / 関係 / 关系 / mối quan hệ |
|---|---|
| 관련 | connection / 関連 / 关联、联系 / sự liên quan |
| 상관 | relation / 関係、関連 / 有关、相关 / mối tương quan, sự liên quan |

| 인연 연緣 | providence<br>縁<br>縁分<br>nhân duyên |
|---|---|

| 인연 | providence / 縁 / 缘分 / nhân duyên |
|---|---|
| 혈연 | blood relation / 血縁 / 血缘 / máu mủ, ruột thịt |
| 천생연분 | match made in heaven / 生まれつきの縁 / 天生一对 / mối duyên trời định |

| 홀로 독獨 | alone<br>独り<br>単独、独自<br>một mình |
|---|---|

| 고독 | loneliness / 孤独 / 孤独 / sự cô độc, sự đơn độc |
|---|---|
| 독신 | being single / 独身 / 独身 / sự độc thân |
| 독립 | independence / 独立 / 独立 / sự độc lập |
| 독재 | dictatorship / 独裁 / 独裁 / sự độc tài |
| 독점 | monopoly / 独占 / 独家 / sự độc quyền, sự độc chiếm |

| 함께 공共 | together<br>共に<br>一起、一同<br>cùng |
|---|---|

| 공동 | collaboration / 共同 / 联合、共同 / sự cùng nhau |
|---|---|
| 공통 | commonness / 共通 / 共同、相通 / sự chung, sự giống nhau |
| 공유 | sharing / 共有 / 共有、共享 / sự chia sẻ |
| 공감 | sympathy / 共感 / 共鸣、同感 / sự đồng cảm |

| 서로/상호 교 交 | one another/mutual<br>互いに/相互<br>相互/彼此<br>tương hỗ/lẫn nhau |
|---|---|

**교류** exchange / 交流 / 交流 / sự giao lưu

**교대** shift / 交代 / 交接、轮换 / việc giao ca, việc thay ca

**교체** replacement / 交替 / 交替、替换、更替 / sự thay thế

| 대하다/마주하다 대 對 | to confront/to face<br>対する/向く<br>对、面对/相对<br>đối diện/đối với |
|---|---|

**대응** action / 対応 / 应对、对付 / sự đối ứng

**대립** confrontation / 対立 / 对立 / sự đối lập

**대상** object / 対象 / 对象 / đối tượng

**상대방** the other party / 相手側 / 对方 / đối phương

| 모이다 회 會 | to get together<br>集まる(会)<br>聚集、聚会<br>tập hợp |
|---|---|

**사회** society / 社会 / 社会 / xã hội

**국회** congress / 国会 / 国会 / quốc hội

**환영회** welcome party / 歓迎会 / 欢迎会 / tiệc chào mừng

**송별회** farewell party / 送別会 / 欢送会、送别会 / tiệc chia tay

| 참여하다 참 參 | to participate<br>参加する、参与する<br>参与<br>tham gia |
|---|---|

**참여** participation / 参加、参与 / 参与 / sự tham gia

**참가** participation / 参加 / 参加 / sự tham gia

**참석** attendance / 出席 / 出席 / sự tham dự

**참고** reference / 参考 / 参考 / sự tham khảo

# Day 46 | 연습 문제

## 1. 보기 에서 공통적으로 들어간 한자의 의미를 골라 쓰십시오.

| 보기 | 참여하다 | 함께 | 서로/상호 | 홀로 | 관계 | 모이다 |
|---|---|---|---|---|---|---|

1) 공감    공동    공유              (          )
2) 독점    고독    독신              (          )
3) 참석    참고    참가              (          )
4) 국회    사회    환영회            (          )

## 2. 한자의 의미가 맞는 것을 고르십시오.

1) **관계**        ① 관점        ② 관련        ③ 관광

2) **인연**        ① 혈연        ② 흡연        ③ 공연

3) **서로/상호**    ① 교육        ② 교체        ③ 교훈

4) **대하다/마주하다**  ① 대출      ② 대강        ③ 대립

## 3. 알맞은 단어를 골라 문장을 완성하십시오.

1) 인간관계에 문제가 생겼을 때는 감정적으로 대처하지 말고 지혜롭게 (**대응, 참여**)
하는 것이 필요하다.

2) 옛날에는 아들을 선호하는 경향이 강했지만 요즘 젊은 세대들은 아들이든 딸이든
(**교체, 상관**)이/가 없다고 하는 사람들이 많아졌다.

3) 간호사들은 하루에 세 번 (**독점, 교대**) 근무를 해야 해서 육체적으로는 힘들지만 생
명을 살리는 자신들의 직업에 큰 보람을 느낀다고 한다.

4) 시영 씨가 다음 주에 미국으로 유학을 가서 이번 주말에 (**환영회, 송별회**)가 있다.

4. 보기 에서 알맞은 단어를 골라 대화를 완성하십시오.

| 보기 | 천생연분 | 대상 | 교류 | 참석 | 공통 | 상대방 |
|------|--------|------|------|------|------|--------|

1) 가: 다음 주에 동창회가 있는데 _____할 수 있어요?

　　나: 네, 이번에는 오랜만에 최 교수님도 오신다니까 꼭 갈게요.

2) 가: 지수 씨하고 이야기를 하고 나면 마음이 편안해져요. 항상 _____의 이
　　　야기를 잘 들어주거든요.

　　나: 맞아요. 누군가 내 이야기를 들어주는 것만으로도 문제가 그냥 해결되기도 하
　　　지요.

3) 가: 이번 여름 문화 캠프에 유럽에서 학생들이 많이 온다면서요?

　　나: 네, 요즘 유럽에서 K-POP의 인기가 상당히 많나 봐요. 그래서 정부에서 문화
　　　_____ 차원으로 유럽 여러 국가의 학생들을 초대했다고 하더라고요.

4) 가: 이 선생님은 결혼하신 지 30년이 넘었는데 부부 싸움을 한 적이 한 번도 없다고
　　　하시더라고요. 지금도 서로 아끼고 사랑하시는 모습을 보면 저도 빨리 결혼하
　　　고 싶어져요.

　　나: 그 두 분은 말 그대로 _____(이)신가 보네요.


5. 다음을 읽고 빈칸에 들어갈 단어를 순서대로 쓴 것을 고르십시오.

> 　내 친구 미나는 대학을 졸업하자마자 부모님에게서 ( ㉮ )을 해서 혼자 살고 있다. 회사
> 를 다니면서 대학원 공부도 해서 너무 바쁘고 힘들지만 결혼하지 않고 사는 지금의 ( ㉯ )
> 생활이 정말 행복하다고 한다.
> 　나는 대학을 졸업하자마자 결혼해서 지금 두 아이의 엄마이다. 아이를 키우면서 집안일도
> 해야 해서 너무 바쁘고 힘들지만 지금 엄마로서의 생활이 정말 행복하다.
> 　우리 두 사람의 삶 중에 어느 것이 더 좋다고 말할 수는 없지만 사람들은 우리 둘의 이야기
> 에 모두 ( ㉰ )할 것이다. 행복은 자신이 만들어 가는 것이기 때문이다.

① ㉮ 독신 – ㉯ 고독 – ㉰ 공유 　　　② ㉮ 독립 – ㉯ 독신 – ㉰ 공감

③ ㉮ 독립 – ㉯ 독재 – ㉰ 공감 　　　④ ㉮ 고독 – ㉯ 독재 – ㉰ 공유

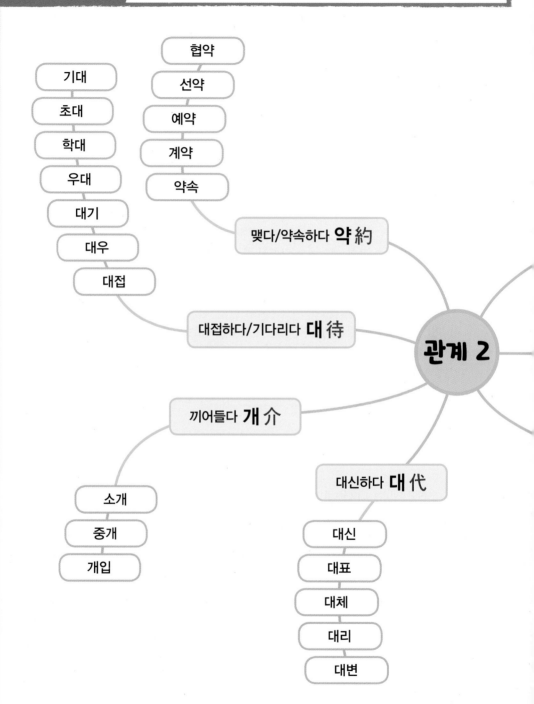

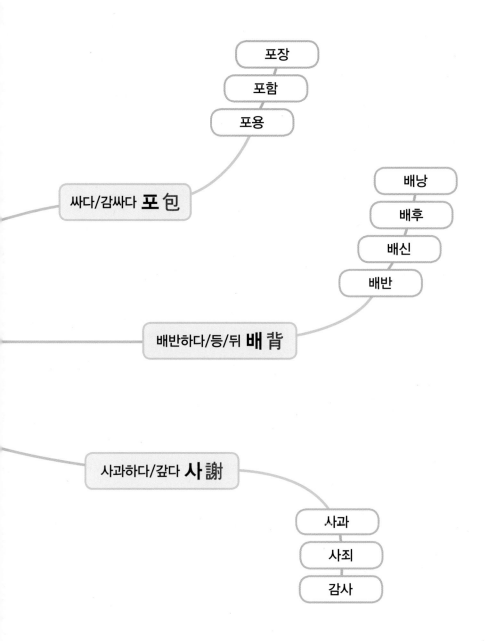

포장

포함

포용

싸다/감싸다 **포** 包

배낭

배후

배신

배반

배반하다/등/뒤 **배** 背

사과하다/갚다 **사** 謝

사과

사죄

감사

| 맺다/약속하다<br>**약 約**<br>to agree/to promise<br>結ぶ/約束する<br>締結/約定<br>kết nối/hứa hẹn |
|---|

| 약속 | promise / 約束 / 约定 / việc hứa |
| 계약 | contract / 契約 / 合约、契约 / bản hợp đồng |
| 예약 | reservation / 予約 / 预约 / sự đặt trước |
| 선약 | previous engagement / 先約 / 有约在先、事先的约定 / cuộc hẹn trước |
| 협약 | agreement / 協約 / 协定、协议 / hiệp ước |

| 대접하다/기다리다<br>**대 待**<br>to treat/to wait<br>もてなす/待つ<br>款待/等待<br>đối đãi/chờ đợi |
|---|

| 대접 | treat, reception / もてなし、接待 / 款待、招待 / sự đối đãi, sự tiếp đãi |
| 대우 | treatment / 待遇 / 待遇 / sự đối đãi |
| 대기 | standby / 待機 / 等待、等候 / sự chờ đợi, sự đợi lệnh |
| 우대 | special treatment / 優待 / 优待 / sự ưu đãi |
| 학대 | abuse / 虐待 / 虐待 / sự mở rộng |
| 초대 | invitation / 招待 / 招待 / sự mời |
| 기대 | expectation / 期待 / 期待 / sự mong đợi |

| 끼어들다<br>**개 介**<br>to intervene<br>割りこむ<br>插入、介入<br>can thiệp, xen vào |
|---|

| 소개 | introduction / 紹介 / 介绍 / sự giới thiệu |
| 중개 | mediation / 仲介 / 中介 / sự môi giới, sự trung gian |
| 개입 | intervention / 介入 / 介入、干预 / sự can thiệp |

| 대신하다<br>**대 代**<br>to substitute<br>代わる<br>代替<br>thay thế |
|---|

| 대신 | substitution / かわり / 代替、替 / sự thay thế |
| 대표 | representative / 代表 / 代表 / đại diện, đại biểu |
| 대체 | alternative / 代替 / 替代、替换 / sự thay thế |
| 대리 | substitute / 代理 / 代理 / đại diện, đại lí |
| 대변 | speaking for / 代弁 / 代办、代理 / sự phát ngôn thay |

| 싸다/감싸다 | to wrap/to cover |
| **포包** | 包む/かばう<br>包/裏<br>gói/bọc |

**포용** tolerance / 包容 / 包容、宽容 / sự bao bọc

**포함** inclusion / 含む / 包含 / sự bao gồm

**포장** wrapping / 包装 / 包装 / sự bọc, sự gói

| 배반하다/등/뒤 | to betray/back/rear |
| **배背** | 裏切る/背く/後ろ<br>背叛/背/背后<br>phản bội/lưng/sau |

**배반** betrayal / 裏切り / 背叛 / sự phản bội

**배신** treachery / 背信 / 背信弃义 / sự phản bội

**배후** mastermind / 背後 / 背后 / phía sau lưng

**배낭** backpack / リュック、デイバック / 背包 / ba lô

| 사과하다/갚다 | to apologize/to repay |
| **사謝** | 謝る/返す<br>道歉、谢罪/还<br>xin lỗi/trả |

**사과** apology / 謝る(こと) / 道歉、谢罪、表示歉意 / sự xin lỗi

**사죄** apology / 謝罪 / 赔罪、谢罪 / sự xin tha thứ

**감사** gratitude / 感謝 / 感谢、谢谢 / sự cảm ơn

1. 보기 에서 빈칸에 공통적으로 들어갈 한자를 골라 쓰십시오.

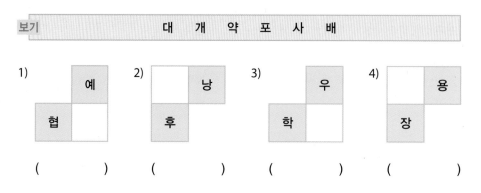

보기       대   개   약   포   사   배

1)

| | 예 |
|---|---|
| 협 | |

2)

| | 낭 |
|---|---|
| 후 | |

3)

| | 우 |
|---|---|
| 학 | |

4)

| | 용 |
|---|---|
| 장 | |

(      )     (      )     (      )     (      )


2. 한자의 의미가 다른 것을 고르십시오.

1) **대신하다**       ① 대표      ② 대리      ③ 대응

2) **끼어들다**       ① 개입      ② 개선      ③ 소개

3) **대접하다/기다리다**       ① 대우      ② 기대      ③ 군대

4) **사과하다/갚다**       ① 사망      ② 사죄      ③ 감사


3. 보기 에서 알맞은 단어를 골라 문장을 완성하십시오.

보기       대체   중개   포함   대변   계약   대기

1) 여기는 유명한 맛집이어서 점심시간이 되면 몇십 분씩 _____해야 한다.

2) 이 여행안내 책은 현지에서 살고 있는 작가가 직접 경험하면서 추천한 실제적인 정보를 다양하게 _____하고 있다.

3) 전 세계적으로 석유나 천연가스 등 부족한 자원을 _____할 수 있는 에너지 개발이 필요하다.

4) 우리 회사는 최근에 외국의 큰 회사와 수출 _____을/를 맺었다.

4. 보기 에서 알맞은 단어를 골라 대화를 완성하십시오.

보기 　　　　　사과　　대표　　선약　　배신　　대리　　소개

1) 가: 지난번에 민재 씨하고 싸웠다더니 다시 화해한 거예요?

　　나: 네, 그때는 자기가 오해를 했다면서 미안했다고 진심으로 _____을/를 하더라고요.

2) 가: 준수 씨하고 같이 사업을 하던 친구가 사업이 계속 어려워지니까 남은 돈을 다 가지고 도망갔다면서요?

　　나: 네, 돈도 잃었지만 믿었던 친구에게 _____을/를 당해서 준수 씨가 지금 너무 힘들어하는 것 같아요.

3) 가: 두 분은 어떻게 만나서 결혼하게 되셨어요?

　　나: 친한 대학교 선배의 _____(으)로 만나서 5년 정도 연애를 하다가 결혼했어요.

4) 가: 이번에 타일러 씨가 외국인 한국어 말하기 대회에 우리 어학당 _____(으)로 참가한다면서요?

　　나: 네, K-POP이 좋아서 한국어를 공부한 지 6개월밖에 안 됐다고 하던데 실력이 대단하더라고요.

5. 보기 에서 알맞은 단어를 골라 이야기를 완성하십시오.

보기 　　　　　대신　　기대　　약속　　초대　　배반　　대접

대한식품 직원들과 그 가족들로 구성된 봉사 모임 '이웃사랑'에서는 회사 주변 지역의 혼자 사시는 노인들을 돕고 있다. 매달 생활용품과 영양제 등을 전달하고 명절에는 회사로 ①_____해서 식사를 ②_____한다. 이뿐 아니라 편찮으시거나 활동이 불편하신 분들 ③_____ 집안 청소와 빨래를 해 주는 봉사도 정기적으로 하고 있다.

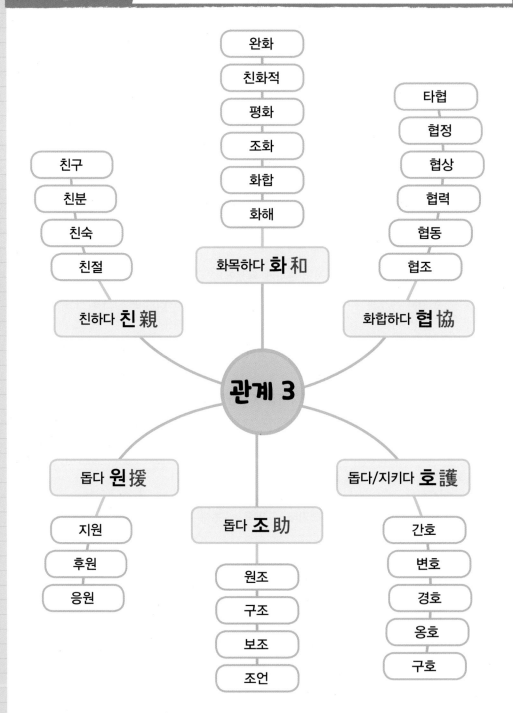

완화
친화적
평화
조화
화합
화해
화목하다 **화** 和

타협
협정
협상
협력
협동
협조
화합하다 **협** 協

친구
친분
친숙
친절
친하다 **친** 親

**관계 3**

돕다 **원** 援
지원
후원
응원

돕다 **조** 助
원조
구조
보조
조언

돕다/지키다 **호** 護
간호
변호
경호
옹호
구호

| 친하다<br>**친 親** | to be close<br>親しい<br>亲、亲近<br>thân thiết | | 돕다<br>**원 援** | to support<br>助ける<br>援助<br>giúp đỡ |
|---|---|---|---|---|

**친절** kindness / 親切 / 亲切 / sự tử tế

**친숙** familiarity / 親しい、慣れた / 熟悉、亲密 / sự thân thuộc, sự thân quen

**친분** acquaintance / 親密、親交 / 交情、情谊 / tình thân, mối thâm giao

**친구** friend / 友人 / 朋友、老朋友 / bạn bè

**지원** support / 支援 / 支援 / sự hỗ trợ, sự viện trợ

**후원** backing / 後援 / 赞助、支援 / sự tài trợ, sự hậu thuẫn

**응원** cheer / 応援 / 加油、助威 / sự cổ vũ

| 화목하다<br>**화 和** | to be amicable<br>むつまじい<br>和睦<br>hòa thuận | | 돕다<br>**조 助** | to help<br>助ける<br>帮、帮助<br>giúp đỡ |
|---|---|---|---|---|

**화해** reconciliation / 和解 / 和解、和好 / sự hòa giải

**화합** harmony / 和合、親睦 / 和谐 / sự hòa hợp

**조화** balance / 調和 / 调和、协调 / sự tổng hòa, sự hòa hợp

**평화** peace / 平和 / 和平 / hòa bình

**친화적** friendly / 親しげだ、優しい / 亲和的 / thân thiện với môi trường

**완화** relaxation / 緩和 / 缓和、缓解 / sự xoa dịu

**원조** aid / 援助 / 援助、支援 / sự viện trợ

**구조** rescue / 救助 / 救助、救援 / sự cứu trợ

**보조** assistance / 補助 / 补助、辅助 / sự bảo hộ

**조언** advice / 助言 / 建议、忠告 / lời khuyên

| 화합하다<br>**협 協** | to harmonize<br>和合する<br>和谐<br>hòa hợp | | 돕다/지키다<br>**호 護** | to aid/to protect<br>救う/守る<br>救助/守护<br>giúp đỡ/bảo vệ |
|---|---|---|---|---|

**협조** cooperation / 協力 / 协助 / sự hợp tác

**협동** collaboration / 協同 / 协同、合作 / sự hiệp đồng, sự hợp tác

**협력** cooperation / 協力 / 协力 / sự hợp lực

**협상** negotiation / 交渉 / 协商 / sự thương thảo, sự thảo luận

**협정** treaty / 協定 / 协商决定、协定 / hiệp định

**타협** compromise / 妥協 / 妥协、让步 / sự thỏa hiệp

**간호** nursing / 看護 / 看护、护理 / sự điều dưỡng, sự chăm sóc

**변호** defense / 弁護 / 辩护 / sự biện hộ

**경호** guard / 警護 / 警卫、护卫 / sự bảo vệ, sự hộ tống

**옹호** protection / 擁護 / 拥护、支持 / sự ủng hộ

**구호** relief / 救護 / 救护、救援 / sự cứu hộ

1. 보기 에서 빈칸에 공통적으로 들어갈 한자를 골라 쓰십시오.

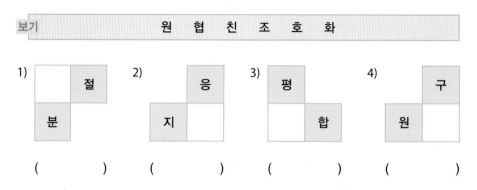

보기            원  협  친  조  호  화

1) [ ] 절 / 분        ( )
2) 응 / 지 [ ]        ( )
3) 평 [ ] / 합        ( )
4) [ ] 구 / 원        ( )

2. 한자의 의미와 한자, 단어가 맞는 것을 연결하십시오.

1) 화합하다    •        • ㉮ 호 •        • ㉠ 친숙, 친구
2) 돕다/지키다  •        • ㉯ 협 •        • ㉡ 구호, 간호
3) 화목하다    •        • ㉰ 친 •        • ㉢ 협동, 협정
4) 친하다      •        • ㉱ 화 •        • ㉣ 조화, 화해

3. 알맞은 단어를 골라 문장을 완성하십시오.

1) 세계 여러 국가들이 정치나 경제 분야뿐만 아니라 문화 분야에서도 서로 (**변호, 협력**)하려고 노력하고 있다.

2) 이유진 선수는 연습 중 당한 부상의 고통으로 중간에 경기를 포기하고 싶었지만 경기장까지 직접 찾아와 준 팬들의 (**원조, 응원**) 덕분에 끝까지 힘을 낼 수 있었다고 한다.

3) 요즘은 많은 회사들이 건물 외부와 옥상을 이용하여 나무를 많이 심고 산책로를 만드는 등 직원들을 위한 자연 (**친화적, 완화**) 휴식 공간을 만들기 위해 애쓰고 있다.

4) 위험한 화재 현장에서 한 사람이라도 더 (**구조, 보조**)하려고 자신들의 몸을 희생하는 소방관들을 보면 대단하다는 생각이 든다.

4. 보기 에서 알맞은 단어를 골라 대화를 완성하십시오.

| 보기 | 조언 | 타협 | 화해 | 협상 | 친분 | 간호 |

1) 가: 방금 인사한 박 선생님을 어떻게 아세요?

   나: 제 남편하고 _____이/가 있는 분이라서 얼마 전에 한 번 뵌 적이 있거든요.

2) 가: 저 두 사람한테 무슨 일 있어요? 아까 복도에서 마주쳤는데 서로 인사도 안 하더라고요.

   나: 지난주에 별일 아닌 걸로 말다툼을 했다고 하더니 아직 _____을/를 안 했나 봐요.

3) 가: 얼마 전에 아팠다면서요? 이제는 괜찮아요?

   나: 네, 감기에 심하게 걸렸었는데 같은 하숙집 친구들의 _____ 덕분에 금방 나았어요.

4) 가: 이 교수님과 친하신 것 같던데 리사 씨에게 이 교수님은 어떤 분이세요?

   나: 제가 어려운 일이 있을 때마다 연락을 드려서 _____을/를 구하면 항상 도움이 되는 말과 격려를 해 주시는 고마운 분이세요.

5. 다음을 읽고 빈칸에 들어갈 단어를 순서대로 쓴 것을 고르십시오.

> 국제사랑봉사단은 세계적인 ( ㉮ ) 활동 단체이다. 이 단체는 다양한 광고와 홍보 활동을 통해 정부나 여러 단체의 경제적 ( ㉯ )을/를 받아서 지진이나 태풍, 홍수 등 자연재해로 피해를 입은 지역의 사람들에게 필요한 물품들과 의료 팀 등을 ( ㉰ )해 주고 피해 현장이 빠른 시일 내에 복구될 수 있게 도와주는 일을 한다.

① ㉮ 평화 - ㉯ 후원 - ㉰ 옹호    ② ㉮ 경호 - ㉯ 협조 - ㉰ 지원

③ ㉮ 구호 - ㉯ 친절 - ㉰ 화합    ④ ㉮ 구호 - ㉯ 후원 - ㉰ 지원

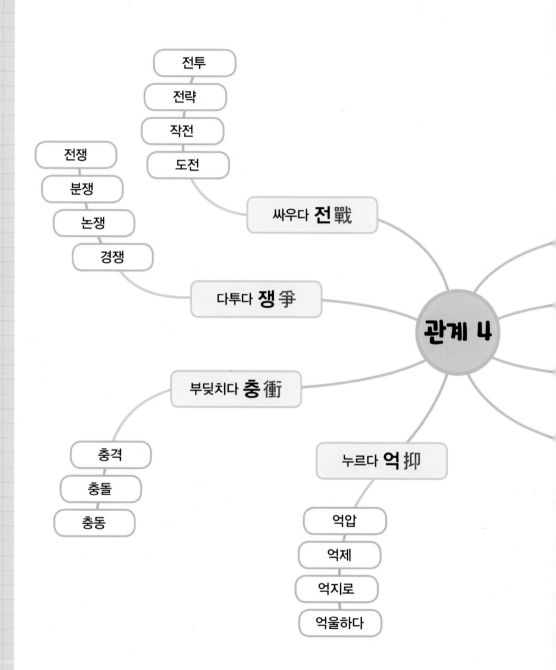

# Day 49 관계 4

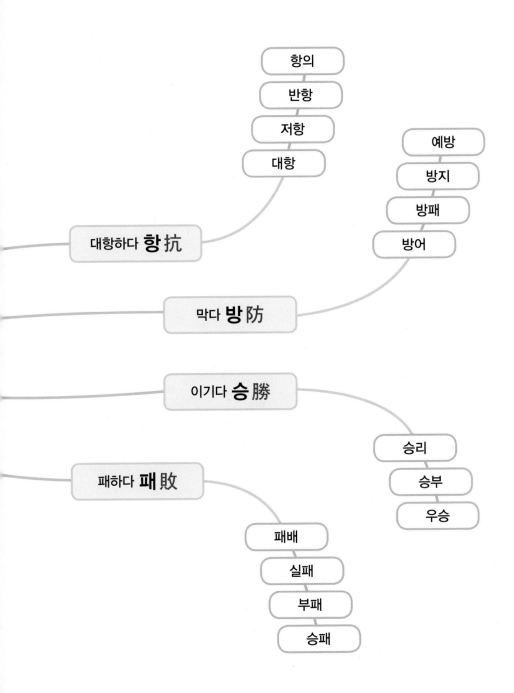

항의

반항

저항

대항

예방

방지

방패

방어

대항하다 **항 抗**

막다 **방 防**

이기다 **승 勝**

승리

승부

우승

패하다 **패 敗**

패배

실패

부패

승패

| 싸우다<br>**전戰**<br> | to fight<br>戦う<br>争斗、战斗<br>đánh nhau |
|---|---|

**도전** challenge / 挑戦 / 挑战 / sự đối đầu, sự đương đầu

**작전** operation / 作戦 / 策略、方法 / sự tác chiến

**전략** strategy / 戦略 / 战略 / chiến lược

**전투** battle / 戦闘 / 战斗 / sự chiến đấu

| 다투다<br>**쟁爭**<br> | to compete<br>争う<br>争、争吵<br>tranh cãi |
|---|---|

**경쟁** competition / 競争 / 竞争 / sự cạnh tranh

**논쟁** dispute / 論争 / 争论、争议 / sự tranh luận

**분쟁** conflict / 紛争 / 纷争、纠纷 / sự phân tranh

**전쟁** war / 戦争 / 战争 / chiến tranh

| 부딪치다<br>**충衝**<br> | to collide<br>ぶつかる<br>冲撞、碰撞<br>va chạm |
|---|---|

**충격** shock / 衝撃 / 冲击、刺激 / sự kích động, sự tác động

**충돌** collision / 衝突 / 冲突 / sự va đập, sự va chạm

**충동** impulse / 衝動 / 冲动 / sự bốc đồng, sự kích động

| 누르다<br>**억抑**<br> | to oppress<br>抑える<br>压制、打压<br>ấn |
|---|---|

**억압** oppression / 抑圧 / 压迫、欺压 / sự áp bức

**억제** suppression / 抑制 / 抑制、遏制 / sự áp chế, sự ức chế

**억지로** grudgingly, forcibly / 無理に / 勉强 / một cách miễn cưỡng

**억울하다** to feel angry and frustrated (when being unfairly treated) / 無念だ、悔しい / 委屈、冤枉 / oan ức, uất ức

| 대항하다<br>**항 抗** | to confront<br>対抗する<br>对抗、抗衡<br>đối kháng |
|---|---|

**대항** confrontation / 対抗 / 对抗 / sự đối kháng

**저항** resistance / 抵抗 / 抵抗 / sự kháng cự

**반항** defiance / 反抗 / 反抗 / sự phản kháng, sự chống đối

**항의** protest / 抗議 / 抗议 / sự kháng nghị

| 막다<br>**방 防** | to defend<br>防ぐ<br>阻挡<br>che chắn |
|---|---|

**방어** defense / 防御 / 防御 / sự phòng ngự

**방패** shield / 盾 / 盾牌、挡箭牌 / tấm lá chắn, tấm bình phong

**방지** prevention, containment / 防止 / 防止 / sự phòng tránh

**예방** prevention / 予防 / 预防 / sự dự phòng

| 이기다<br>**승 勝** | to win<br>勝つ<br>赢、获胜<br>chiến thắng |
|---|---|

**승리** victory / 勝利 / 胜利 / chiến thắng

**승부** victory or defeat / 勝負 / 胜负 / sự thành bại

**우승** victory, championship / 優勝 / 夺冠、冠军 / chiến thắng

| 패하다<br>**패 敗** | to lose<br>敗れる<br>输、失败<br>thua |
|---|---|

**패배** defeat / 敗北 / 溃败、败北 / sự thất bại

**실패** failure / 失敗 / 失败 / sự thất bại

**부패** decomposition, corruption / 腐敗 / 腐败 / sự tham nhũng, sự tha hóa

**승패** victory or defeat / 勝敗 / 胜败 / sự thắng thua

1. 보기 에서 공통적으로 들어간 한자의 의미를 골라 쓰십시오.

| 보기 | 누르다 | 다투다 | 싸우다 | 대항하다 | 막다 | 패하다 |
|------|--------|--------|--------|----------|------|--------|

1) 논쟁      경쟁      분쟁      (          )

2) 실패      부패      패배      (          )

3) 억제      억압      억울하다      (          )

4) 항의      반항      저항      (          )

2. 한자의 의미가 <u>다른</u> 것을 고르십시오.

1) **싸우다**      ① 전투      ② 이전      ③ 도전

2) **막다**      ① 방지      ② 방면      ③ 예방

3) **이기다**      ① 승리      ② 승부      ③ 승차

4) **부딪치다**      ① 충분      ② 충돌      ③ 충동

3. 보기 에서 밑줄 친 단어의 반대말을 골라 쓰십시오.

| 보기 | 패배 | 작전 | 억압 | 실패 | 방어 | 전쟁 |
|------|------|------|------|------|------|------|

1) 두 나라는 양국의 <u>평화</u>를 위해 노력하고 있다.      (          )

2) 어떤 일이 결과적으로 <u>성공</u>했는가보다 더 중요한 것은 그 일 (          )
을 하는 과정에서 최선을 다했는가에 있다.

3) 이번 경기에서 <u>승리</u>한 덕분에 다음 경기의 결과에 상관없이 (          )
결승전에 진출할 수 있게 되었다.

4) 언론의 <u>자유</u>를 인정하지 않는다면 민주주의 사회라고 할 수 (          )
없다.

4. 보기 에서 알맞은 단어를 골라 대화를 완성하십시오.

| 보기 | 예방 | 경쟁 | 전략 | 억지로 | 도전 | 항의 |
|------|------|------|------|--------|------|------|

1) 가: 요즘 날씨가 건조해서 화재가 많이 발생하는 것 같아요.

   나: 맞아요. 그리고 한번 화재가 나면 피해가 아주 크기 때문에 _____하는 게 아주 중요한 것 같아요.

2) 가: 어제 TV에서 국회 의원 김재수 씨가 한 말 때문에 난리가 났었다면서요?

   나: 방송국으로 _____ 전화가 너무 많이 와서 하루 종일 다른 일을 못 할 정도였다고 해요.

3) 가: 커피를 아주 좋아해서 바리스타가 되고 싶으셨던 70대 할아버지가 계속 시험에 떨어지다가 열두 번 만에 합격했다는 기사 읽었어요?

   나: 그래요? 한두 번 안 되면 포기할 수도 있었을 텐데 계속 _____했다는 것이 정말 대단하네요.

4) 가: 이번 올림픽에서 피겨 스케이팅 김유나 선수의 연기 봤어요? 대단했죠?

   나: 네, 정말 아름다워서 눈을 뗄 수가 없더라고요. 김 선수는 재능이 너무 뛰어나서 _____ 상대가 없는 것 같아요.

5. 보기 에서 알맞은 단어를 골라 신문기사를 완성하십시오.

| 보기 | 충격 | 대항 | 우승 | 방지 | 승패 | 충돌 |
|------|------|------|------|------|------|------|

어젯밤 빗길 고속 도로에서 자동차 ① _____ 사고가 났다. 이 사고로 인해 이번 국제 배구 대회의 강력한 ② _____ 후보 팀이었던 서울 대표 팀의 선수 두 명이 부상을 당했다. 다행히 큰 부상은 아니었으나 사고 당시의 ③ _____ (으)로 병원에 2주간 입원하는 것이 필요하다는 의사의 진단을 받아서 다음 주에 있을 대회에 참가할 수 있을지 없을지 아직은 알 수가 없다. 이런 빗길 교통사고가 자주 발생하고 있는데 사고 ④ _____ 을/를 위해서 운전자가 반드시 속도를 줄이고 안전거리를 유지하는 등 빗길 안전 운전에 대한 필요성을 인식하고 실천하는 게 필요하다.

# 한자성어

## 학 학鶴   수 머리首   고 괴롭다苦   대 기다리다待

➡ 학의 목처럼 목을 길게 빼고 간절히 기다린다. 즉, 몹시 애타게 기다림을 나타내는 말

가: 얼마 전에 상영한 영화 '그날' 봤어요?

나: 영화는 못 봤는데 제목은 들어 봤어요. 엄마와 아들에 대한 이야기죠?

가: 네, 아들이 돈을 벌러 서울에 가면서 금방 온다고 했는데 계속 오지 않자 아들이 실종된 줄도 모르고 건강하게 집에 돌아오기만을 **학수고대**하는 어머니의 이야기예요.

나: 마지막 장면이 너무 슬퍼서 영화를 본 사람들이 모두 엄청 울었다고 하던데요.

가: 엄마가 아들 사진을 보면서 옛날 일을 회상하는 장면으로 영화가 끝나는데 저도 우느라고 영화를 제대로 볼 수가 없을 정도였어요.


## 상 서로相   부 돕다扶   상 서로相   조 돕다助

➡ 서로서로 돕는다.

가: 이 김치 진짜 맛있네요. 미나 씨가 직접 담그셨어요?

나: 아니요, 저희 어머니가 매년 김장을 하셔서 저희 세 남매 모두에게 김장 김치를 보내 주세요.

가: 어머니께서 연세가 많으셔서 많은 양을 한꺼번에 하기가 쉽지 않으실 텐데 아직도 직접 김치를 담그시네요.

나: 아무래도 혼자 하기는 힘드시죠. 그래서 김장철이 되면 저희 시골 고향은 이웃 주민들이 집집마다 모여서 같이 도와주세요.

가: 역시 도시와는 달리 시골에는 **상부상조**의 전통이 아직도 남아 있네요.

# 12

# 경제와 생활

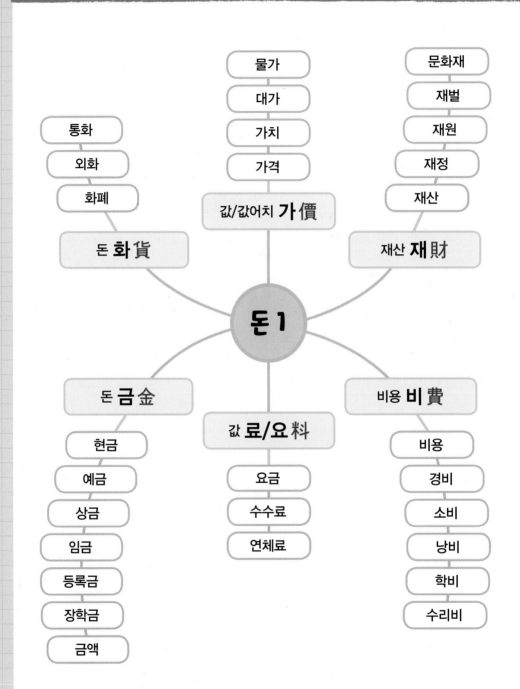

물가
대가
가치
가격

값/값어치 **가** 價

문화재
재벌
재원
재정
재산

재산 **재** 財

통화
외화
화폐

돈 **화** 貨

**돈 1**

돈 **금** 金

현금
예금
상금
임금
등록금
장학금
금액

값 **료/요** 料

요금
수수료
연체료

비용 **비** 費

비용
경비
소비
낭비
학비
수리비

| 돈 **화**貨 | currency<br>金錢<br>钱、货币<br>tiền |
|---|---|

**화폐** money / 貨幣 / 货币 / đồng tiền, tiền tệ

**외화** foreign currency / 外貨 / 外汇、外国货币 / ngoại tệ

**통화** currency / 通貨 / 通货 / tiền tệ

| 돈 **금**金 | money<br>金<br>钱、金钱<br>tiền |
|---|---|

**현금** cash / 現金 / 现金 / tiền mặt

**예금** deposit / 預金 / 存款、储蓄金 / tiền gửi, việc gửi tiền

**상금** prize / 賞金 / 奖金 / tiền thưởng

**임금** wage / 賃金 / 工资 / tiền lương

**등록금** tuition / 登録金、授業料 / 学费 / tiền nhập học

**장학금** scholarship / 奨学金 / 奖学金 / học bổng

**금액** sum / 金額 / 金额 / số tiền

| 값/값어치 **가**價 | price/value<br>値段/価値<br>价钱、价格/价值<br>giá/giá trị |
|---|---|

**가격** price / 価格 / 价格 / giá cả

**가치** value / 価値 / 价值 / giá trị

**대가** cost, reward / 代価、代金 / 价钱、代价 / giá, cái giá, giá tiền

**물가** price / 物価 / 物价 / vật giá

| 값 **료/요**料 | price<br>料、代(金)<br>价钱、价格<br>giá |
|---|---|

**요금** charge / 料金 / 费、费用 / chi phí

**수수료** commission / 手数料 / 手续费 / tiền hoa hồng

**연체료** late fee / 延滞料 / 滞纳金 / phí phạt do nộp chậm

| 재산 **재**財 | property<br>財産<br>财产<br>tài sản |
|---|---|

**재산** property / 財産 / 财产 / tài sản

**재정** finances / 財政 / 财政 / tài chính

**재원** source of revenue / 財源 / 财源 / nguồn tài chính, nguồn tiền

**재벌** conglomerate / 財閥 / 财阀 / tài phiệt

**문화재** cultural assets / 文化財 / 文物、文化遺産 / di sản văn hóa

| 비용 **비**費 | expense<br>費用<br>费用<br>chi phí |
|---|---|

**비용** expenses / 費用 / 费用 / chi phí

**경비** expenses, cost / 経費 / 经费、费用 / kinh phí

**소비** consumption / 消費 / 消费 / sự tiêu dùng

**낭비** waste / 浪費 / 浪费 / sự lãng phí

**학비** educational expenses / 学費 / 学费 / học phí

**수리비** repairing expenses / 修理費 / 修理费 / phí sửa chữa

# Day 50 | 연습 문제

1. 보기에서 빈칸에 공통적으로 들어갈 한자를 골라 쓰십시오.

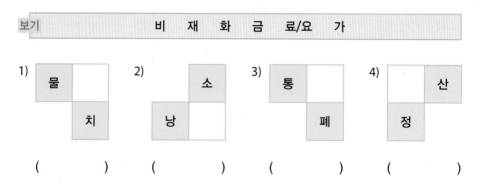

보기             비   재   화   금   료/요   가

1) 물 □ / □ 치    2) □ 소 / 낭 □    3) 통 □ / □ 폐    4) □ 산 / 정 □

(     )     (     )     (     )     (     )

2. 한자의 의미가 <u>다른</u> 것을 고르십시오.

1) **돈**          ① 상<u>금</u>     ② 임<u>금</u>     ③ 지<u>금</u>

2) **재산**       ① 문화<u>재</u>     ② <u>재</u>원     ③ 교<u>재</u>

3) **값**          ① <u>요</u>약     ② <u>요</u>금     ③ 수수<u>료</u>

4) **비용**       ① 경<u>비</u>     ② 학<u>비</u>     ③ 준<u>비</u>

3. 알맞은 단어를 골라 문장을 완성하십시오.

1) 한국의 전통 악기 놀이인 사물놀이 팀 '신명'은 매년 80회가 넘는 해외 공연으로 약 백만 달러 이상의 (**외화, 경비**)를 벌어들이고 있다.

2) 유일호 회장은 화장품 회사를 경영하며 평생 모은 (**재산, 재정**)을 자녀들에게 물려 주지 않고 사회에 환원하였다.

3) 나는 물의 (**가치, 낭비**)를 줄이기 위해 설거지나 세수를 할 때 물을 계속 틀어 놓지 않고 필요한 만큼 받아서 사용한다.

4) 건강에 대한 관심이 높아지면서 쌀로 만든 과자나 빵의 (**수수료, 소비**)가 꾸준히 늘고 있다.

**4.** 보기 에서 밑줄 친 부분과 바꿔 사용할 수 있는 단어를 골라 쓰십시오.

보기        금액    통화    물가    수리비    등록금    연체료

1) 휴대폰 요금을 <u>제때 내지 못해서 더 내야 하는 돈</u>이 3만 원이    (         )
나 된다.

2) 이 도시는 <u>옷이나 음식 등의 가격</u>이 모두 비싸서 생활비가 많    (         )
이 든다.

3) 자동차 보험은 운전자의 나이, 운전 경력, 사고 유무 등에 따    (         )
라 보험료를 <u>얼마나 내야 하는지</u>가 결정된다.

4) 중고차를 샀는데 <u>고치는 데 드는 돈</u>이 더 많아서 새 차를 사    (         )
는 게 더 나았을 것 같다.

**5.** 보기 에서 알맞은 단어를 골라 이야기를 완성하십시오.

보기        요금    재벌    가격    현금    대가    예금

유민: 저는 월급날에 월급의 반을 바로 은행에 ①_____해요. 이렇게 해서 모
은 돈으로 작년에 조금 더 넓은 집으로 이사했어요.

선영: 저는 신용 카드를 쓰면 계획에 없던 물건을 살 때가 많아서 카드를 사용하지
않고 ②_____(으)로 내요. 은행에 돈을 찾으러 가는 것이 좀 번거롭지
만 이렇게 해서 불필요한 지출을 많이 줄였어요.

인수: 저는 전기 ③_____을/를 아끼려고 노력해요. 사용하지 않는 전기 제품
의 플러그는 뽑아 두고 여름에도 에어컨보다 선풍기를 사용하려고 해요.

민호: 저는 인터넷으로 쇼핑할 때가 많은데 사기 전에 ④_____을/를 비교해
주는 사이트를 자주 이용해요. 같은 물건인데도 값이 다른 경우가 많아서 이
런 사이트를 이용하면 같은 물건을 20~30% 정도까지 싸게 살 수 있어요.

# 돈 2

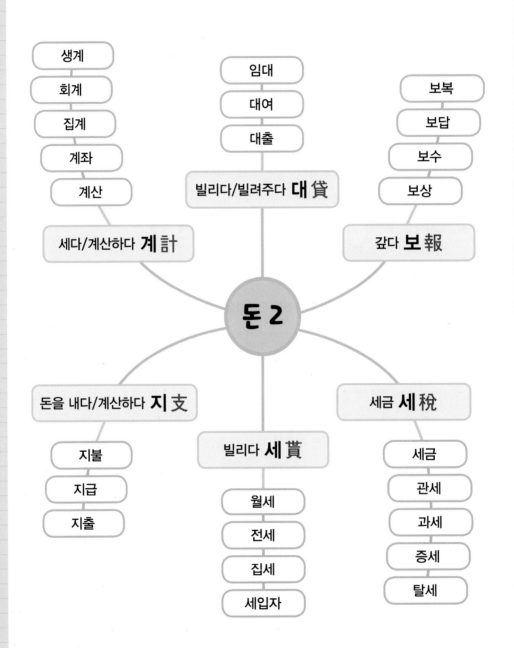

생계
회계
집계
계좌
계산

세다/계산하다 **계** 計

임대
대여
대출

빌리다/빌려주다 **대** 貸

보복
보답
보수
보상

갚다 **보** 報

**돈 2**

돈을 내다/계산하다 **지** 支

지불
지급
지출

빌리다 **세** 貰

월세
전세
집세
세입자

세금 **세** 稅

세금
관세
과세
증세
탈세

| 세다/계산하다 | to count/to calculate |
|---|---|
| **계計** | 数える/支払う<br>算/計算<br>đếm/thanh toán |

**계산** calculation / 計算 / 计算 / sự tính toán

**계좌** account / 口座 / 账户 / tài khoản

**집계** total / 集計 / 总计 / sự tính tổng, tổng số

**회계** accounting / 会計 / 会计 / kế toán

**생계** living / 生計 / 生计 / sinh kế

| 돈을 내다/계산하다 | to pay/to calculate |
|---|---|
| **지支** | お金を払う/支払う<br>付钱/结算<br>trả tiền/thanh toán |

**지불** payment / 支払い / 支付 / sự trả, sự thanh toán

**지급** payment / 支給 / 付给 / sự chi trả

**지출** expense / 支出 / 支出 / sự tiêu xài, sự chi tiêu

| 빌리다/빌려주다 | to borrow/to lend |
|---|---|
| **대貸** | 借りる/貸す<br>借/借给<br>mượn/cho mượn |

**대출** lending, borrowing / 貸出 / 出借、贷款 / việc mượn, sự vay

**대여** renting / 貸与 / 出租、租给 / việc cho mượn, việc cho thuê

**임대** renting (for places or buildings) / 賃貸 / 租赁、出租 / sự cho thuê

| 빌리다 | to borrow |
|---|---|
| **세貰** | 借りる<br>借<br>mượn |

**월세** monthly rent / 月払家賃制 / 月租 / tiền thuê nhà hàng tháng

**전세** lease of a house on a deposit basis / 保証金家賃制 / 包租、全租 / hình thức thuê nhà kiểu jeonsae

**집세** rent / 家賃 / 房租 / tiền thuê nhà

**세입자** tenant / 賃借人 / 租房者、承租方 / người thuê nhà

| 갚다 | to reward, to repay |
|---|---|
| **보報** | 報いる<br>償还、报答<br>trả lại |

**보상** comensation / 報償 / 回报、偿还 / sự bồi thường, sự đền đáp

**보수** pay / 報酬 / 报酬 / tiền thù lao, tiền công

**보답** reward (for someone's help) / 報いる、応える / 报答 / sự báo đáp

**보복** retaliation / 報復 / 报复 / sự báo thù, sự phục thù

| 세금 | tax |
|---|---|
| **세稅** | 税金<br>税、税金<br>thuế |

**세금** tax / 税金 / 税、税金 / thuế

**관세** tariff / 関税 / 关税 / thuế quan

**과세** taxation / 課税 / 征税、收税 / sự đánh thuế

**증세** increase in taxation / 増税 / 增税、加税 / sự tăng thuế

**탈세** tax evasion / 脱税 / 偷税、漏税 / sự trốn thuế

# Day 51 | 연습 문제

1. 보기 에서 빈칸에 공통적으로 들어갈 한자를 골라 쓰십시오.

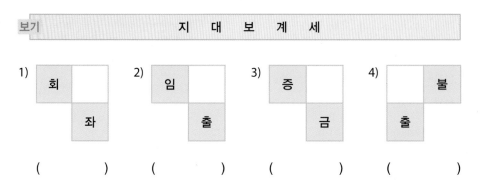

보기      지 대 보 계 세

1)
| 회 | |
|---|---|
| | 좌 |

(          )

2)
| 임 | |
|---|---|
| | 출 |

(          )

3)
| 증 | |
|---|---|
| | 금 |

(          )

4)
| | 불 |
|---|---|
| | 출 |

(          )

2. 한자의 의미가 <u>다른</u> 것을 고르십시오.

1) **세금**          ① 과<u>세</u>          ② 탈<u>세</u>          ③ <u>세</u>월

2) **빌리다**          ① 월<u>세</u>          ② <u>세</u>입자          ③ 연<u>세</u>

3) **갚다**          ① <u>보</u>충          ② <u>보</u>수          ③ <u>보</u>복

4) **세다/계산하다**          ① 집<u>계</u>          ② 단<u>계</u>          ③ 생<u>계</u>

3. 알맞은 단어를 골라 문장을 완성하십시오.

1) 할머니는 할아버지가 일찍 돌아가셔서 가족의 (**생계, 집계**)를 책임지기 위해 많은 고생을 하셨다.

2) 경복궁 근처에는 관광객들이 한복을 입고 경복궁을 구경할 수 있도록 한복을 (**대여, 지급**)해 주는 옷 가게가 많다.

3) 버스나 지하철을 탈 때 현금으로 요금을 (**보상, 지불**)하지 않고 교통 카드를 사용하면 할인을 받을 수 있다.

4) 이 책은 (**탈세, 세금**)을/를 절약하는 여러 가지 방법을 자세하게 소개하고 있다.

4. 보기 에서 알맞은 단어를 골라 대화를 완성하십시오.

| 보기 | 증세 | 회계 | 보답 | 관세 | 지출 | 계좌 |
|---|---|---|---|---|---|---|

1) 가: 취직한 후부터 _____이/가 점점 늘어서 저축할 돈이 별로 없어.

   나: 그래서 나는 월급을 받기 시작하면서 적금 통장을 만들었어.

2) 가: 동호회 회비는 어떻게 내야 하나요?

   나: 우리 동호회 통장으로 보내시면 됩니다. _____ 번호를 알려 드릴게요.

3) 가: 가방 안에 중요한 서류가 있었는데 이렇게 연락 주셔서 감사합니다. 어떻게
   _____을/를 해야 할지 모르겠어요.

   나: 아니에요. 가방을 잃어버리고 많이 걱정하셨을 텐데 다행입니다.

4) 가: 외국 인터넷 쇼핑몰에서 시계를 사려고 하는데 _____이/가 너무 많이
   붙어요.

   나: 해외에서 물건을 대신 사서 보내는 업체를 이용하면 더 싸게 살 수 있어요.

5. 보기 에서 알맞은 단어를 골라 이야기를 완성하십시오.

| 보기 | 대출 | 보복 | 임대 | 전세 | 계산 | 월세 |
|---|---|---|---|---|---|---|

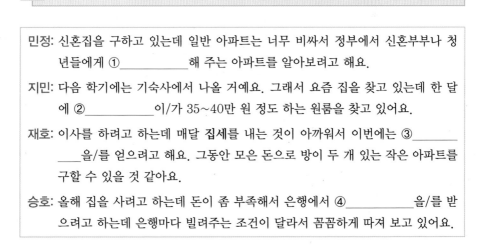

민정: 신혼집을 구하고 있는데 일반 아파트는 너무 비싸서 정부에서 신혼부부나 청
년들에게 ①_____ 해 주는 아파트를 알아보려고 해요.

지민: 다음 학기에는 기숙사에서 나올 거예요. 그래서 요즘 집을 찾고 있는데 한 달
에 ②_____이/가 35~40만 원 정도 하는 원룸을 찾고 있어요.

재호: 이사를 하려고 하는데 매달 집세를 내는 것이 아까워서 이번에는 ③_____
___을/를 얻으려고 해요. 그동안 모은 돈으로 방이 두 개 있는 작은 아파트를
구할 수 있을 것 같아요.

승호: 올해 집을 사려고 하는데 돈이 좀 부족해서 은행에서 ④_____을/를 받
으려고 하는데 은행마다 빌려주는 조건이 달라서 꼼꼼하게 따져 보고 있어요.

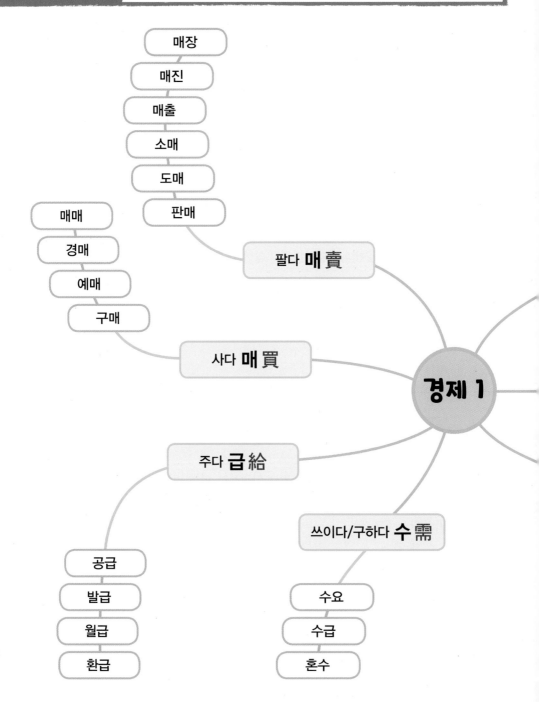

매장
매진
매출
소매
도매
판매

매매
경매
예매
구매

팔다 **매** 賣

사다 **매** 買

주다 **급** 給

쓰이다/구하다 **수** 需

공급
발급
월급
환급

수요
수급
혼수

경제 1

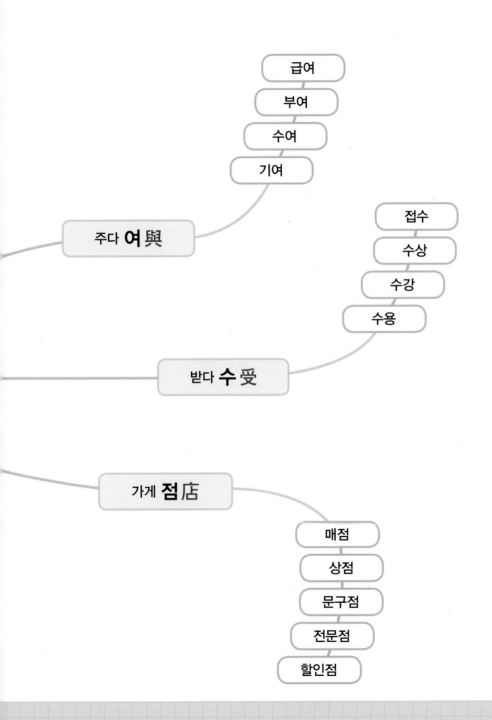

급여

부여

수여

기여

주다 **여** 與

접수

수상

수강

수용

받다 **수** 受

가게 **점** 店

매점

상점

문구점

전문점

할인점

| | | |
|---|---|---|
| 팔다<br>**매 賣** | to sell<br>売る<br>卖、出售<br>bán | |

**판매** selling / 販売 / 販卖、销售 / sự bán hàng

**도매** wholesale / 卸売 / 批发 / việc bán buôn

**소매** retail / 小売 / 零售 / việc bán lẻ

**매출** sales / 売上 / 销售额、营业额 / việc bán hàng, doanh thu

**매진** sellout / 売り切れ / 卖完、售空、脱销 / việc bán hết hàng

**매장** store / 売場 / 卖场 / cửa hàng

| | | |
|---|---|---|
| 사다<br>**매 買** | to buy<br>買う<br>买、购买<br>mua | |

**구매** purchase / 購買 / 购买 / sự mua

**예매** purchase of tickets / 前売り / 预购、预订 / sự mua trước

**경매** auction / 競売 / 拍卖 / sự đấu giá

**매매** buying and selling / 売買 / 买卖 / việc mua bán

| | | |
|---|---|---|
| 주다<br>**급 給** | to suppy<br>給する<br>给、给与<br>đưa cho | |

**공급** supply / 供給 / 供给、供应 / sự cung cấp

**발급** issue / 発給 / 发、发给 / sự cấp phát

**월급** monthly pay / 月給 / 工资、月薪 / lương hàng tháng

**환급** refund / 還付 / 退还、返还 / sự hoàn trả lại

| | | |
|---|---|---|
| 쓰이다/구하다<br>**수 需** | to be used/to seek<br>使われる/求める<br>被使用/求、寻求<br>dùng/kiếm | |

**수요** demand / 需要 / 需要、需求 / nhu cầu

**수급** supply and demand / 需給 / 供需、供给和需要 / sự cung cầu

**혼수** hope chest / 婚礼用品 / 结婚物品、嫁妆 / sính lễ, của hồi môn

| 주다 **여 與** | to present<br>与える<br>给、给与<br>đưa cho |
|---|---|

**기여** contribution / 寄与 / 捐献、捐赠 / sự đóng góp

**수여** presentation / 授与 / 授予 / sự trao tặng

**부여** grant / 付与 / 赋予、给予 / sự có, sự mang

**급여** wage / 給与 / 薪水、工资、酬劳 / thù lao, lương

| 받다 **수 受** | to receive<br>受ける<br>接受、得到<br>nhận |
|---|---|

**수용** acceptance / 受容 / 接受、容纳 / sự tiếp thụ, sự tiếp nhận

**수강** attending a lecture / 受講 / 听课、选课 / việc nghe giảng

**수상** winning a prize / 受賞 / 获奖、得奖 / sự nhận giải thưởng

**접수** acceptance (of applications or reports) / 受付 / 接收、受理 / sự tiếp nhận

| 가게 **점 店** | store<br>店<br>店、小商店<br>cửa hàng |
|---|---|

**매점** snack bar / 売店 / 小卖部 / quầy hàng, cửa hàng

**상점** shop / 商店 / 商店 / cửa hàng

**문구점** stationery store / 文具店 / 文具店 / cửa hàng văn phòng phẩm

**전문점** specialty store / 専門店 / 专卖店 / cửa hàng chuyên dụng

**할인점** discount store / ディスカウントストア / 打折店、折扣店 / cửa hàng giảm giá

# Day 52 | 연습 문제

**1.** 보기 에서 빈칸에 공통적으로 들어갈 한자를 골라 쓰십시오.

| 보기 | 급 점 여 매 수 |
|---|---|

1)  [ ] 요   [ ] 급   혼 [ ]        (          )

2)  부 [ ]   기 [ ]   급 [ ]        (          )

3)  매 [ ]   상 [ ]   전 문 [ ]     (          )

4)  도 [ ]   [ ] 출   [ ] 진        (          )

**2.** 보기 에서 공통적으로 들어간 한자의 의미를 골라 쓰십시오.

| 보기 | 받다 주다 가게 사다 팔다 쓰이다/구하다 |
|---|---|

1) 구<u>매</u>   경<u>매</u>   예<u>매</u>        (          )

2) 판<u>매</u>   소<u>매</u>   <u>매</u>장        (          )

3) 월<u>급</u>   환<u>급</u>   공<u>급</u>        (          )

4) <u>수</u>강   접<u>수</u>   <u>수</u>용        (          )

**3.** 알맞은 단어를 골라 문장을 완성하십시오.

1) 서울뷔페는 최대 130명을 (**수여, 수용**)할 수 있는 큰 방이 있다.

2) 이번 한국어능력시험의 (**예매, 접수**) 기간은 다음 주 화요일까지이다.

3) 영화 '내일을 향해'가 국제 영화제에서 올해의 작품상을 (**수상, 수강**)하였다.

4) 여권을 (**발급, 공급**) 받으려면 사진 한 장과 신분증이 필요하다.

**4.** 보기 에서 밑줄 친 부분과 바꿔 사용할 수 있는 단어를 골라 쓰십시오.

| 보기 | 매장 구매 매진 매출 기여 판매 |
| --- | --- |

1) 어제 열린 농구 경기에서 유상호 선수가 총 21점을 얻어서 이 (　　　　　)
   번 승리에 큰 도움이 되었다.

2) 부산에 여행을 가기 위해 기차표를 예매하려고 했는데 표가 (　　　　　)
   벌써 다 팔렸다.

3) 우리 집 근처에 가구를 할인해서 파는 가게들이 모여 있는 거 (　　　　　)
   리가 있다.

4) 한국자전거는 1월에 전기 자전거를 사면 헬멧을 무료로 주는 (　　　　　)
   행사를 하고 있다.

**5.** 보기 에서 알맞은 단어를 골라 이야기를 완성하십시오.

| 보기 | 혼수 급여 매매 문구점 도매 할인점 |
| --- | --- |

보민: 저희 가족은 모두 안경을 쓰는데 남대문 시장에 있는 안경 ①_____에
　　　서 안경을 사요. 동네 안경 가게보다 훨씬 싸고 종류도 많아요. 지난달에는 올
　　　해 유행하는 선글라스를 사러 단골 안경 가게에 갔다 왔어요.

찬호: 아이가 곧 초등학교에 입학해요. 책가방, 연필, 공책, 필통 등 필요한 게 많아
　　　서 중앙시장에 있는 ②_____ 거리에 가려고 해요. 장난감 가게도 바로
　　　옆에 있어서 막내에게 장난감도 하나 사 주려고 해요.

수희: 올해 7월에 결혼을 해서 ③_____을/를 장만하러 동대문시장에 갔어
　　　요. 이불하고 그릇을 사러 갔는데 가게가 정말 많아서 구경하는 데만 두 시간
　　　이 넘게 걸렸어요.

정현: 저는 동네에서 아이들 옷 가게를 하고 있어요. 한꺼번에 많은 옷을 사 와서 팔
　　　아야 하니까 옷을 ④_____(으)로 파는 광장시장을 자주 가요.

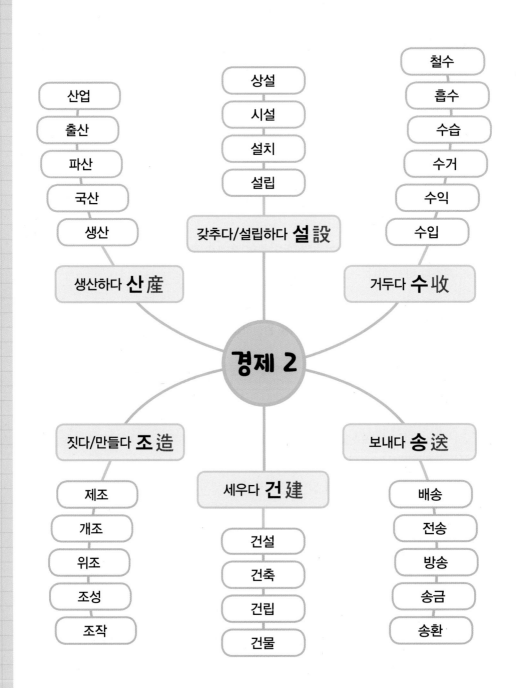

산업
출산
파산
국산
생산

생산하다 **산 産**

상설
시설
설치
설립

갖추다/설립하다 **설 設**

철수
흡수
수습
수거
수익
수입

거두다 **수 收**

경제 2

짓다/만들다 **조 造**

제조
개조
위조
조성
조작

세우다 **건 建**

건설
건축
건립
건물

보내다 **송 送**

배송
전송
방송
송금
송환

| 생산하다 **산産** | to produce<br>生産する<br>生产、制造<br>sản xuất |
|---|---|

**생산** production / 生産 / 生产 / sự sản xuất

**국산** domestic product / 国産 / 国产 / hàng trong nước

**파산** bankruptcy / 破産 / 破产 / sự phá sản

**출산** delivery, childbirth / 出産 / 生育、分娩 / sự sinh con

**산업** industry / 産業 / 产业 / ngành công nghiệp

| 짓다/만들다 **조造** | to build/to make<br>造る/作る<br>建造/制作<br>xây/tạo ra |
|---|---|

**제조** manufacturing / 製造 / 制造 / sự chế tạo, sự sản xuất

**개조** remodeling / 改造 / 改造 / sự cải tạo, sự sửa chữa

**위조** fake / 偽造 / 伪造 / sự ngụy tạo

**조성** construction / 造成 / 建造、营造 / sự tạo dựng

**조작** fabrication / 操作 / 捏造、编造 / sự chế tác, sự làm giả

| 갖추다/설립하다 **설設** | to provide/to establish<br>設ける/備える<br>具备、置备/设立<br>trang bị/thành lập |
|---|---|

**설립** establishment / 設立 / 设立 / sự thành lập

**설치** installment / 設置 / 设置、安装 / sự lắp đặt

**시설** facilities / 施設 / 设施 / trang thiết bị

**상설** permanent establishment / 常設 / 常设 / việc trang bị sẵn

| 세우다 **건建** | to erect<br>建てる<br>制定、建立<br>dựng lên |
|---|---|

**건설** construction / 建設 / 建设 / sự xây dựng

**건축** architecture / 建築 / 建筑、建造、修建 / kiến trúc, việc kiến thiết

**건립** erection / 建立 / 建立 / việc xây dựng

**건물** building / 建物 / 建筑、建筑物 / tòa nhà

| 거두다 **수收** | to gather<br>収める<br>收、收集<br>thu được |
|---|---|

**수입** income / 収入 / 收入 / thu nhập

**수익** profit / 収益 / 收益、利润 / lợi tức, tiền lãi

**수거** pickup / 収集 / 收走、回收 / sự thu hồi

**수습** handling / 収拾 / 收拾、整理、整顿 / việc thu xếp, sự giải quyết

**흡수** absorption / 吸収 / 吸收、吸取、吸纳 / sự hấp thụ, sự ngấm

**철수** withdrawal / 撤収 / 撤回、撤走、收起 / sự rút lui, sự thu hồi

| 보내다 **송送** | to send<br>送る<br>送、发送<br>gửi |
|---|---|

**배송** shipping / 配送 / 配送 / sự vận chuyển

**전송** transfer / 転送 / 传送 / sự truyền tải, sự chuyển

**방송** broadcast / 放送 / 广播、播放 / sự phát sóng

**송금** remittance / 送金 / 转账、汇款 / sự chuyển tiền

**송환** repatriation / 送還 / 送还、遣返 / sự trả về nước

1. 보기 에서 빈칸에 공통적으로 들어갈 한자를 골라 쓰십시오.

| 보기 | 조　건　설　수　송　산 |
| --- | --- |

1)

| 시 | |
| --- | --- |
| | 립 |

(　　　　)

2)

| | 설 |
| --- | --- |
| 물 | |

(　　　　)

3)

| | 생 |
| --- | --- |
| 국 | |

(　　　　)

4)

| 철 | |
| --- | --- |
| | 익 |

(　　　　)

2. 보기 에서 빈칸에 공통적으로 들어간 한자의 의미를 골라 쓰십시오.

| 보기 | 생산하다 | 갖추다/설립하다 | 거두다 | 짓다/만들다 | 보내다 | 세우다 |
| --- | --- | --- | --- | --- | --- | --- |

1) <u>수</u>입　　　수거　　　흡<u>수</u>　　　(　　　　　　)

2) 제<u>조</u>　　　<u>조</u>성　　　위<u>조</u>　　　(　　　　　　)

3) 파<u>산</u>　　　출<u>산</u>　　　<u>산</u>업　　　(　　　　　　)

4) <u>송</u>환　　　전<u>송</u>　　　<u>송</u>금　　　(　　　　　　)

3. 알맞은 단어를 골라 문장을 완성하십시오.

1) 휴대폰을 바꾸려고 대리점에 갔는데 사고 싶었던 휴대폰 모델이 더 이상 (**생산, 위조**)이/가 안 된다고 한다.

2) 천안에 있는 독립기념관은 한국의 독립운동에 대한 유물과 자료를 전시하고 있는데 많은 국민들이 이 기념관 (**건립, 수습**)을 위한 모금에 참여하였다.

3) 세종시는 시민들의 여가 및 문화생활을 위한 공간으로 도시 중앙에 공원을 (**조성, 철수**)하겠다는 계획을 발표했다.

4) 쌀이나 고구마, 감자 등 (**국산, 산업**) 농산물로 만든 과자나 빵을 찾는 소비자가 늘고 있다.

4. 보기 에서 알맞은 단어를 골라 대화를 완성하십시오.

| 보기 | 조작 | 흡수 | 수익 | 개조 | 전송 | 방송 |
|------|------|------|------|------|------|------|

1) 가: 이 카페는 2층으로 가는 계단도 있고 정원도 있고 참 예쁘다.

   나: 그렇지? 원래 주택이었는데 카페로 _____한 거래.

2) 가: 어서 오세요. 찾으시는 옷 있으세요?

   나: 티셔츠를 사려고 하는데 땀을 잘 _____하는 옷으로 좀 보여 주세요.

3) 가: 기다리는 사람이 너무 많아요. 1시간 정도 기다려야 할 것 같은데요.

   나: 이 식당이 정말 유명하거든요. 얼마 전에 텔레비전 _____에 나와서 사람들이 더 많이 온 것 같아요.

4) 가: 바자회에 사람들이 정말 많이 왔네요. 물건도 많이 팔린 것 같고요.

   나: 네, 그리고 오늘 바자회에서 얻은 _____은/는 전부 혼자 사는 노인들을 돕는 데 사용된다고 해요.

5. 보기 에서 알맞은 단어를 골라 광고를 완성하십시오.

| 보기 | 설치 | 수거 | 배송 | 상설 | 건축 | 시설 |
|------|------|------|------|------|------|------|

1)
### 버리지 마세요!

• 망가진 컴퓨터와 텔레비전 삽니다.
• 언제든지 연락 주시면 즉시 _____
  하러 갑니다.
• 010-1234-1234

2)
### 온영온천호텔

• 사우나와 온천을 동시에!
• 객실마다 최고급 _____의 욕실
• 1박 요금에 아침 식사 포함

3)
### 365일 운동화 _____ 할인 매장

• 유명 브랜드를 한곳에서!
• 30%에서 최고 80%까지 할인
• 6월 한 달 간 10만 원 이상 구매 시
  1만 원 추가 할인

4)
### DS슈퍼마켓

• 매주 화요일 저녁 6:30부터
  모든 상품 10% 할인
• 무겁게 들고 가지 마세요.
  3만 원 이상 무료_____!

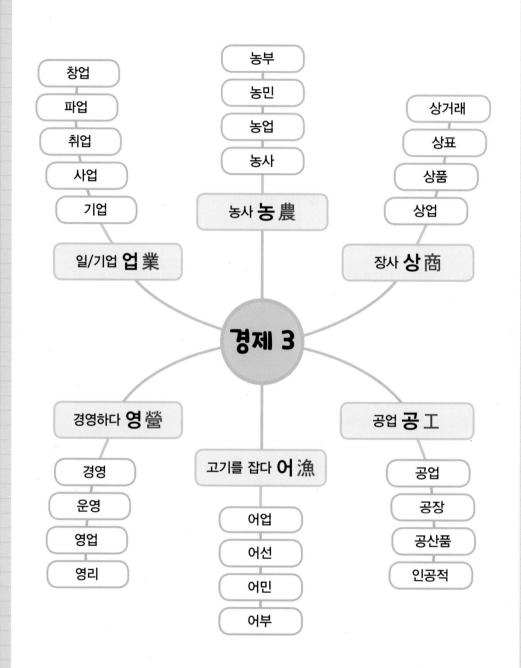

창업
파업
취업
사업
기업

일/기업 **업 業**

농부
농민
농업
농사

농사 **농 農**

상거래
상표
상품
상업

장사 **상 商**

**경제 3**

경영하다 **영 營**

경영
운영
영업
영리

고기를 잡다 **어 漁**

어업
어선
어민
어부

공업 **공 工**

공업
공장
공산품
인공적

| 일/기업<br>**업 業** | work/enterprise<br>仕事/企業<br>工作/企业<br>việc/doanh nghiệp |
|---|---|

**기업** enterprise / 企業 / 企业 / doanh nghiệp

**사업** business / 事業 / 事业、生意 / công ty, doanh nghiệp

**취업** employment / 就業、就職 / 就业、工作 / sự tìm việc

**파업** strike / ストライキ / 罢工 / sự đình công

**창업** starting a business / 創業 / 创业 / sự khởi nghiệp

| 경영하다<br>**영 營** | to manage<br>経営する<br>经营<br>kinh doanh |
|---|---|

**경영** management / 経営 / 经营 / sự kinh doanh, sự vận hành

**운영** operation / 運営 / 运营、经营、管理 / sự điều hành

**영업** business / 営業 / 营业 / việc kinh doanh

**영리** profit / 営利 / 营利 / lợi nhuận

| 농사<br>**농 農** | farming<br>農業<br>农活儿、庄稼活儿<br>nông nghiệp |
|---|---|

**농사** farming / 農業 / 农活儿、庄稼活儿 / nông nghiệp

**농업** agriculture / 農業 / 农业 / nông nghiệp

**농민** farmer / 農民 / 农民 / người làm nông

**농부** farmer / 農夫、農民 / 农夫、农民 / nông phu, nông dân

| 고기를 잡다<br>**어 漁** | to fish<br>漁業<br>捕鱼、打鱼<br>bắt cá |
|---|---|

**어업** fishery / 漁業 / 渔业 / ngư nghiệp

**어선** fishing boat / 漁船 / 渔船、捕鱼船 / tàu đánh cá

**어민** fisherman / 漁民 / 渔民 / người dân làng chài

**어부** fisherman / 漁夫、漁師 / 渔夫 / ngư dân

| 장사<br>**상 商** | business<br>商売<br>经商、做买卖<br>việc buôn bán |
|---|---|

**상업** commerce / 商業 / 商业 / việc kinh doanh, việc buôn bán

**상품** product / 商品 / 商品 / sản phẩm

**상표** trademark / 商標 / 商标 / nhãn hiệu

**상거래** commercial transaction / 商取引 / 商业往来、商业交易 / sự giao dịch, việc mua bán

| 공업<br>**공 工** | industry<br>工業<br>工业<br>công nghiệp |
|---|---|

**공업** industry / 工業 / 工业 / công nghiệp

**공장** factory / 工場 / 工厂 / công trường, nhà máy

**공산품** industrial product / 工業生産品 / 工业产品 / sản phẩm công nghiệp

**인공적** artificial / 人工的 / 人工的、人为的 / mang tính nhân tạo

1. 보기 에서 빈칸에 들어갈 한자를 골라 쓰십시오.

| 보기 | 상 공 영 어 농 |
|---|---|

1)　　　　　　　2)　　　　　　　3)　　　　　　　4)

　( 　　　 )　　　 ( 　　　 )　　　 ( 　　　 )　　　 ( 　　　 )


2. 보기 에서 공통적으로 들어간 한자의 의미를 골라 쓰십시오.

| 보기 | 일/기업 | 장사 | 공업 | 경영하다 | 농사 | 고기를 잡다 |
|---|---|---|---|---|---|---|
| 1) 운영 | 영리 | 영업 | | | ( 　　　 ) | |
| 2) 농민 | 농부 | 농업 | | | ( 　　　 ) | |
| 3) 공산품 | 인공적 | 공장 | | | ( 　　　 ) | |
| 4) 사업 | 취업 | 창업 | | | ( 　　　 ) | |


3. 알맞은 단어를 골라 문장을 완성하십시오.

1) 유명 (**경영**, **상표**)의 자전거를 샀는데 한 달도 되지 않아 고장이 나서 화가 났다.

2) 국내에서 일자리를 찾기 어려워지면서 해외 (**영리**, **취업**)을/를 하려는 청년들이 늘고 있다.

3) (**어업**, **창업**)을/를 하는 사람들이 늘어나 작년에 카페와 고깃집만 해도 2만여 곳이 생겼다고 한다.

4) (**공업**, **농업**) 기술의 발달로 기후가 따뜻한 지역에서 기르는 바나나를 서울 근교에서도 재배할 수 있게 되었다.

4. 보기 에서 알맞은 단어를 골라 대화를 완성하십시오.

| 보기 | 영업 | 어선 | 기업 | 공장 | 상품 | 인공적 |
|---|---|---|---|---|---|---|

1) 가: 우리 동네에 빵집이 새로 생겨서 사 봤는데 한번 먹어 보세요.

   나: 이 빵은 _____이지 않은 자연스러운 단맛이어서 맛있네요.

2) 가: 이 전시용 세탁기는 70%나 싸게 살 수 있네요. 전시되어 있는 _____들
   이 새 제품들보다 싼가 봐요.

   나: 그렇네요. 중고 세탁기를 살까 했는데 이거로 사야겠어요.

3) 가: 이 미술관은 구조가 좀 특이한 것 같아.

   나: 전에 가구를 만들던 _____이었다고 하던데 이렇게 바꾸니까 멋지다.

4) 가: 거기 서비스 센터죠? 노트북을 수리하러 가려고 하는데 _____을 몇 시
   까지 하나요?

   나: 네, 고객님. 평일은 오후 7시까지, 토요일은 오후 1시까지입니다.

5. 보기 에서 빈칸에 공통적으로 들어갈 단어를 골라 문장을 완성하십시오.

| 보기 | 농사 | 파업 | 상거래 | 사업 | 어민 | 운영 |
|---|---|---|---|---|---|---|

1) 
- 친구가 제주도에서 귤 _____을/를 해서 겨울마다 친구에게 귤을 주문해서 먹
  는다.
- 신선한 식재료에 대한 관심이 높아지면서 요즘에는 도시에서도 빈 땅을 이용해서 토마
  토, 배추 등 _____을/를 싯는 사람들이 많아지고 있다.

2) 
- 영성대학교는 외국인 유학생들이 한국 문화에 잘 적응할 수 있도록 다양한 프로그램을
  _____하고 있다.
- 동네에 대형 마트가 생기면서 _____이/가 어려워져 문을 닫는 소규모 슈퍼마켓
  이 늘어나고 있다.

3) 
- 시내버스 운전기사들의 _____(으)로 인해 시민들이 큰 불편을 겪었다.
- 철도 노동자들이 임금 인상을 요구하며 내일부터 3일 동안 _____에 들어간다.

# Day 55 / 업무

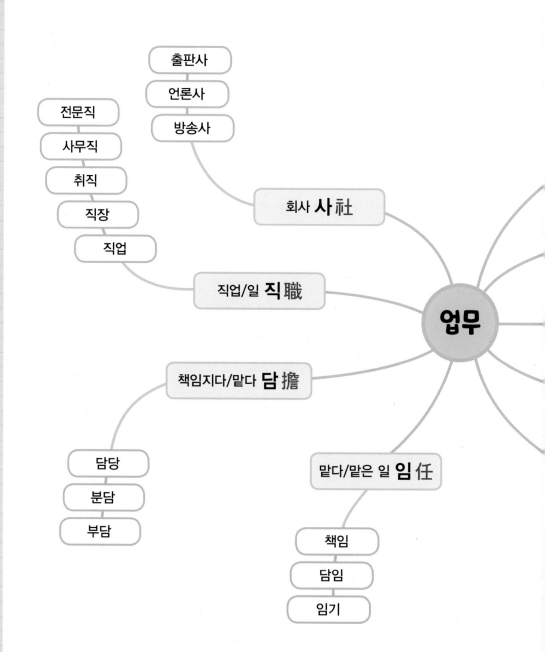

- 출판사
- 언론사
- 방송사

회사 **사** 社

- 전문직
- 사무직
- 취직
- 직장
- 직업

직업/일 **직** 職

책임지다/맡다 **담** 擔

- 담당
- 분담
- 부담

맡다/맡은 일 **임** 任

- 책임
- 담임
- 임기

**업무**

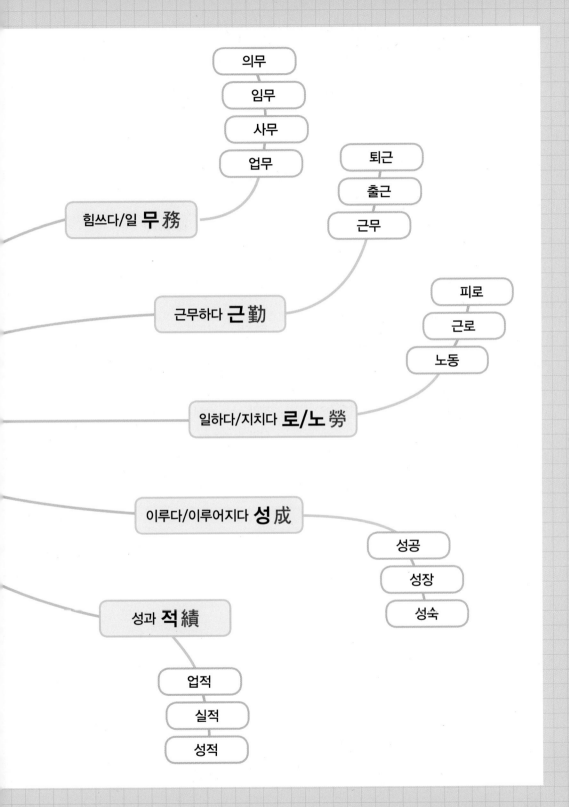

의무

임무

사무

업무

퇴근

출근

근무

힘쓰다/일 **무** 務

피로

근로

노동

근무하다 **근** 勤

일하다/지치다 **로/노** 勞

이루다/이루어지다 **성** 成

성공

성장

성숙

성과 **적** 績

업적

실적

성적

| 회사 **사社** | firm<br>会社<br>公司、企业<br>công ty |
|---|---|

**방송사** broadcasting company / 放送会社 / 电视台 / đài truyền hình

**언론사** mass media / 言論機関 / 新闻媒体 / cơ quan ngôn luận

**출판사** publisher / 出版社 / 出版社 / nhà xuất bản

| 직업/일 **직職** | job/work<br>職業/仕事<br>职业/工作<br>nghề nghiệp/việc |
|---|---|

**직업** job / 職業 / 职业 / nghề nghiệp

**직장** workplace / 職場 / 职场、工作单位 / cơ quan, nơi làm việc

**취직** getting a job / 就職 / 就职、就业 / sự tìm việc

**사무직** office work / 事務職 / 文职、办公室文员 / công việc văn phòng

**전문직** professional job / 專門職 / 专业性工作、专职 / công việc chuyên môn

| 책임지다/맡다 **담擔** | to take charge of/to assume<br>責任を負う/担う<br>负责/担任<br>chịu trách nhiệm/đảm nhiệm |
|---|---|

**담당** being in charge of / 担当 / 担当、负责 / sự đảm nhiệm, sự phụ trách

**분담** division of labor / 分担 / 分担 / sự phân chia

**부담** burden / 負担 / 负担 / sự gánh vác, gánh nặng

| 맡다/맡은 일 **임任** | to undertake/assignment<br>引き受ける/引き受けた仕事<br>担任/负责的工作<br>đảm nhận/việc được giao |
|---|---|

**책임** responsibility / 責任 / 责任 / trách nhiệm

**담임** home room teacher / 担任 / 班主任、负责人 / sự đảm nhiệm

**임기** term in office / 任期 / 任期 / nhiệm kì

## 힘쓰다/일
## 무 務
to exert/work
つとめる/しごと
用功、努力/工作
dùng sức/việc

**업무** work / 業務 / 业务、事情、事务 / nghiệp vụ

**사무** office work / 事務 / 事务、公务、办公 / việc văn phòng

**임무** task / 任務 / 任务 / nhiệm vụ

**의무** duty / 義務 / 义务 / nghĩa vụ

## 근무하다
## 근 勤
to work
勤務する
工作、办公
làm việc

**근무** work / 勤務 / 工作、办公 / công việc, sự làm việc

**출근** going to work / 出勤 / 上班 / việc đi làm

**퇴근** leaving work / 退勤 / 下班 / sự tan làm

## 일하다/지치다
## 로/노 勞
to work/to be exhausted
働く/疲れる
工作/疲惫
làm việc/mệt mỏi

**노동** labor / 勞働 / 劳动 / sự lao động

**근로** work / 勤勞 / 勤劳 / sự nỗ lực lao động

**피로** fatigue / 疲勞 / 疲劳 / sự mệt mỏi

## 이루다/이루어지다
## 성 成
to attain/to be realized
成す/成る
实现/达成
đạt được/được thực hiện

**성공** success / 成功 / 成功 / sự thành công

**성장** growth / 成長 / 成长、发育、生长 / sự trưởng thành

**성숙** ripening / 成熟 / 成熟 / sự thành thục, sự trưởng thành

## 성과
## 적 績
achievement
成果
成果
thành quả

**업적** achievement / 業績 / 业绩、成就 / sự nghiệp, thành tích to lớn

**실적** performance / 実績 / 实际业绩 / thành quả thực tế

**성적** grade / 成績 / 成绩 / thành tích

1. 보기 에서 빈칸에 공통적으로 들어갈 한자를 골라 쓰십시오.

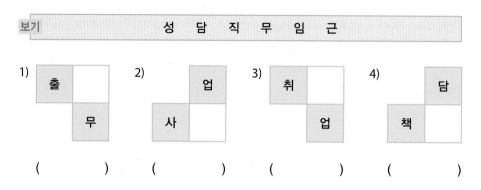

| 보기 | 성 담 직 무 임 근 |
|---|---|

1)

| 출 | |
|---|---|
| | 무 |

( )

2)

| | 업 |
|---|---|
| 사 | |

( )

3)

| 취 | |
|---|---|
| | 업 |

( )

4)

| | 담 |
|---|---|
| 책 | |

( )

2. 보기 에서 공통적으로 들어간 한자의 의미를 골라 쓰십시오.

| 보기 | 성과<br>직업/일 | 회사<br>일하다/지치다 | 이루다/이루어지다<br>책임지다/맡다 | |
|---|---|---|---|---|
| 1) 방송사 | 언론사 | 출판사 | ( | ) |
| 2) 담당 | 분담 | 부담 | ( | ) |
| 3) 업적 | 실적 | 성적 | ( | ) |
| 4) 노동 | 근로 | 피로 | ( | ) |
| 5) 성공 | 성장 | 성숙 | ( | ) |

3. 알맞은 단어를 골라 문장을 완성하십시오.

1) 한국 대통령의 (**임기, 임무**)는 5년이다.

2) 나는 미래에 (**성적, 성장**) 가능성이 높은 회사에 취직하고 싶다.

3) 우리 언니는 (**언론사, 출판사**)에서 동화책을 디자인하는 일을 한다.

4) 여성의 경제 활동 참여율과 의사, 변호사 등 (**사무직, 전문직**) 진출 비율이 매년 증가하고 있다.

4. 보기 에서 알맞은 단어를 골라 대화를 완성하십시오.

| 보기 | 담임 분담 직장 담당 성숙 피로 |
|------|-------------------------------|

1) 가: 여보세요, 등록금 때문에 문의할 게 있는데요.

   나: _____ 직원이 잠시 자리를 비웠는데 10분 후에 다시 전화하시겠어요?

2) 가: 요즘 아침에 일어나는 게 힘들어요. 눈도 자주 빨개지고 피부에 뭐도 나고요.

   나: _____이/가 쌓여서 그래요. 영양가가 있는 음식을 먹고 푹 쉬면 좋아질 거예요.

3) 가: 유키 씨는 남편하고 어떻게 만났어요?

   나: 남편이 예전에 다니던 _____의 선배였는데 같은 팀에서 일하면서 가까워졌어요.

4) 가: 올해 8월이 아버지 80세 생신인데 무슨 선물이 좋을까 고민이에요.

   나: 저희 가족은 아버지 생신 때 제주도 여행을 보내 드렸어요. 여행 비용은 형제들이 똑같이 _____했고요.

5. 보기 에서 알맞은 단어를 골라 이야기를 완성하십시오.

| 보기 | 부담 업무 취직 퇴근 의무 실적 |
|------|-------------------------------|

지우: 요즘 일이 너무 많아서 밤 9시 전에 ①_____한 적이 없어요. 지난주에는 주말에도 회사에 나가서 일했어요.

민준: 우리 회사는 ②_____ 환경이 자유로운 편이에요. 옷차림도 자유롭고 사무실 안에 언제든지 무료로 먹을 수 있는 음식 코너와 운동할 수 있는 공간도 있어요. 이런 분위기가 직원들에게 좋은 성과를 내도록 하는 것 같아요.

하영: 작년에 불경기였지만 우리 부서는 ③_____이/가 좋아서 부서 사람들 모두 보너스를 받았어요. 좋은 식당에 가서 회식도 했고요.

민석: 회사에서 부서를 옮겼는데 새로 맡은 일이 지금까지 하던 일과 많이 달라서 ④_____이/가 돼요. 스트레스를 받으니까 밤에 잠도 잘 안 오고요.

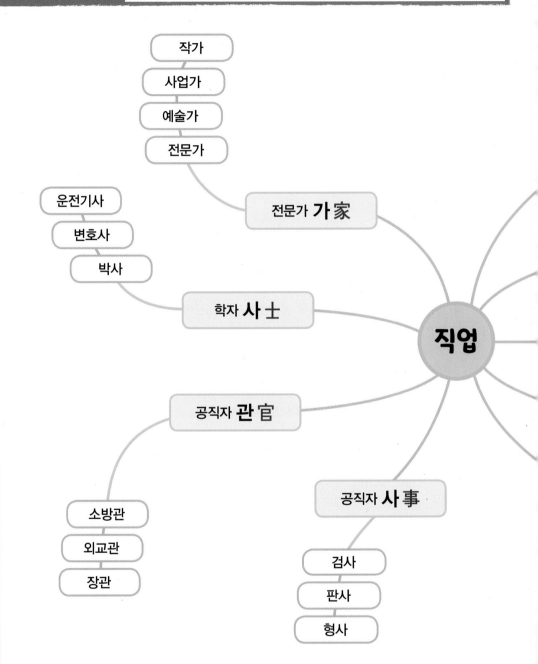

작가
사업가
예술가
전문가

전문가 **가 家**

운전기사
변호사
박사

학자 **사 士**

공직자 **관 官**

소방관
외교관
장관

직업

공직자 **사 事**

검사
판사
형사

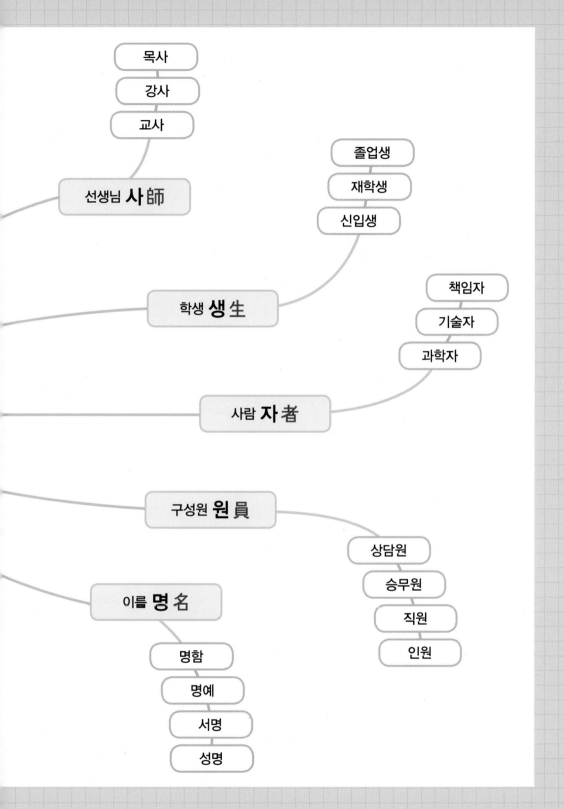

목사
강사
교사

선생님 **사** 師

졸업생
재학생
신입생

학생 **생** 生

책임자
기술자
과학자

사람 **자** 者

구성원 **원** 員

상담원
승무원
직원
인원

이름 **명** 名

명함
명예
서명
성명

| 전문가 가家 | professional<br>專門家<br>专家<br>chuyên gia |
|---|---|

**전문가** professinal / 專門家 / 专家 / chuyên gia, nhà chuyên môn

**예술가** artist / 芸術家 / 艺术家 / nghệ sĩ, người làm nghệ thuật

**사업가** businessman / 事業家 / 企业家 / doanh nhân

**작가** writer / 作家 / 作家 / tác giả, nhà văn

| 학자 사士 | scholar<br>学者(士、手)<br>学者<br>học giả |
|---|---|

**박사** doctor, Ph.D / 博士 / 博士 / tiến sĩ

**변호사** lawyer / 弁護士 / 律师 / luật sư

**운전기사** chauffeur / 運転手 / 司机、驾驶员 / lái xe

| 공직자 관官 | officer<br>公職者(官、士)<br>公职人员<br>công chức |
|---|---|

**소방관** firefighter / 消防士 / 消防员 / lính cứu hỏa

**외교관** diplomat / 外交官 / 外交官 / nhà ngoại giao

**장관** minister / 長官(大臣) / 长官 / bộ trưởng

| 공직자 사事 | officer<br>公職者<br>公职人员<br>công chức |
|---|---|

**검사** prosecutor / 検事 / 检察官 / công tố viên

**판사** judge / 判事 / 法官、审判官 / thẩm phán, quan tòa

**형사** detective / 刑事 / 刑警、便衣警察 / cảnh sát hình sự

| 선생님<br>**사師** | teacher<br>先生<br>老师<br>giáo viên | | 학생<br>**생生** | student<br>学生<br>学生<br>học sinh |

**교사** teacher / 教師 / 教师 / giáo viên

**강사** lecturer / 講師 / 讲师、授课老师 / giáo viên

**목사** minister / 牧師 / 牧师 / mục sư

---

**신입생** freshman / 新入生 / 新生 / học sinh mới nhập học

**재학생** student on the register / 在校生 / 在校生、在校学生 / học sinh đang theo học

**졸업생** graduate / 卒業生 / 毕业生 / học sinh tốt nghiệp

---

| 사람<br>**자者** | person<br>人(者)<br>人<br>người | | 구성원<br>**원員** | member<br>構成員<br>成员、组员<br>thành viên |

**과학자** scientist / 科学者 / 科学家 / nhà khoa học

**기술자** engineer / 技術者 / 技术人员、技工 / kĩ sư

**책임자** person in charge / 責任者 / 负责人、责任人 / người chịu trách nhiệm

---

**상담원** counselor / 相談員 / 咨询员、商谈人员 / nhân viên tư vấn

**승무원** flight attendant / 乗務員 / 乘务员 / tiếp viên hàng không

**직원** employee / 職員 / 职员 / nhân viên

**인원** number of people / 人員、人数 / 人员 / số người, thành viên

---

| 이름<br>**명名** | name<br>名前<br>名字<br>tên |

**명함** business card / 名刺 / 名片 / danh thiếp

**명예** honor / 名誉 / 名誉 / danh dự

**서명** sinature / 署名 / 签名、署名 / việc kí tên

**성명** name / 氏名 / 姓名 / tên

1. 보기 에서 빈칸에 공통적으로 들어갈 한자를 골라 쓰십시오.

| 보기 | 생 원 사 가 관 자 |
|---|---|

1) | 직 | | | 승 | 무 | | ( )

2) | 기 | 술 | | 책 | 임 | | ( )

3) | 예 | 술 | | 전 | 문 | | ( )

4) | 변 | 호 | | 박 | | ( )

5) | 외 | 교 | | 장 | | ( )

2. 한자의 의미와 단어가 맞는 것을 연결하십시오.

1) **선생님** •      • ㉠ 명함, 서명, 명예

2) **이름** •      • ㉡ 교사, 강사, 목사

3) **공직자** •      • ㉢ 재학생, 신입생, 졸업생

4) **학생** •      • ㉣ 검사, 판사, 형사

3. 알맞은 단어를 골라 문장을 완성하십시오.

1) 서울은행은 올해 신입 사원 채용 (**검사, 인원**)이/가 작년보다 25% 증가했다.

2) 영화배우 김송은 이번 영화에서 살인 사건을 담당하는 (**목사, 형사**) 역할을 맡았다.

3) 우리 대학교는 (**졸업생, 신입생**)의 경우 입학 후 첫 학기는 휴학할 수 없다.

4) 직장 생활에서 (**명예, 명함**)을/를 주고받을 때는 상대방이 자신의 이름을 똑바로 볼 수 있는 방향으로 주는 것이 좋다.

4. 보기 에서 알맞은 단어를 골라 대화를 완성하십시오.

| 보기 | 성명 | 운전기사 | 상담원 | 교사 | 서명 | 박사 |

1) 가: 휴대폰 잃어버렸다더니 찾았어요?

   나: 네, 택시에 두고 내렸는데 다행히 _____ 아저씨가 제가 건 전화를 받고 집까지 가져다 주셨어요.

2) 가: 대학원 _____ 과정에 지원했는데 어제 합격했다는 이메일을 받았어요.

   나: 축하해요, 민정 씨. 일하면서 대학원 진학을 준비하는 게 쉽지 않았을 텐데 대단하네요.

3) 가: 김 선생님은 _____(으)로서 보람을 느낄 때가 언제예요?

   나: 학생들이 졸업 후에도 잊지 않고 찾아올 때 보람을 많이 느껴요.

4) 가: 통장을 만들려고 왔는데요.

   나: 여기에 성함과 주소를 쓰세요. 그리고 아래에 도장을 찍으시면 돼요. 도장이 없으시면 _____을/를 하셔도 됩니다.

5. 보기 에서 알맞은 단어를 골라 이야기를 완성하십시오.

| 보기 | 과학자 | 승무원 | 소방관 | 사업가 | 외교관 | 작가 |

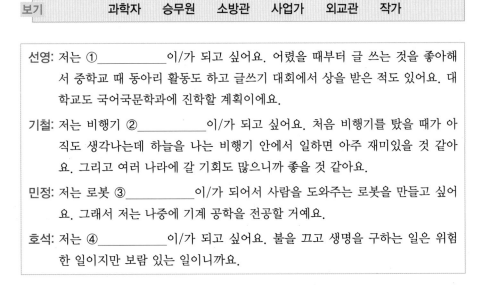

선영: 저는 ①_____이/가 되고 싶어요. 어렸을 때부터 글 쓰는 것을 좋아해서 중학교 때 동아리 활동도 하고 글쓰기 대회에서 상을 받은 적도 있어요. 대학교도 국어국문학과에 진학할 계획이에요.

기철: 저는 비행기 ②_____이/가 되고 싶어요. 처음 비행기를 탔을 때가 아직도 생각나는데 하늘을 나는 비행기 안에서 일하면 아주 재미있을 것 같아요. 그리고 여러 나라에 갈 기회도 많으니까 좋을 것 같아요.

민정: 저는 로봇 ③_____이/가 되어서 사람을 도와주는 로봇을 만들고 싶어요. 그래서 저는 나중에 기계 공학을 전공할 거예요.

호석: 저는 ④_____이/가 되고 싶어요. 불을 끄고 생명을 구하는 일은 위험한 일이지만 보람 있는 일이니까요.

# 한자성어

## 노 일하다/지치다勞  심 마음心  초 타다焦  사 생각思

➡️ 마음을 수고롭게 하고 생각을 너무 깊게 한다. 즉, 매우 신경을 쓰면서 걱정함을 나타내는 말

가: 한국어 능력 시험에서 6급을 받았다면서요? 축하해요.

나: 고마워요. 그동안 정말 열심히 공부했거든요. 6급을 받을 수 있을까 **노심초사**하면서 결과를 기다렸는데 너무 기뻐요.

가: 그럼 장학금도 받지요?

나: 네, 학비의 80%를 장학금으로 받을 수 있게 됐어요.


## 어 고기를 잡다魚  부 아버지父  지 -의之  리 이롭다利

➡️ 어부의 이익. 즉, 두 사람이 이해관계로 서로 싸우는 사이에 엉뚱한 사람이 노력하지 않고 얻은 이익을 나타내는 말

가: 오늘 저녁은 내가 낼게. 오늘 회사에서 체육 대회를 했는데 달리기 시합에서 3등을 해서 상금을 받았거든.

나: 와, 정말? 상금이 얼마나 되는데?

가: 3등은 20만 원이야. 그런데 실은 내가 잘 달린 게 아니고 내 앞에서 두 사람이 서로 더 빨리 달리려고 하다가 부딪쳐서 넘어지는 바람에 **어부지리**로 내가 3등이 됐어.

나: 운이 좋았네. 덕분에 나도 **어부지리**로 맛있는 거 먹게 됐네!

# 13

## 법과 제도

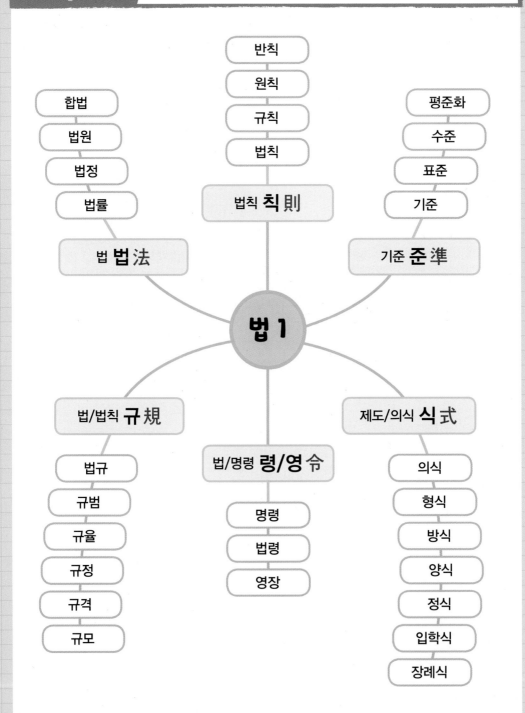

반칙
원칙
규칙
법칙

법칙 **칙** 則

합법
법원
법정
법률

법 **법** 法

평준화
수준
표준
기준

기준 **준** 準

법 1

법/법칙 **규** 規

법규
규범
규율
규정
규격
규모

법/명령 **령/영** 令

명령
법령
영장

제도/의식 **식** 式

의식
형식
방식
양식
정식
입학식
장례식

| 법<br>**법法** | statute<br>法<br>法、法律<br>luật |
|---|---|

**법률** law / 法律 / 法律 / pháp luật

**법정** courtroom / 法廷 / 法庭 / tòa án

**법원** court / 裁判所 / 法院 / tòa án

**합법** legality / 合法 / 合法 / sự hợp pháp

| 법/법칙<br>**규規** | statue/law<br>法/法則<br>法律/法則<br>luật/quy tắc |
|---|---|

**법규** regulation / 法規 / 法规 / pháp luật, quy định

**규범** norm / 規範 / 规范 / quy phạm

**규율** discipline / 規律 / 规律 / quy luật

**규정** rule / 規定 / 规定 / quy định

**규격** standard / 規格 / 规格 / quy cách, tiêu chuẩn

**규모** scale / 規模 / 规模 / quy mô

| 법칙<br>**칙則** | law<br>法則<br>法則、規則<br>quy tắc |
|---|---|

**법칙** law / 法則 / 法则、规则 / phép tắc, quy tắc

**규칙** rule / 規則 / 规则、规定 / quy tắc, quy định

**원칙** principle / 原則 / 原则 / nguyên tắc

**반칙** foul / 反則 / 违规、犯规 / sự vi phạm

| 법/명령<br>**령/영令** | statue/ordinance<br>法/命令<br>法律/命令<br>luật/mệnh lệnh |
|---|---|

**명령** ordinance / 命令 / 命令 / mệnh lệnh

**법령** legislation / 法令 / 法令 / pháp lệnh, sắc lệnh

**영장** warrant / 令状 / 通知书 / lệnh giam, lệnh bắt giữ

| 기준<br>**준準** | standard<br>基準<br>标准、准则<br>tiêu chuẩn |
|---|---|

**기준** standard / 基準 / 标准、准则 / tiêu chuẩn

**표준** standard / 標準 / 标准 / sự chuẩn mực, tiêu chuẩn

**수준** level / 水準 / 水准、水平 / trình độ, tiêu chuẩn

**평준화** standardization / 平準化 / 平均化 / sự chuẩn hóa

| 제도/의식<br>**식式** | institution/ceremony<br>制度/儀式<br>制度/仪式<br>chế độ/nghi thức |
|---|---|

**의식** ceremony / 儀式 / 仪式 / nghi thức

**형식** formality, form / 形式 / 形式 / hình thức

**방식** way / 方式 / 方式 / phương thức

**양식** style / 樣式 / 样式 / mẫu, cách thức

**정식** formality, regular form / 正式 / 正式、正规 / sự chính thức

**입학식** entrance ceremony / 入学式 / 入学典礼 / lễ nhập học

**장례식** funeral service / 葬儀、葬式 / 葬礼 / tang lễ, đám tang

# Day 57 | 연습 문제

**1.** 보기 에서 빈칸에 공통적으로 들어갈 한자를 골라 쓰십시오.

| 보기 | 식 법 칙 규 령/영 준 |
|---|---|

1) 법 [ ]  규 [ ]  원 [ ]   (        )

2) 의 [ ]  양 [ ]  정 [ ]   (        )

3) [ ] 정  [ ] 모  [ ] 격   (        )

4) 기 [ ]  수 [ ]  평 [ ] 화   (        )

**2.** 한자의 의미와 한자, 단어가 맞는 것을 연결하십시오.

1) 제도/의식 •      • ㉮ 법 •      • ㉠ 법령, 영장

2) 법 •      • ㉯ 령/영 •      • ㉡ 법률, 합법

3) 법/명령 •      • ㉰ 규 •      • ㉢ 규범, 법규

4) 법/법칙 •      • ㉱ 식 •      • ㉣ 형식, 방식

**3.** 알맞은 단어를 골라 문장을 완성하십시오.

1) 한국에서는 쓰레기를 버릴 때 쓰레기 (**규격, 법칙**) 봉투를 사용해야 하며 지정된 판매소에서 정해진 가격으로 살 수 있다.

2) 테니스와 체조는 제1회 아테네 올림픽 때부터 올림픽 (**원칙, 정식**) 종목으로 채택되었다.

3) 군대에서는 상사의 (**형식, 명령**)을 절대적으로 따라야 한다.

4) 동물과 식물을 나누는 (**기준, 규정**)은 스스로 움직일 수 있는가 없는가 하는 것이다.

**4.** 보기 에서 관계있는 단어를 골라 쓰십시오.

보기　　　　반칙　　표준　　법원　　장례식　　평준화　　입학식

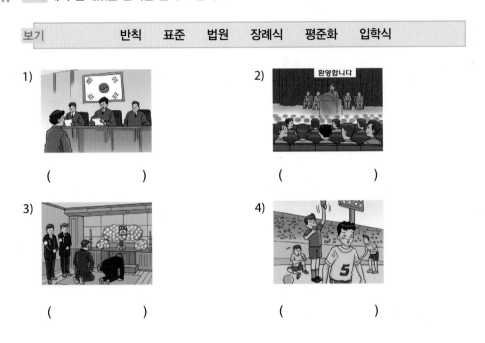

1) (　　　　　　)

2) (　　　　　　)

3) (　　　　　　)

4) (　　　　　　)

**5.** 보기 에서 알맞은 단어를 골라 대화를 완성하십시오.

보기　　　　　　규모　　법정　　규칙　　방식　　수준　　합법

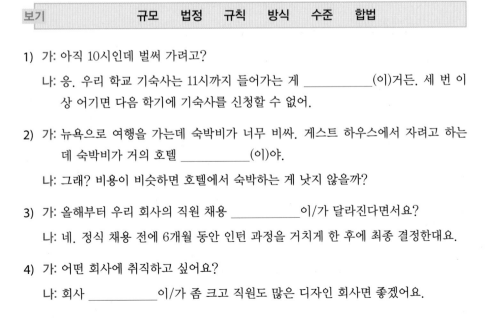

1) 가: 아직 10시인데 벌써 가려고?

　　나: 응. 우리 학교 기숙사는 11시까지 들어가는 게 _____(이)거든. 세 번 이
　　　　상 어기면 다음 학기에 기숙사를 신청할 수 없어.

2) 가: 뉴욕으로 여행을 가는데 숙박비가 너무 비싸. 게스트 하우스에서 자려고 하는
　　　　데 숙박비가 거의 호텔 _____(이)야.

　　나: 그래? 비용이 비슷하면 호텔에서 숙박하는 게 낫지 않을까?

3) 가: 올해부터 우리 회사의 직원 채용 _____이/가 달라진다면서요?

　　나: 네. 정식 채용 전에 6개월 동안 인턴 과정을 거치게 한 후에 최종 결정한대요.

4) 가: 어떤 회사에 취직하고 싶어요?

　　나: 회사 _____이/가 좀 크고 직원도 많은 디자인 회사면 좋겠어요.

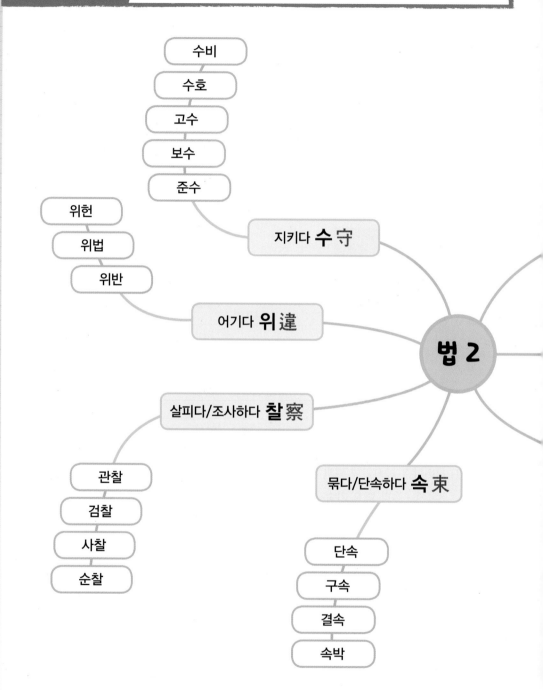

수비
수호
고수
보수
준수

위헌
위법
위반

지키다 **수 守**

어기다 **위 違**

살피다/조사하다 **찰 察**

**법 2**

묶다/단속하다 **속 束**

관찰
검찰
사찰
순찰

단속
구속
결속
속박

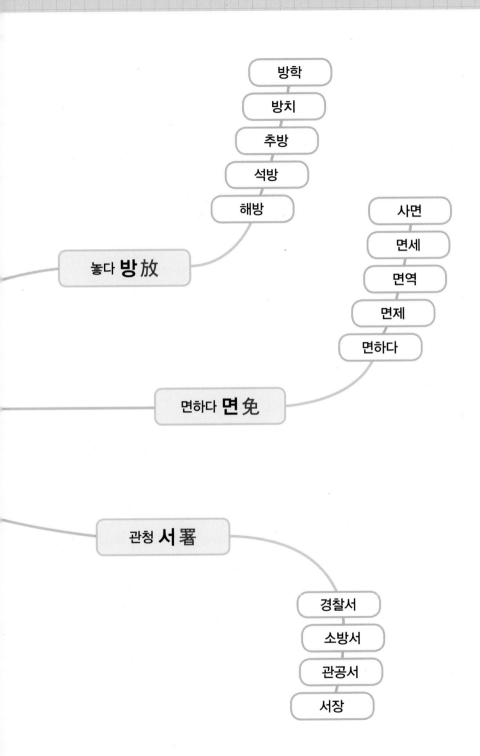

방학

방치

추방

석방

해방

놓다 **방** 放

사면

면세

면역

면제

면하다

면하다 **면** 免

관청 **서** 署

경찰서

소방서

관공서

서장

| 지키다<br>**수守** | to guard<br>守る<br>守、守护<br>bảo vệ |
|---|---|

**준수** compliance / 遵守 / 遵守 / sự tuân thủ

**보수** conservatism / 保守 / 保守 / sự bảo thủ

**고수** sticking to / 固守、名人 / 固守、墨守 / sự cố thủ

**수호** protection / 守護 / 守护、守卫 / sự bảo toàn, sự gìn giữ

**수비** defense / 守備 / 防守、守备 / sự phòng bị, sự phòng ngự

| 어기다<br>**위違** | to violate<br>背く<br>违、违背<br>vi phạm, vượt qua |
|---|---|

**위반** violation / 違反 / 违反、违背 / sự vi phạm

**위법** illegality / 違法 / 违法、犯法 / sự phạm pháp

**위헌** violation of the constitution / 違憲 / 违宪 / sự vi phạm hiến pháp

| 살피다/조사하다<br>**찰察** | to check/to investigate<br>調べる/調査する<br>观察/调查<br>xem xét/điều tra |
|---|---|

**관찰** observation / 觀察 / 观察、察看 / sự quan sát

**검찰** prosecution / 檢察 / 检查、调查取证 / việc khởi tố

**사찰** inspection / 査察 / 稽查、监察、核查 / sự thị sát, sự thanh tra

**순찰** patrol / 巡察 / 巡查 / sự tuần tra

| 묶다/단속하다<br>**속束** | to bind/to crack down<br>束ねる/取り締る<br>束、系/管束、管制<br>thắt lại/kiểm soát |
|---|---|

**단속** crackdown / 取締り / 管束、管制 / sự kiểm soát, sự coi giữ

**구속** restriction, imprisonment / 拘束 / 拘束、拘留 / sự khống chế, việc giam giữ

**결속** solidarity / 結束 / 团结 / sự đồng lòng, sự đoàn kết

**속박** restraint / 束縛 / 束缚、限制 / sự cản trở, sự kìm hãm

| 놓다 **방放** | to put down<br>置く<br>放、放下<br>buông, thả ra |
|---|---|

**해방** liberation / 解放 / 解放 / sự giải phóng

**석방** release / 釈放 / 释放 / sự phóng thích, sự trả tự do

**추방** deportation / 追放 / 驱逐、遣送 / sự trục xuất

**방치** negligence / 放置 / 弃置、搁置、不管 / sự bỏ mặc, sự vứt bừa bãi

**방학** vacation / (学校の)休暇 / 放假 / kì nghỉ

| 면하다 **면免** | to avoid<br>免ずる<br>免、避免<br>miễn, tránh |
|---|---|

**면하다** to avoid / 免ずる、免じる / 免、避免 / miễn, tránh

**면제** exemption / 免除 / 免除、免去 / sự miễn trừ

**면역** immunity / 免疫 / 免疫 / sự miễn dịch

**면세** tax exemption / 免税 / 免税 / sự miễn thuế

**사면** amnesty / 赦免 / 赦免 / sự ân xá

| 관청 **서署** | government office<br>官庁<br>政府机关<br>cơ quan, sở |
|---|---|

**경찰서** police station / 警察署 / 警察局 / sở cảnh sát

**소방서** fire station / 消防署 / 消防局 / sở cứu hỏa, trạm cứu hỏa

**관공서** government office / 官公署 / 公共行政机关 / cơ quan công, cơ quan nhà nước

**서장** superintendent / 署長 / 署长、局长 / giám đốc sở

# Day 58 | 연습 문제

**1.** 보기 에서 빈칸에 공통적으로 들어갈 한자를 골라 쓰십시오.

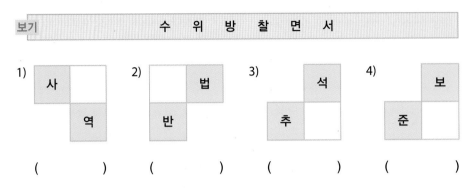

| 보기 | 수 위 방 찰 면 서 |

1) 사 □ / □ 역  ( )
2) □ 법 / □ 반  ( )
3) □ 석 / 추 □  ( )
4) □ 보 / 준 □  ( )

**2.** 보기 에서 공통적으로 들어간 한자의 의미를 골라 쓰십시오.

| 보기 | 놓다 | 면하다 | 살피다/조사하다 | 관청 | 어기다 | 묶다/단속하다 |

1) 서장  관공서  경찰서  ( )
2) 구속  결속  속박  ( )
3) 해방  방치  방학  ( )
4) 관찰  검찰  사찰  ( )

**3.** 알맞은 단어를 골라 문장을 완성하십시오.

1) 비자 기간이 끝났는데도 한국에 머무르고 있었던 1만여 명의 외국인들이 한국에서 (**준수, 추방**)되었다.

2) 우정대학교 경찰학과 학생들은 방학과 시험 기간을 제외하고 매일 오후 8시부터 12시까지 학교 주변 지역을 (**순찰, 석방**)하는 자원봉사를 하고 있다.

3) 서울시는 명절 연휴가 시작되는 오늘부터 이달 말까지 음주 운전 집중 (**보수, 단속**)에 들어갔다.

4) 통증을 치료하지 않고 오랜 기간 동안 (**고수, 방치**)하면 우울, 불안, 불면 등으로 더 고생할 수 있다.

4. 보기 에서 관계있는 단어를 골라 쓰십시오.

| 보기 | 관찰 | 수호 | 면세 | 결속 | 구속 | 소방서 |
|------|------|------|------|------|------|--------|

1) (          )

2) (          )

3) (          )

4) (          )

5. 보기 에서 알맞은 단어를 골라 대화를 완성하십시오.

| 보기 | 면제 | 위헌 | 수비 | 위반 | 검찰 | 해방 |
|------|------|------|------|------|------|------|

1) 가: 감독님, 오늘 경기를 어떻게 평가하십니까?

   나: 오늘은 공격도 잘했지만 _____을/를 맡은 선수들이 상대편의 공을 아주 잘 막아 냈기 때문에 승리할 수 있었다고 생각합니다.

2) 가: 여기는 사고가 많은 곳이라 속도를 많이 줄여야 하나 봐.

   나: 저기 최고 속도가 30이라고 쓰여 있네. 하마터면 속도를 _____할 뻔했어.

3) 가: 어, 왜 고속 도로 요금을 안 내고 그냥 지나가요?

   나: 명절 연휴에는 고속 도로 통행료가 _____이에요/예요.

4) 가: 어제 한국어능력시험 잘 봤어요?

   나: 생각보다 잘 본 것 같아요. 3개월 동안 도서관에서 공부만 했는데 드디어 시험에서 _____돼서 기분이 날아갈 것 같아요.

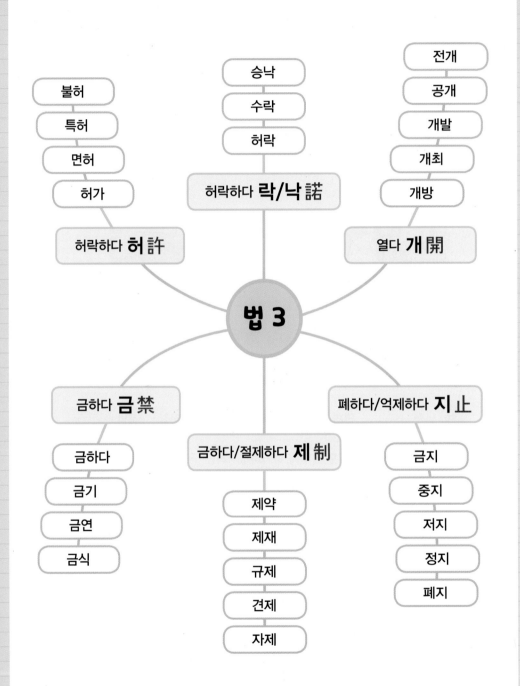

전개
공개
개발
개최
개방

열다 **개 開**

승낙
수락
허락

허락하다 **락/낙 諾**

불허
특허
면허
허가

허락하다 **허 許**

**법 3**

금하다 **금 禁**

금하다
금기
금연
금식

금하다/절제하다 **제 制**

제약
제재
규제
견제
자제

폐하다/억제하다 **지 止**

금지
중지
저지
정지
폐지

| 허락하다<br>**허 許** | to approve<br>許諾する、<br>允许、准许<br>cho phép |
|---|---|

| 허가 | (official) permission / 許可 / 批准、许可 / giấy phép, sự cho phép |
|---|---|
| 면허 | license / 免許 / 执照、牌照、许可 / giấy phép, giấy chứng nhận |
| 특허 | patent / 特許 / 特别许可、专利 / sự đặc cách, bằng phát minh sáng chế |
| 불허 | disapproval / 許さない / 不允许、不准 / sự không cho phép |

| 허락하다<br>**락/낙 諾** | to permit<br>許可する<br>允许、准许<br>cho phép |
|---|---|

| 허락 | approval / 許諾 / 允许、准许、许可 / sự cho phép |
|---|---|
| 수락 | acceptance / 受諾 / 接受 / sự chấp thuận |
| 승낙 | approval / 承諾 / 承诺、同意、答应 / sự đồng ý |

| 열다<br>**개 開** | to open<br>開く<br>开、打开<br>mở, khai mở |
|---|---|

| 개방 | open / 開放 / 开放 / sự mở ra, sự khai phóng |
|---|---|
| 개최 | hosting / 開催 / 举办、举行、召开 / sự tổ chức |
| 개발 | development / 開発 / 开发 / sự khai thác |
| 공개 | open / 公開 / 公开 / sự công khai |
| 전개 | development, unfolding / 展開 / 展开、发展 / sự triển khai |

| 금하다<br>**금 禁** | to prohibit<br>禁じる<br>禁、禁止<br>cấm đoán, kiềm chế |
|---|---|

| 금하다 | to prohibit / 禁じる / 禁、禁止 / cấm đoán, kiềm chế |
|---|---|
| 금기 | taboo / 禁忌 / 禁忌 / điều kiêng kị, điều cấm kị |
| 금연 | nonsmoking / 禁煙 / 禁烟 / việc cấm hút thuốc |
| 금식 | fast / 禁食、絶食 / 禁食 / việc cấm ăn |

| 금하다/절제하다<br>**제 制** | to forbid/to restraint<br>禁じる/節制する<br>禁止/节制<br>cấm đoán/tiết chế |
|---|---|

| 제약 | restriction / 制約 / 制约、限制 / sự giới hạn, điều kiện |
|---|---|
| 제재 | sanction / 制裁 / 制裁 / chế tài, sự hạn chế |
| 규제 | regulation / 規制 / 限制、制约 / quy chế |
| 견제 | keeping in check / 牽制 / 牵制、压制 / sự kìm hãm, sự cản trở |
| 자제 | abstinence / 自制 / 自制、自行克制 / sự tự kiềm chế, sự tự chủ |

| 폐하다/억제하다<br>**지 止** | to abolish/to suppress<br>廃する/抑制する<br>废止/遏制<br>hủy bỏ/cưỡng chế |
|---|---|

| 금지 | prohibition / 禁止 / 禁止 / sự cấm, điều cấm đoán |
|---|---|
| 중지 | suspension / 中止 / 停止、中断 / sự ngưng, sự nghỉ |
| 저지 | interception / 阻止 / 阻止 / sự ngăn cản, sự ngăn chặn |
| 정지 | stop / 停止 / 停止 / sự dừng, sự đình chỉ |
| 폐지 | abolition / 廃止 / 废止、废除 / sự bãi bỏ, sự xóa bỏ |

1. 보기 에서 빈칸에 공통적으로 들어갈 한자를 골라 쓰십시오.

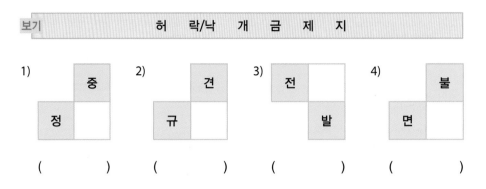

보기             허 락/낙 개 금 제 지

1)

| | 중 |
|---|---|
| 정 | |

(      )

2)

| | 견 |
|---|---|
| 규 | |

(      )

3)

| 전 | |
|---|---|
| | 발 |

(      )

4)

| | 불 |
|---|---|
| 면 | |

(      )

2. 한자의 의미가 <u>다른</u> 것을 고르십시오.

1) **금하다**             ① 금연        ② 지금        ③ 금식

2) **폐하다/억제하다**      ① 저지        ② 금지        ③ 편지

3) **허락하다**            ① 오락        ② 수락        ③ 승낙

4) **열다**                ① 공개        ② 개방        ③ 개선

3. 알맞은 단어를 골라 문장을 완성하십시오.

1) 혼자 배낭여행을 가고 싶지만 부모님이 (**자제, 허락**)해 주지 않으신다.

2) 범죄를 예방하고 아동과 청소년을 보호하기 위해 성범죄의 경우 범죄자의 얼굴과 정보가 (**공개, 불허**)된다.

3) 나는 고등학교 때 학원에 다니지 않고 시간과 공간의 (**허가, 제약**)을/를 별로 받지 않는 인터넷 강의를 자주 들었다.

4) 정부는 2009년부터 공무원 시험 응시자들의 나이 제한을 (**개발, 폐지**)했다.

4. 보기 에서 밑줄 친 부분과 바꿔 사용할 수 있는 단어를 골라 쓰십시오.

| 보기 | 개최 | 면허 | 정지 | 금식 | 수락 | 금기 |
|------|------|------|------|------|------|------|

1) 서울 명동의 고층 건물 엘리베이터가 갑자기 <u>멈춰 섰는데</u> 비   (        )
상벨까지 고장이 나서 엘리베이터에 탔던 10명이 30분 동안
공포에 떨었다.

2) 내일 건강 검진을 받기 때문에 오늘 저녁 9시부터는 <u>음식을</u>   (        )
<u>먹으면 안 된다.</u>

3) 과거에 한국에서는 아기가 태어나면 산모와 아기를 보호하기   (        )
위해 21일 동안 외부 사람과 만나는 것을 <u>꺼려해서 만나지 못</u>
<u>하게 하였다.</u>

4) 한국에서 1988년 여름과 2018년 겨울에 올림픽이 <u>열렸다.</u>   (        )

5. 보기 에서 알맞은 단어를 골라 안내문을 완성하십시오.

| 보기 | 금연 | 특허 | 중지 | 전개 | 금지 | 개방 |
|------|------|------|------|------|------|------|

### 〈중앙도서관 공지 사항〉

- 기말고사 기간 동안 도서관을 24시간 ①_____합니다.
- 도서관 안으로 음식물 반입을 ②_____합니다.
  도서관 내 카페와 식당을 이용해 주십시오.
- 건물 안에서는 ③_____입니다. 담배는 도서관 밖의
  정해진 곳에서 피워 주십시오.
- 도서관 컴퓨터 서버 업데이트로 인해 12월 29일 13시부터 24시까지 대출과 반납이
  일시 ④_____됩니다.

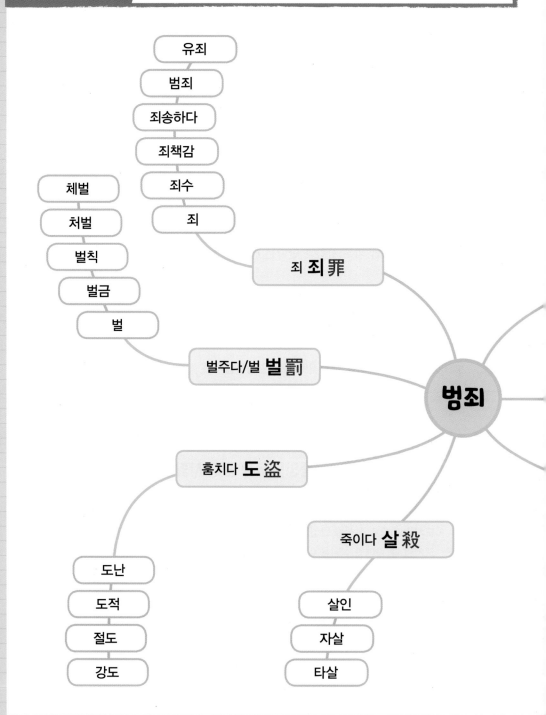

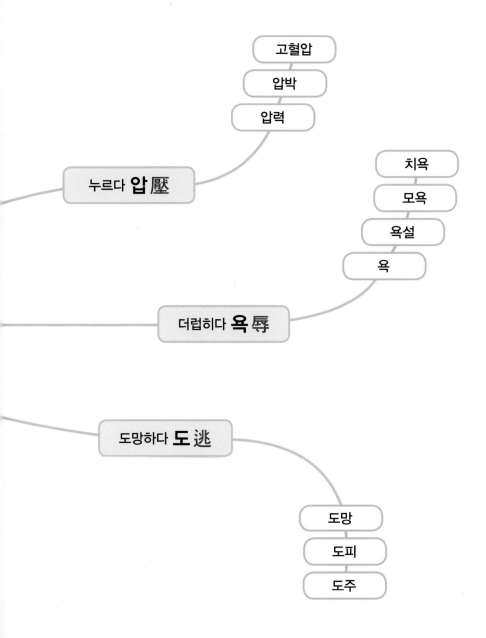

고혈압

압박

압력

누르다 **압** 壓

치욕

모욕

욕설

욕

더럽히다 **욕** 辱

도망하다 **도** 逃

도망

도피

도주

| 죄<br>**죄 罪** | sin<br>罪<br>罪、罪行<br>tội |
|---|---|

**죄** sin / 罪 / 罪、罪行 / tội lỗi, tội

**죄수** prisoner / 罪囚 / 囚犯、犯人、罪囚 / phạm nhân, kẻ tội đồ

**죄책감** sense of guilt / 罪悪感 / 負罪感、罪惡感 / cảm giác tội lỗi

**죄송하다** to be sorry / 申し訳ない、恐縮だ / 对不起、抱歉 / xin lỗi, tạ lỗi

**범죄** crime / 犯罪 / 犯罪 / sự phạm tội, tội phạm

**유죄** guilt / 有罪 / 有罪 / sự có tội

| 벌주다/벌<br>**벌 罰** | to punish/punishment<br>罰する/罰<br>罚、惩罚/惩罚、处罚<br>phạt/hình phạt |
|---|---|

**벌** punishment / 罰 / 惩罚、处罚 / hình phạt

**벌금** fine / 罰金 / 罚金、罚款 / tiền phạt

**벌칙** penalty / 罰則 / 处罚规定 / quy tắc xử phạt

**처벌** punishment (for a crime) / 処罰 / 处罚 / sự xử phạt, hình phạt

**체벌** corporal punishment / 体罰 / 体罚 / hình phạt

| 훔치다<br>**도 盜** | to steal<br>盗む<br>盗、盗取<br>trộm cướp |
|---|---|

**도난** theft / 盗難 / 被偷、被盗 / nạn trộm cắp

**도적** thief / 盗賊 / 盗贼、小偷、窃贼 / đạo tặc, kẻ cắp

**절도** burglary / 窃盗 / 盗窃、偷盗 / việc ăn cắp, kẻ trộm

**강도** robber / 強盗 / 强盗 / tên cướp

| 죽이다<br>**살 殺** | to kill<br>殺す<br>杀死、杀害<br>giết |
|---|---|

**살인** murder / 殺人 / 杀人 / sự giết người, tên sát nhân

**자살** suicide / 自殺 / 自杀 / sự tự sát

**타살** homicide / 他殺 / 他杀 / sự giết người, việc bị ám sát

| 누르다 **압壓** | to press<br>圧する<br>压、压制<br>ấn, nhấn |
|---|---|

**압력** pressure / 圧力 / 压力 / áp lực

**압박** pressure / 圧迫 / 压迫 / sự áp bức, sự đè nén

**고혈압** high blood pressure / 高血圧 / 高血压 / huyết áp cao

| 더럽히다 **욕辱** | to dirty<br>汚す<br>弄脏、玷污<br>bẩn thỉu |
|---|---|

**욕** swear word / 悪口 / 骂人的话、脏话 / sự chửi mắng, việc chửi bậy

**욕설** curse / 悪口雑言、罵り / 咒骂、谩骂 / lời chửi rủa

**모욕** insult / 侮辱 / 侮辱、羞辱 / sự lăng mạ, sự sỉ nhục

**치욕** humiliation / 恥辱 / 耻辱、屈辱 / sự sỉ nhục

| 도망하다 **도逃** | to run away<br>逃げる<br>逃亡<br>chạy trốn |
|---|---|

**도망** running away / 逃亡 / 逃亡 / sự chạy trốn

**도피** escape / 逃避 / 逃避 / sự trốn tránh, sự đào thoát

**도주** flight / 逃走 / 逃走、逃跑 / sự đào tẩu

**1.** 보기 에서 빈칸에 공통적으로 들어갈 한자를 골라 쓰십시오.

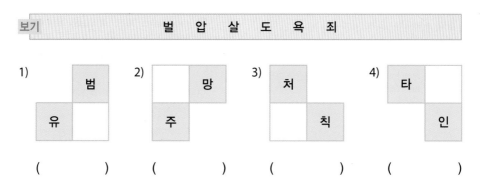

| 보기 | 벌 압 살 도 욕 죄 |
|---|---|

1) 범 / 유 ( )

2) 망 / 주 ( )

3) 처 / 칙 ( )

4) 타 / 인 ( )

**2.** 한자의 의미와 한자, 단어가 맞는 것을 연결하십시오.

1) 더럽히다 •        • ㉮ 도 •        • ㉠ 압력, 고혈압

2) 벌주다/벌 •        • ㉯ 욕 •        • ㉡ 벌금, 체벌

3) 훔치다 •        • ㉰ 벌 •        • ㉢ 욕설, 치욕

4) 누르다 •        • ㉱ 압 •        • ㉣ 도적, 강도

**3.** 알맞은 단어를 골라 문장을 완성하십시오.

1) 2018년에 인터넷에 가짜 뉴스 동영상을 올린 한 남자가 전 세계에서 처음으로 (**죄수, 유죄**) 판결을 받게 되었다.

2) 112는 (**범죄, 도피**)를 신고할 때 사용하는 전화번호로 신고하는 즉시 경찰이 온다.

3) 내가 어렸을 때 잘못을 하면 우리 부모님은 혼내시는 대신에 내가 제일 좋아하는 TV 프로그램을 못 보게 하는 (**죄, 벌**)을/를 주셨다.

4) 오랜 시간 동안 앉아서 컴퓨터를 하면 뼈가 (**압력, 모욕**)을 받아서 허리 디스크에 걸릴 위험이 높다.

**4.** 보기 에서 알맞은 단어를 골라 대화를 완성하십시오.

| 보기 | 도망 | 고혈압 | 처벌 | 살인 | 죄책감 | 체벌 |
|---|---|---|---|---|---|---|

1) 가: 요즘은 인터넷에서 심한 욕설이나 인격을 존중하지 않는 말들을 너무 많이 사용하는 것 같아요.

   나: 그러게 말이에요. 법적으로 _____을 받을 수 있는데도 자신이 보이지 않는다고 그러는 것을 보면 더 강력한 대책이 필요한 것 같아요.

2) 가: 우리 아이가 자주 감기에 걸려요. 제가 음식에 신경을 제대로 못 써서 그런 것 같아요.

   나: 아이가 아프면 엄마는 _____을 느끼기 쉽죠. 하지만 아이들은 아프면서 더 건강하게 자란다고 하잖아요. 그렇게 생각하지 마세요.

3) 가: 할아버지는 좀 어떠세요?

   나: 전에도 _____(으)로 쓰러지신 적이 있어서 많이 걱정했는데 다행히 며칠만 입원해서 쉬시면 된대요.

4) 가: 부모가 자녀를 _____하는 것에 대해 어떻게 생각해?

   나: 아무리 잘못을 해도 아이를 때리는 것은 절대로 안 된다고 생각해.

**5.** 다음을 읽고 빈칸에 들어갈 단어를 순서대로 쓴 것을 고르십시오.

> 가수 오소영 자신의 아파트에서 숨진 채 발견, 사망 원인은 ( ㉮ )

> 기차에서 담배 피우면 최고 50만 원 ( ㉯ )

> 1억 원이 넘는 24톤 트럭, CCTV 없는 곳에서 ( ㉰ ) 당해

① ㉮ 압박 – ㉯ 절도 – ㉰ 강도　　② ㉮ 자살 – ㉯ 벌금 – ㉰ 도난

③ ㉮ 자살 – ㉯ 치욕 – ㉰ 도주　　④ ㉮ 타살 – ㉯ 벌금 – ㉰ 압박

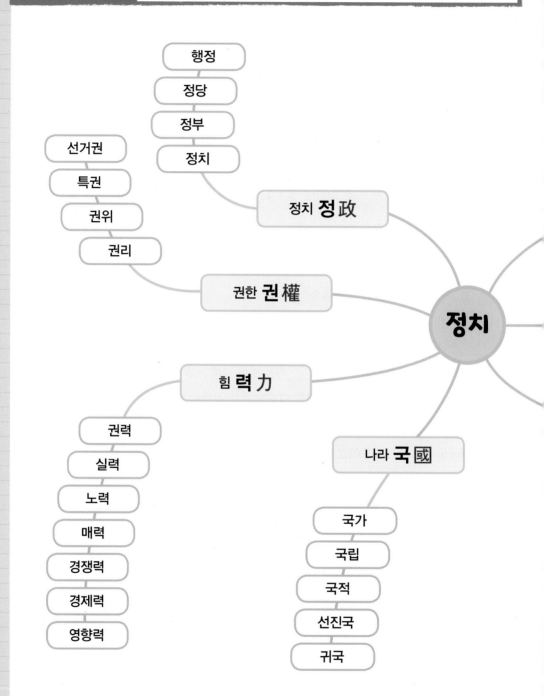

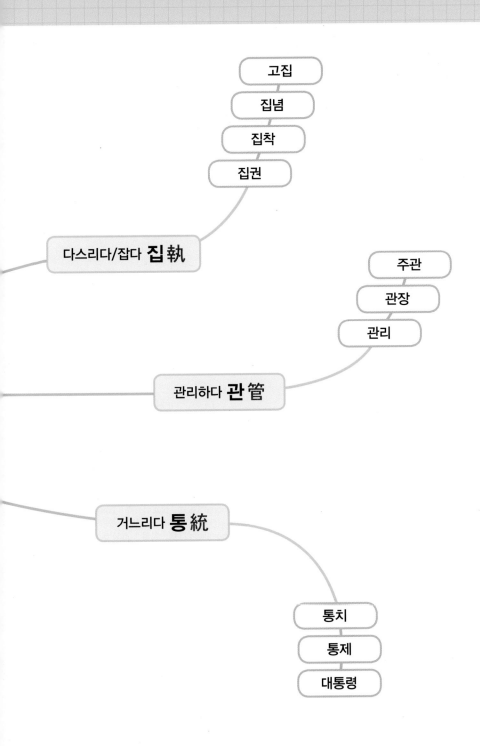

고집

집념

집착

집권

다스리다/잡다 **집 執**

주관

관장

관리

관리하다 **관 管**

거느리다 **통 統**

통치

통제

대통령

| 정치 politics<br>政治<br>政治<br>chính trị | 권한 authority<br>權限<br>权、权限<br>quyền hạn |
|---|---|
| **정政** | **권權** |

**정치** politics / 政治 / 政治 / chính trị

**정부** government / 政府 / 政府 / chính phủ

**정당** party / 政党 / 政党 / chính đảng

**행정** administration / 行政 / 行政 / hành chính

**권리** right / 權利 / 权利 / quyền lợi

**권위** authority / 權威 / 权威 / quyền uy

**특권** privilege / 特権 / 特权 / đặc quyền

**선거권** suffrage / 選挙権 / 选举权 / quyền bầu cử

| 힘 force<br>力<br>力气、力量<br>sức lực | 나라 country<br>国<br>国家<br>quốc gia |
|---|---|
| **력力** | **국國** |

**권력** power / 権力 / 权力 / quyền lực

**실력** ability / 実力 / 实力 / thực lực, năng lực

**노력** effort / 努力 / 努力 / sự nỗ lực, sự cố gắng

**매력** charm / 魅力 / 魅力 / mê lực, sự cuốn hút

**경쟁력** competitiveness / 競争力 / 竞争力 / tính cạnh tranh

**경제력** economic power / 経済力 / 经济实力、财力 / năng lực kinh tế

**영향력** influence / 影響力 / 影响力 / sức ảnh hưởng

**국가** country / 国 / 国家 / quốc gia

**국립** national / 国立 / 国立、公立 / công lập

**국적** nationality / 国籍 / 国籍 / quốc tịch

**선진국** developed country / 先進国 / 发达国家、先进国家 / nước phát triển

**귀국** returning to one's country / 帰国 / 回国、归国 / sự trở về nước

| 다스리다/잡다<br>**집執** | to control/to hold<br>治める/執る<br>治理/抓住<br>thống trị/bắt |
| --- | --- |

**집권** seizure of power / 執権 / 执政、掌权 / sự cầm quyền

**집착** obsession / 執着 / 执着 / sự quyến luyến, sự vấn vương

**집념** tenacity / 執念 / 信念、执念 / sự kiên trì, sự quyết tâm

**고집** stubbornness / 固執 / 固执 / sự cứng nhắc, sự cứng đầu

| 관리하다<br>**관管** | to manage<br>管理する<br>管理<br>quản lí |
| --- | --- |

**관리** management / 管理 / 管理 / sự quản lý

**관장** assuming the responsibility / 管掌 / 掌管、主管 / sự quản lý, sự phụ trách

**주관** supervision, hosting / 主管 / 主管、主办 / sự chủ quản, sự tổ chức

| 거느리다<br>**통統** | to govern<br>治める<br>统率、带领<br>chỉ huy, lãnh đạo |
| --- | --- |

**통치** reign / 統治 / 统治 / sự thống trị

**통제** control / 統制 / 控制、管制 / sự khống chế, sự kiểm sát

**대통령** president / 大統領 / 总统 / tổng thống

1. 보기 에서 빈칸에 공통적으로 들어갈 한자를 골라 쓰십시오.

| 보기 | 권 관 정 집 통 력 |
|---|---|

1) 노 □    경 제 □    매 □    (          )

2) 특 □    선 거 □    □ 위    (          )

3) □ 리    □ 장    주 □    (          )

4) □ 권    □ 념    □ 고    (          )

2. 한자의 의미가 맞는 것을 고르십시오.

1) **거느리다**　　　① 교<u>통</u>　　　② 대<u>통</u>령　　　③ <u>통</u>증

2) **힘**　　　① 학<u>력</u>　　　② 경<u>력</u>　　　③ 권<u>력</u>

3) **나라**　　　① <u>국</u>가　　　② 결<u>국</u>　　　③ 약<u>국</u>

4) **정치**　　　① 우<u>정</u>　　　② 행<u>정</u>　　　③ <u>정</u>의

3. 단어의 의미가 맞는 것을 연결하십시오.

1) 대통령 •　　　• ㉠ 정치적 의견이나 생각을 같이하는 사람들이 모여 만든 단체

2) 선거권 •　　　• ㉡ 한 국가를 대표하는 나라의 최고 지도자

3) 선진국 •　　　• ㉢ 다른 나라보다 정치, 경제, 문화 등의 발달이 앞선 나라

4) 정당 •　　　• ㉣ 투표를 통해 대표자를 뽑을 수 있는 권리

4. 알맞은 단어를 골라 문장을 완성하십시오.

1) (**정치, 정부**)나 지방의 공공 단체의 업무를 맡아서 일하는 사람을 공무원이라고 한다.

2) 모든 사람은 법 앞에서 평등하게 대우받을 (**권리, 특권**)이/가 있다.

3) 내일부터 태풍으로 인한 사고 예방을 위해 한라산 등산로의 출입이 완전히 (**통제, 통치**)된다.

4) 서울 시청이 (**집착, 주관**)하는 '열린 음악회'는 한국의 유명 음악인들이 다수 참가하며 매년 시청 앞 광장에서 열린다.


5. **보기** 에서 알맞은 단어를 골라 대화를 완성하십시오.

| 보기 | 노력 | 고집 | 귀국 | 경쟁력 | 국적 | 실력 |

1) 가: 한국어 회화 _____이 많이 늘었네요. 어떻게 공부했어요?

   나: 저는 책으로만 공부하지 않고 드라마나 한국 노래로 공부하니까 더 효과적이었던 것 같아요.

2) 가: 남자 친구는 성격이 어때?

   나: 재미있고 친절한데 _____이 좀 세서 가끔 싸울 때가 있어.

3) 가: 테무진 씨 반에는 어느 나라 사람들이 있어요?

   나: 이번 학기에는 일본, 러시아, 중국, 베트남, 독일 등 다양한 _____의 학생들이 있어요.

4) 가: 선배님, 취업 _____을 높이려면 어떻게 준비하면 좋아요?

   나: 성적도 좋아야 하지만 하고 싶은 업무와 관계있는 일을 해 본 경험이 있다거나 관련 자격증이 있으면 조금 더 유리하지.

# 한자성어

## 속 묶다束   수 손手   무 없다無   책 방법策

➡ 손을 묶인 듯이 어떻게 할 수 있는 방법이 없어서 꼼짝 못 하게 된다. 즉, 뻔히 보면서도 어떻게 해야 할지 모르고 꼼짝 못 함을 나타내는 말

가: 어제 강원도에 큰 산불이 났다는 뉴스 봤어요?

나: 네, 몇 년 전에도 강원도에서 산불이 나서 사람도 죽고 피해가 컸잖아요.

가: 소방차가 곧 왔는데도 바람이 너무 강하게 불어서 **속수무책**으로 산불이 번지는 걸 보니 정말 안타까웠어요.

나: 그래도 이번에는 죽거나 다친 사람이 없다니 불행 중 다행이에요.

## 촌 마디寸   철 쇠鐵   살 죽이다殺   인 사람人

➡ 한 마디의 쇠로도 사람을 죽일 수 있다. 즉, 간단한 말로도 남을 감동하게 하거나 남의 약점을 찌를 수 있음을 나타내는 말

가: 요즘 조병우라는 코미디언이 하는 인터넷 동영상이 인기가 많은데 알아?

나: 얘기는 들었어. 혼자서 공연하는데 재미있다고 하더라. 그런데 왜 그렇게 인기가 많은 거야?

가: 어려운 경제 문제도 쉽고 재미있게 설명하는 데다가 특히 정치나 사회 문제에 대한 **촌철살인**의 말솜씨가 인기 비결 중 하나인 것 같아.

나: 그렇구나. 나도 한번 봐야겠다.

# 14

# 상태

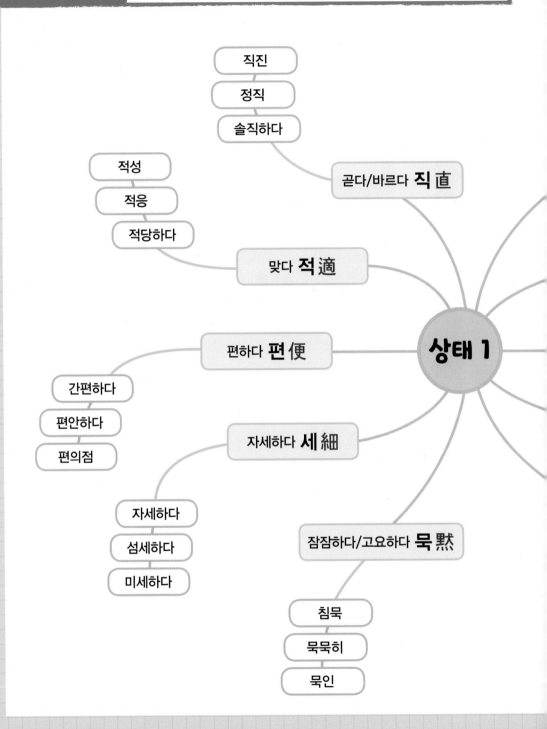

상태 1

곧다/바르다 **직**直
- 직진
- 정직
- 솔직하다

맞다 **적**適
- 적성
- 적응
- 적당하다

편하다 **편**便
- 간편하다
- 편안하다
- 편의점

자세하다 **세**細
- 자세하다
- 섬세하다
- 미세하다

잠잠하다/고요하다 **묵**黙
- 침묵
- 묵묵히
- 묵인

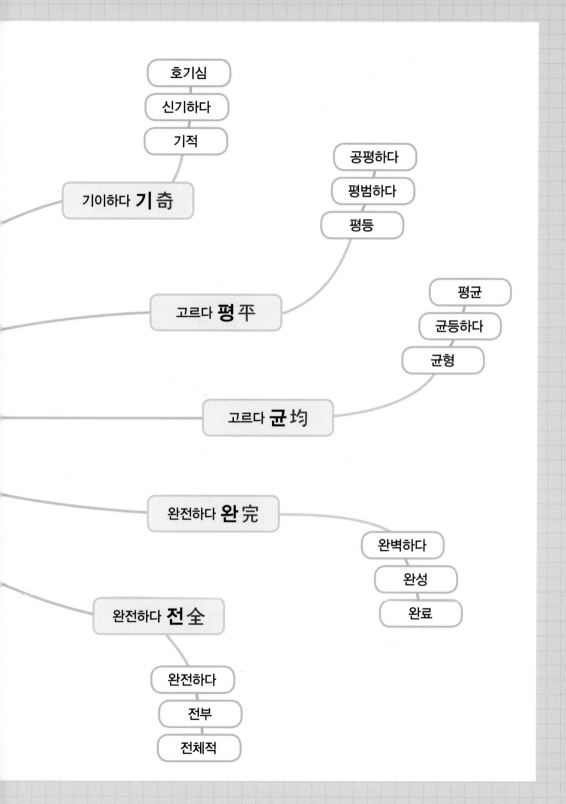

호기심

신기하다

기적

기이하다 **기** 奇

공평하다

평범하다

평등

고르다 **평** 平

평균

균등하다

균형

고르다 **균** 均

완전하다 **완** 完

완벽하다

완성

완료

완전하다 **전** 全

완전하다

전부

전체적

| 곧다/바르다 | to be straight/to be upright |
| **직 直** | 剛直だ/正しい |
| | 正直/端正 |
| | thẳng/đúng |

**솔직하다** to be frank / 率直だ、正直だ / 诚实、直率、老实 / thành thật

**정직** honesty / 正直 / 正直 / sự chính trực, sự ngay thẳng

**직진** going straight / 直進 / 直行、直线前进 / sự tiến thẳng, sự đi thẳng

| 맞다 | to be appropriate |
| **적 適** | 適する |
| | 正好、合适 |
| | đúng, hợp |

**적당하다** to be reasonable / 適当だ / 适当、合适 / sự thích hợp, sự thích đáng

**적응** adaptation / 適応 / 适应 / sự áp dụng

**적성** aptitude / 適性 / 性格、适应性 / sự phù hợp với tính cách

| 편하다 | to be convenient, to be comfortable |
| **편 便** | 楽だ |
| | 便利、舒服 |
| | tiện lợi |

**간편하다** to be simple and convenient / 簡便だ、便利だ / 简单方便、简便 / giản tiện, đơn giản

**편안하다** to be comfortable / 気楽だ、安らかだ / 舒服、舒适 / bình an, thanh thản

**편의점** convenience store / コンビニ / 便利店 / cửa hàng tiện lợi

| 자세하다 | to be detailed |
| **세 細** | 詳細だ |
| | 详细、仔细 |
| | chi tiết |

**자세하다** to be detailed / 詳細だ / 详细、仔细 / chi tiết

**섬세하다** to be delicate / 繊細だ / 纤细、纤巧 / tinh xảo, tế nhị

**미세하다** to be minute / 微細だ / 细微、细小 / cực nhỏ, cực chi tiết

| 잠잠하다/고요하다 | to be calm/to be still |
| **묵 黙** | 黙る/静かだ |
| | 安静/寂静 |
| | lặng lẽ/tĩnh mịch |

**침묵** silence / 沈黙 / 沉默 / sự im lặng

**묵묵히** silently / 黙々と / 默默地 / một cách im lặng

**묵인** acquiescence / 黙認 / 默认 / sự bao che ngầm

| 기이하다 | to be weird |
| **기 奇** | 不思議だ |
| | 奇异、奇特 |
| | kì dị |

**기적** miracle / 奇跡 / 奇迹 / kì tích, sự phi thường

**신기하다** to be marvelous / 不思議だ / 神奇 / thần bí, kì lạ

**호기심** curiosity / 好奇心 / 好奇心 / tính hiếu kì, tính tò mò

| 고르다 | to be regular |
|---|---|
| **평 平** | 差がない<br>平、均匀<br>giống nhau |

**평등** equality / 平等 / 平等、公正 / sự bình đẳng

**평범하다** to be ordinary / 平凡だ / 平凡、平常、普通 / bình thường

**공평하다** to be fair / 公平だ / 公平、公正 / công bằng

| 고르다 | to be even |
|---|---|
| **균 均** | 均しい<br>平、均匀<br>cân bằng |

**균형** balance / 均衡 / 均衡、平衡 / sự cân bằng

**균등하다** to be equal / 均等だ / 均等、均匀 / bình quân, bình đẳng

**평균** average / 平均 / 平均 / bình quân, trung bình

| 완전하다 | to be perfect |
|---|---|
| **완 完** | 完全だ<br>完全<br>hoàn toàn |

**완벽하다** to be perfect / 完璧だ / 完美、十全十美 / hoàn hảo

**완성** completion / 完成 / 完成 / sự hoàn thành

**완료** completion / 完了 / 结束、完结 / sự hoàn thiện

| 완전하다 | to be perfect |
|---|---|
| **전 全** | 完全だ<br>完全<br>hoàn toàn |

**완전하다** to be perfect / 完全だ / 完全、全部、全面 / hoàn toàn

**전부** all / 全部 / 全部 / toàn bộ

**전체적** general / 全体的 / 全体的、整体的 / mang tính tổng thể

1. 보기 에서 빈칸에 공통적으로 들어갈 한자를 골라 쓰십시오.

| 보기 | 세 묵 완 균 적 직 |
|---|---|

1) [  ]형   [  ]등 하 다                    (            )

2) [  ]벽 하 다   [  ]료                    (            )

3) 침[  ]   [  ]인   [  ][  ]히              (            )

4) [  ]응   [  ]당 하 다                    (            )

5) [  ]진   솔[  ]하 다                      (            )

2. 한자의 의미가 다른 것을 고르십시오.

1) **고르다**        ① 평등        ② 공평하다      ③ 평가

2) **자세하다**      ① 섬세하다    ② 세수하다      ③ 미세하다

3) **기이하다**      ① 신기하다    ② 기적          ③ 악기

4) **편하다**        ① 편견        ② 편안하다      ③ 편의점

5) **완전하다**      ① 전부        ② 오전          ③ 전체적

**3.** 알맞은 단어를 골라 문장을 완성하십시오.

1) 2018년 한국인의 (**완성, 평균**) 결혼 연령은 남성은 33세, 여성은 31세라고 한다.

2) 내가 다니는 병원의 의사 선생님은 환자들이 물어보는 것에 대해서 친절하고 (**균등하게, 자세하게**) 설명해 주신다.

3) 교사는 학생들을 차별하지 말고 (**공평하게, 평범하게**) 대해야 한다.

4) 이 운동화 디자인이 너무 마음에 들어서 색깔별로 (**완전히, 전부**) 사고 싶다.

**4.** 보기 에서 알맞은 단어를 골라 대화를 완성하십시오.

| 보기 | 간편하다 | 신기하다 | 적성 | 정직 | 편의점 | 호기심 |
|------|---------|---------|------|------|--------|--------|

1) 가: 조카가 5살인데 끊임없이 질문해요.

　　나: 하하하, 아이들은 _____이 많잖아요. 지금은 고등학생인 우리 아이도 어렸을 때는 하루에 '왜?'라는 말을 얼마나 많이 했는지 몰라요.

2) 가: 갑자기 배가 아픈데 약국 문을 닫았겠지?

　　나: 요즘은 _____에서도 약을 파니까 내가 가서 사 올게.

3) 가: 요즘은 된장찌개도 이렇게 끓이기만 하면 되도록 나오나 봐요.

　　나: 네, 한꺼번에 냄비에 넣고 5분만 끓이면 되니까 아주 _____아요/어요.

4) 가: 월급도 근무 환경도 좋다더니 왜 회사를 옮기려고요?

　　나: 일이 _____에 안 맞아서 좋아하는 일을 찾고 싶어서요.

**5.** 보기 에서 알맞은 단어를 골라 이야기를 완성하십시오.

| 보기 | 묵묵히 | 미세하다 | 솔직하다 | 전체적으로 | 완벽하다 | 적당하다 |
|------|--------|----------|----------|------------|----------|----------|

　　우리 부서의 서윤 씨는 성실하고 힘들거나 어려운 일이 있어도 불평하지 않고 맡은 일을 ① _____ 열심히 한다. 진우 씨는 ② _____(으)ㄴ 편이다. 어떤 문제에 대해서 돌려서 말하지 않고 좋고 싫은 것을 분명하게 말한다. 승원 씨는 꼼꼼하고 무슨 일이든지 실수 없이 ③ _____게 처리한다. 그래서 동료들과 과장님의 신뢰를 받는다.

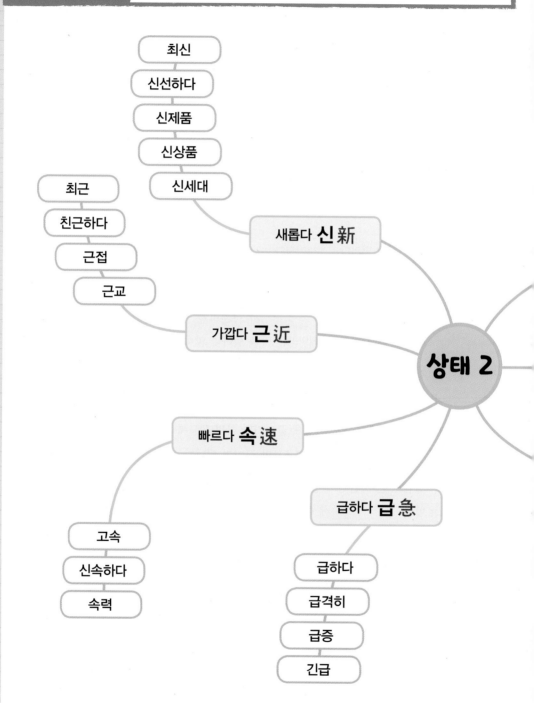

최신
신선하다
신제품
신상품
신세대
새롭다 신 新

최근
친근하다
근접
근교
가깝다 근 近

빠르다 속 速

상태 2

급하다 급 急

고속
신속하다
속력

급하다
급격히
급증
긴급

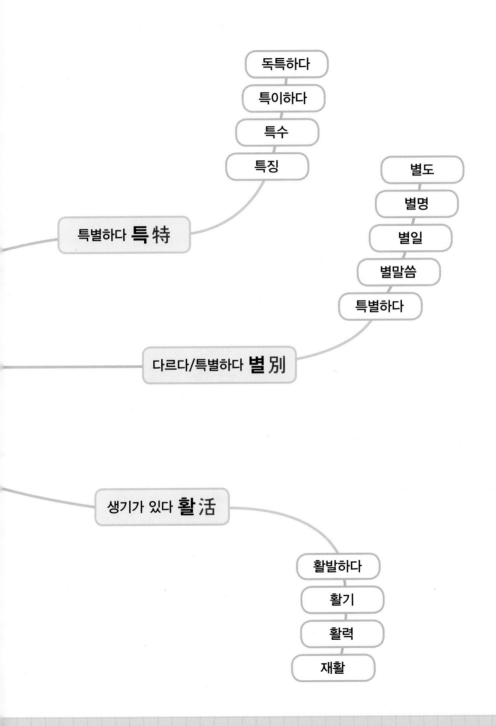

독특하다

특이하다

특수

특징

특별하다 **特**特

별도

별명

별일

별말씀

특별하다

다르다/특별하다 **별**別

생기가 있다 **활**活

활발하다

활기

활력

재활

| 새롭다 **신 新** | to be new<br>新しい<br>新<br>mới mẻ |
|---|---|

**신세대** new generation / 新世代 / 新一代、新生代 / thế hệ mới

**신상품** new product / 新商品 / 新商品 / sản phẩm mới

**신제품** new product / 新製品 / 新产品、新品 / sản phẩm mới

**신선하다** to be fresh / 新鮮だ / 新鲜 / tươi mới, tươi

**최신** state-of-the-art / 最新 / 最新 / sự tối tân, sự mới nhất

| 가깝다 **근 近** | to be near<br>近い<br>近<br>gần gũi |
|---|---|

**근교** suburb / 近郊 / 近郊、郊区、市郊 / vùng ngoại ô, ngoại thành

**근접** closeness / 近接 / 接近、靠近 / sự tiếp cận

**친근하다** to be familiar / 身近だ / 亲近、亲密 / thân cận, thân thiết

**최근** recent / 最近 / 最近 / gần đây, dạo này

| 빠르다 **속 速** | to be fast<br>早い<br>快<br>nhanh |
|---|---|

**고속** high speed / 高速 / 高速 / tốc độ cao

**신속하다** to be swift, to be quick / 迅速だ / 迅速、快速 / nhanh nhẹn, thần tốc

**속력** speed / 速力 / 速度 / tốc lực

| 급하다 **급 急** | to be impatient, to be haste<br>急だ、気が短い<br>急、着急<br>gấp, khẩn cấp |
|---|---|

**급하다** to be impatient, to be haste / 急だ、気が短い / 急、着急 / gấp, khẩn cấp

**급격히** rapidly / 急激に / 急剧地、剧烈地 / một cách nhanh chóng

**급증** sudden increase / 急増 / 剧增、激增 / sự tăng nhanh

**긴급** emergency / 緊急 / 紧急 / sự khẩn cấp

| 특별하다 特特 | to be special<br>特別だ<br>特別<br>đặc biệt |
|---|---|

**특징** characteristic / 特徴 / 特征 / đặc điểm

**특수** speciality / 特殊 / 特殊 / sự đặc thù

**특이하다** to be unusual / 特異だ、変わった / 特別、特异 / đặc trưng, riêng biệt

**독특하다** to be unique / 独特だ / 独特 / độc đáo, đặc biệt

| 다르다/특별하다 別別 | to be different/to be special<br>違う/特別だ<br>不同/特别<br>khác biệt/đặc biệt |
|---|---|

**특별하다** to be special / 特別だ / 特别 / đặc biệt

**별말씀** anything particular to say / 特別な言葉(とんでもない) / 別的话、见外的话 / ý kiến khác, lời nói nào

**별일** anything particular / 変わったこと / 特別的事 / việc lạ, việc đặc biệt

**별명** nickname / あだ名、別名 / 外号、绰号 / biệt danh

**별도** separate one, extra one / 別途 / 另外、单独 / riêng, riêng biệt

| 생기가 있다 活活 | to be vital<br>生気がある<br>活泼、有活力<br>có sinh khí |
|---|---|

**활발하다** to be active / 活発だ / 活泼 / hoạt bát

**활기** vitality / 活気 / 生气、朝气 / sinh khí, sức sống

**활력** vigor / 活力 / 活力 / sức sống, sinh lực

**재활** rehabilitation / リハビリ、社会復帰 / 康复、重新开始活动 / sự phục hồi chức năng

# Day 63 | 연습 문제

**1.** 보기 에서 공통적으로 들어간 한자의 의미를 골라 쓰십시오.

| 보기 | 가깝다 | 새롭다 | 빠르다 | 생기가 있다 | 특별하다 | 급하다 |
|---|---|---|---|---|---|---|

1) 신세대    신상품    최신                    (         )

2) 특징    특수    특이하다                    (         )

3) 고속    신속하다    속력                    (         )

4) 활력    재활    활기                    (         )

**2.** 한자의 의미가 <u>다른</u> 것을 고르십시오.

1) **급하다**          ① 급증       ② 발급       ③ 긴급

2) **다르다/특별하다**    ① 이별       ② 별명       ③ 별말씀

3) **가깝다**          ① 근무       ② 근접       ③ 근교

4) **새롭다**          ① 신선하다    ② 신제품      ③ 신체

**3.** 보기 에서 밑줄 친 단어의 반대말을 골라 쓰십시오.

| 보기 | 긴급 | 활발하다 | 급격히 | 최신 | 독특하다 | 친근하다 |
|---|---|---|---|---|---|---|

1) 우리 언니는 디자이너라서 그런지 <u>평범한</u> 옷은 사지 않는다.    (         )

2) 내일부터 기온이 <u>서서히</u> 떨어진다고 한다.    (         )

3) 처음 한국에 왔을 때는 날씨도 문화도 달라서 모든 것이 <u>낯설</u>    (         )
었다.

4) 이 카메라는 아버지가 사용하시던 것인데 30년도 넘은 <u>오래</u>    (         )
된 것이다.

4. 보기 에서 알맞은 단어를 골라 대화를 완성하십시오.

| 보기 | 별일 | 신제품 | 별도 | 속력 | 활기 | 신세대 |
|---|---|---|---|---|---|---|

1) 가: 휴대폰을 새로 샀어?

   나: 응. 이번에 나온 _____인데 기능도 많고 사진도 정말 잘 나와.

2) 가: 이 원피스를 사면 벨트도 포함되나요?

   나: 죄송합니다, 고객님. 벨트는 _____(으)로 구매하셔야 합니다.

3) 가: 안색이 안 좋아 보이는데 무슨 일 있어요?

   나: _____ 아니에요. 보고서 때문에 며칠 잠을 잘 못 자서 그래요.

4) 가: 이곳 야시장은 정말 _____이/가 넘치네요.

   나: 여기는 세계 여러 나라 음식을 맛볼 수 있으니까 외국인이나 한국인이나 할 것
   없이 많이 와요.

5. 보기 에서 알맞은 단어를 골라 광고를 완성하십시오.

| 보기 | 신속하다 | 특이하다 | 고속 | 재활 | 근교 | 신선하다 |
|---|---|---|---|---|---|---|

1) 방금 만든 _____(으)ㄴ 주스,
   이제 집에서 드세요.

2) 30분 안에 _____게 배달합니다.

3) 서울에서 1시간! 서울 _____
   온천 여행은 이천으로 오세요.

4) _____ 충전기,
   10분 만에 100% 충전!

| 굳다/단단하다<br>**고 固** | to be solid/to be hard<br>固い/丈夫だ<br>硬/坚硬<br>chắc chắn/vững chắc |
|---|---|

**고정** being fixed / 固定 / 固定 / cố định

**고착** sticking / 固着 / 固定、胶着、固着 / sự kiên cố, sự bám chặt

**고체** solid / 固体 / 固体、固态 / chất rắn

**확고하다** to be firm / ゆるぎない / 确固、坚定 / vững chắc, vững bền

**견고하다** to be sturdy / 堅固だ / 堅固 / kiên cố

| 굽다<br>**곡 曲** | to be curved<br>曲がる<br>弯曲<br>cong |
|---|---|

**완곡하다** to be euphemistic / 婉曲だ / 委婉、婉转 / khéo léo, nói vòng

**왜곡** distortion / 歪曲 / 歪曲 / sự bóp méo

**굴곡** ups and downs / 屈曲 / 曲折、坎坷 / chỗ uốn khúc

**곡선** curve / 曲線 / 曲线 / đường cong

| 깊다<br>**심 深** | to be deep<br>深い<br>深<br>sâu |
|---|---|

**심각하다** to be serious / 深刻だ / 严重 / nghiêm trọng

**심오하다** to be profound / 奥深い、深奥だ / 深奥 / uyên thâm

**심화** deepening / 深化 / 深化、深入 / sự chuyên sâu

**수심** depth of water / 水深 / 水深 / độ sâu

| 날카롭다<br>**예 銳** | to be sharp<br>鋭い<br>锋利、锐利<br>sắc bén |
|---|---|

**예민하다** to be sensitive / 鋭敏だ / 敏感、敏锐 / mẫn cảm, nhạy cảm

**예리하다** to be sharp / 鋭利だ / 锐利、锋利 / sắc, nhọn

**첨예하다** to be sharp (in situations) / 先鋭だ、尖鋭だ / 尖锐、锐利 / sâu sắc, rõ nét

| 드물다/묽다<br>**희 稀** | to be rare/to be watery<br>まれだ/薄い<br>稀少/淡、稀(水分过多)<br>hiếm/loãng |
|---|---|

**희소** scarcity / 希少だ / 稀少 / sự thưa thớt, sự khan hiếm

**희한하다** to be unusual / 稀有だ、珍しい / 稀罕、稀奇、罕见 / hiếm có, kì lạ

**희박하다** to be thin / 希薄だ、まれだ / 稀薄、淡薄 / nông, loãng, hời hợt

**희미하다** to be dim / かすかだ / 模糊、朦胧、微弱 / mờ nhạt, nhạt nhòa

**희석** dilution / 希釈 / 稀释 / sự pha loãng, sự làm nhạt

| 간략하다<br>**략/약 略** | to be brief<br>簡略だ<br>简略<br>giản lược |
|---|---|

**간략하다** to be brief / 簡略だ / 简略、简明 / giản lược, vắn tắt

**생략** omission / 省略 / 省略 / sự lược bỏ, sự rút gọn

**대략** approximately / 大略 / 大约、大略、大概 / đại khái, chung chung

**약력** profile / 略歴 / 简历 / tiểu sử tóm tắt

**약자** abbreviation / 略字 / 简化字、缩写 / chữ viết tắt

1. 보기 에서 빈칸에 공통적으로 들어갈 한자를 골라 쓰십시오.

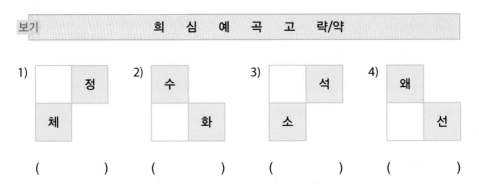

| 보기 | 희  심  예  곡  고  략/약 |

1) □정 / 체□ ( )

2) 수□ / □화 ( )

3) □석 / 소□ ( )

4) 왜□ / □선 ( )

2. 한자의 의미와 한자, 단어가 맞는 것을 연결하십시오.

1) 날카롭다 •    • ㉮ 고 •    • ㉠ 희한하다, 희박하다

2) 굳다/단단하다 •    • ㉯ 예 •    • ㉡ 고착, 확고하다

3) 간략하다 •    • ㉰ 희 •    • ㉢ 예민하다, 첨예하다

4) 드물다/묽다 •    • ㉱ 략/약 •    • ㉣ 생략, 약력

3. 알맞은 단어를 골라 문장을 완성하십시오.

1) 부동산 가격이 오르는 것을 막아 주택 시장을 안정시키겠다는 정부의 의지가 어느 때보다 (**첨예하다, 확고하다**).

2) 다른 사람에게 충고를 할 때는 직접적으로 말하기보다 상대방의 입장을 생각해서 (**예리한, 완곡한**) 표현으로 하는 것이 좋다.

3) JBS의 역사 드라마 '조선의 왕'이 역사적 사실을 지나치게 (**왜곡, 심화**)하고 있다는 비판을 받고 있다.

4) 나는 초등학교에 들어간 후부터는 뚜렷하게 기억하는데 그전의 기억은 아주 (**희한하다, 희미하다**).

4. 보기 에서 알맞은 단어를 골라 대화를 완성하십시오.

| 보기 | 심각하다 | 예민하다 | 대략 | 약자 | 견고하다 | 희석 |
|------|---------|---------|------|------|---------|------|

1) 가: 그거 사과 식초 아니에요? 왜 식초를 물에 타서 먹어요?

   나: 이렇게 물에 _____ 해서 마시면 건강에도 좋고 다이어트에도 좋대요.

2) 가: 남자 친구가 승진 시험을 앞두고 있어서 그런지 사소한 일에도 자주 짜증을 내.

   나: 회사 일도 바쁘고 시험 준비도 해야 하니까 _____ 아서/어서 그런 것 같은데 네가 이해해.

3) 가: 이번 주 금요일 저녁 7시 예약이요? 인원이 몇 명쯤 되시나요?

   나: 정확하지는 않은데 _____ 20명쯤 될 거예요.

4) 가: 호석 씨가 _____ (으)ㄴ 표정으로 전화하고 있는데 무슨 일이 있나 봐요.

   나: 서류 가방을 지하철에 놓고 내려서 지금 지하철역 분실물 센터에 전화하고 있는 거예요.

5. 보기 에서 알맞은 단어를 골라 이야기를 완성하십시오.

| 보기 | 수심 | 심오하다 | 희소 | 고착 | 굴곡 | 희박하다 |
|------|------|---------|------|------|------|---------|

> 철민: 저는 이번 휴가 때 해변 도로를 따라 달리는 드라이브 여행을 갔어요. 아름다운 바다 덕분에 하루 종일 운전해도 피곤하지 않았어요. 하지만 신나게 달리다가도 종종 ①_____이/가 심한 도로가 나와서 조심해야 됐어요.
>
> 막시: 저는 4,000미터가 넘는 산을 올랐어요. 그렇게 높은 산에 올라간 것은 처음이었는데 공기가 ②_____기 때문에 숨이 차서 걷기가 힘들었어요. 하지만 정상에서 본 멋진 풍경은 지금도 잊을 수 없어요.
>
> 흐엉: 저는 바다로 휴가를 갔어요. 바닷물이 깨끗하고 ③_____도 깊지 않아서 아이들이 물놀이하기에 좋았어요. 날씨도 휴가 내내 좋았고요.
>
> 이반: 저는 섬으로 여행을 다녀왔어요. 제가 여행 간 곳은 커피로 유명한데 거기 커피는 맛도 좋고 세계 커피 생산량의 1%밖에 안 돼서 ④_____ 가치가 높대요. 그래서 친구들한테 선물하려고 커피를 많이 사 왔어요.

# 한자성어

<table>
<tr><td>**천** 천干</td><td>**차** 다르다差</td><td>**만** 만萬</td><td>**별** 나누다別</td></tr>
</table>

➡️ 여러 가지 사물이 모두 차이가 있고 구별이 있다.

> 가: 유민 씨는 어느 회사 청소기를 써요?
>
> 나: 저는 ANG전자에서 나온 청소기를 써요. 그런데 갑자기 청소기는 왜 물어봐요?
>
> 가: 청소기를 새로 사려고 인터넷을 검색해 봤는데 가격도 성능도 디자인도 **천차만별**이라서 고를 수가 없더라고요. 그래서 그냥 주변 친구들이 쓰는 청소기가 괜찮다고 하면 같은 걸 사려고요.
>
> 나: 하하, 그렇군요. 웨이 씨 말처럼 요즘은 제품들이 너무 다양하게 나와서 선택하는 게 힘들겠네요.

<table>
<tr><td>**심** 깊다深</td><td>**사** 생각思</td><td>**숙** 익다熟</td><td>**고** 생각考</td></tr>
</table>

➡️ 신중하게 깊이 생각한다.

> 가: 취직한 지 1년 정도밖에 안 되었는데 벌써 회사를 옮기려고?
>
> 나: 아직 결정한 건 아니고 생각 중이야. 일이 너무 많고 야근도 잦아서 힘들거든.
>
> 가: 그래? 그런데 연봉도 높고 같은 부서 동료와 상사도 좋은 사람들이라고 했잖아. 게다가 집에서 가깝기도 하고. 회사를 옮긴다는 게 쉬운 일이 아닌데 조금 더 **심사숙고**해 봐.
>
> 나: 그래, 네 말이 맞네. 좀 더 생각해 볼게.

# 15

## 개념

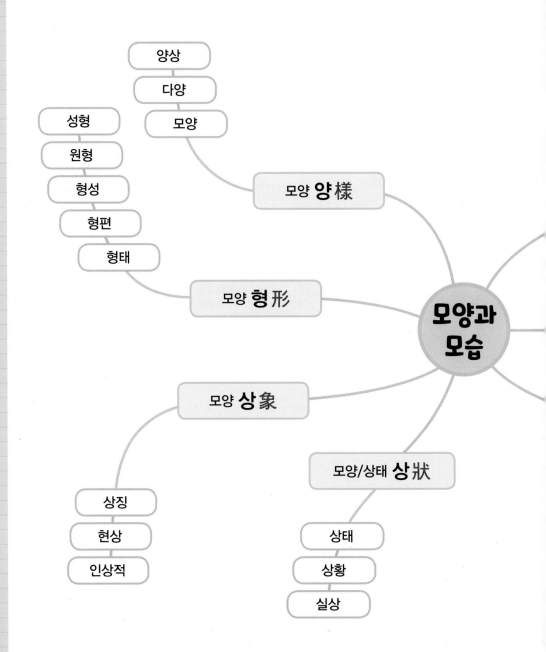

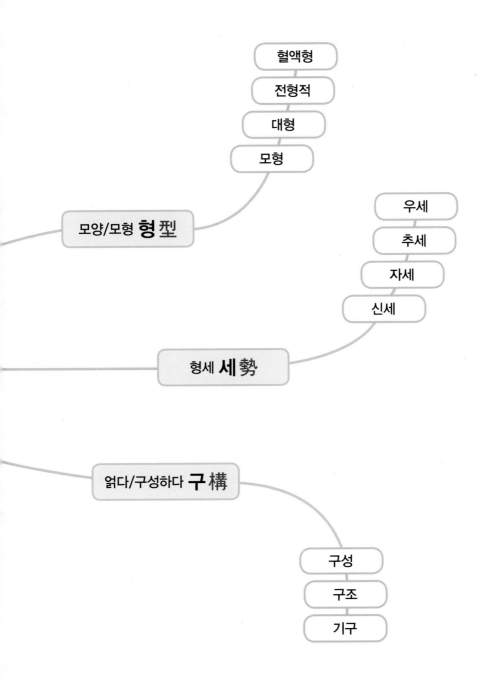

혈액형

전형적

대형

모형

모양/모형 **형** 型

우세

추세

자세

신세

형세 **세** 勢

얽다/구성하다 **구** 構

구성

구조

기구

| 모양 **양樣** | shape<br>様子<br>模样<br>hình dáng |
|---|---|

**모양** shape / 様子、形 / 模样 / hình dáng

**다양** variety / 多様 / 多样 / sự đa dạng

**양상** aspect / 様相 / 样子、模样、面貌 / hình thức, dạng thức

| 모양 **형形** | form<br>様子<br>模样<br>hình dáng |
|---|---|

**형태** shape, form / 形 / 形态 / hình thái, hình dáng

**형편** circumstance / 事情、様子 / 形势、情况、境况 / hoàn cảnh, tình hình

**형성** formation / 形成 / 形成 / sự hình thành

**원형** original form / 原型、原形 / 原样、原貌、原型 / hình dáng ban đầu

**성형** shaping, plastic surgery / 成型、美容整形 / 成形、成型、整形 / sự tạo hình, sự chỉnh hình

| 모양 **상象** | appearance<br>様子<br>模样<br>hình dáng |
|---|---|

**상징** symbol / 象徴 / 象征 / biểu tượng

**현상** phenomenon / 現象 / 现象 / hiện tượng

**인상적** impressive / 印象的 / 印象深刻的 / mang tính ấn tượng

| 모양/상태 **상狀** | appearance/condition<br>様子/状態<br>模样/状态<br>hình dáng/trạng thái |
|---|---|

**상태** condition / 状態 / 状态 / trạng thái

**상황** situation / 状況 / 状况、情况 / tình huống

**실상** truth / 実状、実情 / 实际上、实际情况 / thực trạng

| 모양/모형<br>**형 型** | figure/model<br>様子/模型<br>模样/模型<br>hình dáng/mô hình |
|---|---|

**모형** model / 模型 / 模型 / mô hình

**대형** large size / 大型 / 大型 / loại lớn, loại to

**전형적** typical / 典型的 / 典型的 / mang tính điển hình

**혈액형** blood type / 血液型 / 血型 / nhóm máu

| 형세<br>**세 勢** | situation<br>形勢<br>形势<br>tình huống |
|---|---|

**신세** one's life, circumstances / 身の上 / 身世、处境、遭遇 / thân thế, hoàn cảnh

**자세** posture / 姿勢 / 姿势、姿态 / tư thế

**추세** trend / 趨勢 / 趋势 / xu thế

**우세** superiority / 優勢 / 优势 / ưu thế

| 얽다/구성하다<br>**구 構** | to make up/to organize<br>編む/構成する<br>捆绑、编造/构成<br>trói buộc/cấu thành |
|---|---|

**구성** organization, setup / 構成 / 构成 / sự cấu thành

**구조** structure / 構造 / 构造 / cấu tạo

**기구** organization / 機構 / 机构 / tổ chức

# Day 65 │ 연습 문제

1. 보기 에서 빈칸에 공통적으로 들어갈 한자를 골라 쓰십시오.

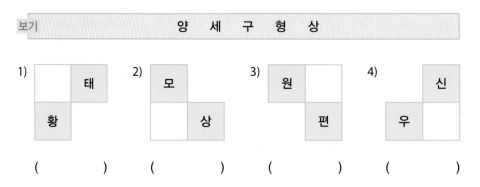

보기      양   세   구   형   상

1)

| | 태 |
|---|---|
| 황 | |

(      )

2)

| 모 | |
|---|---|
| | 상 |

(      )

3)

| 원 | |
|---|---|
| | 편 |

(      )

4)

| | 신 |
|---|---|
| 우 | |

(      )

2. 한자의 의미가 <u>다른</u> 것을 고르십시오.

1) **모양**          ① 상징       ② 인상적       ③ 상식

2) **형세**          ① 추세       ② 월세       ③ 자세

3) **모양/모형**     ① 사형       ② 대형       ③ 전형적

4) **얽다/구성하다**    ① 구조       ② 기구       ③ 야구

3. 알맞은 단어를 골라 문장을 완성하십시오.

1) 거실과 주방의 (**상황, 구조**)을/를 바꿨더니 좁아 보였던 집이 훨씬 넓어 보인다.

2) 평화의 (**상징, 실상**)인 비둘기가 지금은 그 수가 지나치게 많아져서 도시의 문젯거리가 되었다.

3) 우리 가족은 집에서 영화 보는 것을 좋아해서 큰 집으로 이사하자마자 (**모형, 대형**) 텔레비전을 샀다.

4) 무더위로 며칠째 열대야 (**현상, 양상**)이 계속돼서 밤에 잠을 잘 수가 없다.

4. 보기 에서 알맞은 단어를 골라 대화를 완성하십시오.

| 보기 | 상태 | 자세 | 형성 | 우세 | 성형 | 형편 |

1) 가: 요즘 영화들은 아이들 보는 영화도 왜 그렇게 자극적인지 모르겠어요.

   나: 그러게 말이에요. 아이들 데리고 보러 갈 영화가 없더라고요. 한창 가치관이
   _____될 나이인 청소년들이 볼 만한 영화가 많이 나왔으면 좋겠어요.

2) 가: 이 책상은 저희 할머니의 할머니 때부터 사용하시던 거예요.

   나: 그래요? 관리를 잘해서 그런지 오래된 물건인데도 보존 _____이/가 아
   주 좋네요.

3) 가: 대학교를 다니다가 중간에 그만두신 특별한 이유가 있나요?

   나: 가정 _____이/가 어려워져서 제가 돈을 벌어야 했거든요.

4) 가: 요즘 허리가 자주 아파요.

   나: 우리처럼 책상에 오래 앉아서 일하는 사람들은 허리에 무리가 가기 쉬워요. 항
   상 _____을/를 바르게 하고 앉으세요.

5. 다음을 읽고 맞는 것을 고르십시오.

> 요즘 인기 드라마 '우리가 남인가?'에는 **다양**한 가족 **형태**가 등장하고 있다. 엄마와 두 자
> 녀가 사는 한부모가족, 혼자 살고 있는 40대 직장인 독신 가족, 자녀 없이 부부만 살고 있는
> 무자녀 가족, 아빠와 결혼한 딸이 함께 살고 있는 가족 등이 같은 아파트에 살게 되면서 벌어
> 지는 일상의 이야기들을 다루고 있다. 전통적인 가족 **형태**에서 벗어나 이런 **다양**한 가족 **형태**
> 가 드라마에 나온다는 것은 변화하는 사회의 시대적인 **추세**를 반영하고 있다고 할 수 있다.

① 이제는 전통적인 가족의 형태가 없어졌다.

② 사회가 변화하면서 가족의 형태도 다양해졌다.

③ 가족을 구성하는 사람의 수에 따라 가족의 형태가 달라진다.

④ 시대적인 추세를 반영해서 드라마에도 새로운 가족 형태가 나와야 한다.

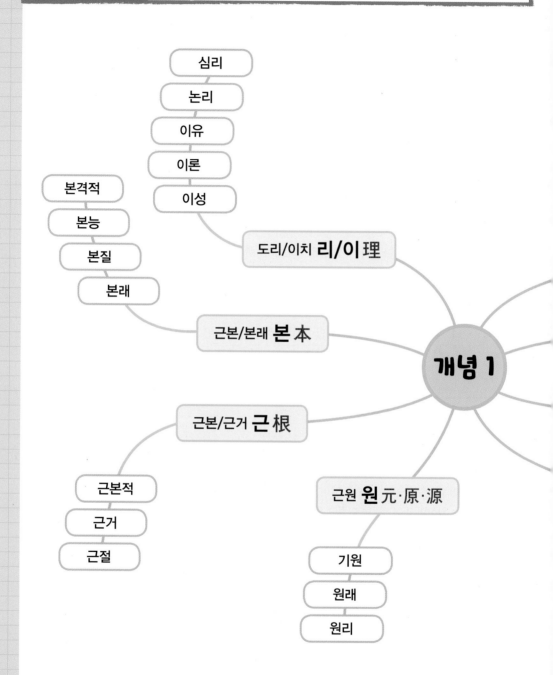

심리
논리
이유
이론
이성

본격적
본능
본질
본래

도리/이치 **리/이** 理

근본/본래 **본** 本

**개념 1**

근본/근거 **근** 根

근본적
근거
근절

근원 **원** 元·原·源

기원
원래
원리

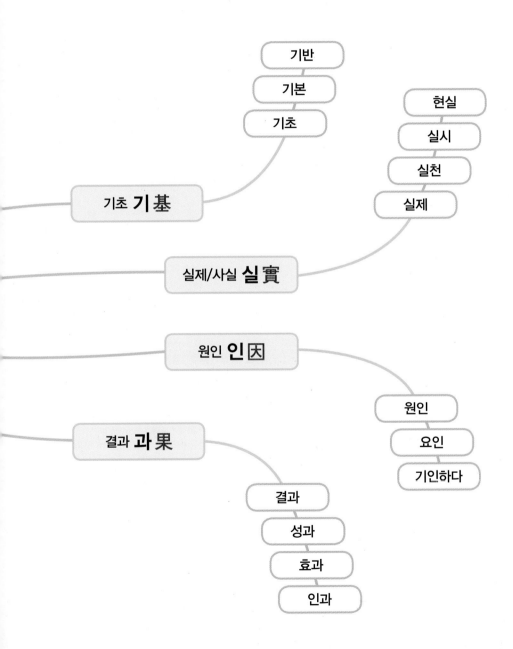

기반
기본
기초

현실
실시
실천
실제

**기초 기基**

**실제/사실 실實**

**원인 인因**

원인
요인
기인하다

**결과 과果**

결과
성과
효과
인과

| 도리/이치 **리/이理** | way/reason<br>道理/筋道<br>道理/事理<br>đạo lí/lẽ phải |
|---|---|

**이성** reason / 理性 / 理性 / lý tính

**이론** theory / 理論 / 理论 / lí thuyết

**이유** reason / 理由 / 理由、原因 / lí do

**논리** logic / 論理 / 逻辑、法则 / lô-gic

**심리** mentality / 心理 / 心理 / tâm lí

| 근본/본래 **본本** | basis/originally<br>根本/本来<br>根本/本来<br>nguyên bản/vốn lẽ |
|---|---|

**본래** originally / 本来、元々 / 本来 / vốn lẽ

**본질** true nature / 本質 / 本质 / bản chất

**본능** instinct / 本能 / 本能 / bản năng

**본격적** full-scale / 本格的 / 正式、正式的 / mang tính chính thức

| 근본/근거 **근根** | root/basis<br>根本/根拠<br>根本/根据<br>căn nguyên/căn cứ |
|---|---|

**근본적** fundamental / 根本的 / 根本的 / mang tính căn bản

**근거** basis / 根拠 / 根据 / căn cứ, cơ sở

**근절** eradication / 根絶 / 根除、杜绝 / việc tiêu diệt tận gốc

| 근원 **원元·原·源** | origin<br>根源<br>根源<br>căn nguyên |
|---|---|

**기원** origin / 起源 / 起源、发源 / khởi nguồn, cội nguồn

**원래** originally / もともと / 原来、本来、原本 / vốn lẽ, vốn dĩ

**원리** principle / 原理 / 原理 / nguyên lí

| 기초<br>**기基** | foundation<br>基礎<br>基础<br>cơ sở | | 실제/사실<br>**실實** | reality/fact<br>実際/事実<br>实际/事实<br>thực tế/sự thực |
|---|---|---|---|---|

**기초** foundation / 基礎 / 基础 / cơ sở

**기본** basics / 基本 / 基本 / cái gốc, điều cơ bản

**기반** base / 基盤 / 基础、根基 / cơ bản

**실제** reality / 実際 / 实际 / thực tế

**실천** practice / 実践 / 实践 / việc thực hiện

**실시** carring out / 実施 / 实施、施行 / sự thực thi

**현실** reality / 現実 / 现实 / hiện thực

| 원인<br>**인因** | cause<br>原因<br>原因<br>nguyên nhân | | 결과<br>**과果** | result<br>結果<br>结果<br>kết quả |
|---|---|---|---|---|

**원인** cause / 原因 / 原因 / nguyên nhân

**요인** factor / 要因 / 主要因素 / nguyên nhân, yếu tố

**기인하다** to result from / 起因する / 缘于、起因于 / khởi nguồn, bắt đầu

**결과** result / 結果 / 结果 / kết quả

**성과** outcome / 成果 / 成果 / thành quả

**효과** effect / 効果 / 效果 / hiệu quả

**인과** cause and effect / 因果 / 因果 / nhân quả

1. 보기 에서 공통적으로 들어간 한자의 의미를 골라 쓰십시오.

| 보기 | 도리/이치 | 결과 | 원인 | 근본/본래 | 기초 | 실제/사실 |
|------|----------|------|------|-----------|------|-----------|

1) <u>이</u>론      <u>논리</u>      <u>의</u>성                    (          )

2) <u>실</u>시      현<u>실</u>      <u>실</u>천                    (          )

3) 성<u>과</u>      인<u>과</u>      효<u>과</u>                    (          )

4) <u>본</u>질      <u>본</u>능      <u>본</u>격적                  (          )

2. 한자의 의미가 맞는 것을 고르십시오.

1) **근본/근거**          ① <u>근</u>무          ② <u>근</u>절          ③ <u>근</u>교

2) **기초**              ① <u>기</u>본          ② <u>기</u>사          ③ <u>기</u>간

3) **근원**              ① 직<u>원</u>          ② 응<u>원</u>          ③ 기<u>원</u>

4) **원인**              ① 개<u>인</u>          ② 요<u>인</u>          ③ 시<u>인</u>

3. 보기 에서 알맞은 단어를 골라 문장을 완성하십시오.

| 보기 | 실천 | 근거 | 효과 | 본능 | 실시 | 기초 |
|------|------|------|------|------|------|------|

1) 무슨 일이든 처음에 _____을/를 잘 쌓아야 나중에 진짜 실력이 된다.

2) 말만 하는 게 아니라 자신이 한 말을 _____에 옮기는 것이 중요하다.

3) 사람은 누구나 자기를 자랑하고 싶은 _____을/를 가지고 있다고 한다.

4) 가수 린지 씨는 최근 몇 년간 _____ 없는 소문들로 인해 상처를 받고 있다면서 법적 대응을 준비 중이라고 한다.

**4.** 보기 에서 알맞은 단어를 골라 대화를 완성하십시오.

| 보기 | 심리 | 성과 | 근본적 | 실제 | 이론 | 본격적 |
|------|------|------|--------|------|------|--------|

1) 가: 감독님, 이번 경기를 어떻게 평가하십니까?

   나: 힘든 상황이었음에도 불구하고 선수들이 힘을 합쳐 기대 이상의 _____ 을/를 올려 줘서 선수들에게 감사하게 생각합니다.

2) 가: 어제부터 날씨가 갑자기 더워진 것 같아요.

   나: 이 정도는 더운 것도 아니에요. 이번 달 말에 장마가 끝나면 _____ 인 무더위가 시작될 거예요.

3) 가: 선생님, 제 동생은 좀 괜찮은 건가요?

   나: 다행히 크게 다친 곳은 없는데 사고의 충격 때문에 환자의 _____ 이/가 불안한 상태니까 아직은 안정이 필요합니다.

4) 가: 요즘 취업을 준비하고 있는 대학생의 일상을 다룬 영화가 인기가 많다면서요?

   나: 네, 꾸며 낸 이야기가 아니라 _____ 우리 주변에서 일어나고 있는 이야기니까 더 공감이 되더라고요.

**5.** 다음을 읽고 빈칸에 들어갈 단어를 순서대로 쓴 것을 고르십시오.

> 유명한 패션 디자이너 박하나 씨는 항상 긍정적이고 쉽게 포기하지 않는 것을 자신의 성공 ( ㉮ )(이)라고 말한다. ( ㉯ ) 박하나 씨는 어렸을 때부터 모델이 되고 싶어 했다. 그런데 모델로 데뷔한 첫날 다리를 다쳐서 오래 걸을 수 없게 되자 모델의 꿈을 접고 처음에는 하루하루를 힘들게 보냈다. 그러나 슬픔도 잠시, 자신이 자유롭게 걸을 수 없다는 ( ㉰ )을/를 인정하는 순간부터 자유롭게 움직일 수 있는 손과 자신이 좋아하는 옷을 가지고 할 수 있는 일이 뭘까 생각하다가 옷을 만드는 일을 처음부터 다시 공부해서 지금의 자리까지 올 수 있게 되었다.

① ㉮ 원인 – ㉯ 본래 – ㉰ 원리　　② ㉮ 요인 – ㉯ 원래 – ㉰ 현실
③ ㉮ 요인 – ㉯ 원래 – ㉰ 논리　　④ ㉮ 결과 – ㉯ 본래 – ㉰ 현실

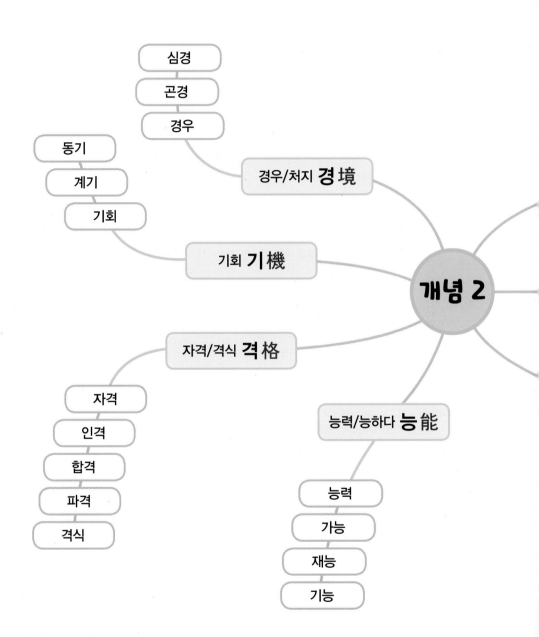

심경
곤경
경우

경우/처지 **경 境**

동기
계기
기회

기회 **기 機**

자격/격식 **격 格**

개념 2

자격
인격
합격
파격
격식

능력/능하다 **능 能**

능력
가능
재능
기능

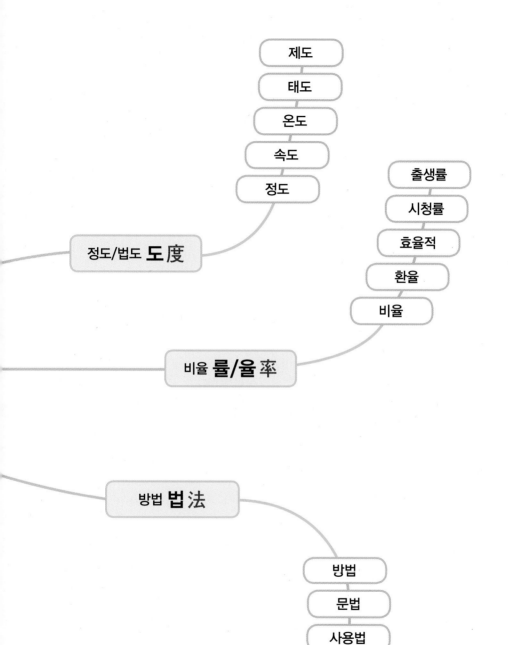

제도

태도

온도

속도

정도

정도/법도 **도 度**

출생률

시청률

효율적

환율

비율

비율 **률/율 率**

방법 **법 法**

방법

문법

사용법

치료법

| 경우/처지 | case/circumstances |
|---|---|
| **경境** | 場合/立場<br>境遇/処境<br>trường hợp/hoàn cảnh |

| **경우** | case / 場合 / 境遇 / trường hợp |
|---|---|
| **곤경** | trouble / 困難、苦境 / 困境 / cảnh khốn cùng, điều kiện khó khăn |
| **심경** | mind, feelings / 心境 / 心境、心情、心绪 / tâm trạng |

| 기회 | opportunity |
|---|---|
| **기機** | 機会<br>机会<br>cơ hội |

| **기회** | opportunity / 機会 / 机会 / cơ hội |
|---|---|
| **계기** | cause, trigger / 契機、きっかけ / 契机、转机 / cơ hội, động cơ |
| **동기** | motive / 動機 / 动机 / động cơ, lí do |

| 자격/격식 | qualification/formality |
|---|---|
| **격格** | 資格/格式<br>资格/格式<br>tư cách/thủ tục |

| **자격** | qualification / 資格 / 资格 / tư cách |
|---|---|
| **인격** | personality / 人格 / 人格 / nhân cách |
| **합격** | acceptance, pass / 合格 / 合格 / sự đỗ đạt, sự đạt tiêu chuẩn |
| **파격** | irregularity / 破格 / 破格 / sự phá cách |
| **격식** | formality / 格式 / 格式 / thủ tục |

| 능력/능하다 | ability/to be proficient |
|---|---|
| **능能** | 能力/できる<br>能力/擅长<br>năng lực/có khả năng |

| **능력** | ability / 能力 / 能力 / năng lực |
|---|---|
| **가능** | possibility / 可能 / 可能 / khả năng |
| **재능** | talent / 才能 / 才能 / tài năng |
| **기능** | function / 機能 / 功能、作用、机能 / kĩ năng |

| 정도/법도 | extent/custom |
|---|---|
| **도度** | 程度/きまり<br>程度/法令制度<br>mức độ/phép tắc |

**정도** extent / 程度 / 程度 / mức độ

**속도** speed / 速度 / 速度 / tốc độ

**온도** temperature / 温度 / 温度 / nhiệt độ

**태도** attitude / 態度 / 态度 / thái độ

**제도** system / 制度 / 制度 / chế độ

| 비율 | ratio |
|---|---|
| **률/율率** | 比率<br>比率<br>tỉ lệ |

**비율** ratio / 比率、割合 / 比率 / tỉ lệ

**환율** exchange rate / レート、交換率 / 汇率 / tỉ giá ngoại tệ, tỉ giá hối đoái

**효율적** efficient / 効率的 / 有效的 / mang tính hiệu quả

**시청률** viewing rate / 視聴率 / 收視率 / tỉ lệ người xem

**출생률** birth rate / 出生率 / 出生率 / tỉ lệ sinh

| 방법 | method |
|---|---|
| **법法** | 方法<br>方法<br>phương pháp |

**방법** method / 方法 / 方法 / phương pháp

**문법** grammar / 文法 / 语法 / ngữ pháp

**사용법** instructions / 使用法 / 使用方法 / cách sử dụng

**치료법** therapy / 治療法 / 治疗方法、疗法 / cách điều trị

# Day 67 │ 연습 문제

**1.** 한자의 의미와 한자, 단어가 맞는 것을 연결하십시오.

1) **자격/격식** •　　　•㉮ 법 •　　　• ㉠ 문법, 치료법

2) **방법** •　　　•㉯ 률/율 •　　　• ㉡ 인격, 합격

3) **능력/능하다** •　　　•㉰ 격 •　　　• ㉢ 효율적, 출생률

4) **비율** •　　　•㉱ 능 •　　　• ㉣ 재능, 가능

**2.** 한자의 의미가 <u>다른</u> 것을 고르십시오.

| | | | |
|---|---|---|---|
| 1) **기회** | ① 일<u>기</u> | ② 동<u>기</u> | ③ 계<u>기</u> |
| 2) **비율** | ① 시청<u>률</u> | ② 환<u>율</u> | ③ 법<u>률</u> |
| 3) **정도/법도** | ① 속<u>도</u> | ② 지<u>도</u> | ③ 온<u>도</u> |
| 4) **경우/처지** | ① 배<u>경</u> | ② 심<u>경</u> | ③ 곤<u>경</u> |

**3.** 보기 에서 밑줄 친 부분과 바꿔 사용할 수 있는 단어를 골라 쓰십시오.

| 보기 | 자격　　재능　　방법　　계기　　비율　　태도 |
|---|---|

1) 어떤 일이 막혔을 때 포기하지 않고 더 좋은 <u>일이 일어날 또</u> 　(　　　　　)
<u>다른 결정적인 기회</u>로 삼는 긍정적인 생각이 필요하다.

2) 우리 딸은 언어적 <u>재주와 능력</u>이 뛰어나다. 　　　　　(　　　　　)

3) 나이가 많든 적든 자기가 모르는 것에 대해서 항상 배우려고 　(　　　　　)
노력하는 <u>마음의 자세</u>가 중요하다.

4) 정지은 씨는 홍보 업무를 하는 데 <u>필요한 조건이나 능력</u>을 충 　(　　　　　)
분히 갖추고 있다.

4. 보기 에서 알맞은 단어를 골라 대화를 완성하십시오.

| 보기 | 시청률 | 제도 | 격식 | 동기 | 정도 | 효율적 |

1) 가: 요즘은 직장을 구하기가 더 힘든 것 같아요.

   나: 맞아요. 여러 업무를 빠르고 _____(으)로 처리하기 위해서 어느 정도 자동화가 필요하기는 하지만 그로 인해 사람들이 일할 자리가 점점 없어지는 것도 문제예요.

2) 가: 대학 입시 _____이/가 또 바뀐다면서요? 이렇게 자주 바뀌면 학생들이 얼마나 힘들겠어요.

   나: 그러게 말이에요. 무슨 일이 생길 때마다 여론에 따라 자꾸 바꿀 게 아니라 근본적인 해결책이 있어야 되는데 말이에요.

3) 가: 어떻게 에어로빅 강사 자격증까지 따게 되셨어요?

   나: 처음에는 건강을 위한다는 아주 단순한 _____에서 시작했는데 하다 보니 재미가 있어서 자격증까지 딸 수 있었던 것 같아요.

4) 가: 20년 넘게 시골 마을을 찾아다니며 소개해 주는 '우리 고향'이라는 텔레비전 프로그램이 이번 달 말에 폐지된다면서요?

   나: 저희 가족이 매주 즐겨 보는 방송인데 _____이/가 낮다고 갑자기 폐지한다니 말도 안 돼요. 요즘은 너무 흥미 위주의 프로그램만 만드는 것 같아요.

5. 다음을 읽고 빈칸에 들어갈 단어를 순서대로 쓴 것을 고르십시오.

> 나는 새로 나온 가전제품에 관심도 많고 집안일을 너 편리하고 즐겁게 할 수 있다면 돈도 아끼지 않는 편이다. 이 청소기는 평소에 눈여겨보고 있던 거였는데 비싸서 못 사고 있었다. 그런데 어느 날 마트에 가니 ( ㉮ ) 세일을 하고 있어서 그냥 지나칠 수가 없었다. 비싸기는 하지만 ( ㉯ )이/가 아주 다양했기 때문이다. ( ㉰ )이 복잡해서 익숙해지는 데까지 시간은 좀 걸리겠지만 일반 청소와 스팀 청소를 동시에 하면서 가볍고 디자인까지 예쁘니까 내가 이 청소기를 사야 할 이유는 충분하다.

① ㉮ 기회 – ㉯ 경우 – ㉰ 사용법    ② ㉮ 합격 – ㉯ 능력 – ㉰ 치료법
③ ㉮ 파격 – ㉯ 기능 – ㉰ 치료법    ④ ㉮ 파격 – ㉯ 기능 – ㉰ 사용법

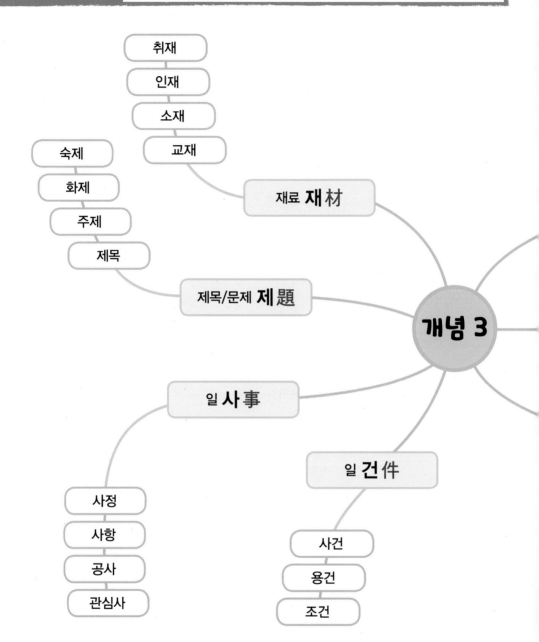

취재
인재
소재
교재

숙제
화제
주제
제목

재료 **재**材

제목/문제 **제**題

**개념 3**

일 **사**事

일 **건**件

사정
사항
공사
관심사

사건
용건
조건

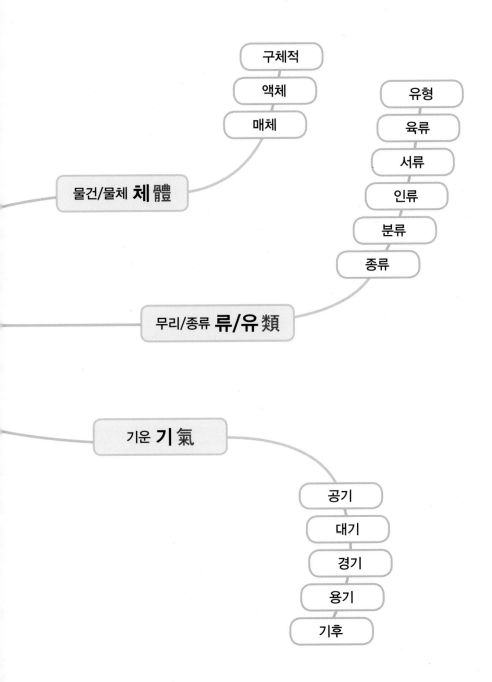

구체적

액체

매체

유형

육류

서류

인류

분류

종류

물건/물체 **체** 體

무리/종류 **류/유** 類

기운 **기** 氣

공기

대기

경기

용기

기후

| 재료 **재材** | material<br>材料<br>材料<br>tài liệu |
|---|---|

| 교재 | textbook / 教材 / 教材 / giáo trình |
|---|---|
| 소재 | material / 素材 / 素材、題材 / nguyên liệu, chất liệu |
| 인재 | people of talent / 人材 / 人才 / nhân tài |
| 취재 | coverage / 取材 / 取材、采访 / việc đi lấy tin |

| 제목/문제 **제題** | title/problem<br>題名/問題<br>題目/问题<br>đề mục/vấn đề |
|---|---|

| 제목 | title / 題名、タイトル / 题目 / đề mục, tiêu đề |
|---|---|
| 주제 | subject / 主題 / 主题 / chủ đề |
| 화제 | topic / 話題 / 话题 / chủ đề nói chuyện |
| 숙제 | homework / 宿題 / 作业、问题 / bài tập về nhà |

| 일 **사事** | business<br>社業<br>工作、事情<br>việc làm ăn kinh doanh |
|---|---|

| 사정 | circumstance, reason / 事情 / 原因、缘由 / sự tình, hoàn cảnh |
|---|---|
| 사항 | matter / 事項 / 事项 / điều khoản, điều |
| 공사 | construction / 工事 / 工程、施工 / công trình |
| 관심사 | concern / 関心事 / 关心的事情、关注的事情 / mối quan tâm, mối bận tâm |

| 일 **건件** | affair<br>事<br>工作、事情<br>việc, sự việc |
|---|---|

| 사건 | incident / 事件 / 事件、案件、案子 / sự vụ, sự việc |
|---|---|
| 용건 | business / 用件 / 要办的事情、意图 / việc, chuyện |
| 조건 | condition / 条件 / 条件 / điều kiện |

| 물건/물체<br>**체 體** | thing/object<br>物/物体<br>东西/物体<br>đồ vật/vật thể |
|---|---|

**매체** media / 媒体 / 媒体 / phương tiện

**액체** liquid / 液体 / 液体 / chất lỏng

**구체적** specific / 具体的 / 具体的 / mang tính cụ thể

| 무리/종류<br>**류/유 類** | group/kind<br>分類/種類<br>群/种类<br>nhóm/chủng loại |
|---|---|

**종류** kind / 種類 / 种类 / chủng loại

**분류** classification / 分類 / 分类 / sự phân loại

**인류** humanity / 人類 / 人类 / nhân loại, con người

**서류** document / 書類 / 文件 / giấy tờ

**육류** meat / 肉類 / 肉类 / các loại thịt

**유형** type / 類型 / 类型 / loại hình

| 기운<br>**기 氣** | energy<br>気運<br>力气<br>sắc khí, khí lực |
|---|---|

**공기** air / 空気 / 空气 / không khí

**대기** atmosphere / 大気 / 大气、空气 / bầu không khí

**경기** economy, business / 景気 / 经济状况 / nền kinh tế

**용기** courage / 勇気 / 勇气 / sự dũng cảm

**기후** climate / 気候 / 气候 / khí hậu

1. 보기 에서 빈칸에 공통적으로 들어갈 한자를 골라 쓰십시오.

| 보기 | 기 체 재 사 제 건 |
|---|---|

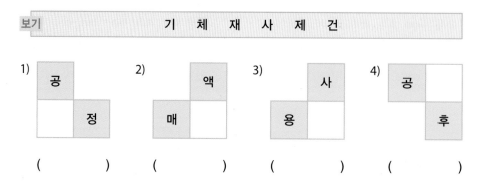

1)
| 공 | |
|---|---|
| | 정 |

( )

2)
| | 액 |
|---|---|
| 매 | |

( )

3)
| | 사 |
|---|---|
| 용 | |

( )

4)
| 공 | |
|---|---|
| | 후 |

( )

2. 보기 에서 공통적으로 들어간 한자의 의미를 골라 쓰십시오.

| 보기 | 무리/종류 | 일 | 재료 | 물건/물체 | 기운 | 제목/문제 |
|---|---|---|---|---|---|---|

| 1) 소재 | 취재 | 인재 | ( | ) |
|---|---|---|---|---|
| 2) 대기 | 용기 | 경기 | ( | ) |
| 3) 서류 | 유형 | 육류 | ( | ) |
| 4) 주제 | 숙제 | 화제 | ( | ) |

3. 알맞은 단어를 골라 문장을 완성하십시오.

1) 어렸을 때 맞벌이 부모님으로 인해 항상 외로웠다는 작가 김선미 씨는 주로 가정의 소중함을 (**소재, 제목**)(으)로 한 소설을 많이 쓰고 있다.

2) 이번 동창회에서는 초등학교 때 제일 작고 약했던 연우가 지금은 국가 대표 농구 선수가 되었다는 사실이 (**교재, 화제**)가 되었다.

3) 평균 수명이 늘어나면서 요즘 주위 사람들의 (**사정, 관심사**)은/는 퇴직한 후의 노후 대책이다.

4) 일상생활에 대중 (**유형, 매체**)의 영향이 커지기 시작하면서 긍정적인 면과 함께 부정적인 면도 많이 생겨났다.

4. 보기 에서 알맞은 단어를 골라 대화를 완성하십시오.

| 보기 | 용건 | 종류 | 경기 | 사건 | 취재 | 분류 |
|---|---|---|---|---|---|---|

1) 가: 이 도서관은 지은 지 얼마 안 돼서 그런지 아주 깨끗하고 좋은 것 같아요.

   나: 네, 책이 다른 도서관보다 훨씬 많은데 _____이/가 잘되어 있어서 찾기
   도 쉽네요.

2) 가: 실례지만 무슨 _____(으)로 오셨습니까?

   나: 김 선생님께 드릴 말씀이 있는데 잠깐 뵐 수 있을까요?

3) 가: 작년보다 물가가 많이 안정된 것 같아요.

   나: 그래도 _____이/가 원래대로 회복되려면 아직도 시간이 많이 필요할 거
   예요.

4) 가: 세계적으로 유명한 오페라 가수 조미수 씨가 20년 만에 한국에 왔다면서요?

   나: 네, 공항에서부터 각 방송사와 신문사 기자들의 _____ 경쟁이 대단하더
   라고요.

5. 보기 에서 알맞은 단어를 골라 광고를 완성하십시오.

| 보기 | 사항 | 인류 | 조건 | 인재 | 주제 | 용기 |
|---|---|---|---|---|---|---|

혹시 한국에서 '트로트' 가수를 꿈꾸고 계십니까?
그렇다면 당신을 제1기 서울 트로트 학교에 초대합니다.
입학 ① _____ 은/는 단 하나,
트로트를 사랑하는 사람이면 누구나 가능합니다.
단, 6개월의 집중 훈련 과정을 이겨 낼 결심과
② _____이/가 있는 사람만 다음 주까지 신청해 주십시오.
모든 과정 비용은 서울시에서 지원합니다.
전국의 능력 있는 ③ _____ 들의 많은 신청 바랍니다.
자세한 ④ _____ 은/는 홈페이지(trotsarang.school.kr)를
참고해 주시기 바랍니다.

# 한자성어

| **각** 각각各 | **양** 모양樣 | **각** 각각各 | **색** 색깔色 |
|---|---|---|---|

● 각각 다른 여러 가지 모양과 빛깔

> 가: 5월이니까 요즘 대학교마다 축제가 한창이겠네요.
>
> 나: 네, 어제는 '인터내셔널 데이(International Day)'라고 해서 운동장에 나라별로 부스를 설치하고 각 나라에서 온 유학생들이 자기 나라의 고유 의상을 입고 고향 음식과 물건들을 준비해 와서 소개하는 날이었어요.
>
> 가: 아주 재미있었겠네요.
>
> 나: 네, **각양각색**의 국기들과 전통 의상들, 전통 물건들을 구경하는 데만 몇 시간 걸리더라고요. 한국어학당 친구들과 함께 구경하러 갔는데 오랜만에 같은 나라 사람들도 만나고 고향 물건들도 보니까 친구들이 더 즐거워했던 것 같아요.


| **기** 기운氣 | **고** 높다高 | **만** 만萬 | **장** 길이丈 |
|---|---|---|---|

● 일이 뜻대로 잘될 때 우쭐하여 뽐내는 기세가 대단하다.

> 가: 요즘 수호랑 만난 적 있어?
>
> 나: 아니, 연락 안 한 지 오래됐는데. 무슨 일 있었어?
>
> 가: 지난주에 고등학교 친구들 몇 명이 같이 만났거든. 요즘 경기가 안 좋으니까 다들 힘들어하잖아. 그런데 수호가 요즘 사업이 아주 잘되는지 돈을 좀 많이 번다고 **기고만장**해서 어찌나 자기 자랑을 하는지 모임 내내 듣기가 불쾌하더라고.
>
> 나: 다들 오랜만에 만나서 반가웠을 텐데 기분이 상해서 헤어졌겠네.

# 16

# 반의어 Ⅰ

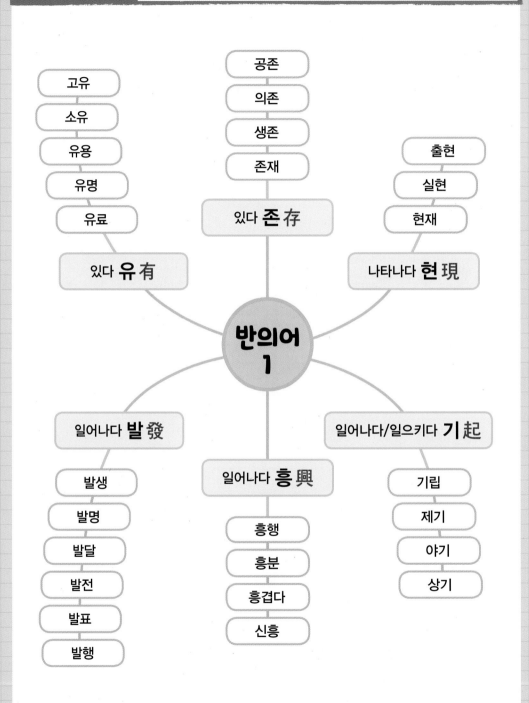

고유
소유
유용
유명
유료

있다 유 有

공존
의존
생존
존재

있다 존 存

출현
실현
현재

나타나다 현 現

반의어
1

일어나다 발 發

발생
발명
발달
발전
발표
발행

일어나다 흥 興

흥행
흥분
흥겹다
신흥

일어나다/일으키다 기 起

기립
제기
야기
상기

| 있다 | to have |
|---|---|
| **유有** | 有る<br>有<br>có/sở hữu |

- **유료** pay / 有料 / 有偿、收费 / sự mất phí, sự có phí
- **유명** being well-known / 有名 / 有名 / sự nổi tiếng
- **유용** usefulness / 有用 / 有用 / sự hữu dụng, sự có tác dụng
- **소유** possession / 所有 / 所有、拥有、所属 / sự sở hữu
- **고유** indigenous / 固有 / 固有、传统 / cái vốn có, đặc trưng vốn có

| 있다 | to exist |
|---|---|
| **존存** | ある<br>在、存在<br>có, tồn tại |

- **존재** existence / 存在 / 存在 / sự tồn tại
- **생존** survival / 生存 / 生存 / sự sinh tồn
- **의존** dependence / 依存 / 依靠、依存 / sự phụ thuộc
- **공존** coexistence / 共存 / 共存、并存 / sự cùng tồn tại, cộng sinh

| 나타나다 | to appear |
|---|---|
| **현現** | 現れる<br>出現<br>xuất hiện |

- **현재** present / 現在 / 现在 / hiện tại
- **실현** realization / 実現 / 实现 / sự thực hiện
- **출현** appearance / 出現 / 出现 / sự xuất hiện

| 일어나다 | to occur |
|---|---|
| **발發** | はじめる、のびる<br>发生、出现<br>xuất hiện |

- **발생** occurrence / 発生 / 发生 / sự phát sinh, sự xảy ra
- **발명** invention / 発明 / 发明 / phát minh
- **발달** progress / 発達 / 发达 / sự phát triển
- **발전** development / 発展 / 发展 / sự phát triển
- **발표** announcement / 発表 / 发表 / sự phát biểu
- **발행** publication, issue / 発行 / 发行 / sự phát hành

| 일어나나 | to rise |
|---|---|
| **흥興** | 興す<br>兴起<br>thức dậy, đứng dậy |

- **흥행** commercial success / 興行 / 上映、播出 / sự thắng lớn
- **흥분** excitement / 興奮 / 兴奋 / sự hưng phấn
- **흥겹다** to be cheerful / 浮き浮きする / 兴致勃勃、趣味盎然 / hứng thú, hưng phấn
- **신흥** emerging / 新興 / 新兴、新生 / sự mới nổi

| 일어나다/일으키다 | to stand, to rise/<br>to raise |
|---|---|
| **기起** | 起きる/起こす<br>发生/引起<br>xuất hiện/dẫn đến |

- **기립** standing / 起立 / 起立 / sự đứng lên
- **제기** raising / 提起 / 提起、提出、提及 / sự đề xuất, sự đưa ra
- **야기** causation / 惹起 / 引起、导致 / sự gây ra, sự tạo nên
- **상기** reminding / 想起 / 想起、忆起 / sự hồi tưởng, sự nhớ lại

1. 보기 에서 빈칸에 공통적으로 들어갈 한자를 골라 쓰십시오.

| 보기 | 기 발 유 존 현 흥 |
|------|---------------------|

1) | | 료 | | | 명 | | 소 | | (        )

2) | | 재 | 실 | | | 출 | | (        )

3) | | 명 | | 표 | | | 생 | (        )

4) | | 분 | 신 | | | 겹 | 다 | (        )

2. 한자의 의미가 다른 것을 고르십시오.

1) **있다**                 ① 생존       ② 존재       ③ 존경

2) **일어나다/일으키다**     ① 상기       ② 야기       ③ 일기

3) **있다**                 ① 유산       ② 유용       ③ 고유

4) **일어나다**            ① 발행       ② 발전       ③ 가발

3. 알맞은 단어를 골라 문장을 완성하십시오.

1) 한복은 한국의 전통 의상으로 한국 (**고유**, **생존**)의 아름다움을 느끼게 해 준다.

2) 화재 (**발생**, **발명**)의 가장 큰 요인은 부주의라고 한다.

3) 나는 대학교 때부터 부모님에게 경제적으로 (**공존**, **의존**)하지 않고 아르바이트를 해서 용돈과 학비를 벌었다.

4) 계획을 세울 때는 (**발전**, **실현**) 가능한 목표를 정하는 것이 중요하다.

4. 보기 에서 알맞은 단어를 골라 대화를 완성하십시오.

보기       발달    현재    발행    유용    존재    유료

1) 가: 이 우표들은 아주 오래된 것 같은데.

　나: 응. 할아버지가 모으신 우표들인데 _____된 지 30~40년 된 것들이야.

2) 가: 이건 작년에 호주 여행 갈 때 산 회화 책인데 여행할 때 자주 사용하는 표현들
　　이 많이 있어서 아주 _____했어. 너도 가지고 가면 도움이 될 거야.

　나: 고마워. 안 그래도 여행 가기 전에 이런 책을 한 권 사려고 했었는데 잘 쓸게.

3) 가: 웨이 씨는 한국말도 아주 잘하시니까 아이와 한국말로 대화하시겠어요.

　나: 아빠와 엄마가 각자 모국어로 말하는 것이 아이의 언어 _____에 도움이
　　된다고 해서 저는 아이에게 중국어로, 남편은 한국어로 이야기해요.

4) 가: 기진 씨는 휴대폰으로 결제하네요.

　나: 네, 지갑을 따로 가지고 다니는 게 불편해서 휴대폰으로 대신 결제할 수 있는
　　서비스를 신청했는데 매달 돈을 내야 하는 _____ 서비스이지만 아주 편
　　리해요.

5. 보기 에서 알맞은 단어를 골라 신문 기사를 완성하십시오.

보기       기립    흥행    제기    출현    흥분    유명

### ▰▰▰ 〈주말영화〉 소설 '레 미제라블', 뮤지컬에 이어 영화로도 인기 ▰▰▰

　　유명한 프랑스 작가 빅토르 위고가 쓴 '레 미제라블'은 소설로도 ①_____
_____하지만 뮤지컬로도 사랑을 받아 왔다. 세계 4대 뮤지컬로 평가 받으
며 가장 오랫동안 ②_____에 성공한 '레 미제라블'은 한국에서도 매
공연 좌석의 90% 이상이 모두 찼고 매회 관객의 ③_____ 박수를 받
았다. 영화로도 만들어진 '레 미제라블'은 지난해 말 개봉했는데 3주 동안 매
주 예매율 1위를 기록했다.

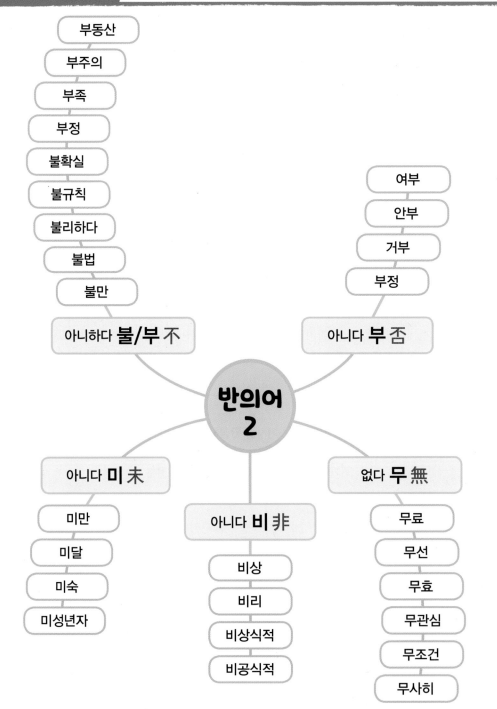

부동산
부주의
부족
부정
불확실
불규칙
불리하다
불법
불만

아니하다 **불/부** 不

여부
안부
거부
부정

아니다 **부** 否

**반의어 2**

아니다 **미** 未

미만
미달
미숙
미성년자

아니다 **비** 非

비상
비리
비상식적
비공식적

없다 **무** 無

무료
무선
무효
무관심
무조건
무사히

| 아니하다 불/부 不 | to be not, to do not<br>不(否定語)<br>不、没有<br>bất, không |
|---|---|

**불만** grievance, complaint / 不満 / 不满、不满意、不满足 / sự bất mãn

**불법** illegality / 違法 / 不法、非法 / sự bất hợp pháp

**불리하다** to be unfavorable, to be disadvantageous / 不利だ / 不利 / bất lợi

**불규칙** irregularity / 不規則 / 不规则、没有规律 / bất quy tắc

**불확실** uncertainty / 不確実 / 不确定、不确实 / sự không chắc chắn

**부정** being unjust / 不正 / 不正当、违法 / sự bất chính

**부족** lack, insufficiency / 不足 / 不足 / sự thiếu, sự thiếu hụt

**부주의** carelessness / 不注意 / 不注意、不小心、疏忽 / sự bất cẩn

**부동산** real estate / 不動産 / 房地产、不动产 / bất động sản

| 아니다 부 否 | not<br>否<br>否、不是<br>không |
|---|---|

**부정** denial, negation / 否定 / 否定 / sự phủ định

**거부** refusal / 拒否 / 拒绝 / sự từ chối

**안부** safety / 安否 / 问候 / sự hỏi thăm

**여부** whether or not / 可否 / 与否、是否、能否 / việc có hay không

| 아니다 미 未 | not yet<br>未(否定語)<br>否、不是<br>không phải |
|---|---|

**미만** being under / 未満 / 未满 / dưới

**미달** shortfall / 不足、一割れ / 未达到、不足、不够 / sự chưa đạt, sự thiếu hụt

**미숙** inexperiencedness / 未熟 / 未成熟、不熟练 / sự chưa thạo, sự thiếu kinh nghiệm

**미성년자** minor / 未成年者 / 未成年人 / người vị thành niên

| 아니다 비 非 | non<br>ではない<br>非、不是<br>không phải |
|---|---|

**비상** emergency / 非常 / 紧急 / sự khẩn cấp, sự gấp rút

**비리** corruption / 非、汚職 / 不合理、腐败、不正之风 / sự phi lí

**비상식적** senseless / 非常識な / 非常识的、反常识的 / mang tính bất thường

**비공식적** unofficial / 非公式の / 非正式的、非官方的 / mang tính không chính thức

| 없다 무 無 | there is nothing<br>無い<br>无、没有<br>không có |
|---|---|

**무료** no charge / 無料 / 无偿、免费 / sự miễn phí

**무선** wireless / 無線 / 无线 / không dây

**무효** invalidity / 無効 / 无效 / sự vô hiệu

**무관심** unconcern / 無関心 / 漠不关心、无动于衷 / sự không quan tâm

**무조건** unconditionality / 無条件、ともかく / 无条件 / vô điều kiện

**무사히** safely / 無事に / 平安无事、安然无恙 / một cách yên ổn

**1.** 보기 에서 빈칸에 공통적으로 들어갈 한자를 골라 쓰십시오.

| 보기 | 미 무 부 불 비 |
|---|---|

1) | | 리 | 하 | 다 | | | 규 | 칙 | ( )

2) | | 정 | 거 | | | 안 | | ( )

3) | | 만 | | 성 | 년 | 자 | ( )

4) | | 선 | | 조 | 건 | | 료 | ( )

**2.** 한자의 의미가 <u>다른</u> 것을 고르십시오.

1) **아니하다**  　　① 부족　　② 부주의　　③ 부모

2) **아니다**  　　　① 비공식적　　② 비상　　③ 비용

3) **아니다**  　　　① 미인　　② 미숙　　③ 미달

4) **없다**  　　　　① 무관심　　② 의무　　③ 무효

**3.** 알맞은 단어를 골라 문장을 완성하십시오.

1) 지금 우리는 미래가 (**불리한, 불확실한**) 시대에 살고 있다.

2) (**비공식적, 비상식적**) 집계 결과, 대통령 선거 투표율이 오전 11시 현재 11.4%이다.

3) 화를 (**무사히, 무조건**) 참는 것보다는 왜 화가 났는지 이유를 찾아서 적절하게 표현하는 것이 좋다.

4) 오전에 전철이 고장으로 인해 30분 동안 멈추는 바람에 출근길 승객들의 (**불만, 거부**)이/가 쏟아졌다.

4. 보기 에서 밑줄 친 부분과 바꿔 사용할 수 있는 단어를 골라 쓰십시오.

| 보기 | 미달 부족 불규칙 부정 무료 여부 |
|---|---|

1) 밥을 빨리 먹거나 식사 시간이 <u>일정하지 않으면</u> 건강이 나빠 (          )
   질 수 있다.

2) 나는 여행을 갈 때 돈을 여유 있게 가져가지만 항상 돈이 <u>모</u> (          )
   <u>자란다고</u> 느낀다.

3) 입사 시험에서 합격을 <u>했는지 못했는지</u>는 회사 홈페이지를 통 (          )
   해 알 수 있다.

4) 올해 신입생 모집에서 정원을 <u>채우지 못한</u> 대학들은 현재 추가 (          )
   모집을 실시하고 있다.

5. 보기 에서 알맞은 단어를 골라 광고를 완성하십시오.

| 보기 | 무선 미성년자 비리 미숙 불법 부동산 |
|---|---|

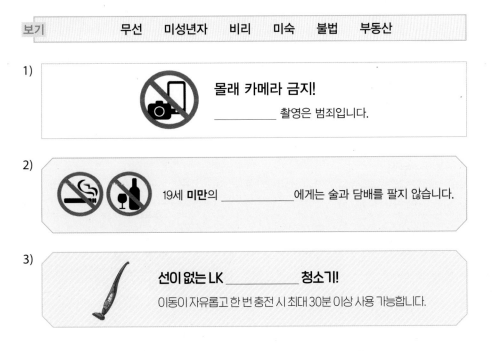

1) 몰래 카메라 금지!
   _____ 촬영은 범죄입니다.

2) 19세 **미만의** _____에게는 술과 담배를 팔지 않습니다.

3) 선이 없는 LK _____ 청소기!
   이동이 자유롭고 한 번 충전 시 최대 30분 이상 사용 가능합니다.

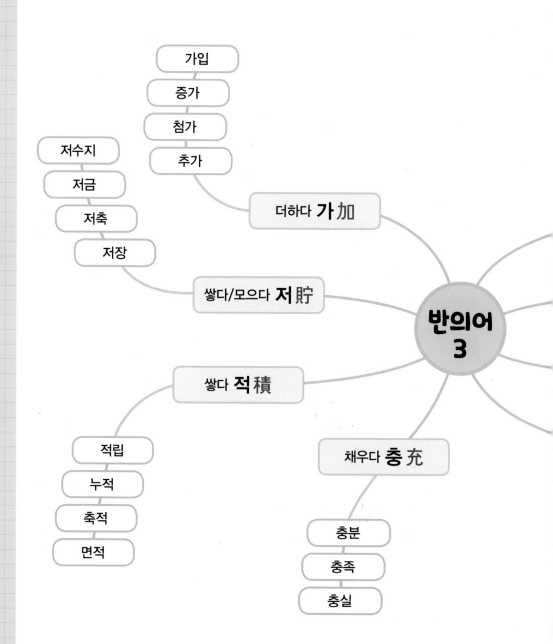

가입
증가
첨가
추가

더하다 **가 加**

저수지
저금
저축
저장

쌓다/모으다 **저 貯**

쌓다 **적 積**

반의어 3

적립
누적
축적
면적

채우다 **충 充**

충분
충족
충실

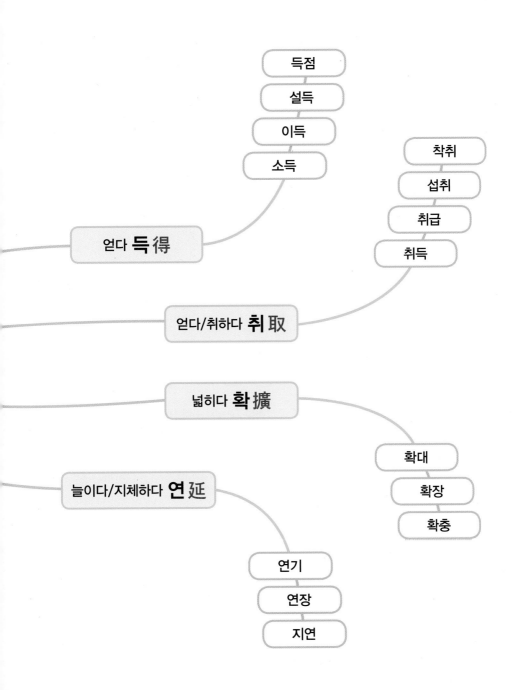

득점

설득

이득

소득

얻다 **득** 得

착취

섭취

취급

취득

얻다/취하다 **취** 取

넓히다 **확** 擴

확대

확장

확충

늘이다/지체하다 **연** 延

연기

연장

지연

| 더하다<br>**가加** | to add<br>加える<br>加、増加<br>thêm vào |
|---|---|

**추가** supplement / 追加 / 追加 / sự bổ sung

**첨가** addition / 添加 / 添加 / sự thêm vào

**증가** increase / 増加 / 増加 / sự gia tăng

**가입** joining / 加入 / 加入 / sự gia nhập

| 쌓다/모으다<br>**저貯** | to heap/to gather<br>貯める/集める<br>堆、堆積/攢、积攢<br>tích/góp |
|---|---|

**저장** storage / 貯蔵 / 保存、储藏 / sự lưu, sự lưu giữ

**저축** saving / 貯蓄 / 储蓄 / sự tiết kiệm

**저금** deposit / 貯金 / 存钱、攒钱 / tiền tiết kiệm

**저수지** reservoir / 貯水池 / 水库、蓄水池 / nơi chứa nước

| 쌓다<br>**적積** | to accumulate<br>積む<br>堆、堆積<br>tích |
|---|---|

**적립** saving up / 積立 / 积、攒、积存 / sự tích trữ

**누적** accumulation / 累積 / 累积、积累、蓄积 / sự tích lũy

**축척** accumulation (money, knowledge) / 蓄積 / 积蓄、积累 / tích lũy

**면적** area / 面積 / 面积 / diện tích

| 채우다<br>**충充** | to fill<br>充ちる<br>填、充<br>làm đầy |
|---|---|

**충분** sufficiency / 充分、十分 / 充分 / sự đầy đủ

**충족** fulfilment / 充足 / 充足、满足 / sự thỏa mãn, sự đáp ứng

**충실** faithfulness / 充実 / 充实 / rắn rỏi, khỏe khoắn

| 얻다 | to get |
|---|---|
| **득得** | 得る |
| | 得到 |
| | đạt được |

**소득** income / 所得 / 收入、所得 / thu nhập

**이득** benefit, profit / 利益、得 / 利益、利润 / sự thu lợi

**설득** persuasion / 説得 / 说服、劝说 / sự thuyết phục

**득점** score / 得点 / 得分、比分 / sự ghi điểm

| 얻다/취하다 | to gain/to obtain |
|---|---|
| **취取** | 得る/取る |
| | 得到/获取 |
| | đạt được/giành được |

**취득** acquisition / 取得 / 取得 / sự có được, sự giành được

**취급** treatment / 取扱い、扱う / 处理、办理、当作 / việc đối xử, sự xử sự

**섭취** intake / 摂取 / 摄取 / sự hấp thụ, sự hấp thu

**착취** exploitation / 搾取 / 榨取 / sự bóc lột, sự lợi dụng

| 넓히다 | to expand |
|---|---|
| **확擴** | 拡げる |
| | 扩大、扩展 |
| | mở rộng |

**확대** enlargement / 拡大 / 扩大 / sự khuếch đại, sự lan rộng

**확장** extension / 拡張 / 扩张 / sự mở rộng

**확충** expansion / 拡充 / 扩充 / sự tăng cường, sự mở rộng

| 늘이다/지체하다 | to extend/to delay |
|---|---|
| **연延** | 遅い/遅れる |
| | 延长/延迟 |
| | kéo dài/trì trệ |

**연기** postponement / 延期 / 延期 / sự dời lại, sự hoãn lại

**연장** extension / 延長 / 延长 / sự kéo dài

**지연** delay / 遅延 / 延迟、推迟 / sự trì hoãn, sự chậm trễ

1. 보기에서 빈칸에 공통적으로 들어갈 한자를 골라 쓰십시오.

| 보기 | 확  가  득  연  적  저 |
|---|---|

1) 첨 ☐   증 ☐   추 ☐   (          )

2) ☐ 금   ☐ 장   ☐ 수 지   (          )

3) ☐ 장   ☐ 기   지 ☐   (          )

4) 설 ☐   이 ☐   ☐ 점   (          )

2. 보기에서 공통적으로 들어간 한자의 의미를 골라 쓰십시오.

| 보기 | 얻다/취하다   쌓다   더하다   채우다   넓히다   늘이다/지체하다 |
|---|---|

1) 충분   충족   충실   (          )

2) 취득   섭취   착취   (          )

3) 축적   면적   적립   (          )

4) 확대   확장   확충   (          )

3. 알맞은 단어를 골라 문장을 완성하십시오.

1) 제주도에 태풍이 불어서 여행 날짜를 (연기, 첨가)하기로 했다.

2) 한국에서 의사는 (득점, 소득)이 높은 직업 중 하나이다.

3) 깨지기 쉬운 물건을 택배로 보낼 때는 '(취급, 취득) 주의' 스티커를 붙여야 한다.

4) 영화배우 손아영 씨는 (누적, 저장)된 피로로 영화 촬영 도중 쓰러졌다.

4. 보기 에서 밑줄 친 부분과 바꿔 사용할 수 있는 단어를 골라 쓰십시오.

| 보기 | 충분 | 면적 | 섭취 | 이득 | 확장 | 저축 |
|------|------|------|------|------|------|------|

1) 배낭여행을 가기 위해 열심히 아르바이트를 해서 번 돈을 <u>은</u> (                    )
   <u>행에 넣고</u> 있다.

2) 다이어트를 위해서 기름진 음식을 <u>먹는 것</u>을 줄이고 있다.    (                    )

3) 도서관을 <u>넓히는</u> 공사 때문에 한 달 동안 도서관을 이용할 수 (                    )
   없다.

4) 주말에 집들이를 해서 음식을 <u>넉넉하게</u> 준비했다.    (                    )


5. 다음을 읽고 내용과 같으면 O, 다르면 X 하십시오.

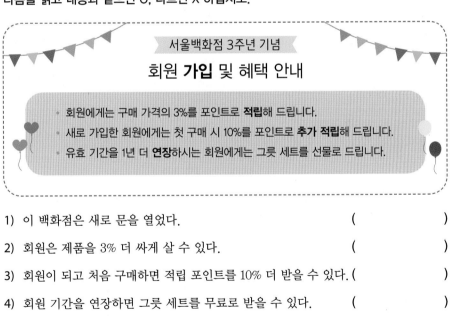

서울백화점 3주년 기념

## 회원 **가입** 및 혜택 안내

- 회원에게는 구매 가격의 3%를 포인트로 **적립**해 드립니다.
- 새로 가입한 회원에게는 첫 구매 시 10%를 포인트로 **추가 적립**해 드립니다.
- 유효 기간을 1년 더 **연장**하시는 회원에게는 그릇 세트를 선물로 드립니다.

1) 이 백화점은 새로 문을 열었다.    (                    )

2) 회원은 제품을 3% 더 싸게 살 수 있다.    (                    )

3) 회원이 되고 처음 구매하면 적립 포인트를 10% 더 받을 수 있다. (                    )

4) 회원 기간을 연장하면 그릇 세트를 무료로 받을 수 있다.    (                    )

| 줄이다<br>**축 縮** | to curtail<br>縮める<br>縮減<br>rút bớt |
|---|---|

**축소** reduction (of shape or scale) / 縮小 / 缩小、缩减 / sự giảm thiểu

**단축** shortening / 短縮 / 缩短、减少 / sự rút ngắn, sự thu hẹp

**위축** shrinking / 萎縮 / 萎缩 / sự thu nhỏ, sự co lại

**압축** compression / 圧縮 / 压缩 / sự nén, sự rút gọn

| 덜다<br>**感 減** | to reduce<br>減らす<br>減、減少<br>giảm đi |
|---|---|

**감소** decrease / 減少 / 减少 / sự giảm xuống

**감축** reduction (of quantity or demand) / 減縮 / 减少、缩减 / sự rút ngắn, sự rút gọn

**절감** curtailment / 節減 / 节减、节省 / sự tiết giảm, sự cắt giảm

**삭감** cutback / 削減 / 消减、扣除 / sự cắt giảm

| 없애다/버리다<br>**제 除** | to remove/to discard<br>除く/捨てる<br>除去/扔掉<br>xóa bỏ/bỏ đi |
|---|---|

**제거** removal / 除去 / 去除、消除、除掉 / sự khử, sự trừ khử

**제외** exclusion / 除外 / 除外、例外 / sự trừ ra, sự loại ra

**삭제** deletion / 削除 / 删除 / sự xóa bỏ

**배제** elimination / 排除 / 排除、清除 / sự loại trừ

| 흩어지다<br>**산 散** | to disperse<br>散る<br>散、散开<br>chia tách, phân tán |
|---|---|

**분산** dispersion / 分散 / 分散 / sự phân tán

**해산** dismissal / 解散 / 解散 / sự giải tán

**확산** spread / 拡散 / 扩散 / sự mở rộng, sự khuếch tán

**이산가족** separated families / 離散家族 / 离散家属 / gia đình ly tán

**산만하다** to be distracted / 散漫だ / 散漫、懒散 / tản mạn, lộn xộn, mơ hồ

| 모자라다<br>**결 缺** | to fall short<br>足りない<br>缺少、缺乏<br>thiếu |
|---|---|

**결핍** deficiency / 欠乏 / 缺乏 / sự thiếu hụt, sự không có

**결함** defect / 欠陥 / 缺陷 / điểm thiếu sót, khuyết điểm

**결점** flaw / 欠点 / 缺点 / khuyết điểm

**결석** absence from school / 欠席 / 缺席 / sự vắng mặt

**결근** absence from work / 欠勤 / 缺勤、旷工 / sự nghỉ làm

| 잃다<br>**실 失** | to lose<br>失う<br>丢失、遗失<br>mất |
|---|---|

**분실** loss / 紛失 / 遗失、丢失 / sự thất lạc

**실업** unemployment / 失業 / 失业 / sự thất nghiệp

**실직** unemployment / 失職 / 失业、下岗 / sự thất nghiệp, sự mất việc

**실종** missing / 行方不明、失踪 / 失踪 / sự mất tích

**실망** disappointment / 失望 / 失望 / sự thất vọng

**실수** mistake / ミス、失敗 / 失误、过失、失手 / sự sai sót, sự sai lầm

1. 보기 에서 빈칸에 공통적으로 들어갈 한자를 골라 쓰십시오.

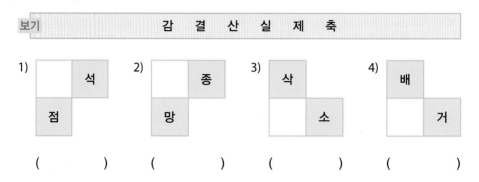

보기        감   결   산   실   제   축

1)  [ ] 석     2)  [ ] 종     3)  삭 [ ]     4)  배 [ ]
    점              망              [ ] 소         [ ] 거

    (        )        (        )        (        )        (        )


2. 한자의 의미가 <u>다른</u> 것을 고르십시오.

1) **줄이다**              ① 축소        ② 축제        ③ 단축

2) **흩어지다**            ① 이산가족     ② 산만하다     ③ 공산품

3) **모자라다**            ① 결심        ② 결함        ③ 결핍

4) **잃다**               ① 실직        ② 실수        ③ 실천


3. 알맞은 단어를 골라 문장을 완성하십시오.

1) 서울과 강릉을 잇는 고속 철도가 생기면서 서울에서 강릉까지 걸리는 시간이 약 30
   분에서 1시간 (**단축, 압축**)되었다.

2) 아프리카 돼지 열병이 (**분산, 확산**)되면서 국산 돼지고기 소비가 급격하게 줄었다.

3) LC전자는 에너지를 60% 이상 (**제외, 절감**)할 수 있는 '휘휘에어컨'을 출시했다.

4) 김 과장님이 심한 독감으로 오늘 (**감축, 결근**)하셨다.

4. 보기 에서 밑줄 친 부분과 바꿔 사용할 수 있는 단어를 골라 쓰십시오.

| 보기 | 감소 | 결핍 | 분실 | 결점 | 삭제 | 실업 |
|------|------|------|------|------|------|------|

1) 버스를 탈 때 지갑에서 버스 카드를 꺼냈는데 내리고 나서 없 (            )
   어진 걸 보면 버스 안에서 <u>잃어버린</u> 것 같다.

2) 인구가 <u>줄어들면서</u> 학생이 부족하여 문을 닫는 초등학교가 늘 (            )
   고 있다.

3) 야외 활동이 적고 실내 생활이 많은 근무 환경으로 인해 한국 (            )
   성인의 93%가 비타민 D가 <u>부족하다고</u> 한다.

4) 실수로 휴대폰 앨범 안에 있는 사진을 모두 <u>지워</u> 버렸다.          (            )


5. 보기 에서 알맞은 단어를 골라 이야기를 완성하십시오.

| 보기 | 실수 | 축소 | 해산 | 결석 | 실망 | 위축 |
|------|------|------|------|------|------|------|

> 나는 지금 호주에서 회사를 다니고 있다. 우리 회사에는 한국 사람이 나밖에 없다. 처음에 입사했을 때는 영어를 잘하지 못해서 항상 ①_____되어 있었다. 말을 잘하지 못해서 회의 시간에 동료들의 이야기를 듣기만 한 적이 많고 회의 내용을 잘못 이해해서 업무를 처리할 때 ②_____을/를 하기도 했다. 처음에는 이런 나 자신에게 ③_____했다. 하지만 언젠가부터 생각을 바꿔서 동료들에게 먼저 인사하고 말을 걸기 시작했고 퇴근 후에는 호주 사람들과 이야기할 수 있는 기회를 찾았다. 그렇게 3년 동안 노력한 결과 지금 나는 영어 실력이 좋아졌을 뿐만 아니라 성격도 적극적으로 바뀌었다.

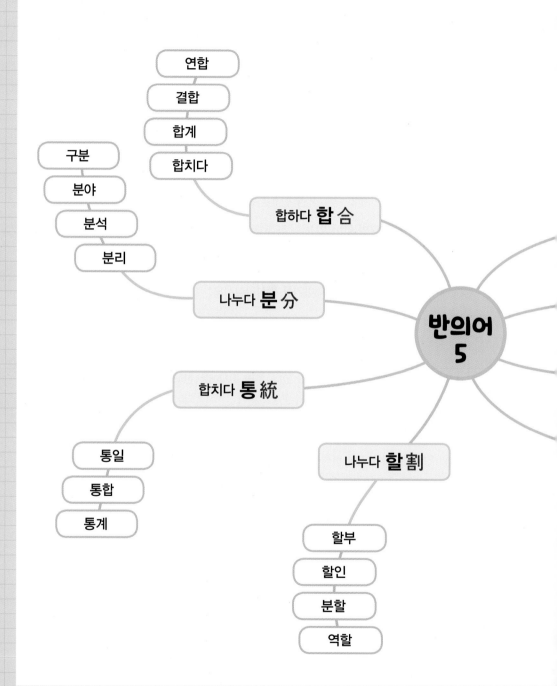

연합
결합
합계
합치다

구분
분야
분석
분리

합하다 **합** 合

나누다 **분** 分

합치다 **통** 統

반의어
5

통일
통합
통계

나누다 **할** 割

할부
할인
분할
역할

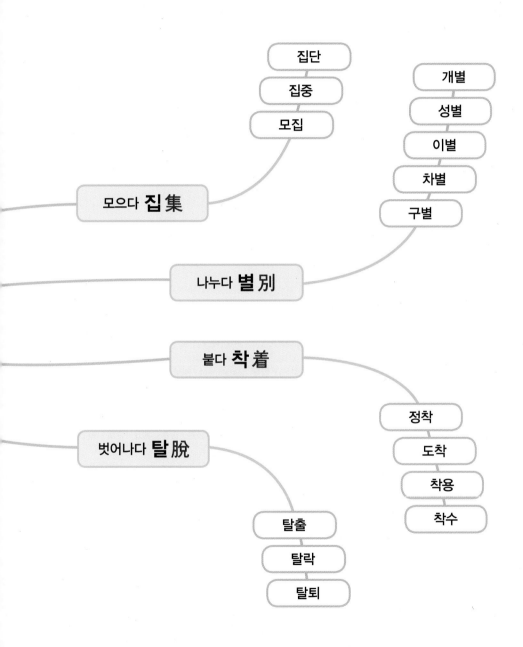

집단

집중

모집

개별

성별

이별

차별

구별

모으다 **집集**

나누다 **별別**

붙다 **착着**

벗어나다 **탈脫**

정착

도착

착용

착수

탈출

탈락

탈퇴

| 합하다 **합 合** | to join<br>合わせる<br>合、合并<br>hợp lại, tổng | | 나누다 **분 分** | to separate<br>分ける<br>分开、区分<br>phân chia |
|---|---|---|---|---|

**합치다** to join together / 合わせる / 合、合并 / gộp lại, hợp lại

**합계** total / 合計 / 合计、总计 / tổng, tổng cộng

**결합** combination / 結合 / 结合、联合 / sự kết hợp

**연합** alliance / 連合 / 联合 / liên hiệp

**분리** separation / 分離 / 分离、分开、分类 / sự phân ly, sự tách rời

**분석** analysis / 分析 / 分析 / sự phân tích

**분야** field / 分野 / 领域、方面 / lĩnh vực

**구분** classification / 区分 / 区分 / sự phân loại

| 합치다 **통 統** | to unify<br>合わせる<br>合、合并<br>sát nhập | | 나누다 **할 割** | to divide<br>割る<br>分、分成<br>phân chia |
|---|---|---|---|---|

**통일** unification / 統一 / 统一 / sự thống nhất

**통합** integration / 統合 / 综合、统合、合并 / sự sát nhập

**통계** statistics / 統計 / 统计 / thống kê

**할부** installment / 割賦 / 分期支付、分期付款 / sự trả góp

**할인** discount / 割引 / 打折、折扣 / sự giảm giá

**분할** division / 分割 / 分割、划分、分期 / sự phân chia

**역할** role / 役割 / 职责、任务、角色 / vai trò

| 모으다 集集 | to gather<br>集める<br>收集、攒<br>tập hợp | 나누다 別別 | to separate<br>区分する<br>分开、区分<br>phân biệt |
|---|---|---|---|

**모집** recruitment / 募集 / 招、招聘、招收、招募 / sự chiêu mộ, việc tuyển dụng

**집중** concentration / 集中 / 集中 / sự tập trung

**집단** group / 集团 / 集团 / nhóm, tổ chức

**구별** distinction / 区別 / 区別、差別 / sự phân biệt, sự khu biệt

**차별** discrimination / 差別 / 差別 / sự phân biệt đối xử

**이별** parting / 別れ、別離 / 离别 / sự ly biệt

**성별** gender / 性別 / 性別 / giới tính

**개별** individual / 個別 / 个别 / sự riêng biệt, sự riêng lẻ

| 붙다 着着 | to settle<br>付ける<br>粘、着<br>dính, dán | 벗어나다 脫脫 | to exclude<br>脱する<br>脱离、摆脱<br>thoát khỏi |
|---|---|---|---|

**정착** settlement / 定着 / 定居、安家落户 / sự định cư

**도착** arrival / 到着 / 到达、抵达 / sự đến nơi

**착용** putting on / 着用 / 穿着、穿戴、佩戴 / việc mặc, mang, đội

**착수** start / 着手 / 着手、开始做 / sự bắt đầu

**탈출** escape / 脱出 / 逃脱、逃生 / sự thoát ra

**탈락** exclusion / 脱落 / 落选、被淘汰 / sự loại bỏ, sự trượt

**탈퇴** withdrawal / 脱退 / 退出、脱离 / sự rút lui, sự từ bỏ

# Day 73 | 연습 문제

**1.** 보기 에서 빈칸에 공통적으로 들어갈 한자를 골라 쓰십시오.

| 보기 | 별 분 착 통 할 합 |
|---|---|

1) ☐ 일  ☐ 합  ☐ 계  (       )

2) 결 ☐  연 ☐  ☐ 계  (       )

3) ☐ 석  ☐ 리  구 ☐  (       )

4) 구 ☐  ☐ 이  차 ☐  (       )

**2.** 보기 에서 공통적으로 들어간 한자의 의미를 골라 쓰십시오.

| 보기 | 나누다  합치다  모으다  붙다  벗어나다  합하다 |
|---|---|

1) 도착    정착    착수    (       )
2) 모집    집중    집단    (       )
3) 할부    할인    분할    (       )
4) 탈출    탈락    탈퇴    (       )

**3.** 알맞은 단어를 골라 문장을 완성하십시오.

1) 나와 내 동생은 얼굴이 닮아서 (**구별, 차별**)이 잘 안 된다는 말을 종종 듣는다.

2) 임신 후 대략 12주 전후로 아기가 여자인지 남자인지 (**개별, 성별**)을 알 수 있다.

3) 여러 가지 현상에 대한 자료를 알아보기 쉽게 숫자로 나타내는 것을 '(**통계, 합계**)'라고 하며 보통 표나 그래프를 사용한다.

4) 영화배우 손숙은 이번 영화에서 잃어버린 아들을 찾는 경찰 (**분석, 역할**)을 맡았다.

4. 보기 에서 알맞은 단어를 골라 대화를 완성하십시오.

| 보기 | 할부 | 연합하다 | 집단 | 탈퇴하다 | 분야 | 합치다 |
|---|---|---|---|---|---|---|

1) 가: 고객님, 계산은 일시불로 하시겠어요, _____(으)로 하시겠어요?

   나: 일시불로 해 주세요.

2) 가: 졸업 후에 어떤 일을 하고 싶어?

   나: 아직은 잘 모르겠는데 IT _____의 회사에 취직하고 싶어.

3) 가: 언니, 다음 주에 아버지 생신인데 무슨 선물 살 거야?

   나: 곧 겨울이니까 스웨터를 사 드리고 싶은데 우리 돈을 _____아서/어서 같이 사면 어때?

4) 가: 자전거 동호회 활동은 재미있게 하고 있어요?

   나: 아니요. 회사 일 때문에 바빠서 1년 동안 한 번도 못 나갔어요. 그래서 그냥 _____(으)려고 해요.

5. 보기 에서 알맞은 단어를 골라 광고를 완성하십시오.

| 보기 | 결합 | 모집 | 분리 | 정착 | 착용 | 할인 |
|---|---|---|---|---|---|---|

1)
자전거 사고 예방을 위해
헬멧 _____은/는 필수!

2)

한국대학교
기타 동아리 회원 _____

기타사랑

• 학생회관 201호
• 010-1234-5678

3)

캔 병류   플라스틱류   일반쓰레기   동이류

쓰레기를 _____해서 버려 주세요.

4)
1년에 한 번뿐인 _____,
놓치지 마세요!

50% 198,000원 99,000원

밀접
간접
직접
접근
접하다

잇다 **접**接

연락
연쇄
연계
연결

잇다/닿다 **연**連

수속
상속
지속
연속

잇다 **속**續

**반의어 6**

끊다 **단**斷

중단
분단
차단
횡단
단념

끊다 **절**絕

절망
절대로
단절
거절
기절

끊다 **절**切

절단
절박하다
간절하다

| 잇다/닿다 **연 連** | to link/to reach<br>連なる/届く<br>连接/触及、达到<br>tiếp nối/chạm đến |
|---|---|

**연결** connection / 連結、結ぶ / 连接、相连 / sự liên kết

**연계** liaison / 連携、つながり / 连接、联系 / sự kết nối, sự gắn kết

**연쇄** serial, series / 連鎖、連続 / 连锁、连环 / chuỗi dây xích, sự xâu chuỗi

**연락** contact / 連絡 / 联络、联系 / sự liên lạc

| 잇다 **접 接** | to connect<br>接する<br>继续、接着<br>tiếp nối |
|---|---|

**접하다** to receive, to border / 接する / 连接、相邻 / tiếp nhận, tiếp xúc

**접근** approach / 接近 / 接近 / sự tiếp cận

**직접** directness / 直接 / 直接 / sự trực tiếp

**간접** indirectness / 間接 / 间接 / sự gián tiếp

**밀접** closeness / 密接 / 密切、紧密 / sự mật thiết

| 잇다 **속 續** | to continue<br>続ける<br>继续、接着<br>kết nối |
|---|---|

**연속** continuation / 連続 / 连续 / sự liên tục

**지속** duration / 持続 / 持续 / sự tiếp diễn, sự liên tiếp

**상속** inheritance / 相続 / 继承 / sự thừa kế, sự truyền lại

**수속** procedure / 手続き / 手续 / thủ tục

| 끊다 **단 斷** | to break<br>断つ<br>切断、断绝<br>cắt, gián đoạn |
|---|---|

**중단** suspension / 中断 / 中断 / sự gián đoạn

**분단** division / 分断 / 分裂、分割、割断 / sự chia cắt

**차단** shutoff / 遮断 / 阻断、隔断 / sự chặn, sự tuyệt giao

**횡단** crossing / 横断 / 横过、横穿、横断 / sự đi ngang, sự băng qua

**단념** abandonment / 断念 / 死心、断绝念头 / sự từ bỏ

| 끊다 **절 絶** | to cut<br>絶つ<br>断绝<br>gián đoạn |
|---|---|

**절망** despair / 絶望 / 绝望 / sự tuyệt vọng

**절대로** absolutely / 絶対に / 绝对 / tuyệt đối

**단절** severance / 断絶 / 断绝、中断 / sự ngắt quãng, sự gián đoạn

**거절** refusal / 拒絶、断ること / 拒绝、谢绝 / sự từ chối

**기절** faint / 気絶 / 昏厥、晕厥 / sự ngất xỉu, sự choáng

| 끊다 **절 切** | to sever<br>切る<br>切断<br>cắt, gián đoạn |
|---|---|

**절단** cutting / 切断 / 切断、截断、折断 / sự cắt rời, sự cắt đứt

**절박하다** to be desperate / 切迫した / 紧迫、急迫 / khẩn cấp, gấp gáp

**간절하다** to be earnest / 痛切だ、切実だ / 恳切、热切、迫切 / thành khẩn, thiết tha

1. 보기 에서 빈칸에 공통적으로 들어갈 한자를 골라 쓰십시오.

| 보기 | 단 속 연 절 접 |
|------|------------------|

1)  [  ] 망    [  ] 대 로    기 [  ]    (            )

2)  직 [  ]    밀 [  ]    [  ] 근    (            )

3)  [  ] 결    [  ] 쇄    [  ] 계    (            )

4)  연 [  ]    지 [  ]    상 [  ]    (            )


2. 밑줄 친 한자의 의미를 연결하십시오.

1) 중단　　•

2) 연속　　•　　　　　　• ㉠ 잇다

3) 절박하다　•　　　　　• ㉡ 끊다

4) 간접　　•


3. 알맞은 단어를 골라 문장을 완성하십시오.

1) 나는 선글라스를 쓰거나 선크림을 바르는 등 자외선 (**절단**, **차단**)에 신경을 쓴다.

2) 휴가 기간에는 탑승 (**상속**, **수속**) 시간이 오래 걸리기 때문에 비행기 출발 서너 시간 전에 공항에 도착해야 한다.

3) 한라산에서 실종된 등산객을 찾기 위해 구조대가 갔지만 폭설 때문에 현장에 (**연계**, **접근**)하기가 어렵다고 한다.

4) 가수 송지호 씨가 아들이 교통사고로 사망했다는 소식을 듣고 (**기절**, **단념**)해 응급실로 실려 갔다.

4. 보기 에서 알맞은 단어를 골라 대화를 완성하십시오.

| 보기 | 거절 | 횡단 | 단절 | 간접 | 연쇄 | 연결 |
|------|------|------|------|------|------|------|

1) 가: 어, 컴퓨터가 인터넷에 _____이/가 안 되는데요.

   나: 가끔 그럴 때가 있어요. 컴퓨터 전원을 껐다가 다시 켜 보세요.

2) 가: 흡연실이 가까워서 담배 냄새가 나는데 다른 자리로 옮길까요?

   나: 그래요. _____ 흡연도 직접 담배를 피우는 것만큼 건강에 나쁘다고 하잖아요.

3) 가: 어제 소개팅을 한 남자는 어때?

   나: 나하고 대화가 안 통하는 것 같아. 그래서 만나자고 연락이 왔는데 내가 _____했어.

4) 가: 요즘은 다른 사람과 밥 먹을 때도 휴대폰만 보는 사람들이 많아진 것 같아.

   나: 맞아. 휴대폰이 편리하기도 하지만 사람들이 서로 소통하는 것을 _____ 시키는 것 같아.

5. 보기 에서 알맞은 단어를 골라 이야기를 완성하십시오.

| 보기 | 간절하다 | 연락 | 접하다 | 밀접 | 지속 | 분단 |
|------|----------|------|--------|------|------|------|

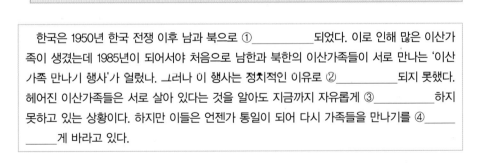

한국은 1950년 한국 전쟁 이후 남과 북으로 ① _____되었다. 이로 인해 많은 이산가족이 생겼는데 1985년이 되어서야 처음으로 남한과 북한의 이산가족들이 서로 만나는 '이산가족 만나기 행사'가 열렸다. 그러나 이 행사는 정치적인 이유로 ② _____되지 못했다. 헤어진 이산가족들은 서로 살아 있다는 것을 알아도 지금까지 자유롭게 ③ _____하지 못하고 있는 상황이다. 하지만 이들은 언젠가 통일이 되어 다시 가족들을 만나기를 ④ _____게 바라고 있다.

# 한자성어

**우** 넉넉하다優   **유** 부드럽다乳   **부** 아니하다不   **단** 끊다斷

➡️ 마음이 부드럽고 약해서 딱 잘라서 결단을 하지 못한다.

가: 율리아 씨 남자 친구는 성격이 어때요?

나: 다 좋은데 좀 **우유부단**해서 답답할 때가 있어요. 그래서 물건이나 메뉴를 고를 때도 시간이 많이 걸려요.

가: 하하하, 그렇군요. 좋고 싫은 게 분명한 율리아 씨 성격하고는 정반대네요.

나: 네. 하지만 유머가 있고 다정해서 같이 있으면 즐겁고 마음이 편해요.


**비** 아니다非   **일** 하나一   **비** 아니다非   **재** 다시再

➡️ 한 번도 아니고 두 번도 아니다. 즉, 같은 일이 한두 번이 아님을 나타내는 말

가: 어떻게 이럴 수가 있을까? 정말 화가 나!

나: 왜 그러는데? 무슨 일이 있어?

가: 인터넷으로 중고 전자레인지를 샀는데 몇 번 사용하지도 않았는데 고장이 났어. 오래된 거라서 AS를 받을 수도 없고 어떻게 이런 물건을 팔 수 있지?

나: 화가 날 만하네. 그런데 인터넷 중고 시장에서 물건을 사면 그런 일이 **비일비재**해. 나도 예전에 노트북을 중고로 샀다가 1년도 못 쓰고 고장이 나서 새 노트북을 산 적이 있어.

# 17

# 반의어 II

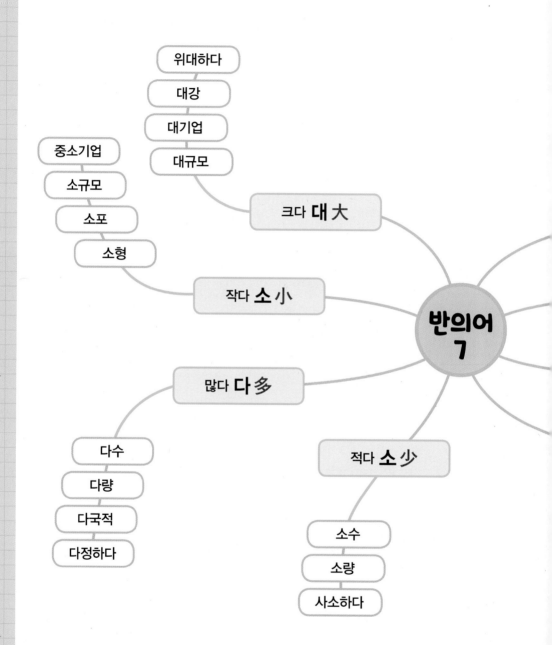

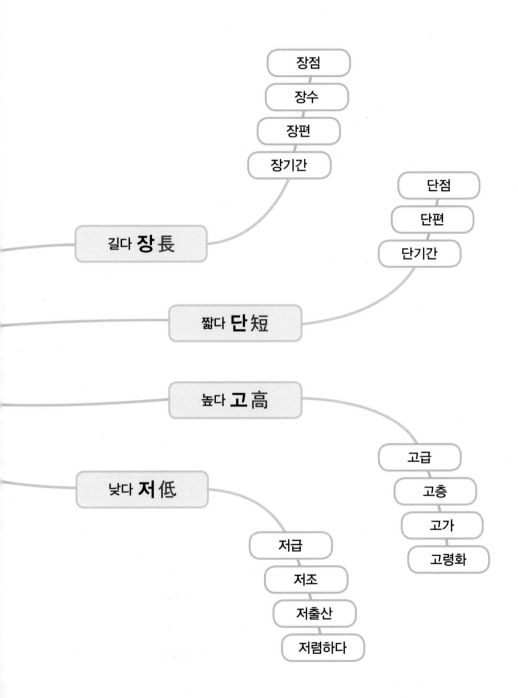

장점

장수

장편

장기간

단점

단편

단기간

길다 **장** 長

짧다 **단** 短

높다 **고** 高

낮다 **저** 低

고급

고층

고가

고령화

저급

저조

저출산

저렴하다

| 크다 | to be big |
| --- | --- |
| **대大** | 大きい<br>大<br>đại, to |

**대규모** large scale / 大規模 / 大规模 / quy mô lớn

**대기업** large cooperations / 大企業 / 大企业 / tập đoàn lớn, doanh nghiệp lớn

**대강** roughly / 大体 / 大概、大致 / đề cương

**위대하다** to be great / 偉大だ / 伟大 / vĩ đại

| 작다 | to be small |
| --- | --- |
| **소小** | 小さい<br>小<br>nhỏ, bé |

**소형** small size / 小型 / 小型 / loại nhỏ, kiểu nhỏ

**소포** parcel / 小包 / 包裹、邮包 / bưu kiện, bưu phẩm

**소규모** small scale / 小規模 / 小规模 / quy mô nhỏ

**중소기업** small and medium-sized business / 中小企業 / 中小企业 / doanh nghiệp vừa và nhỏ

| 많다 | to be plentiful |
| --- | --- |
| **다多** | 多い<br>多<br>nhiều, đa |

**다수** majority / 多数 / 多数 / đa số, số nhiều

**다량** great quantity / 多量 / 大量 / số lượng lớn

**다국적** multinational / 多国籍 / 多国籍、多重国籍、跨国 / mang tính đa quốc gia

**다정하다** to be friendly / 優しい、親しい / 亲切、热情 / giàu tình cảm

| 적다 | to be little |
| --- | --- |
| **소少** | 少ない<br>少<br>ít, bé |

**소수** minority / 少数 / 少数 / thiểu số, số ít

**소량** small amount / 少量 / 少量、小批量 / số lượng ít

**사소하다** to be trivial / 些細だ、わずかだ / 些许、琐碎、细小、细微 / nhỏ nhặt, nhỏ

| 길다<br>**장 長** | to be long<br>長い<br>长<br>dài |
|---|---|

**장기간** long period of time / 長期間 / 长期、长时间 / thời gian dài

**장편** long piece, novel / 長編 / 长篇 / dài tập, truyện dài

**장수** longevity / 長寿 / 长寿 / sự trường thọ

**장점** merit / 長所 / 优点、长处、优势 / ưu điểm, điểm mạnh

| 짧다<br>**단 短** | to be short<br>短い<br>短<br>ngắn |
|---|---|

**단기간** short period of time / 短期間 / 短期、短时间 / thời gian ngắn

**단편** short story or film / 短編 / 短篇 / truyện ngắn

**단점** shortcoming / 短所 / 短处、缺点 / nhược điểm

| 높다<br>**고 高** | to be high<br>高い<br>高<br>cao |
|---|---|

**고급** high rank, high class / 高級 / 高级 / sự cao cấp

**고층** high-rise / 高層 / 高层 / cao tầng, tầng cao

**고가** high price / 高価 / 高价、高档、贵重 / giá cao

**고령화** aging / 高齢化 / 高龄化 / sự già hóa dân số

| 낮다<br>**저 低** | to be low<br>低い<br>低<br>thấp |
|---|---|

**저급** low grade / 低級 / 低级、低俗 / cấp thấp

**저조** lowness / 低調 / 低落、低沉、落后、差 / sự sụt giảm, sự tụt dốc

**저출산** low birthrate / 少子化 / 低生育率 / việc sinh ít con

**저렴하다** to be cheap / 低廉だ、廉価だ / 低廉、便宜 / thấp, hợp lí, phải chăng

1. 보기 에서 공통적으로 들어간 한자의 의미를 골라 쓰십시오.

| 보기 | 많다 | 작다 | 길다 | 짧다 | 크다 | 높다 |
|------|------|------|------|------|------|------|

1) 대규모, 대강, 위대하다　　　　　　　　　(　　　　　　)

2) 고가, 고령화, 고급　　　　　　　　　　　(　　　　　　)

3) 다국적, 다량, 다정하다　　　　　　　　　(　　　　　　)

4) 장점, 장편, 장기간　　　　　　　　　　　(　　　　　　)


2. 한자의 의미가 <u>다른</u> 것을 고르십시오.

1) **짧다**　　　　　　① 단기간　　② 분단　　③ 단편

2) **작다**　　　　　　① 소포　　　② 소형　　③ 공공장소

3) **적다**　　　　　　① 연구소　　② 소수　　③ 사소하다

4) **낮다**　　　　　　① 저급　　　② 저축　　③ 저조


3. 알맞은 단어를 골라 문장을 완성하십시오.

1) 취직을 위해 자기 소개서를 쓸 때는 업무와 관련된 자신의 (**단점, 장점**)이 잘 드러나게 써야 한다.

2) 2020년 현재 중국은 인구가 약 14억이며 가장 많은 인구를 차지하는 한족 외에도 56개의 (**다수, 소수**) 민족이 있다.

3) 나는 오이 알레르기가 있어서 (**소량, 다량**)만 먹어도 피부가 빨갛게 부어오른다.

4) 고춧가루를 공기가 들어가지 않는 용기에 넣어 두면 6개월 이상 (**단기간, 장기간**) 보관할 수 있다.

4. 보기 에서 밑줄 친 부분의 반대말을 골라 쓰십시오.

| 보기 | 고층 | 대강 | 소형 | 위대하다 | 장수 | 저렴하다 |
|------|------|------|------|----------|------|----------|

1) 천재 화가 이중섭은 40세의 이른 나이에 <u>일찍</u> 세상을 떠났다.  (          )

2) 새로 이사 가는 동네는 다른 지역과 달리 12층 이하의 <u>낮은</u>  (          )
   아파트가 많다.

3) 부모님은 자전거 타기가 취미이신데 이번에 <u>고가</u>의 자전거를  (          )
   새로 사셨다.

4) 나는 운전을 시작한 지 얼마 안 되어서 운전할 때 바로 옆으  (          )
   로 <u>큰</u> 트럭이 지나가면 무서워서 긴장이 된다.

5. 보기 에서 알맞은 단어를 골라 이야기를 완성하십시오.

| 보기 | 고령화 | 고가 | 대기업 | 소규모 | 저출산 | 중소기업 |
|------|--------|------|--------|--------|--------|----------|

수민: 한국은 이미 매우 높은 수준의 ①_____ 국가예요. 점점 더 많은 여성들
　　　이 경제 활동을 하면서 일과 육아를 같이 하기 어렵기 때문에 아이를 낳지 않
　　　으려고 하는 사람들이 많아지고 있어요. 2019년 출산율이 0.98명이라고 해요.

민우: 의학 기술이 발달하면서 사람들이 과거보다 더 오래 살게 되었어요. 65세 이
　　　상인 사람이 14% 이상이면 ②_____ 사회라고 하는데 한국은 65세 이
　　　상 인구가 2019년에 15.1%나 되었어요.

승아: 취직하는 것이 어렵다고 하지만 규모가 작은 회사들은 인력난을 겪고 있다
　　　고 해요. 사람들이 규모가 크고 연봉이 높은 ③_____에 몰리기 때문
　　　이에요. 게다가 신입 사원을 뽑아도 1년 안에 회사를 그만두는 경우도 많다고
　　　해요.

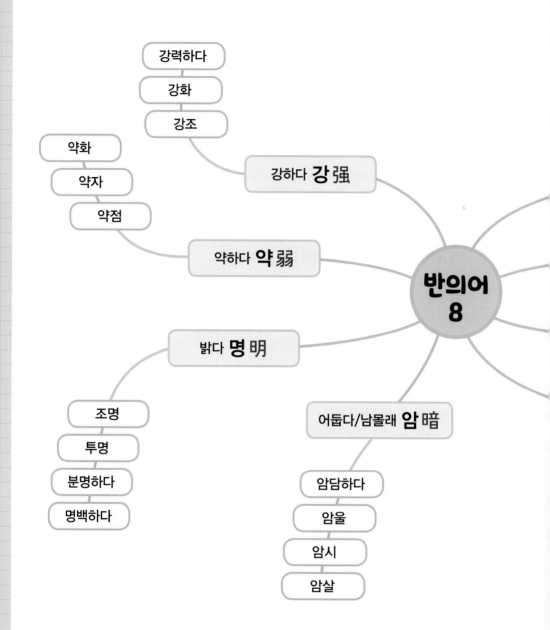

강력하다

강화

강조

강하다 **강** 强

약화

약자

약점

약하다 **약** 弱

밝다 **명** 明

조명

투명

분명하다

명백하다

어둡다/남몰래 **암** 暗

암담하다

암울

암시

암살

반의어
8

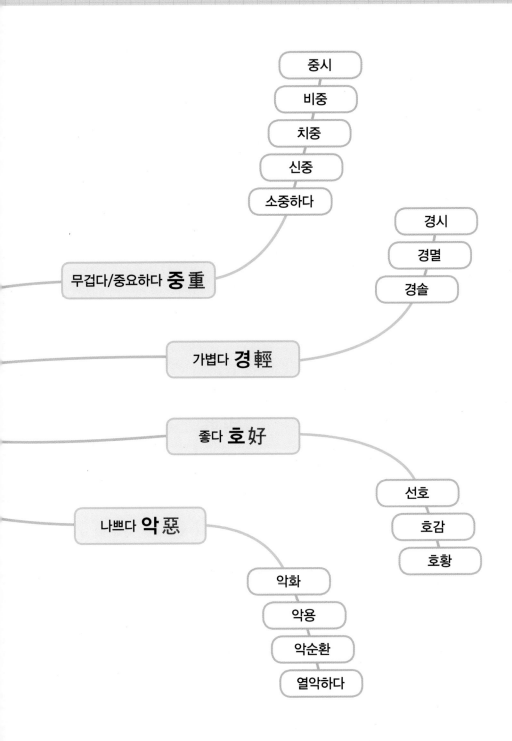

중시

비중

치중

신중

소중하다

경시

경멸

경솔

무겁다/중요하다 **중 重**

가볍다 **경 輕**

좋다 **호 好**

선호

호감

호황

나쁘다 **악 惡**

악화

악용

악순환

열악하다

| 강하다 강强 | to be strong<br>強い<br>强<br>mạnh |
|---|---|

**강조** emphasis / 強調 / 强调 / sự nhấn mạnh

**강화** reinforcement / 強化 / 强化、加强 / sự tăng cường, sự củng cố

**강력하다** to be powerful / 強力だ / 强大、有力、强烈 / vững mạnh, cường tráng

| 약하다 약弱 | to be weak<br>弱い<br>弱<br>yếu, kém |
|---|---|

**약점** weakness, weak point / 弱点 / 弱点 / điểm yếu

**약자** the weak / 弱者 / 弱者 / người yếu, người yếu thế

**약화** weakening / 弱化 / 弱化、減弱、消減 / sự suy yếu

| 밝다 명明 | to be bright<br>明るい<br>明亮、明朗<br>sáng |
|---|---|

**조명** lighting / 照明 / 照明、灯光 / đèn chiếu sáng

**투명** transparency / 透明 / 透明 / sự trong suốt

**분명하다** to be clear / 明らかだ、確かだ / 分明、明显 / rõ ràng, rành mạch

**명백하다** to be obvious / 明白だ / 明白、清楚 / minh bạch

| 어둡다/남몰래 암暗 | to be dark/secretly<br>暗い/人知れず<br>暗/暗中<br>tối/lén lút |
|---|---|

**암담하다** to be gloomy, to be hopeless / 暗澹とした / 暗淡、昏暗冷清 / ảm đạm, mờ mịt

**암울** gloom / 暗鬱 / 暗淡阴郁、阴沉、阴暗 / sự u uất

**암시** implication / 暗示 / 暗示 / sự ám thị, sự ám chỉ

**암살** assassination / 暗殺 / 暗杀 / sự ám sát

| 무겁다/중요하다 重重 | to be heavy/to be important<br>重い/重要な<br>重/重要<br>nặng/quan trọng |
|---|---|

**소중하다** to be precious / 大切だ / 看重、珍贵、宝贵 / quý trọng, quý báu

**신중** discretion / 慎重 / 慎重、谨慎 / sự thận trọng

**치중** attaching weight to / 重視、注力 / 着重、偏重、侧重 / sự chú trọng

**비중** proportion / 比重 / 比重、比列 / tỉ trọng

**중시** serious consideration / 重視 / 重視 / sự coi trọng, sự xem trọng

| 가볍다 경輕 | to be light<br>軽い<br>轻<br>nhẹ |
|---|---|

**경솔** carelessness / 軽率 / 轻率、草率 / sự khinh suất

**경멸** contempt / 軽蔑 / 轻蔑、蔑视 / sự khinh miệt

**경시** negligence / 軽視 / 轻视、无视、小看 / sự xem nhẹ, sự khinh rẻ

| 좋다 호好 | to be good<br>好む<br>好<br>tốt, đẹp |
|---|---|

**선호** preference / 好み、好む / 喜爱、偏爱、钟爱 / sự ưa thích hơn

**호감** favorable impression / 好感 / 好感 / hảo cảm, cảm tình

**호황** boom / 好況 / 旺市、好状况 / tình hình tốt, tình hình thuận lợi

| 나쁘다 악惡 | to be bad<br>悪い<br>坏、恶劣<br>xấu, ác |
|---|---|

**악화** deterioration / 悪化 / 恶化、变坏 / sự xấu đi, sự trầm trọng hơn

**악용** abuse / 悪用 / 恶意利用、恶用 / sự lạm dụng

**악순환** vicious cycle / 悪循環 / 恶循环 / vòng luẩn quẩn

**열악하다** to be poor / 劣悪だ / 恶劣 / khó khăn, nghèo nàn

1. 보기 에서 빈칸에 공통적으로 들어갈 한자를 골라 쓰십시오.

| 보기 | 강 명 악 약 중 호 |
| --- | --- |

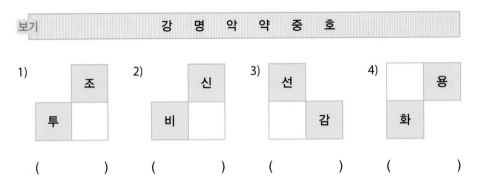

1)

| | 조 |
| --- | --- |
| 투 | |

( )

2)

| | 신 |
| --- | --- |
| 비 | |

( )

3)

| 선 | |
| --- | --- |
| | 감 |

( )

4)

| | 용 |
| --- | --- |
| 화 | |

( )

2. 보기 에서 공통적으로 들어간 한자의 의미를 골라 쓰십시오.

| 보기 | 강하다 가볍다 나쁘다 밝다 어둡다/남몰래 약하다 |
| --- | --- |

1) 경솔   경멸   경시       ( )

2) 약점   약자   약화       ( )

3) 강조   강력하다   강화       ( )

4) 암살   암시   암울       ( )

3. 알맞은 단어를 골라 문장을 완성하십시오.

1) 우리 회사의 경쟁력을 (**강조, 강화**)하기 위해서는 기술 개발에 더 노력해야 한다.

2) 한국에 온 지 10년이 되었지만 한국에 처음 온 날이 아직도 (**투명하게, 분명하게**) 기억난다.

3) 오래된 한옥 마을을 없애고 아파트 단지를 짓겠다는 생각은 전통문화를 (**경시, 치 중**)하는 것이라고 생각한다.

4) 아버지가 물려주신 이 시계는 내가 가장 (**소중하게, 신중하게**) 생각하는 물건이다.

4. 보기 에서 밑줄 친 부분과 바꿔 사용할 수 있는 단어를 골라 쓰십시오.

| 보기 | 암담하다 | 호감 | 중시 | 선호 | 명백하다 | 열악하다 |
|------|----------|------|------|------|----------|----------|

1) 남편을 처음 만났을 때부터 나는 남편에게 <u>좋은 느낌</u>을 받았다. (           )

2) 우리 할아버지 세대는 딸을 낳는 것보다 아들을 낳는 것을 더 (           )
   <u>좋아했다</u>.

3) 영화 '설차'는 인류가 멸망하고 소수의 사람들만 살아남는다 (           )
   는 <u>어두운</u> 미래에 대한 내용이다.

4) 나는 가구를 살 때 디자인보다는 실용성을 더 <u>중요하게 생각</u> (           )
   <u>한다</u>.

5. 보기 에서 알맞은 단어를 골라 신문 기사의 제목을 완성하십시오.

| 보기 | 비중 | 악순환 | 악화 | 약자 | 암울 | 호황 |
|------|------|--------|------|------|------|------|

1)
> 반려동물 인구 천만 시대로 관련 산업 _____, 동물 병원과 애견 미용사
> 인기

2)
> 태풍 '밍밍' 영향으로 날씨 _____, 동남아시아행 항공편 취소

3)
> 서울시 1인 가구 _____, 작년보다 높아져서 올해 전체 가구 중 30.9%

4)
> 서울시 강서구, 다음 달부터 장애인과 노인 등 교통 _____ 위한 무료 셔틀
> 버스 운행 시작

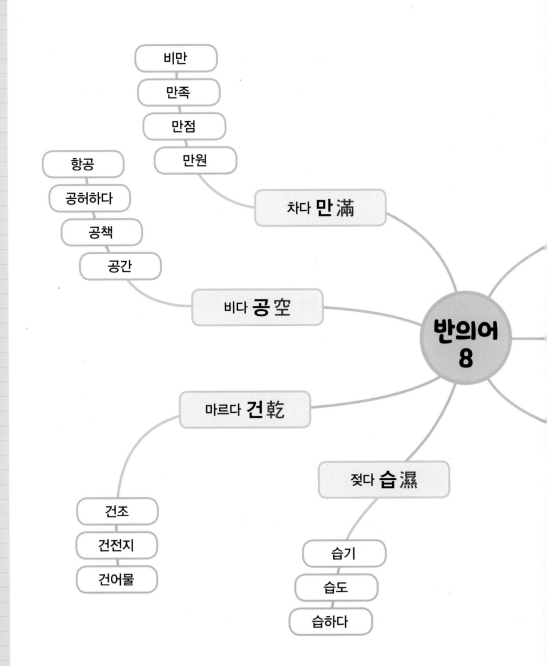

비만
만족
만점
만원

항공
공허하다
공책
공간

차다 **만 滿**

비다 **공 空**

마르다 **건 乾**

젖다 **습 濕**

**반의어 8**

건조
건전지
건어물

습기
습도
습하다

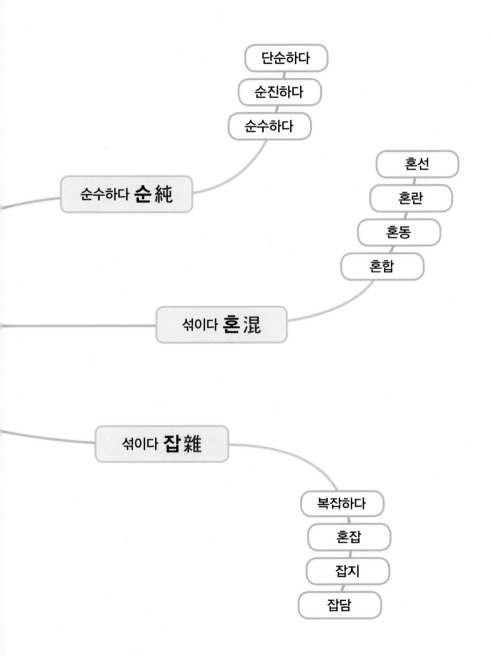

단순하다

순진하다

순수하다

순수하다 **순** 純

혼선

혼란

혼동

혼합

섞이다 **혼** 混

섞이다 **잡** 雜

복잡하다

혼잡

잡지

잡담

| 차다 | to be full |
|------|-----------|
| **만 滿** | 満ちる<br>満、充満<br>đầy, tràn đầy |

**만원** being full to capacity / 満員 / 满员、人员满额 / sự chật kín, sự đầy ắp

**만점** perfect score / 満点 / 满分 / điểm tuyệt đối

**만족** satisfaction / 満足 / 满足、满意 / sự mãn nguyện, sự hài lòng

**비만** obesity / 肥満 / 肥胖 / sự béo phì, sự thừa mỡ

| 비다 | to be empty |
|------|-----------|
| **공 空** | 空く<br>空、空余<br>trống |

**공간** space / 空間 / 空间、地方 / không gian

**공책** notebook / ノート / 本子、笔记本 / vở

**공허하다** to be empty / 虚しい / 空虚、空荡荡 / trống không, trống trơn

**항공** aviation / 航空 / 航空 / hàng không

| 마르다 | to be dry |
|------|-----------|
| **건 乾** | 乾く<br>干、干燥<br>khô |

**건조** being dry / 乾燥 / 干燥 / sự khô, sự khô ráo

**건전지** dry battery / 乾電池、電池 / 电池、干电池 / pin, viên pin

**건어물** dried fish / 干物 / 海鲜干货、水产干货 / hải sản khô

| 젖다 | to get wet |
|------|-----------|
| **습 濕** | 濡れる<br>潮、湿<br>ẩm ướt |

**습기** moisture / 湿気 / 湿气 / hơi ẩm

**습도** humidity / 湿度 / 湿度 / độ ẩm

**습하다** to be humid / 湿っぽい、じめじめした / 潮湿 / ẩm, ẩm ướt

| 순수하다 순純 | to be pure 純粋だ 纯、单纯 thuần khiết |
|---|---|

**순수하다** to be pure / 純粋だ / 纯、单纯 / thuần khiết

**순진하다** to be naive / 純真だ、あどけない / 純真、天真、纯洁 / ngây thơ, trong sáng

**단순하다** to be simple / 単純だ / 单纯 / đơn giản

| 섞이다 혼混 | to be mixed 混ぜる 混杂、混合 hỗn tạp |
|---|---|

**혼합** mixture / 混合 / 混合 / sự hỗn hợp

**혼동** mix-up / 混同 / 混同 / sự hỗn độn

**혼란** confusion / 混乱 / 混乱 / sự hỗn loạn

**혼선** interference / 混線 / 串线、混线 / sự nghẽn mạng, sự chập dây

| 섞이다 잡雜 | to be mixed いりまじる 混杂、混合 trộn, trộn lẫn |
|---|---|

**복잡하다** to be complicated,to be crowded / 複雑だ、混んだ / 复杂、混杂 / phức tạp

**혼잡** congestion / 混雑 / 混杂、纷杂 / sự hỗn tạp, sự hỗn loạn

**잡지** magazine / 雑誌 / 杂志 / tạp chí

**잡담** small talk / 雑談 / 闲聊、闲谈 / câu chuyện vu vơ, chuyện phiếm

# Day 77 | 연습 문제

**1.** 보기 에서 빈칸에 공통적으로 들어갈 한자를 골라 쓰십시오.

| 보기 | 순  건  만  공  잡  혼 |
|---|---|

1) □ 원    □ 점    비 □    (          )

2) □ 진 하 다    단 □ 하 다    (          )

3) □ 선    □ 란    □ 합    (          )

4) 혼 □    □ 지    □ 담    (          )

**2.** 한자의 의미가 맞는 것을 고르십시오.

1) **비다**        ① 공간        ② 공감        ③ 공장

2) **섞이다**      ① 결혼        ② 혼동        ③ 기혼

3) **마르다**      ① 건조        ② 건물        ③ 사건

4) **젖다**        ① 학습        ② 습관        ③ 습기

**3.** 알맞은 단어를 골라 문장을 완성하십시오.

1) 이 시는 세상의 때가 묻지 않은 어린아이의 (**순수한, 혼잡한**) 마음을 노래하고 있다.

2) 새로 이사 갈 집은 좁아서 소파를 놓을 (**공간, 혼선**)이 없다.

3) 올가 씨는 한국어능력시험에서 (**만족, 만점**)을 받았다.

4) 나는 건강을 위해 쌀과 콩, 보리를 (**혼란, 혼합**)해서 밥을 짓는다.

**4.** 보기 에서 밑줄 친 부분의 반대말을 골라 쓰십시오.

| 보기 | 건조 | 공허하다 | 혼동 | 비만 | 항공 | 복잡하다 |

1) 내 동생은 어렸을 때 <u>너무 말라서</u> 아파 보인다는 말을 자주 (         )
들었다.

2) 요즘 장마철이라서 공기가 <u>습해서</u> 빨래가 잘 마르지 않는다. (         )

3) 가까운 미래에는 <u>단순하고</u> 반복적인 업무는 로봇이 사람을 대 (         )
신할 것이다.

4) 남자 친구에게 청혼을 받은 날 나는 하루 종일 마음이 기쁨으 (         )
로 <u>가득 차서</u> 날아갈 것 같았다.

**5.** 보기 에서 알맞은 단어를 골라 이야기를 완성하십시오.

| 보기 | 습도 | 건전지 | 만원 | 잡지 | 잡담 | 건어물 |

작년 여름에 통영으로 여행을 갔다. 통영은 바다가 아름다운 도시이다. 바다 바로 옆에 있는 중앙시장에 갔는데 ①_____ 가게에서 어머니에게 드릴 마른 새우와 멸치를 샀다. 시장 근처에 있는 통영 김밥 가게에도 갔는데 이 가게는 여행 ②_____에도 소개될 만큼 유명한 곳이다. 평일인데도 가게가 ③_____이어서/여서 30분쯤 기다렸다. 여름이라서 덥고 ④_____도 높아서 걸어서 여행하기가 조금 힘들었지만 통영의 아름다운 바다와 친절한 사람들이 좋아서 이번 여름에도 다시 가고 싶다.

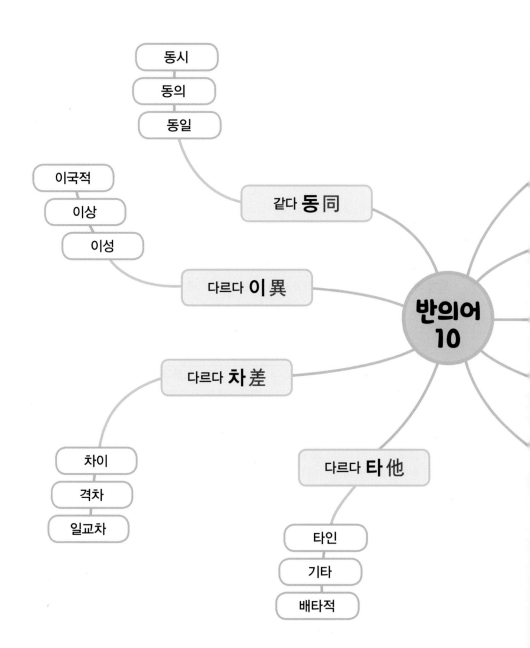

동시
동의
동일

같다 동 同

이국적
이상
이성

다르다 이 異

다르다 차 差

반의어
10

차이
격차
일교차

다르다 타 他

타인
기타
배타적

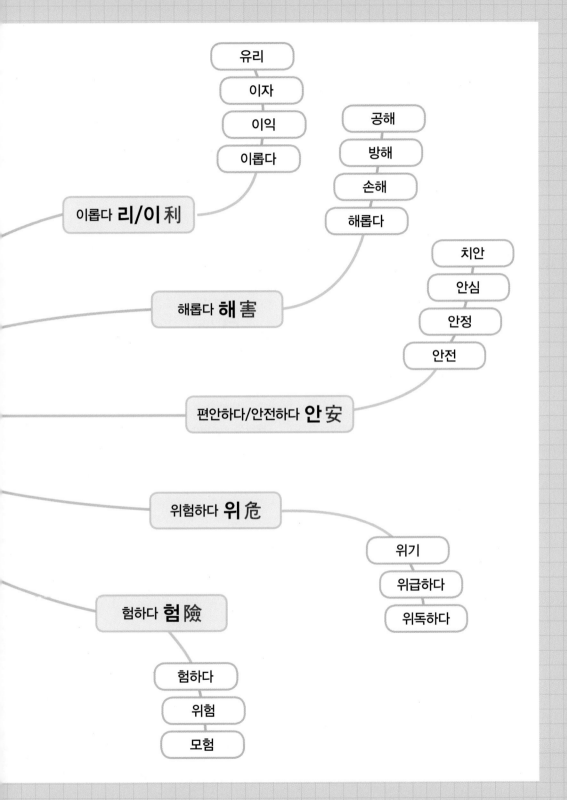

유리

이자

이익

이롭다

공해

방해

손해

해롭다

이롭다 **리/이** 利

치안

안심

안정

안전

해롭다 **해** 害

편안하다/안전하다 **안** 安

위험하다 **위** 危

위기

위급하다

위독하다

험하다 **험** 險

험하다

위험

모험

| 같다<br>**동 同** | to be the same<br>同じ、異なる<br>相同、一样<br>giống |
|---|---|

**동일** the same / 同一 / 同样、相同 / sự đồng nhất

**동의** agreement / 同意 / 同意 / sự đồng ý

**동시** being at the same time / 同時 / 同时 / đồng thời

| 다르다<br>**이 異** | to be different<br>異なる<br>不同、不一样<br>khác |
|---|---|

**이성** opposite sex / 異性 / 异性 / sự khác giới

**이상** abnormality / 異常 / 异常、反常 / sự dị thường

**이국적** to be exotic / 異国的、エキゾチック / 异国性、外国 / mang tính khác biệt

| 다르다<br>**차 差** | to be distinct<br>異なる<br>相異、不同<br>khác |
|---|---|

**차이** difference / 差、違い / 差异 / sự khác biệt

**격차** gap / 格差 / 差距、差别 / sự chênh lệch, sự khác biệt

**일교차** daily temperature difference / 日較差(一日の最高最低気温の差) / 昼夜温差 / sự chênh lệch nhiệt độ ngày đêm

| 다르다<br>**타 他** | other<br>異なる<br>不同、不一样<br>khác |
|---|---|

**타인** other people / 他人 / 别人、他人 / người khác

**기타** and so forth / その他 / 其他、别的、其余 / cái khác

**배타적** exclusive / 排他的 / 排他的、排他性 / mang tính bài trừ

<table>
<tr><td>

### 이롭다
## 리/이 利

</td><td>

to be beneficial
利する
有利、利于
có lợi

</td></tr>
</table>

**이롭다** to be beneficial / 利する、良い / 有利、利于 / có lợi

**이익** profit / 利益 / 利益、利润、好处 / lợi ích

**이자** interest / 利子、利息 / 利息 / lãi, tiền lãi

**유리** advantage / 有利 / 有利 / sự có lợi

<table>
<tr><td>

### 해롭다
## 해 害

</td><td>

to be harmful
悪い、有害だ
有害、危害
có hại

</td></tr>
</table>

**해롭다** to be harmful / 悪い、有害だ / 有害、危害 / có hại

**손해** damage / 損害 / 损害、损失、吃亏 / sự thiệt hại, sự tổn hại

**방해** disturbance / 妨害 / 妨害、妨碍、干扰 / sự cản trở, sự làm phiền

**공해** pollution / 公害 / 公害、污染 / ô nhiễm môi trường

<table>
<tr><td>

### 편안하다/안전하다
## 안 安

</td><td>

to be comfortable/to be safe
楽だ/ 安全だ
舒适、平安/安全
bình an/an toàn

</td></tr>
</table>

**안전** safety / 安全 / 安全 / sự an toàn

**안정** stability / 安定 / 安定、稳定 / sự ổn định

**안심** relief / 安心 / 安心 / sự an tâm

**치안** public order and security / 治安 / 治安 / sự giữ an ninh, việc trị an

<table>
<tr><td>

### 위험하다
## 위 危

</td><td>

to be dangerous
危険だ
危险
nguy hiểm

</td></tr>
</table>

**위기** crisis / 危機 / 危机 / nguy cơ

**위급하다** to be in imminent danger / 危急だ、緊急 だ / 危急 / nguy cấp, nguy bách

**위독하다** to be in critical condition / 危篤だ / 病 危、危重 / nguy kịch, nguy cấp

<table>
<tr><td>

### 험하다
## 험 險

</td><td>

to be rough
険しい
险、险要
hiểm nguy

</td></tr>
</table>

**험하다** to be rough / 険しい / 险、险要 / hiểm nguy

**위험** danger / 危険 / 危险 / sự nguy hiểm

**모험** adventure / 冒険 / 冒险 / sự mạo hiểm, sự phiêu lưu

1. 한자의 의미와 한자, 단어가 맞는 것을 연결하십시오.

   1) 다르다 •           • ㉮ 험 •            • ㉠ 방해, 공해

   2) 험하다 •           • ㉯ 동 •            • ㉡ 위독하다, 위기

   3) 같다 •             • ㉰ 타 •            • ㉢ 배타적, 타인

   4) 위험하다 •         • ㉱ 해 •            • ㉣ 위험, 모험

   5) 해롭다 •           • ㉲ 위 •            • ㉤ 동시, 동의


2. 한자의 의미가 다른 것을 고르십시오.

   1) **다르다**          ① 차이        ② 격차        ③ 차례

   2) **이롭다**          ① 이사        ② 이자        ③ 유리

   3) **다르다**          ① 이국적      ② 이동        ③ 이성

   4) **편안하다/안전하다**  ① 치안       ② 안정        ③ 안과


3. 알맞은 단어를 골라 문장을 완성하십시오.

   1) 처음으로 혼자 해외여행을 간 딸이 걱정되었는데 잘 도착했다는 전화를 받고 나니 (**안심, 동의**)이/가 된다.

   2) 상대방을 받아들이지 않으려는 (**배타적, 이국적**)인 태도는 갈등과 문제를 만든다.

   3) 만두 속에는 고기, 두부, 김치, (**기타, 격차**) 등등 여러 가지 재료가 들어간다.

   4) 한강공원 화장실 안에는 (**위급한, 험한**) 상황에서 도움을 요청할 때 누르는 '안심 버튼'이 설치되어 있다.

4. 보기 에서 밑줄 친 부분의 반대말을 골라 쓰십시오.

| 보기 | 동일 이상 이익 위독하다 위험 이롭다 |
| --- | --- |

1) 아무리 싸게 판다고 해도 <u>손해</u>를 보면서 물건을 파는 사람은 (　　　　　　) 거의 없다.

2) 스키를 타기 전에 <u>안전</u>을 위해서 준비 운동을 해야 한다.　(　　　　　　)

3) 담배가 건강에 <u>해롭</u>다는 것은 아무리 강조해도 지나치지 않다.　(　　　　　　)

4) 능력이나 성과가 같아도 남성과 여성의 임금에 <u>차이가 나는</u> (　　　　　　) 경우가 여전히 많다.


5. 보기 에서 알맞은 단어를 골라 신문 기사를 완성하십시오.

| 보기 | 타인 동시 이자 치안 방해 일교차 |
| --- | --- |

1)
> 서울 시내에서 고속 도로가 지나가는 주변은 소음과 먼지가 심해 근처에 사는 주민들이 일상생활에 _____을/를 받거나 잠을 자지 못하는 등 피해가 심각한 것으로 나타났다.

2)
> 이번 달 11일 저녁 7시에 열리는 월드컵 결승전이 NBC, SBC, KTS 세 방송국을 통해 _____에 방송된다.

3)
> 오늘 전국은 아침 최저 −8~2도, 낮 최고 5~12도로 _____이/가 클 것으로 예상되므로 건강 관리에 유의해야 한다.

4)
> 군산시는 대학생들의 교육비 부담을 줄이기 위해 등록금 대출 _____을/를 지원하기로 했다.

# 반의어 11

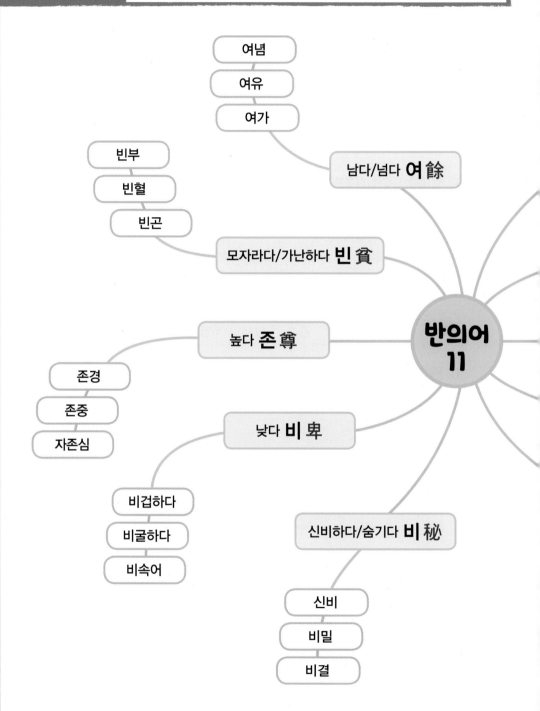

여념

여유

여가

남다/넘다 **여** 餘

빈부

빈혈

빈곤

모자라다/가난하다 **빈** 貧

높다 **존** 尊

존경

존중

자존심

낮다 **비** 卑

비겁하다

비굴하다

비속어

신비하다/숨기다 **비** 秘

신비

비밀

비결

**반의어 11**

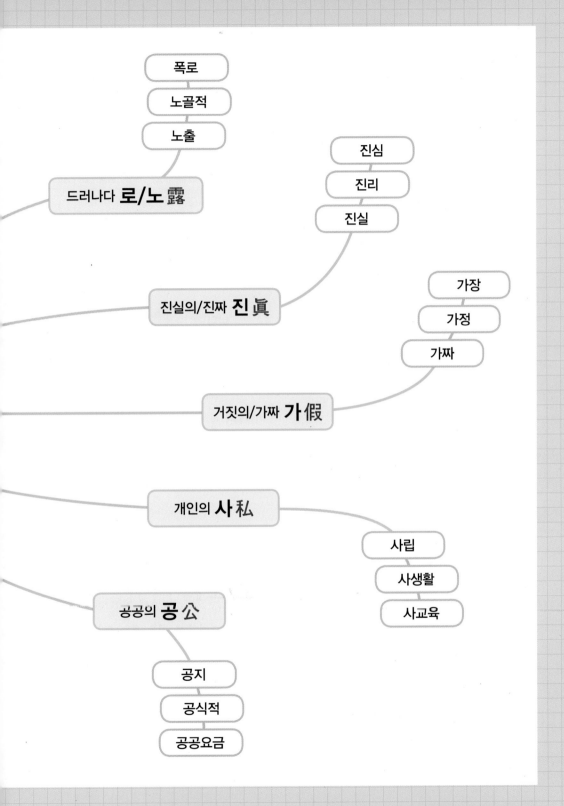

폭로

노골적

노출

드러나다 로/노 露

진심

진리

진실

진실의/진짜 진 眞

가장

가정

가짜

거짓의/가짜 가 假

개인의 사 私

사립

사생활

사교육

공공의 공 公

공지

공식적

공공요금

## 남다/넘다
# 여 餘
to be sufficient/to exceed
余る/越える
剩余/超出
dư/thừa

**여가** free time / 余暇 / 空闲、空暇、业余时间 / thời gian rảnh rỗi

**여유** composure, having more than enough (of time, space, money, etc.) / 余裕 / 充裕、宽裕、剩余 / sự thảnh thơi, sự nhàn rỗi

**여념** straying attention / 余念 / 杂念、他求 / suy nghĩ khác

## 모자라다/가난하다
# 빈 貧
to be deficient/to be poor
足りない/貧しい
缺少/穷
thiếu/nghèo

**빈곤** poverty / 貧困 / 贫困 / sự nghèo khó

**빈혈** anemia / 貧血 / 贫血 / sự thiếu máu

**빈부** the rich and the poor / 貧富 / 贫富 / sự giàu nghèo

## 높다
# 존 尊
to be esteemed
尊い
高、尊
cao

**존경** respect / 尊敬 / 尊敬 / sự kính trọng, sự tôn kính

**존중** deference / 尊重 / 尊重 / sự tôn trọng

**자존심** pride / 自尊心 / 自尊心 / lòng tự trọng

## 낮다
# 비 卑
to be vulgar
卑しい
低、卑
thấp kém

**비겁하다** to be cowardly / 卑怯だ / 卑鄙、卑劣 / hèn nhát, đê tiện

**비굴하다** to be servile / 卑屈だ / 卑躬屈膝、卑微、卑怯 / khúm núm, hèn hạ

**비속어** slang / 俗語 / 卑俗语、爆粗口、俚语 / lời nói thông tục

## 신비하다/숨기다
# 비 秘
to be mysterious/to hide
神秘的だ/隠れる
神秘/隐藏
thần bí/che giấu

**신비** mystery / 神秘 / 神秘 / sự thần bí

**비밀** secret / 秘密 / 秘密 / bí mật

**비결** trick, key / 秘訣 / 秘诀、诀窍、窍门 / bí quyết

## 드러나다
# 로/노 露
to expose
現れる
露、暴露
lộ ra, hiện ra

**노출** exposure / 露出 / 暴露、露出、曝光 / sự lộ ra, sự phơi bày

**노골적** explicit / 露骨だ / 露骨的、公然的、公开的 / mang tính rõ ràng

**폭로** disclosure / 暴露 / 暴露 / sự bộc lộ, sự hé lộ

| 진실의/진짜 **진 眞** | truthful/real thing<br>本当の/本物<br>真实的/真的<br>sự thật/thực sự |
|---|---|

**진실** truth, fact / 真実 / 事实、真相、真实 / sự chân thật

**진리** truth / 真理 / 真理 / chân lí

**진심** sincerity / 真心、本気 / 真心、诚心、真诚 / sự thật tâm

| 거짓의/가짜 **가 假** | false/fake<br>嘘の/偽物<br>虚假的/假的<br>sự giả tạo/đồ giả |
|---|---|

**가짜** fake / 偽物 / 假的 / đồ giả

**가정** assumption / 仮定 / 假定、假设 / sự giả định

**가장** disguise / 装うこと / 假装、装作、伪装 / giả trang, giả bộ

| 개인의 **사 私** | personal<br>個人の<br>个人的、私人的<br>riêng tư, cá nhân |
|---|---|

**사립** being private / 私立 / 私立 / tư lập

**사생활** privacy / 私生活 / 私生活 / đời sống cá nhân

**사교육** private education / 私教育 / 私人教育、课外教育 / giáo dục tư

| 공공의 **공 公** | public<br>公共の<br>公共的<br>công cộng |
|---|---|

**공지** notice / お知らせ / 公告、通告、通知 / thông báo, công bố

**공식적** official / 公式 / 正式的、官方的 / mang tính chính thức

**공공요금** utility rates / 公共料金 / 公共费用、公共事业费 / chi phí dịch vụ công cộng (điện, nước)

1. 한자의 의미와 한자, 단어가 맞는 것을 연결하십시오.

1) 남다/넘다 •        • ㉮ 비 •        • ㉠ 진심, 진리

2) 높다 •        • ㉯ 가 •        • ㉡ 존경, 자존심

3) 신비하다/숨기다 •        • ㉰ 진 •        • ㉢ 비밀, 비결

4) 진실의/진짜 •        • ㉱ 존 •        • ㉣ 여유, 여념

5) 거짓의/가짜 •        • ㉲ 여 •        • ㉤ 가정, 가장

2. 보기 에서 공통적으로 들어간 한자의 의미를 골라 쓰십시오.

| 보기 | 드러나다 | 공공의 | 낮다 |
| --- | --- | --- | --- |
| | 개인의 | 모자라다/가난하다 | 신비하다/숨기다 |

1) 비겁하다     비속어     비굴하다     (          )

2) 빈부     빈곤     빈혈     (          )

3) 노출     노골적     폭로     (          )

4) 사립     사교육     사생활     (          )

5) 공공요금     공지     공식적     (          )

3. 알맞은 단어를 골라 문장을 완성하십시오.

1) 나는 (**여유, 빈혈**)이/가 있어서 자주 어지러움을 느낀다.

2) 토론을 할 때는 상대방의 의견을 (**노출, 존중**)하면서 자신의 의견을 말해야 한다.

3) 사고 싶은 신발을 사기 위해 한 달에 5만 원씩 모은다고 (**가정, 가장**)하면 10개월이 걸린다.

4) 자기가 실수한 것을 인정하지 않고 다른 동료에게 그 책임을 미루다니 송 대리는 정말 (**비굴하다, 비겁하다**).

4. 보기 에서 알맞은 단어를 골라 대화를 완성하십시오.

| 보기 | 자존심 | 비결 | 노골적 | 공지 | 공식적 | 진심 |
|------|--------|------|--------|------|--------|------|

1) 가: 이거 청첩장이에요. 저 다음 달 5일에 결혼해요.

   나: 드디어 결혼하시는군요. _____(으)로 축하드려요.

2) 가: 드라마에 특정 회사의 이름이나 제품이 자주 나오는 건 별로 안 좋은 것 같아.

   나: 맞아. 자연스럽게 광고하는 건 괜찮은데 요즘은 너무 _____인 것 같아.

3) 가: 수하 씨 남자 친구는 성격이 어때요?

   나: 다 좋은데 _____이/가 강해서 싸우고 나서 먼저 사과를 잘 안 해요.

4) 가: 유민 씨는 피부가 참 좋은데 좋은 피부를 유지하는 _____이/가 뭐예요?

   나: 저는 물을 충분하게 마시고 일주일에 두세 번 얼굴 마사지를 해요.

5. 보기 에서 알맞은 단어를 골라 신문 기사를 완성하십시오.

| 보기 | 공공요금 | 빈부 | 신비 | 사교육 | 여가 | 폭로 |
|------|----------|------|------|--------|------|------|

1)
초등학교 이상 학부모의 97.9%가 자녀에게 _____을/를 시킨다고 대답했으며 대부분 자녀를 학원에 보내거나 과외를 시키는 것으로 나타났다.

2)
올해 가뭄으로 야채와 과일 가격이 오른 데다가 다음 달부터 버스 요금이나 가스 요금 등 _____도 오를 예정이다.

3)
50세 이상이 주중과 주말에 가장 많이 하는 _____ 활동은 TV 시청이며 2명 중 1명은 혼자 TV를 보는 것으로 나타났다.

4)
_____의 차이가 건강과 수명의 문제로 이어지고 있는 것으로 나타났다. 소득이 높을수록 건강하게 더 오래 사는 것으로 나타났는데, 조사 결과에 의하면 소득에 따라 평균 수명이 최대 15년 넘게 차이가 났다.

# 한자성어

## 다 많다多   재 재주才   다 많다多   능 능력能

➲ 재주와 능력이 많다.

가: 어제 가수 김수진 씨가 나오는 영화를 봤는데 연기를 아주 잘하더라고요.

나: 그래요? 드라마도 여러 편 찍더니 이제 영화도 찍었군요.

가: 이번에 새로 나온 앨범에 들어 있는 노래도 대부분 직접 작사, 작곡했대요.

나: 노래에 춤에 연기에 작사, 작곡까지 김수진 씨는 정말 **다재다능**하군요.

## 대 크다大   동 같다同   소 작다小   이 다르다異

➲ 큰 차이 없이 거의 같다.

가: 이번 상반기에는 어느 팀의 제품 판매가 더 많았어요?

나: A팀의 에어컨이 다른 팀의 제품보다 두 배 이상 팔렸어요.

가: 확실히 사람들 보는 눈이 **대동소이**하네요. 판매하기 전에 회사 내부에서 제품 평가 회의를 할 때에도 그 에어컨의 디자인이 제일 인기가 많았잖아요.

나: 네, 그런 것 같아요. 자기 눈에 좋아 보이는 것은 다른 사람들의 눈에도 좋아 보이는 경우가 많더라고요.

# 18

## 접사

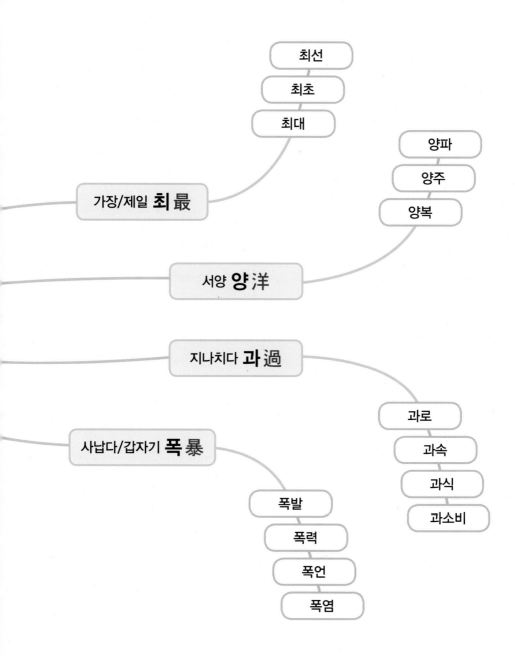

최선

최초

최대

가장/제일 **최** 最

양파

양주

양복

서양 **양** 洋

지나치다 **과** 過

사납다/갑자기 **폭** 暴

과로

과속

과식

과소비

폭발

폭력

폭언

폭염

| 각각<br>**각各** | each<br>それぞれ<br>各自、分別<br>riêng, mỗi | | 매번<br>**매每** | every time, each time<br>毎回<br>毎回、毎次<br>mỗi lần |
|---|---|---|---|---|

**각각** each, respectively / それぞれ / 各自、分別 / riêng, mỗi

**각자** each person / 各自 / 各自、各人 / từng người, mỗi người

**각종** every kind / 各種 / 各种 / các loại, các thứ

**매번** every time, each time / 毎回、毎度 / 每回、每次 / mọi lần

**매일** every day / 毎日 / 每天 / hàng ngày

**매년** every year / 毎年 / 每年 / hàng năm

| 다시<br>**재再** | again<br>再び<br>再、重新<br>tái, lại | | 오로지/한 가지<br>**전專** | exclusively/sole<br>専ら/一つだけ<br>专/一种<br>chỉ/một loại |
|---|---|---|---|---|

**재생** recycling / 再生 / 重生 / sự tái hiện

**재활용** recycling / リサイクル / 可回收、再利用 / sự tái sử dụng

**재작년** the year before last / おととし、一昨年 / 前年 / hai năm trước

**전문** professionality / 専門 / 专门、专业 / chuyên môn

**전용** exclusive use / 専用 / 专用 / sự chuyên dụng

**전공** major / 専攻 / 专攻、专业 / chuyên ngành

| 날것의/가공되지 않은<br>**생生** | raw/unprocessed<br>生の/加工しない<br>生的/未加工的<br>đồ tươi/không gia công |
|---|---|

**생방송** live broadcast / 生放送 / 直播、现场直播 / việc phát sóng trực tiếp

**생맥주** draft beer / 生ビール / 扎啤、生啤、鲜啤 / bia tươi

**생머리** natural hair / (パーマをかけない)自然な髪 / 直发、自然直发 / tóc tự nhiên

| 가장/제일<br>**최 最** | most/first<br>最も／一番<br>最／第一<br>nhất/số một |
|---|---|

**최대** maximum / 最大 / 最大 / tối đa

**최초** the first / 最初 / 最初 / ban đầu, đầu tiên

**최선** the best way / 最善 / 最好、尽全力 / sự tuyệt nhất, sự hết mình

| 서양<br>**양 洋** | West<br>西洋<br>西方、西洋、欧美<br>phương tây |
|---|---|

**양복** Western clothes, suit / 洋服 / 西服、西装、洋装 / áo vest, âu phục

**양주** Western liquors / 洋酒 / 洋酒 / rượu tây

**양파** onion / タマネギ / 洋葱 / hành tây

| 지나치다<br>**과 過** | to be excessive<br>過度だ<br>过度、过于<br>vượt quá |
|---|---|

**과로** overwork / 過労 / 过度劳累、疲劳过度 / sự quá sức

**과속** speeding / 速度超過、過速 / 超速 / việc đi quá tốc độ

**과식** overeating / 過食 / 暴饮暴食、吃得过饱 / sự bội thực

**과소비** excessive consumption / 過消費 / 过度消费、超前消费 / việc tiêu xài quá mức

| 사납다/갑자기<br>**폭 暴** | to be violent/suddenly<br>乱暴だ/突然<br>凶暴/突然<br>hung dữ/đột nhiên |
|---|---|

**폭발** explosion / 爆発、暴発 / 爆发 / sự bộc phát, sự bùng nổ

**폭력** violence / 暴力 / 暴力 / bạo lực

**폭언** verbal abuse / 暴言 / 粗暴的话、恶言恶语 / lời mắng chửi

**폭염** scorching heat / 猛暑 / 酷暑、酷热 / sự nóng bức, sự oi ả

# Day 80 | 연습 문제

**1.** 한자의 의미와 한자, 단어가 맞는 것을 연결하십시오.

1) 가장/제일 •     • ㉮ 각 •     • ㉠ <u>각</u>자, <u>각</u>종

2) 매번 •     • ㉯ 최 •     • ㉡ <u>매</u>일, <u>매</u>년

3) 각각 •     • ㉰ 매 •     • ㉢ <u>최</u>초, <u>최</u>대

4) 사납다/갑자기 •     • ㉱ 생 •     • ㉣ <u>폭</u>발, <u>폭</u>언

5) 날것의/가공되지 않은 •     • ㉲ 폭 •     • ㉤ <u>생</u>머리, <u>생</u>방송

**2.** 한자의 의미가 <u>다른</u> 것을 고르십시오.

1) **다시**     ① <u>재</u>작년     ② <u>재</u>생     ③ <u>재</u>산

2) **지나치다**     ① <u>과</u>속     ② <u>과</u>제     ③ <u>과</u>소비

3) **서양**     ① <u>양</u>산     ② <u>양</u>복     ③ <u>양</u>파

4) **오로지/한 가지**     ① <u>전</u>용     ② <u>전</u>통     ③ <u>전</u>공

**3.** 보기 에서 밑줄 친 부분과 바꿔 사용할 수 있는 단어를 골라 쓰십시오.

| 보기 | 과로 | 폭력 | 재활용 | 폭염 | 최초 | 과식 |
|------|------|------|--------|------|------|------|

1) 동생이 저녁을 <u>지나치게 많이 먹더니</u> 결국 배탈이 났다.     (         )

2) 어떤 이유로든지 <u>다른 사람을 거칠고 심하게 억누르는 힘을</u>     (         ) 사용하는 것은 정당화될 수 없다.

3) 마이클 씨는 한국 음식이 좋아 열심히 요리를 배우더니 외국     (         ) 인으로서는 <u>가장 처음으로</u> 한식 요리사가 되었다.

4) 환경 보호에 대한 인식이 높아지면서 깨끗하게 한 번 사용한     (         ) 물건을 <u>다시 다른 것으로 사용하는 일</u>이 많아졌다.

4. 보기 에서 알맞은 단어를 골라 대화를 완성하십시오.

보기    생방송   과속   각자   전용   재생   양복

1) 가: 평소에 자전거를 타고 출퇴근하세요?

   나: 네, 저희 동네에서 회사 근처까지 자전거 _____ 도로가 잘 되어 있거든
   요. 따로 운동할 필요 없이 아침저녁으로 운동이 많이 되니까 건강에도 좋고요.

2) 가: 오늘 지호가 첫 출근을 하는 날이죠? 지금쯤 회사에서 일하고 있겠네요.

   나: 네, 제 눈에는 아직도 아이 같은데 오늘 _____ 차림에 넥타이까지 매니
   까 제법 어른 같아 보이더라고요.

3) 가: 저기 좀 보세요. 지금 TV에 나와서 인터뷰하고 있는 사람이 하나 씨 아니에요?

   나: 어머, 맞네요. _____ 인데도 긴장하지 않고 아주 말을 잘하는데요.

4) 가: 내일 소풍 갈 때 학교에서 다 같이 모여서 가는 거니?

   나: 아니요, 소풍 장소까지는 _____ 알아서 가야 한대요. 그래서 서울역에
   서 친구들이랑 만나서 가기로 했어요.

5. 다음을 읽고 빈칸에 들어갈 단어를 순서대로 쓴 것을 고르십시오.

아직도 거울을 볼 때마다 머리 때문에 ( ㉮ ) 고민하십니까?
국내 ( ㉯ ) 고객 수를 자랑하는 머리사랑 사이트에서
여러분의 고민을 해결해 드리겠습니다.
머리를 감을 때마다 빠지는 머리, 부스스한 머리, 갈라지는 머리,
어떤 머리 문제든지 걱정하지 마십시오.
24시간 ( ㉰ ) 상담사가 기다리고 있습니다.
지금 전화하십시오.
080-000-8282

SBH 서울최고 홈쇼핑

① ㉮ 매번 - ㉯ 최대 - ㉰ 전문   ② ㉮ 매일 - ㉯ 최대 - ㉰ 전공
③ ㉮ 매번 - ㉯ 최선 - ㉰ 각종   ④ ㉮ 매년 - ㉯ 최선 - ㉰ 각각

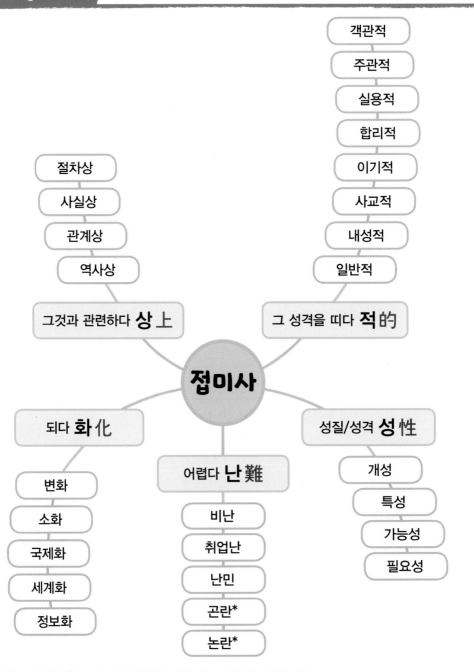

| 그것과 관련하다<br>상 上 | to be related<br>それと関連する<br>与那个有关<br>tương quan, liên quan |
|---|---|

**역사상** from the historical point of view / 歴史上 / 历史上 / trong lịch sử

**관계상** in consideration of / 関係上 / 关系上 / trên phương diện thời gian

**사실상** as a matter of fact / 事実上 / 实际上、事实上、其实 / trên thực tế

**절차상** procedural / 手続上 / 手续上、程序上 / trên phương diện thủ tục

| 되다<br>화 化 | to become<br>になる<br>成为、变成<br>trở nên |
|---|---|

**변화** change / 変化 / 变化 / sự thay đổi, sự biến hóa

**소화** digestion / 消化 / 消化、吸收 / sự tiêu hóa

**국제화** internationalization / 国際化 / 国际化 / sự quốc tế hóa

**세계화** globalization / 世界化 / 全球化、世界化 / sự toàn cầu hóa

**정보화** informatization / 情報化 / 信息化 / sự thông tin hóa

| 어렵다<br>난 難 | to be hard<br>難しい<br>难<br>khó khăn |
|---|---|

**비난** criticism / 非難 / 非难、指责 / sự phê bình, sự chỉ trích

**취업난** unemployment crisis / 就職難 / 就业难 / nạn thất nghiệp

**난민** refugee / 難民 / 难民 / người bị nạn

**곤란** difficulty, trouble / 困難 / 困难、艰难、难处 / sự chông gai, sự rắc rối

**논란** controversy / 論難、非難 / 争论、争议 / sự tranh luận, sự bàn cãi

| 그 성격을 띠다<br>적 的 | to assume the quality of<br>その性格を帯びた<br>具有那种性质<br>mang tính cách |
|---|---|

**일반적** general / 一般的 / 一般的、普遍的 / mang tính thông thường

**내성적** introverted / 内省的 / 内向的 / mang tính nội tâm, tính dè dặt

**사교적** sociable / 社交的 / 社交性的、交际性的 / mang tính hòa đồng

**이기적** selfish / 利己的 / 自私的、利己的 / mang tính ích ki

**합리적** rational / 合理的 / 合理的 / mang tính hợp lý

**실용적** practical / 実用的 / 实用性的、实用的 / mang tính thực tiễn

**주관적** subjective / 主観的 / 主观的、主观性的 / mang tính chủ quan

**객관적** objective / 客観的 / 客观的、客观性的 / mang tính khách quan

| 성질/성격<br>성 性 | temper/character<br>性質/性格<br>性质/性格<br>tính cách/tính khí |
|---|---|

**개성** individuality / 個性 / 个性 / cá tính

**특성** characteristic / 特性 / 特性、特点、特征 / đặc tính

**가능성** possibility / 可能性 / 可能性 / tính khả thi

**필요성** necessity / 必要性 / 必要性 / tính cần thiết

1. 보기 에서 빈칸에 공통적으로 들어갈 한자를 골라 쓰십시오.

| 보기 | 화 난 상 성 적 |
|---|---|

1) | 이 | 기 | | 실 | 용 | | ( | ) |

2) | 관 | 계 | | 사 | 실 | | ( | ) |

3) | 정 | 보 | | 국 | 제 | | ( | ) |

4) | 필 | 요 | | 가 | 능 | | ( | ) |

2. 한자의 의미가 맞는 것을 고르십시오.

1) **어렵다**       ① 난로       ② 취업난       ③ 온난화

2) **그 성격을 띠다**       ① 일반적       ② 실적       ③ 흔적

3) **되다**       ① 통화       ② 평화       ③ 변화

4) **성질/성격**       ① 정성       ② 개성       ③ 충성

3. 알맞은 단어를 골라 문장을 완성하십시오.

1) 승재는 (**내성적**, **사교적**)인 성격이라서 처음 만난 사람에게도 먼저 가서 말을 건다.

2) 우리 회사는 경험은 부족해도 앞으로의 (**가능성**, **필요성**)을 보고 직원을 뽑는다.

3) 나는 매일 저녁을 먹고 (**소화**, **변화**)도 시킬 겸해서 동네 공원에서 산책을 한다.

4) 국민들과의 약속을 지키지 않는 정치인들은 (**비난**, **논란**)을 피하기 어렵다.

4. 보기 에서 알맞은 단어를 골라 대화를 완성하십시오.

| 보기 | | | | | |
|---|---|---|---|---|---|
| 절차상 | 합리적 | 곤란 | 역사상 | 개성 | 객관적 |

1) 가: 저 배우가 리아 씨 조카라면서요? 리아 씨 보기에는 조카가 연기를 잘하는 것
   같아요?

   나: 글쎄요, 친척이라서 그런지 _____으로 평가하기가 힘드네요. 제가 보기
   엔 뭘 해도 예쁘고 잘하는 것 같거든요.

2) 가: 여행 비자 신청 준비는 다 끝났어?

   나: 아직 다 못 했어. 생각보다 _____으로 준비해야 할 서류가 많더라고.

3) 가: 이번에 옮긴 하숙집 친구들은 어때요?

   나: 다들 _____이 강한 친구들이라서 처음에는 가까워지기 힘들었는데 이제
   는 친해져서 너무 재미있어요.

4) 가: 요즘 유행하는 '가성비'란 말 들어 봤어요? 가격에 비해서 그 물건의 특성이나
   기능이 어떤지 따져 본다는 말이요.

   나: 네, 들어 봤죠. 그래서 유명 브랜드 제품보다는 중소기업 제품이 인기가 많다면
   서요. 점점 _____으로 소비 생활을 하는 사람들이 많아지는 것 같아요.

5. 보기 에서 알맞은 단어를 골라 이야기를 완성하십시오.

| 보기 | | | | | |
|---|---|---|---|---|---|
| 주관적 | 정보화 | 이기적 | 특성 | 사실상 | 세계화 |

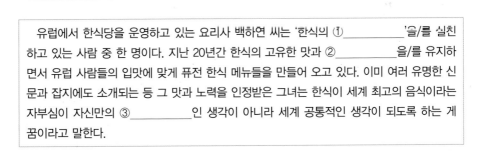

유럽에서 한식당을 운영하고 있는 요리사 백하연 씨는 '한식의 ①_____'을/를 실천
하고 있는 사람 중 한 명이다. 지난 20년간 한식의 고유한 맛과 ②_____을/를 유지하
면서 유럽 사람들의 입맛에 맞게 퓨전 한식 메뉴들을 만들어 오고 있다. 이미 여러 유명한 신
문과 잡지에도 소개되는 등 그 맛과 노력을 인정받은 그녀는 한식이 세계 최고의 음식이라는
자부심이 자신만의 ③_____인 생각이 아니라 세계 공통적인 생각이 되도록 하는 게
꿈이라고 말한다.

# Day 82 | 사물

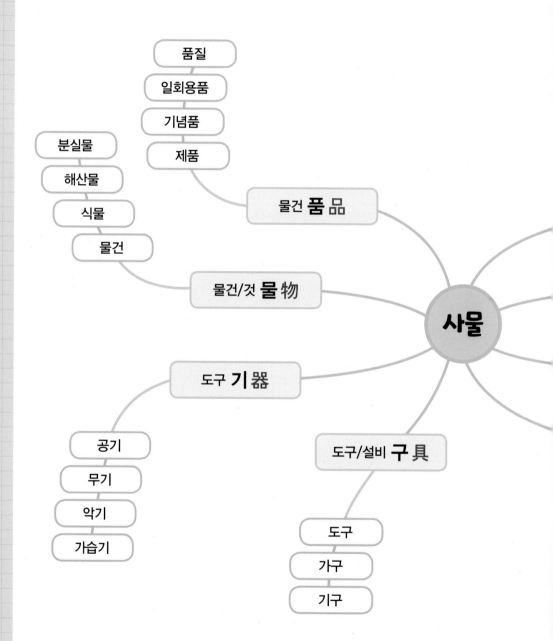

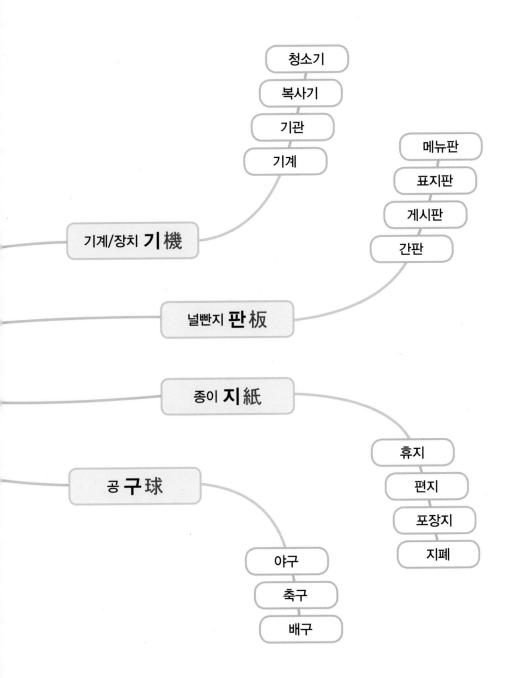

청소기

복사기

기관

기계

메뉴판

표지판

게시판

간판

기계/장치 **기** 機

널빤지 **판** 板

종이 **지** 紙

휴지

편지

포장지

지폐

공 **구** 球

야구

축구

배구

| 물건 | goods |
|------|-------|
| **품** 品 | 品物<br>物品、东西<br>đồ vật, hàng |

**제품** product / 製品 / 产品、制品 / sản phẩm, hàng

**기념품** souvenir / 記念品 / 纪念品 / đồ lưu niệm,
hàng lưu niệm

**일회용품** disposable product / 使い捨て用品 / 一次
性用品 / đồ dùng một lần

**품질** quality / 品質 / 品质、质量 / chất lượng

| 물건/것 | stuff/thing |
|---------|-------------|
| **물** 物 | 品物、物件/物<br>东西/(属于某人的)东西<br>đồ vật/cái |

**물건** stuff / 品物、物件 / 东西 / đồ vật

**식물** plant / 植物 / 植物 / cây cối, thực vật

**해산물** seafood / 海産物、水産物 / 海产品、海鲜 /
hải sản

**분실물** lost article / 遺失物 / 丢失物品 / đồ thất lạc

| 도구 | instrument |
|------|------------|
| **기** 器 | 道具(器)<br>工具、器具<br>dụng cụ |

**공기** bowl / ご飯茶碗 / 碗、空碗、饭碗 / bát cơm

**무기** weapon / 武器 / 武器 / vũ khí

**악기** musical instrument / 楽器 / 乐器 / nhạc cụ,
nhạc khí

**가습기** humidifier / 加湿器 / 加湿器 / máy tạo ẩm

| 도구/설비 | tool/appliance |
|-----------|----------------|
| **구** 具 | 道具/設備<br>工具、器具/设备<br>dụng cụ/thiết bị |

**도구** tool / 道具 / 工具、器具 / dụng cụ

**가구** furniture / 家具 / 家具 / đồ gia dụng

**기구** equipment / 器具、用具 / 器具、器械 / đồ
dùng, dụng cụ

| 기계/장치 **기機** | machine/device<br>機械/裝置<br>机器/装置<br>máy móc/thiết bị |
|---|---|

**기계** machine / 機械 / 机器 / máy móc

**기관** organization / 機関 / 机关 / cơ quan

**복사기** photocopier / コピー機 / 复印机 / máy phô tô

**청소기** cleaner / 掃除機 / 吸尘器 / máy hút bụi

| 널빤지 **판板** | board<br>板<br>板子、木板<br>tấm ván |
|---|---|

**간판** signboard / 看板 / 招牌、牌匾 / biển hiệu

**게시판** bulletin board / 掲示板 / 公告栏、告示板 / bảng tin

**표지판** sign / 標識,案内標識 / 路标、指示牌 / biển báo

**메뉴판** menu / メニュー / 菜单、菜谱、食谱 / thực đơn

| 종이 **지紙** | paper<br>紙<br>纸<br>giấy |
|---|---|

**휴지** tissue / ティッシュ、ちり紙 / 手纸、纸巾 / giấy vệ sinh, khăn giấy

**편지** letter / 手紙 / 信、书信、信函 / thư từ

**포장지** wrapping paper / 包装紙 / 包装纸 / giấy gói đồ

**지폐** bill(paper money) / 紙幣 / 纸币 / tiền giấy

| 공 **구球** | ball<br>球<br>球<br>quả bóng |
|---|---|

**야구** baseball / 野球 / 棒球 / bóng chày

**축구** soccer / サッカー / 足球 / bóng đá

**배구** volleyball / バレーボール / 排球 / bóng chuyền

# Day 82 | 연습 문제

1. 보기 에서 빈칸에 공통적으로 들어갈 한자를 골라 쓰십시오.

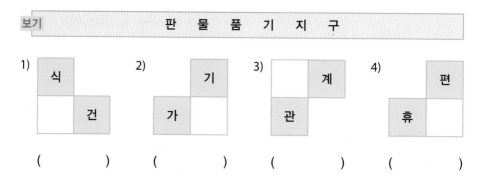

보기   판 물 품 기 지 구

1) 식 / 건   ( )
2) 기 / 가   ( )
3) 계 / 관   ( )
4) 편 / 휴   ( )

2. 보기 에서 공통적으로 들어간 한자의 의미를 골라 쓰십시오.

보기   도구   기계/장치   널빤지   종이   공   물건

1) 품질   제품   기념품   ( )
2) 무기   악기   가습기   ( )
3) 간판   메뉴판   표지판   ( )
4) 배구   축구   야구   ( )

3. 보기 에서 알맞은 단어를 골라 문장을 완성하십시오.

보기   분실물   공기   지폐   해산물   무기   기념품

1) 해외여행을 가면 나는 그 도시의 이름이 들어간 컵을 _____(으)로 사 온다.
2) 요즘 사람들은 거의 현금 대신 신용 카드를 사용하기 때문에 새로 나오는 지갑들에는 _____와/과 동전을 넣는 곳이 점점 없어지고 있다고 한다.
3) 지하철에 가방이나 우산을 놓고 내렸을 때는 지하철 _____ 센터로 전화를 하면 된다.
4) 세계 평화를 위해서는 무엇보다도 각 나라가 전쟁 _____의 생산과 개발을 중단해야 한다고 생각한다.

**4.** 보기 에서 알맞은 단어를 골라 대화를 완성하십시오.

> 보기    표지판    품질    간판    기계    메뉴판    게시판

1) 가: 그 신발은 어디에서 사신 거예요? 디자인도 예쁘고 아주 편해 보여요.

   나: 동네 시장에 있는 신발 가게에서 샀어요. 가격이 저렴하면서 _____도
   좋은 편이어서 저희 가족은 거기에서 신발을 자주 사요.

2) 가: 내일 회의가 연기됐다면서요?

   나: 네, 아직 다음 회의 일정이 결정이 안 났는데 결정 나면 다시 회의 시간하고 장
   소를 써서 _____에 붙여 놓을게요.

3) 가: 사장님, 여기 자동판매기에 천 원을 넣고 이걸 샀는데 잔돈이 안 나와요.

   나: 그래요? _____이/가 고장 났나 보네요. 잔돈은 제가 드릴게요.

4) 가: 마크 씨는 처음에 한글을 배울 때 어땠어요? 어렵지 않았어요?

   나: 조금 어렵기는 했는데 거리를 걸으면서 가게 _____을/를 하나하나 읽는
   게 아주 재미있더라고요.

**5.** 다음을 읽고 빈칸에 들어갈 단어를 순서대로 쓴 것을 고르십시오.

> 세계적으로 환경에 대한 인식이 중요해지면서 환경 단체뿐만 아니라 모두 함께 환경을 보
> 호하는 일에 적극적으로 동참하고 있다. 기업들은 다양한 친환경 ( ㉮ ) 개발에 힘쓰는 동
> 시에 기존 상품들의 과대 포장을 줄이고 있으며, 정부나 공공 ( ㉯ )들은 친환경 상품과 재
> 활용용품을 구매하도록 노력하고 있다. 시민들 역시 개인 컵이나 장바구니를 들고 다니는 등 플
> 라스틱이나 ( ㉰ ) 사용을 줄이는 데 동참하고 있다.

① ㉮ 식물 – ㉯ 도구 – ㉰ 포장지
② ㉮ 제품 – ㉯ 기관 – ㉰ 일회용품
③ ㉮ 제품 – ㉯ 기관 – ㉰ 복사기
④ ㉮ 물건 – ㉯ 가구 – ㉰ 일회용품

# 한자성어

## 과 지나치다過   유 오히려猶   불 아니하다不   급 미치다及

➡ 정도를 지나친 것은 미치지 못한 것과 같다.

> 가: 뒷집 준호네 있잖아요. 그 집 부모가 준호 어렸을 때부터 영어 과외, 수학 과외, 이
> 것저것 시키면서 얼마나 교육에 열성을 냈어요.
>
> 나: 대단했지요. 넉넉하지 못한 살림에도 외아들이라고 미국 유학까지 보냈잖아요.
>
> 가: 그런데 준호가 어린 나이에 혼자 외국에 갔으니 얼마나 힘들었겠어요.
>
> 나: 무슨 일이 있대요?
>
> 가: 그렇게 밝고 사교적이었던 아이가 스트레스가 너무 심해서 밥도 잘 못 먹고 말도 안
> 하고 혼자 고생하다가 얼마 전에 병원에 입원했대요.
>
> 나: 그랬군요. **과유불급**이라고 뭐든지 너무 지나치면 안 하는 것보다 못하는 거지요.

## 난 어렵다難   형 형兄   난 어렵다難   제 동생弟

➡ 누구를 형이라 하고 누구를 동생이라 하기 어렵다. 즉, 서로 비슷비슷해서 낫고 못함
을 정하기가 어려움을 나타내는 말

> 가: 이번 피아노 콩쿠르 결과는 나왔어요?
>
> 나: 아직 안 나왔어요. 마지막 최종 결선에 오른 두 피아니스트가 워낙 **난형난제**의 실력
> 이어서 심사 위원들이 한 명을 결정하기가 쉽지 않나 봐요.
>
> 가: 그럴 거예요. 둘 다 실력도 흠 잡을 데 없지만 자신만의 독특한 개성으로 음악을 표
> 현해 내는 게 뛰어나더라고요.
>
> 나: 매년 콩쿠르가 열릴 때마다 점점 뛰어난 실력자들이 참가하는 것 같아서 청중 입장
> 에서도 참 반가운 일이네요.

# 연습 문제 정답

## 1 현대 문화와 전통문화

### Day 01 예술과 문화

1. 1) ㉯ – ㉣  2) ㉰ – ㉠  3) ㉮ – ㉡  4) ㉴ – ㉢
   5) ㉳ – ㉤  6) ㉲ – ㉥
2. 1) ②  2) ①  3) ②  4) ③
3. 1) 감상  2) 복사  3) 약도  4) 창조
4. 1) 묘사  2) 모범  3) 가사  4) 화면
5. ②

### Day 02 전통과 유산 1

1. 1) 변  2) 전  3) 유  4) 적
2. 1) 역사  2) 남기다  3) 전하다  4) 변하다/고치다
3. 1) 변경  2) 전달  3) 유언  4) 선전
4. 1) 경력  2) 변신  3) 전설  4) 흔적
5. ③

### Day 03 전통과 유산 2

1. 1) 제  2) 덕  3) 습  4) 궁
2. 1) ②  2) ①  3) ③  4) ①
3. 1) 토속  2) 풍습  3) 덕택  4) 예의
4. 1) 속담  2) 효자  3) 고궁  4) 혜택
5. ③

## 2 자연과 환경

### Day 04 자연 1

1. ① 천  ② 해  ③ 지, 륙/육  ④ 파  ⑤ 풍
2. 1) 물결  2) 땅  3) 바다  4) 바람
3. 1) 중심지  2) 대륙  3) 천사  4) 파장
4. 1) 천재  2) 태풍  3) 여파  4) 휴양지
5. ③

### Day 05 자연 2

1. ① 월  ② 화  ③ 수  ④ 목  ⑤ 금  ⑥ 토
2. 1) ③  2) ②  3) ③  4) ①
3. 1) 화초  2) 국토  3) 홍수  4) 수목원
4. 1) 초원  2) 수도  3) 식목일  4) 황금
5. ④

### Day 06 자연 3

1. 1) 석  2) 음  3) 자  4) 양
2. 1) 빛/경치  2) 전기  3) 기름  4) 자원
3. 1) ㉢  2) ㉡  3) ㉠  4) ㉣
4. 1) 자원  2) 전원  3) 비석  4) 배경
5. ③

### Day 07 날씨

1. 1) 열  2) 온  3) 난  4) 한
2. 1) ㉰ – ㉣  2) ㉯ – ㉠  3) ㉮ – ㉢  4) ㉳ – ㉡
3. 1) 냉방  2) 방한  3) 온천  4) 열기
4. 1) 난방  2) 유쾌한  3) 열정  4) 냉정해
5. 1) ②  2) ①

### Day 08 환경

1. 1) 보  2) 폐  3) 오  4) 괴
2. 1) ①  2) ②  3) ③  4) ②
3. 1) 회목  2) 성화  3) 복수  4) 보진
4. 1) 흡연  2) 보관  3) 폐허  4) 붕괴
5. ④

## Day 09 음식

1. 1) 주 2) 채 3) 탕
2. 1) ② 2) ① 3) ③ 4) ③
3. 1) 식량 2) 음주 3) 한식 4) 반찬
4. 1) 음료수 2) 회식 3) 분식 4) 주전자
5. ① 식사 ② 안주 ③ 채소 ④ 삼계탕

## Day 10 패션

1. 1) 장 2) 세 3) 백 4) 색
2. 1) ㉮ – ㉠ 2) ㉱ – ㉡ 3) ㉣ – ㉢ 4) ㉯ – ㉣
3. 1) 복장 2) 미인 3) 세제 4) 번화했는데
4. 1) 창백해 2) 장식 3) 정장 4) 화려하
5. ① 교복 ② 염색 ③ 화장품 ④ 사복

## Day 11 집

1. 1) 탁 2) 가 3) 고 4) 실
2. 1) ② 2) ① 3) ② 4) ①
3. 1) 응급실 2) 욕실 3) 가족 4) 강의실
4. 1) 계산대 2) 재고 3) 귀가 4) 가구
5. 1) 주택 2) 택배 3) 식탁 4) 탁구

## Day 12 여가 생활

1. 1) 수단/방향 2) 증서/표 3) 쉬다 4) 손님
2. 1) ㉲ – ㉠ 2) ㉮ – ㉤ 3) ㉣ – ㉡ 4) ㉱ – ㉢
   5) ㉯ – ㉣
3. 1) 준비 2) 번호표 3) 하숙 4) 복권
4. 1) 탑승 2) 관객 3) 상대편 4) 실험
5. ① 공휴일 ② 체험 ③ 매표소 ④ 비치

## Day 13 얼굴

1. ① 두 ② 면 ③ 구 ④ 목 ⑤ 발
2. 1) 눈/보다 2) 얼굴/만나다 3) 입/구멍
   4) 머리털
3. 1) ㉣ 2) ㉢ 3) ㉠ 4) ㉡
4. 1) 면접 2) 식구 3) 이목 4) 두뇌
5. 1) 안목 2) 면회 3) 목표 4) 인구

## Day 14 몸

1. 1) 지 2) 신 3) 체 4) 수
2. 1) ③ 2) ① 3) ② 4) ③
3. 1) 체중 2) 출신 3) 악수 4) 피부
4. 1) 박수 2) 체력 3) 지적 4) 체계
5. 1) ③ 2) ④

## Day 15 병

1. 1) 통 2) 증
2. 1) ② 2) ③ 3) ② 4) ①
3. 1) 식중독 2) 피부병 3) 불면증 4) 독감
4. 1) 병들어서 2) 속상하 3) 소독 4) 독해서
5. 1) ② 2) ④

## Day 16 치료

1. 1) 명 2) 과 3) 약 4) 제
2. 1) ㉯ – ㉢ 2) ㉣ – ㉡ 3) ㉮ – ㉠ 4) ㉱ – ㉣
3. 1) 감기약 2) 소화제 3) 안약 4) 영양제
4. 1) 검진 2) 진통제 3) 수명 4) 이비인후과
5. ②

## 5 | 시간과 장소

### Day 17 시간 1

1. 1) 바로  2) 항상/일상  3) 옛날/오래되다
   4) 이제/오늘
2. 1) ②  2) ①  3) ②  4) ③
3. 1) 중고  2) 당일  3) 금년  4) 평상시
4. 1) 야경  2) 즉석  3) 영원히  4) 일상적
5. ②

### Day 18 시간 2

1. 1) 대  2) 간  3) 일  4) 시
2. 1) ③  2) ①  3) ③  4) ②
3. 1) 시절  2) 년대  3) 순간  4) 정기적
4. 1) 세월  2) 당분간  3) 기념일  4) 세대
5. 1) ③  2) ②

### Day 19 순서

1. 1) 미리  2) 끝  3) 다음/순서  4) 처음
2. 1) ②  2) ③  3) ①  4) ②
3. 1) 결말  2) 우선적으로  3) 절차  4) 순위
4. 1) 예상  2) 초보  3) 차원  4) 단계
5. ①

### Day 20 장소 1

1. 1) 장  2) 소  3) 관  4) 원  5) 당  6) 처
2. 1) 박물관  2) 정원  3) 해수욕장  4) 주유소
3. 1) 거래처  2) 강당  3) 공연장  4) 출처
4. 1) 행사장  2) 미술관  3) 공공장소  4) 대사관
5. ① 현장  ② 보호소

### Day 21 장소 2

1. 1) ④ – ㉡  2) ㉢ – ㉠  3) ㉣ – ㉢  4) ㉤ – ㉣
2. 1) ①  2) ③  3) ②  4) ②
3. 1) 가로등  2) 인도  3) 시립  4) 어촌
4. 1) 농촌  2) 주택가  3) 시중  4) 노선
5. ③

## 6 | 교통

### Day 22 이동 1

1. 1) 반  2) 방  3) 향  4) 통
2. 1) ③  2) ②  3) ①  4) ③
3. 1) 일방적  2) 반발  3) 과정  4) 유래
4. 1) 통신  2) 통과  3) 유행  4) 취향
5. 1) 방침  2) 소통  3) 운행

### Day 23 이동 2

1. 1) 전  2) 진  3) 이  4) 출
2. 1) 들어가다  2) 옮기다  3) 물러나다
   4) 나아가다
3. 1) 이체  2) 수입  3) 운항  4) 추진
4. 1) 퇴원  2) 이민  3) 출장  4) 입장
5. 1) 수출  2) 입학  3) 은퇴

### Day 24 위치 1

1. 1) ① 좌  ② 우  2) ① 상  ② 하
2. 1) ①  2) ③  3) ①  4) ②
3. 1) 지위  2) 이상  3) 후회  4) 조상
4. 1) 인상  2) 우측  3) 위치  4) 향상
5. ① 오전  ② 상승  ③ 영하  ④ 이후

### Day 33 감각 1

1. 1) ㉯ – ㉢  2) ㉰ – ㉤  3) ㉮ – ㉣  4) ㉭ – ㉠
2. 1) ②  2) ③  3) ①  4) ②
3. 1) 시력  2) 소음  3) 향기  4) 소문
4. 1) 시각  2) 조미료  3) 시범  4) 발음
5. ③

### Day 34 감각 2

1. 1) 해  2) 지  3) 각  4) 인
2. 1) ③  2) ①  3) ②  4) ③
3. 1) 이해  2) 지능  3) 감각  4) 해석
4. 1) 해소  2) 착각  3) 편견  4) 시인
5. ① 인정  ② 지식  ③ 해결  ④ 인식

### Day 35 생각 1

1. 1) 견  2) 려  3) 관  4) 상
2. 1) ①  2) ③  3) ②  4) ③
3. 1) 고려  2) 환상  3) 이념  4) 발견
4. 1) 의견  2) 상상  3) 배려  4) 관점
5. ④

### Day 36 생각 2

1. 1) ㉢ – ㉣  2) ㉯ – ㉠  3) ㉭ – ㉢  4) ㉮ – ㉤
2. 1) ③  2) ②  3) ①  4) ③
3. 1) 의사  2) 반성  3) 소망  4) 예측
4. 1) 해결책  2) 지원  3) 전망  4) 주의
5. ②

### Day 37 판단

1. 1) 뛰어나다  2) 알맞다/옳다  3) 확실하다
   4) 중요하다/필요하다
2. 1) ①  2) ③  3) ②  4) ②
3. 1) 확인  2) 당첨  3) 소요  4) 심판

4. 1) 당연하  2) 명확하  3) 귀중한  4) 우아해
5. 1) 판단  2) 비판  3) 평가

---

**9 문제와 해결**

### Day 38 문제와 해결 1

1. 1) 개  2) 환  3) 보  4) 장
2. 1) ㉯ – ㉢  2) ㉮ – ㉡  3) ㉭ – ㉤  4) ㉰ – ㉠
3. 1) 호전  2) 지장  3) 환기  4) 보충
4. 1) 교환  2) 고장  3) 환불  4) 반품
5. 1) 환승  2) 환전  3) 수리  4) 반납

### Day 39 문제와 해결 2

1. 1) 권하다  2) 조사하다  3) 비교하다
   4) 검사하다
2. 1) ①  2) ②  3) ②  4) ①
3. 1) 권장  2) 탐사  3) 심사  4) 비례
4. 1) 조회  2) 조사  3) 처리  4) 비유
5. ① 검사  ② 조절  ③ 처방  ④ 검색

### Day 40 문제와 해결 3

1. 1) 택  2) 용  3) 결  4) 선
2. 1) 정하다  2) 사용하다  3) 선택하다/가리다
   4) 핵하다
3. 1) 행위  2) 시행  3) 활용  4) 정원
4. 1) 적용  2) 지정  3) 결심  4) 결제
5. 1) 채택  2) 결승  3) 용도

### Day 41 문제와 해결 4

1. 1) 구  2) 보  3) 고  4) 결
2. 1) ①  2) ③  3) ②  4) ①
3. 1) 예보  2) 정보  3) 요구  4) 충고

4. 1) 신고 2) 제안 3) 초청 4) 경고
5. 1) O 2) O 3) X 4) X

## 10 관계 I

### Day 42 사람 1

1. 1) 친 2) 외 3) 모 4) 자
2. 1) ③ 2) ① 3) ② 4) ③
3. 1) 친언니 2) 산모 3) 남녀 4) 친척
4. ②
5. 1) O 2) X 3) O 4) X

### Day 43 사람 2

1. 1) 체 2) 민 3) 자 4) 유
2. 1) ② 2) ③ 3) ① 4) ②
3. 1) 국민 2) 시민 3) 반장 4) 청중
4. 1) 유치원 2) 군대 3) 개인 4) 배우자
5. 1) 해체 2) 사회자 3) 단체 4) 입대

### Day 44 태도

1. 1) ㉯-㉢ 2) ㉰-㉺ 3) ㉮-㉣ 4) ㉱-㉠
2. 1) ② 2) ③ 3) ① 4) ②
3. 1) 신뢰 2) 절약 3) 유발 4) 강제
4. 1) 용감한 2) 자동 3) 신용 4) 절전
5. 1) 성실 2) 정성 3) 자신감 4) 자율적

### Day 45 인생

1. 1) 태어나다/살다 2) 늙다 3) 죽다 4) 결혼하다
2. 1) ③ 2) ① 3) ① 4) ②
3. 1) 노인 2) 사각지대 3) 사형 4) 미혼
4. 1) 신혼 2) 평생 3) 노약자 4) 청소년
5. 1) 사망 2) 결혼 3) 노후

## 11 관계 II

### Day 46 관계 1

1. 1) 함께 2) 홀로 3) 참여하다 4) 모이다
2. 1) ② 2) ① 3) ② 4) ③
3. 1) 대응 2) 상관 3) 교대 4) 송별회
4. 1) 참석 2) 상대방 3) 교류 4) 천생연분
5. ②

### Day 47 관계 2

1. 1) 약 2) 배 3) 대 4) 포
2. 1) ③ 2) ② 3) ③ 4) ①
3. 1) 대기 2) 포함 3) 대체 4) 계약
4. 1) 사과 2) 배신 3) 소개 4) 대표
5. ① 초대 ② 대접 ③ 대신

### Day 48 관계 3

1. 1) 친 2) 원 3) 화 4) 조
2. 1) ㉯-㉢ 2) ㉮-㉡ 3) ㉱-㉺ 4) ㉰-㉠
3. 1) 협력 2) 응원 3) 친화적 4) 구조
4. 1) 친분 2) 화해 3) 간호 4) 조언
5. ④

### Day 49 관계 4

1. 1) 다투다 2) 패하다 3) 누르다 4) 대항하다
2. 1) ② 2) ② 3) ③ 4) ①
3. 1) 전쟁 2) 실패 3) 패배 4) 억압
4. 1) 예방 2) 항의 3) 도전 4) 경쟁
5. ① 충돌 ② 우승 ③ 충격 ④ 방지

## 12 경제와 생활

### Day 50 돈 1

1. 1) 가 2) 비 3) 화 4) 재
2. 1) ③ 2) ③ 3) ① 4) ③
3. 1) 외화 2) 재산 3) 낭비 4) 소비
4. 1) 연체료 2) 물가 3) 금액 4) 수리비
5. ① 예금 ② 현금 ③ 요금 ④ 가격

### Day 51 돈 2

1. 1) 계 2) 대 3) 세 4) 지
2. 1) ③ 2) ③ 3) ① 4) ②
3. 1) 생계 2) 대여 3) 지불 4) 세금
4. 1) 지출 2) 계좌 3) 보답 4) 관세
5. ① 임대 ② 월세 ③ 전세 ④ 대출

### Day 52 경제 1

1. 1) 수 2) 여 3) 점 4) 매
2. 1) 사다 2) 팔다 3) 주다 4) 받다
3. 1) 수용 2) 접수 3) 수상 4) 발급
4. 1) 기여 2) 매진 3) 매장 4) 구매
5. ① 할인점 ② 문구점 ③ 혼수 ④ 도매

### Day 53 경제 2

1. 1) 설 2) 건 3) 산 4) 수
2. 1) 거두다 2) 짓다/만들다 3) 생산하다
   4) 보내다
3. 1) 생산 2) 건립 3) 조성 4) 국산
4. 1) 개조 2) 흡수 3) 방송 4) 수익
5. 1) 수거 2) 시설 3) 상설 4) 배송

### Day 54 경제 3

1. 1) 농 2) 공 3) 어 4) 상
2. 1) 경영하다 2) 농사 3) 공업 4) 일/기업
3. 1) 상표 2) 취업 3) 창업 4) 농업
4. 1) 인공적 2) 상품 3) 공장 4) 영업
5. 1) 농사 2) 운영 3) 파업

### Day 55 업무

1. 1) 근 2) 무 3) 직 4) 임
2. 1) 회사 2) 책임지다/맡다 3) 성과
   4) 일하다/지치다 5) 이루다/이루어지다
3. 1) 임기 2) 성장 3) 출판사 4) 전문직
4. 1) 담당 2) 피로 3) 직장 4) 분담
5. ① 퇴근 ② 업무 ③ 실적 ④ 부담

### Day 56 직업

1. 1) 원 2) 자 3) 가 4) 사 5) 관
2. 1) ㉡ 2) ㉠ 3) ㉣ 4) ㉢
3. 1) 인원 2) 형사 3) 신입생 4) 명함
4. 1) 운전기사 2) 박사 3) 교사 4) 서명
5. ① 작가 ② 승무원 ③ 과학자 ④ 소방관

## 13 법과 제도

### Day 57 법 1

1. 1) 칙 2) 식 3) 규 4) 준
2. 1) ㉣-㉣ 2) ㉮-㉡ 3) ㉯-㉠ 4) ㉰-㉢
3. 1) 규격 2) 정식 3) 명령 4) 기준
4. 1) 법원 2) 입학식 3) 장례식 4) 반칙
5. 1) 규칙 2) 수준 3) 방식 4) 규모

1. 1) 면 2) 위 3) 방 4) 수
2. 1) 관청 2) 묶다/단속하다 3) 놓다
   4) 살피다/조사하다
3. 1) 추방 2) 순찰 3) 단속 4) 방치
4. 1) 구속 2) 소방서 3) 관찰 4) 면세
5. 1) 수비 2) 위반 3) 면제 4) 해방

Day 59 법 3

1. 1) 지 2) 제 3) 개 4) 허
2. 1) ② 2) ③ 3) ① 4) ③
3. 1) 허락 2) 공개 3) 제약 4) 폐지
4. 1) 정지 2) 금식 3) 금기 4) 개최
5. ① 개방 ② 금지 ③ 금연 ④ 중지

Day 60 범죄

1. 1) 죄 2) 도 3) 벌 4) 살
2. 1) ④-ⓒ 2) ⓓ-ⓛ 3) ㉮-㉣ 4) ㉥-㉠
3. 1) 유죄 2) 범죄 3) 벌 4) 압력
4. 1) 처벌 2) 죄책감 3) 고혈압 4) 체벌
5. ②

Day 61 정치

1. 1) 력 2) 권 3) 관 4) 집
2. 1) ② 2) ③ 3) ① 4) ②
3. 1) ⓛ 2) ㉣ 3) ⓒ 4) ㉠
4. 1) 정부 2) 권리 3) 통제 4) 주관
5. 1) 실력 2) 고집 3) 국적 4) 경쟁력

14 상태

Day 62 상태 1

1. 1) 균 2) 완 3) 묵 4) 적 5) 직
2. 1) ③ 2) ② 3) ③ 4) ① 5) ②
3. 1) 평균 2) 자세하게 3) 공평하게 4) 전부
4. 1) 호기심 2) 편의점 3) 간편해요 4) 적성
5. ① 묵묵히 ② 솔직한 ③ 완벽하

Day 63 상태 2

1. 1) 새롭다 2) 특별하다 3) 빠르다
   4) 생기가 있다
2. 1) ② 2) ① 3) ① 4) ③
3. 1) 독특하다 2) 급격히 3) 친근하다 4) 최신
4. 1) 신제품 2) 별도 3) 별일 4) 활기
5. 1) 신선한 2) 신속하 3) 근교 4) 고속

Day 64 상태 3

1. 1) 고 2) 심 3) 희 4) 곡
2. 1) ④-ⓒ 2) ㉮-ⓛ 3) ㉥-㉣ 4) ⓓ-㉠
3. 1) 확고하다 2) 완곡한 3) 왜곡 4) 희미하다
4. 1) 희석 2) 예민해서 3) 대략 4) 심각한
5. ① 굴곡 ② 희박하 ③ 수심 ④ 희소

15 개념

Day 65 모양과 모습

1. 1) 상 2) 양 3) 형 4) 세
2. 1) ③ 2) ② 3) ① 4) ③
3. 1) 구조 2) 상징 3) 대형 4) 현상
4. 1) 형성 2) 상태 3) 형편 4) 자세
5. ②

## Day 66 개념 1

1. 1) 도리/이치  2) 실제/사실  3) 결과
   4) 근본/본래
2. 1) ②  2) ①  3) ③  4) ②
3. 1) 기초  2) 실천  3) 본능  4) 근거
4. 1) 성과  2) 본격적  3) 심리  4) 실제
5. ②

## Day 67 개념 2

1. 1) ㉹-㉡  2) ㉮-㉠  3) ㉣-㉤  4) ㉯-㉢
2. 1) ①  2) ③  3) ②  4) ①
3. 1) 계기  2) 재능  3) 태도  4) 자격
4. 1) 효율적  2) 제도  3) 동기  4) 시청률
5. ④

## Day 68 개념 3

1. 1) 사  2) 체  3) 건  4) 기
2. 1) 재료  2) 기운  3) 무리/종류  4) 제목/문제
3. 1) 소재  2) 화제  3) 관심사  4) 매체
4. 1) 분류  2) 용건  3) 경기  4) 취재
5. ① 조건  ② 용기  ③ 인재  ④ 사항

## 16  반의어 I

## Day 69 반의어 1

1. 1) 유  2) 현  3) 발  4) 흥
2. 1) ③  2) ③  3) ①  4) ③
3. 1) 고유  2) 발생  3) 의존  4) 실현
4. 1) 발행  2) 유용  3) 발달  4) 유료
5. ① 유명  ② 흥행  ③ 기립

## Day 70 반의어 2

1. 1) 불  2) 부  3) 미  4) 무
2. 1) ③  2) ③  3) ①  4) ②
3. 1) 불확실한  2) 비공식적  3) 무조건  4) 불만
4. 1) 불규칙  2) 부족  3) 여부  4) 미달
5. 1) 불법  2) 미성년자  3) 무선

## Day 71 반의어 3

1. 1) 가  2) 저  3) 연  4) 득
2. 1) 채우다  2) 얻다/취하다  3) 쌓다  4) 넓히다
3. 1) 연기  2) 소득  3) 취급  4) 누적
4. 1) 저축  2) 섭취  3) 확장  4) 충분
5. 1) X  2) X  3) O  4) O

## Day 72 반의어 4

1. 1) 결  2) 실  3) 감  4) 제
2. 1) ②  2) ③  3) ①  4) ③
3. 1) 단축  2) 확산  3) 절감  4) 결근
4. 1) 분실  2) 감소  3) 결핍  4) 삭제
5. ① 위축  ② 실수  ③ 실망

## Day 73 반의어 5

1. 1) 통  2) 합  3) 분  4) 별
2. 1) 붙다  2) 모으다  3) 나누다  4) 벗어나다
3. 1) 구별  2) 성별  3) 통계  4) 역할
4. 1) 할부  2) 분야  3) 합쳐서  4) 탈퇴하려고
5. 1) 착용  2) 모집  3) 분리  4) 할인

## Day 74 반의어 6

1. 1) 절  2) 접  3) 연  4) 속
2. 1) ㉡  2) ㉠  3) ㉡  4) ㉠
3. 1) 차단  2) 수속  3) 접근  4) 기절
4. 1) 연결  2) 간접  3) 거절  4) 단절
5. ① 분단  ② 지속  ③ 연락  ④ 간절하

## 17 반의어 II

### Day 75 반의어 7

1. 1) 크다 2) 높다 3) 많다 4) 길다
2. 1) ② 2) ③ 3) ① 4) ②
3. 1) 장점 2) 소수 3) 소량 4) 장기간
4. 1) 장수 2) 고층 3) 저렴하다 4) 소형
5. ① 저출산 ② 고령화 ③ 대기업

### Day 76 반의어 8

1. 1) 명 2) 중 3) 호 4) 악
2. 1) 가볍다 2) 약하다 3) 강하다
   4) 어둡다/남몰래
3. 1) 강화 2) 분명하게 3) 경시 4) 소중하게
4. 1) 호감 2) 선호 3) 암담하다 4) 중시
5. 1) 호황 2) 악화 3) 비중 4) 약자

### Day 77 반의어 9

1. 1) 만 2) 순 3) 혼 4) 잡
2. 1) ① 2) ② 3) ① 4) ③
3. 1) 순수한 2) 공간 3) 만점 4) 혼합
4. 1) 비만 2) 건조 3) 복잡하다 4) 공허하다
5. ① 건어물 ② 잡지 ③ 만원 ④ 습도

### Day 78 반의어 10

1. 1) ㉱ - ㉢ 2) ㉮ - ㉤ 3) ㉯ - ㉰ 4) ㉳ - ㉡
   5) ㉲ - ㉠
2. 1) ③ 2) ① 3) ② 4) ③
3. 1) 안심 2) 배타적 3) 기타 4) 위급한
4. 1) 이익 2) 위험 3) 이롭다 4) 동일
5. 1) 방해 2) 동시 3) 일교차 4) 이자

### Day 79 반의어 11

1. 1) ㉱ - ㉣ 2) ㉲ - ㉡ 3) ㉮ - ㉢ 4) ㉳ - ㉠
   5) ㉯ - ㉤
2. 1) 낮다 2) 모자라다/가난하다 3) 드러나다
   4) 개인의 5) 공공의
3. 1) 빈혈 2) 존중 3) 가정 4) 비겁하다
4. 1) 진심 2) 노골적 3) 자존심 4) 비결
5. 1) 사교육 2) 공공요금 3) 여가 4) 빈부

## 18 접사

### Day 80 접두사

1. 1) ㉯ - ㉢ 2) ㉱ - ㉡ 3) ㉮ - ㉠ 4) ㉰ - ㉣
   5) ㉳ - ㉤
2. 1) ③ 2) ② 3) ① 4) ②
3. 1) 과식 2) 폭력 3) 최초 4) 재활용
4. 1) 전용 2) 양복 3) 생방송 4) 각자
5. ①

### Day 81 접미사

1. 1) 적 2) 상 3) 화 4) 성
2. 1) ② 2) ① 3) ③ 4) ②
3. 1) 사교적 2) 가능성 3) 소화 4) 비난
4. 1) 객관적 2) 절차상 3) 개성 4) 합리적
5. ① 세계화 ② 특성 ③ 주관적

### Day 82 사물

1. 1) 물 2) 구 3) 기 4) 지
2. 1) 물건 2) 도구 3) 널빤지 4) 공
3. 1) 기념품 2) 지폐 3) 분실물 4) 무기
4. 1) 품질 2) 게시판 3) 기계 4) 간판
5. ②

# 색인